»Wir haben keinen Himmel, auf den wir warten sollten. Wir können unser Jetzt besehen. Auch auf dem Theater. Aber damit das Drama ist, muß es sich aus jedem Realismus lösen. Zeit muß über die formale Lösung in Gegenwart verwandelt werden. Wozu Handlungen nachahmen, wenn das Drama die Handlung selbst sein kann. Auf dem Theater, das ein Ort des Vor-Führens ist. Emphaseverbote, Ekstaseverbote können in diesem Drama aufgehoben werden. Das Theater als letzter Ort der Befreiung. – In der Disco wird die Befreiung abgetanzt und nicht in Erkenntnis umgesetzt. – Das Publikum kann wieder an der Vision teilnehmen. Kann sie mitschaffen und bleibt nicht Zuschauer. Spontane Zugänglichkeit muß diese Gegenwart verdichten. Die Sinne können auch ganz sinnlos angesprochen werden. Sogar um den Preis, daß es unterhaltsam ist. Das Ganze zu Einzelteilen zerbrochen und ein anderes Ganzes werden lassen. Der Verwissenschaftlichung unserer Lebenszusammenhänge über Lust entfliehen. Ordnendem Denken den Inhalt entziehen und über Chaos Chaos bewältigen.«
*Marlene Streeruwitz*

Marlene Streeruwitz erregte in den letzten Jahren durch ihre drastischen, makabren, aber auch grotesk-amüsanten Theaterstücke großes Aufsehen. Sie versteht ihre Texte als Kampfansage an die klassischen Dramatiker und bezeichnet die Werke Goethes und Shakespeares als »Langeweile des Phallus zwischen den Orgasmen«. Der Band mit einem Vorwort von Elfriede Jelinek zeigt zum ersten Mal das gesamte dramatische Werk der Autorin.

*Marlene Streeruwitz* geboren in Baden bei Wien, studierte Slawistik und Kunstgeschichte und begann als Regisseurin und Autorin von Theaterstücken und Hörspielen. 1996 erschien ihr erster Roman ›Verführungen.‹, für den sie den Mara-Cassens-Preis erhielt. Im S. Fischer Verlag und im Fischer Taschenbuch Verlag sind darüber hinaus lieferbar die Romane ›Jessica, 30‹, ›Partygirl.‹, ›Nachwelt.‹ und ›Lisa's Liebe.‹, sowie die Erzählungen ›morire in levitate‹, ›Norma Desmond.‹ und ›Majakowskiring.‹. Der Band ›Gegen die tägliche Beleidigung‹ enthält gesammelte Essays. Für ihre literarischen Arbeiten wurde ihr unter anderem der Österreichische Würdigungsstaatspreis für Literatur und der Hermann-Hesse-Preis zuerkannt. Marlene Streeruwitz lebt in Wien und Berlin.

*Unsere Adresse im Internet: www.fischerverlage.de*

Marlene Streeruwitz

# Waikiki-Beach.
# Und andere Orte.

## Die Theaterstücke

Mit einem Vorwort von
Elfriede Jelinek

Fischer Taschenbuch Verlag

**Theater**
Eine Reihe des Fischer Taschenbuch Verlags

3. Auflage: Juli 2005

Originalausgabe
Veröffentlicht im Fischer Taschenbuch Verlag,
einem Unternehmen der S. Fischer Verlag GmbH,
Frankfurt am Main, Dezember 1999

Aufführungsrechte: S. Fischer Verlag GmbH, Frankfurt am Main
Alle Rechte an dieser Ausgabe liegen bei dem
Fischer Taschenbuch Verlag GmbH, Frankfurt am Main
© Fischer Taschenbuch Verlag GmbH, Frankfurt am Main 1998
Gesamtherstellung: Clausen & Bosse, Leck
Printed in Germany
ISBN 3-596-14693-3

## Inhalt

Vorwort
**VII**

Brahmsplatz.
**1**

New York. New York.
**23**

Waikiki-Beach.
**77**

Sloane Square.
**123**

Ocean Drive.
**165**

Elysian Park.
**233**

Tolmezzo.
Eine symphonische Dichtung.
**293**

Bagnacavallo.
**345**

Dentro.
**405**

Boccaleone.
**431**

Nachweis der Druck-
und Aufführungsrechte
**483**

## Die Macht und ihre Preisliste

(zu den Theaterstücken Marlene Streeruwitz')

Alle leben und spielen und konzentrieren sich. Die Rollen sind verteilt, Herren und Knechte, nein, besser noch: Mägde, die im Rang unter den Knechten stehen, und jetzt entfalten sie sich also, sollen auf einer Bühne leben, das ist ein etwas kleiner Ort. Nicht einmal echter Himmel drüber. Aber eine Göttin ist da, eine Autorin, sie hat sie herabgereicht (nicht: von unten hinaufgestellt) und, wie auf der Bühne seit Jahrhunderten üblich, fallen die Figuren, vielleicht hat man sie nicht sehr stabil hingestellt, sie fallen also um, Blut fließt, da, schauen Sie!, eine Frau hat sich an der Spindel der Notwendigkeit gestochen, aber andre bluten jetzt auch, aus vielen Öffnungen (auch Väter bluten, aber sie leben wenigstens in ihren Töchtern weiter, indem sie ihnen wieder Söhne zeugen, diese Methode bevorzugen sie z. B. bei Familie Lear). Noch mehr Tote werden gebraucht und müssen unverzüglich hergestellt werden. Gewalt fährt auf die Figuren nieder, und die Gewalt ist immer einfach, auch wenn sie vielfältig auftritt. Wie das Einfache beschreiben? Jeder kennt es, warum soll es also noch einmal in der Kunst leiden müssen? Warum stellt sich eine Frau da hin wie eine unerbittliche Herrin, und will auf einmal die Wand hochklettern? Weshalb, was andre längst eroberten, was ihre Aufgabe war, noch einmal erobern? Nur weil man es besser kennt als andre, was verschüttet wurde von einer scheinbaren Natur-Gewalt, und jetzt unbedingt zeigen muß, was drunter ist?

Die scheinbar Beständigen, und die, die darüber hinaus bestehen, weil sie unterhalb der Beständigen stehen, müssen festgehalten werden: Stücke sind ihnen dazugegeben, damit sie nicht so zer-stückelt bleiben müssen, damit man ihnen eine Ordnung geben kann, und schon entfalten sich die Wesen, nein, sie entfalten ihr Wesen. Wir haben noch kein Maß dafür, denn es ist »alles erprobt«, ob man Orangenmarmelade einkocht oder die Töchter schändet, egal, ob man das als König oder als sonstwer tut, es ist halt schon immer, in vielen Varianten, so gemacht worden. Man muß es wenigstens versuchen. Man muß es sich einfacher machen. Oder in der Frage Regans an Goneril in »Dentro. Was bei Lear's wirklich geschah«: Kannst du dich nicht zufrieden geben mit dem . Punkt. Aus. So steht das da. In Sätzen, als würde uns einer immer wieder in den Rücken boxen, und die Sätze kommen nur stückweise heraus, von Punkten zerhackt. Eine Frau erzählt die neueste Geschichte, und es ist die älteste. Jetzt mach mal einen Punkt, sagt man. Marlene Streeruwitz macht öfter einen. Und wenn er nicht hinpaßt, dann streift sie ihren Text entschlossen ab, wie einen Handschuh, und setzt den Punkt dorthin, wo er nicht hingehört. Und jetzt, durch diese kriegerische Maßregel, die sie dem Text angedeihen läßt, kommt er in den Maßnahmevollzug, wo er sein Hirn ausschütten kann soviel er will.

Es wird mit energischen Streichen über die Tafel, über die Bühne, über die Zuschauer, das Gesagte sofort wieder ausgelöscht und neu gesagt, wie von niemandem vorher. Die Punkte sind die Leuchttürme im Sprechen der Schauspieler, damit sie besser aufpassen. Damit man selber besser aufpaßt. Streeruwitz schreibt an diese Tafeln (auch die Zuschauer sind nichts andres als Tafeln, die Kreide quietscht über sie hin, Erinnerungen steigen vor ihnen auf, welchen Tribut auch sie schon haben zahlen müssen), und sie löscht es wieder aus, um eine andre Versuchsanordnung herzustellen und gleich wieder zu überprüfen. Weg damit, wir sagen das jetzt noch einmal, aber ganz anders! Das Schreiben wie das Auslöschen geschehen in kurzen harten Wischern und mit Hintupfen, Hinpatzen. Wieder wegmachen. Wie wir Frauen es gelernt haben und daher können. Jetzt ist es schon etwas anderes geworden, ja, schauen Sie nur her, bevor Totes in Ihnen aufstehen und auch noch fortgehen und zurückkommen kann, als etwas ganz anderes! Die Tafel wird jetzt umgedreht, mal sehen, wie es ausschaut, wenn das ganze auf dem Kopf steht oder auf der Kippe, im Sturm sowieso, in Frage: weniger. Wie sich die Mägde, die Untertanen, dem Machtwesen unterwerfen, das kann so oder so geschehen, sie haben kein Maß, die universellen Knechtwesen, denn das Maß haben andere und geben es ihnen nicht.

Da kommen sie, die Frauen der Besitzer von Reinigungsfirmen, die Mütter von Töchtern, die Theaterwissenschaft studieren und nicht Töchter von Königen sind oder vielleicht doch? Wären sie es, hätten sie Schwestern, die Goneril und Regan heißen, und alle kommen sie daher und sind, kräftig wie die Kreidestreicher und Auslöscher auf der Tafel, entschlossen zur Unterwerfung unter eine Herrschaft, die von sich gar nicht weiß, daß sie eine ist, auch wenn sie sich ununterbrochen behauptet. Aber da sie es nicht weiß, gründet sie sich auf nichts, und sie wartet erst mal ab, ob sich ihr eine zweite entgegenstellt, in Kosovo oder anderswo, und schon wird sich zeigen, daß die Methoden ihres Aufeinanderprallens sich durch nichts unterscheiden, weil sich ja auch das, worauf diese Macht gegründet ist, durch nichts unterscheidet. Hier kommt ein Schlag, dort kommt der Tritt zurück, nein, der Rücktritt kommt noch nicht, aber vielleicht später.

Es wird vernichtet, ein Spiel, das man kennt, und daher sind diese Zusammenstöße auch immer »einfach«. Wir wissen, wie es geht. Marlene Streeruwitz weiß es besser, aber sie gibt sich nicht damit zufrieden, es zu wissen. Nicht einmal damit, es zu sagen. Es gibt verschiedene Möglichkeiten, Orangenmarmelade zu machen, aber es gibt nur eine Möglichkeit, Macht, diese holzige, sperrholzige, auszuüben, wie zeigt man das? Indem man zeigt, daß die Macht alles kaputtmacht und sich immer nur selbst an dessen Stelle setzt. Sie ist die größte Tautologie, die Macht, weil sie sich immer nur durch sich selbst erklärt, und daher kann sie nicht Gegenstand von Theaterstücken sein, die ja weitergehen sollen, sonst wird das Publikum unruhig. Man müßte sie ja zeigen als etwas Alltägliches, Heutiges, als umfassende Organisation, die jedem den Anspruch auf Individualität sofort nimmt, ihn ausrinnen läßt, seiner Eigenschaften entkleidet.

Das Theater kann das nicht brauchen, es muß ja seine Figuren definieren können, man muß sie erkennen, sie sollen was tun, sie sind zwar nicht Leben, die Figuren des Theaters, aber sie leben trotzdem recht gern auf der Bühne, haben sich dran gewöhnt, an den Applaus, sind zwar nicht an Seiendes gebunden, beurteilt werden sie auch nicht von dieser anonymen Macht-

Organisation, sondern von uns Zuschauern und von den Kritikern, aber die Bühne hat trotzdem immer schon die Macht als wichtigstes Reales gebraucht, und wäre es nur, damit die Leute auf diesen Brettern anmutig oder grauenhaft sterben können, wie man es früher noch live beobachten konnte und heute auf interessanten Videos beobachten kann (allein die Prinzen im Tower! Meine ewigen Favoriten! Ich habe sie leider nur mehr auf der Bühne gesehen). Daher ist eigentlich immer nur die Macht Gegenstand von Theaterstücken gewesen.

Sind Theaterstücke deshalb oft so unbefriedigend, weil von vorneherein klar ist, worum es in ihnen geht? Tut uns leid, wir haben uns bemüht. Wir machen uns die Arbeit, schreiben sie vom Leben ab, und lebendige Menschen stehen dann auf der Bühne. Es stimmt einfach alles, und was kommt heraus? Sie kreisen, obwohl sie nicht Leben sind, immer noch, wie Planeten, schön brav um diesen blinden, unerklärbaren Fleck, diese Macht. Und dann merken wir: die läßt sich nur durch sich selbst beschreiben. Alles, was geschieht, auf der Bühne, im Leben, ist daher von Anfang an schon gezeichnet von diesem einen, das nichts ist, weil es Zerstörung ist, deren Ziel wiederum das Nichts ist. Andrerseits gelingt dieses Zeigen auf der Bühne auch wieder ganz gut, und zwar, weil die Erscheinungen im Theater dermaßen flüchtig sind. Kaum hat man hingeschaut, ist schon alles erledigt. Die Zuschauer leben und atmen, und gleichzeitig werden die Könige aufgeräumt und ihre Kinder abgetragen. Ihre Gegner aufgetragen und ihre Kleider auch irgendwie getragen, hoffentlich hoheitsvoll.

Die Unterworfenen haben den Königen deren Macht also wieder einmal bestätigt, da sie sie nicht definieren konnten, sprachlos wie sie waren; so haben sie halt ihren Stempel draufgehaut, was haben sie da bloß ermächtigt? Das Wesen, das Macht hat, kann nicht wissen, daß es sie hat, aber unseren Stempel hat es jetzt bekommen, auf den Handrücken, und es darf daher den Veranstaltungsraum betreten. Was geschieht. Plötzlich sind die Unterworfenen groß geworden, riesenhaft, denn sie, eigentlich sie, sind aus dieser Macht gemacht worden und werden groß in ihrer Unterwerfung unter diese Macht, die, wie gesagt, von sich nicht weiß, nicht wissen kann. Doch sie behauptet sich nur, weil die Knechte, die Mägde und die Knechtvölker, die die Containersiedlungen für Asylanten behausen und ihre Putzutensilien mit sich herumschleppen (»Boccaleone.«), ohne je behaust zu sein, sie, diese universelle, abstrakte Macht, auf ihren Rücken tragen. Deshalb kann man nicht die zur Verantwortung ziehen, welche die Macht haben, sondern man muß diejenigen hervorreißen, welche die Mächtigen in ihrer Unterwerfung gemacht haben – immer entschlossener in ihrem Willen zur Unterwerfung. Um das zu beschreiben, muß man sich mit so was auskennen, auch mit dem Blut, das beide, Männer wie Frauen, als Fachmänner (Das Wort Fachfrauen benutze ich nicht, die lasse ich in ihrem Fach liegen) als ihr ureigenstes Putzmittel für sich reklamieren (aber sie machen damit natürlich nur noch mehr Dreck!), die einen, indem sie es vergießen, die anderen, indem sie es auch vergießen, aber aus sich selbst heraus. Ich kenne keine, die sich in diesen Sachen besser auskennt als Marlene Streeruwitz.

Und diese Unbeschreibbarkeit dessen, dem wir alle unterliegen, macht ihre Stücke gleichermaßen konkret wie vollkommen rätselhaft. Und jeden Moment kann sie das Konkrete ins Rätselhafte umschlagen lassen. Da sich die Macht nicht be-urteilen läßt – denn sie spricht sich immer nur selbst das Urteil, bleiben zu müssen, gestützt von unseren zahllosen Rücken –, möchte sie vielleicht langsam, sie war ja immer da, und genug ist genug: fortgehen. Sie möchte vielleicht, daß einmal andere sie ausüben, bitte sehr, probieren wir das halt, es wird auch nichts ändern. Aber man kann das immerhin zeigen in den Petrischalen, die Marlene Streeruwitz da auf die Bühne stellt, unter stetigem Umrühren zehn Minuten auf kleinster Hitze. Wen oder was suchen Sie denn in diesem schwachen Dunst, der vom Herd aufsteigt, oder ist das etwa eine Wiese? Der Morgen ist schon da, der Morgen kann es nicht sein. Aber. Das Leben. Das wird es ihr schon besorgen? Was besorgen?

Keiner lügt hier. Alle lügen. Es ist Theater. Genau der richtige Ort dafür. Also muß was wahr ist falsch sein, auch wenn es sich einem als wahr dargestellt hat, und umgekehrt. Beim Theater ist immer etwas: dahinter. Beim Leben geht es einfach nur weiter, bis es eben aus ist. Kein Zuschauer hielte so lang durch wie

das Leben dauert. Es muß die Bühne das Leben umlügen, damit schneller etwas passiert und wir wieder gehen dürfen. So scheinen die Vorgänge auf der Bühne berechnet und berechenbar. Die Zuschauer sind im Inneren gleichgültig, denn ihr eigenes Leben ist ja viel wichtiger. Diese Gleichgültigkeit ermöglicht jedoch, daß sie alles, was sich vor ihnen abspielt, zulassen, auch das Ungeheuerlichste, und diese teilnahmslose Leere der Zuschauer kann bewirken, daß die Mächtigen und die Unterlegenen auf der Bühne plötzlich von diesem Vakuum der Gleichgültigkeit und Zerstreutheit im Zuschauerraum angesaugt werden, das dann unversehens über sie, die Zuschauer, herfällt. So etwas kann einem bei Streeruwitz passieren: Der Macht ist alles mindestens so egal wie den von der Autorin ermächtigten Zuschauern, denn das, worauf sie sich gründet, ist jedenfalls wahr, auch wenn es falsch ist. Das, was auf der Bühne gezeigt wird, ist falsch (unecht), auch wenn es wahr ist. Die Macht hat es nicht nötig, den Wahrheitswert von etwas zu bestimmen, sie bestimmt alles, indem sie einfach da ist. Und auch ihre Nützlichkeit für sich selbst ist ganz unnötig, denn ihr Wirken bewirkt, daß wir alle nützlich werden, nur nicht für uns selber. Sogar Theaterwissenschaftler, die lächerlichsten Wesen, wissen das schon, wenn sie ihren Lehr-Leibstuhl einmal verlassen, um nach sagen wir Berlin zu fliegen. Was sagt Professor Chrobath in »Boccaleone.«? Er sagt, daß die Gewalt, z. B. ein echter Mord eine größere ästhetische Wirkung hat als ein Mord auf der Bühne. Ist schon gut, Herr Professor, wir glauben Ihnen ja. Wirklichkeit ist wirklicher, antwortet ihm auch Tini, seine Studentin, der das einleuchtet. Der Theaterwissenschaftler findet also den wirklichen Mord schöner als den vorgetäuschten.
Und wissen Sie wenigstens jetzt, was Marlene Streeruwitz bereits vor Ihnen gewußt hat? Daß es, wo die Macht eine Notwendigkeit ist, bloß weil es sie gibt und nichts andres als sie, vielleicht keinen Einspruch gegen etwas wie den Schwachsinn dieses Professors mehr geben könnte, der da, selber ein vor einer Frau herumwinselnder Schwächling, um diese betrübliche Tatsache auszugleichen, richtige Leichen im Theater sehen möchte. Es ist vielleicht nicht richtig, aber die Leichen der Marlene Streeruwitz sind schon sehr tot, gerade weil sie die ein-

zig logische Folge von Herrschaft sind und auch so gezeigt werden. Bis die Macht selber leer ist, weil sie ausgelaufen ist (nicht: abgelaufen). Alles nicht Planbare ist eliminiert. Hier sehen Sie die Tafel der Baufirma: Hier plant die Macht. Und sonst niemand. Warum nur de Sade lesen, warum nicht de Sade sein? Es gibt ja örtliche Betäubungen, im Bausatz für den kleinen Heimwerker-Sado/Maso; man kriegt eine Spritze, man nimmt Aspirin oder Tramal, damit die betroffene Stelle (oder gleich alles) abgetötet ist. Jetzt kann rumgeschnitten und gebohrt werden, man spürt kaum was und hat doch seine Freude. Der Grad der Verfälschung wäre dabei nur ein geringer, ungefähr so wie der Werfer, mit einem kleinen Dreh der Hand, einen fliegenden Ball abfälschen kann. Der Professor wird auch etwas mehr Wissen übers Umbringen erwerben können, aber erst, nachdem er kräftig in die Fresse gehauen worden sein wird, ohne Narkose. Ein kleiner Vorgeschmack. Schauen wir mal, ob ihm das echt genug war.

Also jetzt müssen wir leider noch etwas suchen: Ob wir nämlich noch ein wenig Moral im Putzschrank übrig haben, die von den einen fürs Theater verlangt und von den anderen am liebsten vom Theater verbannt würde, denn Moralisten sind nun wirklich das allerletzte! Tugendterroristen, Gutmenschen, nein danke. Und vielleicht geht das ja alles von alleine wieder raus, und wenn nicht, vielleicht stecken wirs doch für kurze Zeit in eine moralische Anstalt? Da haben wir also die Packung Moral, aber es ist eine Mogelpackung. Nichts drin. Nicht der Rede wert. Nein, damit kriegen wir die Blutflecken auch nicht weg. Die bewährte Moralinsäure, die wir früher immer verwendet haben, bewirkt nur, daß wir uns mitsamt diesem Bescheuermittel (oder einem mittelmäßig Bescheuerten wie dem Professor) aus der Geschichte selber ausschließen: indem wir gar nicht mehr selber gemeint sind. Mal abwarten, wem wir jetzt als nächstes unsre Dienste anbieten könnten, die nächste Macht kommt ja bestimmt, und es wird ganz die alte sein. Das hat immerhin den Vorteil, daß wir sie schon kennen.

Aber auch wenn Herrschaft unabänderlich und unveränderbar durch sich selbst legitimiert ist, wie kommt dann überhaupt Bewegung in die Sache, damit aus den Stücken, die herumliegen, ein Stück wird? Natürlich nicht, indem die Personen verhalten sind, sondern indem sie sich verhalten. Es ist ja eine einförmige, gleichförmige Sache, daß die Macht immer größer werden will und es daher auch wird. Also gehen wir Knechte und Mägde her und versuchen, uns in der Gleichförmigkeit, mit der die Macht sich ausbreitet und etabliert, vielleicht sogar ganz wohlig einzurichten (nein, Veränderungen mag sie gar nicht, sie ändern zwar nichts, aber man muß beginnen, sich ein wenig in den Hüften zu wiegen, um den Druck auszugleichen, vor allem muß man verhindern, daß in der Gleichförmigkeit Gleichheit beginnt sich auszubreiten. Die Knechte und Mägde würden sonst merken, daß sie zu mehreren, zu vielen wären), wir haben aber keine Chance, die Macht, die wir selber nicht erringen konnten und daher zu stützen entschlossen waren, von uns etwas wegzubringen (Luft, ja, ein Luftkissen! zwischen uns und ihr schaffen, das könnte was bringen!).

Oder geht es überhaupt nur um diesen winzigen Abstand von den Mächtigen, den man sich mit aller Kraft verschafft hat, und vor dem man bereits erschrickt, weil er einem wie ein Abgrund vorkommt? Wo sind sie denn, die Könige? Gleich gehen wir sie wieder holen, und wär's im Grünen, im Bunten Blatt! Dort schauen wir uns ihre schönen Frauen und Töchter an, die, in den neuen Zeiten, ohnehin besser tot wären oder schon »in einem Grab geboren« sind. Geht das Zeigen dieses Abstands mit Prunk, geht das mit Pracht, geht das mit Spiel, Sport, Singen, Auftrumpfen? Jedem das Seine. Geht das, indem Goneril und Regan in viktorianisch (Victoria, die Königin, immerhin eine Frau, in deren Regentaschaft das Empire, ähnlich wie unter Elizabeth I., seine größte Entfaltung erlebte!) prächtiger Aufmachung, wie Popanze, zuerst einherschreiten, nur um sich dann selber abzuschaffen und schnell zu sterben? Geht das, indem die mißgestaltete, durch einen Säureanschlag verletzte und von ihrem Bruder Hans, einem sogenannten Chef, im wahrsten Sinn des Wortes benutzte Grete in »Boccaleone.« auf einmal die Verhältnisse umkehrt (»im Ernstfall bricht alles zusammen«) und zu einer Krankenschwester aus dem 1. Weltkrieg geworden ist, als das Wünschen auch schon nicht mehr geholfen hatte und

das Heilen heillos wurde, und ihre schrecklichen, entstellenden Narben sind auf einmal nur noch schwach zu erkennen?
Hier wird nicht mehr geheilt, hier darf sich nur das Wesen der Herrschaft entfalten, und das braucht zwar den Prunk, um ihn zu zeigen (und die schönen Bilder anschauen zu können!) und um ihn zu gestatten, aber es braucht eigentlich das Lächerliche. Das Sparsame. Das Bedürftige. Die Orangenmarmelade. Den Blechcontainer. Die Reinigungsfirma. Den Parkplatz, auf dem man sich die Flughafen-Parkgebühr sparen kann. Die Auspuffgase, die in einen Lieferwagen geleitet werden. Banal. Das ist schon einmal dagewesen und wieder gegangen, aber das heißt nicht, daß es nicht wiederkommen kann. Es werden nicht unbedingt die Hochtechnologiewaffen, die intelligenten Cruise Missiles und die eleganten Stealth-Bomber wiederkommen, die haben dann vielleicht woanders zu tun, aber einen Lieferwagen kann man doch immer leicht auftreiben, das ist gar kein Problem, nirgends. Und dann muß man nur noch die Auspuffgase nach innen leiten.
Glauben Sie, da liegt ein System dahinter? Es liegt kein System dahinter, deswegen ist ja die Macht die Macht geworden. Sie würde nie irgendwas unterschreiben, egal ob sie es vorher gelesen hat oder nicht. Sie ist die totale Ordnung, indem sie die totale Unordnung vorspielt, damit wir irgendwie einen Grund in die Sache hineinbringen. Und sie ist die totale Unordnung, damit wir glauben, es sei alles in Ordnung, weil wir keinen Unterschied wahrnehmen können. Unser Sein hat die Illusion, ungebunden zu sein, und gibt daher jetzt eine Kontaktanzeige auf, mal sehen, wer sich meldet. Da ruft einer an. Den es angeht.
Marlene Streeruwitz wird ihm schon zeigen, wo's langgeht, aber er wird ihr trotzdem nicht glauben und den Weg weitergehen, den er immer schon eingeschlagen hat, einmal wird der Weg davon noch kaputtgehen, aber eine neue Beziehung könnte der Besucher unterwegs vielleicht eingehen. Viel wird er nicht davon haben. Doch möglicherweise ist da ein Augenblick der Neugierde, ein Moment, da er ahnt, daß wir den Wegweiser rasch umgedreht haben, damit er, dieser durch unsere Anzeige Herbeigeeilte, der etwas mit uns erleben möchte, statt dessen in die Irre geht, wo wir, die das alles schließlich geschrieben ha-

ben, selber noch nie gewesen sind. Oder eine Leere, auf nichts als einem Haufen Bretter, wo die Macht übermächtig wird (aber doch so klein bleibt, daß sie ins Theater hineingeht) und daher endlich überwältigt werden kann. Marlene Streeruwitz plant das bereits in ihren sehr lebensechten Versuchsanordnungen, aber vorher wissen können wir nichts. Sie hat noch ein Tuch drübergelegt, denn würden wir die Werkzeuge sehen, die uns den Weg aufschließen sollen, und könnten wir erkennen, daß es »nur« Bühnenrequisiten sind, wüßten wir, daß es nichts gibt, das sich planen läßt. Aber Werkzeuge, um dorthin vorzustoßen, und wär's, wie unser Wohnzimmer, aus Sperrholz und Pappe, die Werkzeuge hätten wir dann schon. »Es wird nicht schlimm. Es ist ein sanftes Mittel.«

*Elfriede Jelinek*

**Brahmsplatz.**

Die Personen:
DIE ALTE FRAU  Sie ist etwa 80 Jahre alt. Geht schlecht, schleift mit den Füßen auf dem Boden und benützt einen Stock.
GABOR  Er ist ungefähr gleich alt. Er spricht nur wenige Sätze in normalem Deutsch und benützt verschiedene Akzente wie Operetten-Ungarisch und zackiges Norddeutsch.
DER KOHLENMANN  Ein einfacher, ungefähr 60 Jahre alter Mann, der deutlich überanstrengt ist.

Die alte Frau schlurft zur Tür ihres Zimmers. Sie atmet schwer. Der Stock akzentuiert ihre Behinderung. Die Tür schlägt im Luftzug immer wieder an.

ALTE FRAU Diese Tür. Schließt nicht mehr. (Laut:) Sind sie schon da? Gabor? Gabor? Bist du fertig? Gabor! Du mußt aufmachen. Bist du angezogen?
Sie schlurft auf den Gang vor die Tür zu Gabors Zimmer. Gabor spricht mit einem starken ungarischen Akzent und deklamiert, als läse er einen Schulaufsatz vor.
GABOR (hinter der Tür:) Wie ein glitzender Schleier lag das Licht über der weiten Ebene und dort, wo der große Donaustrom ...
ALTE FRAU (vor der Tür:) Gabor! Sie kommen doch gleich.
Sie schlurft weg. Die Tür Gabors wird aufgemacht. Gabor geht auf dem Gang an ihr vorbei. Er spricht ununterbrochen weiter.
GABOR (ungarischer Akzent:) ... majestätisch und breit gegen Budapest, unser vielgeliebtes Budapest, hinfloß, war die Luft zu einem blauen Gebirge aufgetürmt. »Gabor«, sagte der Vater, »Gabor, das ist dein Heimatland, und dein Heimatland darfst du nie verlassen!«
Er spricht weit entfernt. Man hört die Toilettenspülung. Gabor geht in sein Zimmer zurück. Er trägt Schuhe mit »Eisen«, die auf dem Steinboden klirren.
ALTE FRAU (dazwischen:) Hört nie auf. Der alte Trottel. Und kein Verlaß. Besser ich setze mich heraus. So. Wie eine Häuslfrau. Mit dem Sesserl am Gang. Aber. Sonst hört sie wieder keiner.
GABOR (weiter:) Mein geliebtes Ungarn. Meine geschundene Schöne. Nie habe ich dich verlassen. In den Klauen der Roten. Immer habe ich dich im Herzen getragen. Niemals dich verlassen. Dir immer treu gewesen. Zeitig am Morgen war es. Wir fuhren nach Budapest. Die Sonne stieg auf am Firma-

ment und tauchte die Welt in ihren Schein. Wie ein glitzernder Schleier lag ihr Licht über der weiten Ebene.

Gabor hat die Tür hinter sich geschlossen. Man hört die letzten Sätze wieder hinter der Tür. Die alte Frau beginnt zu sprechen, nachdem er in seinem Zimmer ist.

ALTE FRAU Der. Mit seiner Geschichte von der ersten Fahrt nach Budapest im 10er Jahr. Die wird er uns noch aus dem Sarg heraus erzählen. Nach Budapest. Wenn es überhaupt stimmt. Wahrscheinlich auch eine von den Erfindungen, für die ihn sein Vater immer verprügelt hat. Hat schon früh angefangen. Der gute Gabor. Wenn er nur nicht vor mir stirbt. Es hat nur mehr einer Platz. Und. Mir wäre es schon lieber nicht mit ihm. Begraben zu sein. Obwohl. Na ja. (Laut:) Gabor! Gabor! Sie sind gleich da.

Gabor wiederholt seinen Text von der Fahrt nach Budapest hinter der Tür. Kurze Stille. Die alte Frau sitzt am Gang. Sie atmet schwer. Dann ertönt eine durchdringende Klingel wie eine alte Schulglocke. Alle Türen werden geöffnet. Gabor und die alte Frau gleichzeitig:

ALTE FRAU Gabor! Gabor! Sie sind da. Beeil dich!

GABOR (ungarischer Akzent:) Es hat geläutet. Ich habe die Glocken vernommen, mein liebes Gerdalein. Ich fliege. Ich fliege. Dem Versorger unserer Öfen zu öffnen.

Gabor »versinkt« akustisch im Stiegenhaus. Stimmengemurmel. Türen. Danach kommt Gabor die Stiegen herauf. Hinter ihm stapft der Kohlenmann, dessen Schritten man die schwere Last anmerkt, die er zu tragen hat. Die alte Frau währenddessen:

ALTE FRAU Schlimm. Es wird immer schlimmer mit ihm. Gabor. Ha! Der liebe Cousin Wilhelm, der sich Gabor nennen muß. Seit dem 56er Jahr. Gott sei Dank bleibt er jetzt wenigstens bei Gabor. – Nach dem Fall von Saigon! Diese vietnamesischen Namen! – Wieso brauchen sie denn so lange. – Der Gabor. Aber vorlesen kann er jetzt wenigstens nicht mehr. Beim Essen. Dienstag und Donnerstag: Rilke. Na gut. Samstag und Sonntag: die Liebesbriefe von De Sade. Rührend. Die ganze Perversion. Und Montag, Mittwoch und Freitag: Mein Kampf. Beim Essen! Mein Gott! Was für ein Deutsch. Appetitzerstörend. Ein richtiger Appetitzügler.

Dieser Hitler. So gesehen fast ein Glück. Das Essen auf Rädern. Jeder seine Portionen in seinem Zimmer. – Wenn er nur nicht vor mir stirbt. Immer war er früher dran. Immer.

Kohlenmann kommt hinter Gabor herauf.

ALTE FRAU  Na endlich.

KOHLENMANN  Grüß Gott.

ALTE FRAU  Grüß Sie. Grüß Sie. Da sehen Sie. Jetzt sitze ich schon auf dem Gang und warte auf Sie.

KOHLENMANN  Ja. So geht's. Kalt ist es noch.

ALTE FRAU  Kalt. Ja. Ja.

GABOR  (ungarischer Akzent:) Ja die Kälte. Die Kälte ist einer unserer großen Feinde. »Die Kälte« hat mein lieber Vater immer gesagt, »die Kälte hat schon die größten Schlachten gewonnen.« Viele Menschen, viele Menschen hineingelockt hat das freundliche Väterchen Frost. – Ich glaube ja nicht an Väterchen Frost. Die Kälte ist eine schöne, sehr traurige Frau, die man küssen muß. Warmküssen. Jedes Jahr wieder. Warmküssen. Ah!

Geht in sein Zimmer während des letzten Satzes und beginnt hinter der geschlossenen Tür »Deh! Vieni alla finestra« aus »Don Giovanni« zu singen, auf italienisch. Die alte Frau bleibt sitzen. Der Kohlenmann geht ins Nebenzimmer und leert den ersten Sack Kohlen auf den Boden in die Ecke.

ALTE FRAU  (laut zum Kohlenmann:) Und wie geht es?

KOHLENMANN  (noch während des Ausleerens, laut:) Ja. Ja. Muß schon.

ALTE FRAU  Und Ihrer Frau?

KOHLENMANN  Ja auch.

ALTE FRAU  Die Kinder?

KOHLENMANN  Ja. Einer hat sich erschlagen. Mit dem Auto an den Baum. Angsoffn.

ALTE FRAU  Nein, gehen Sie.

KOHLENMANN  Keine Kinder gehabt. Nur die Frau.

ALTE FRAU  Besser. Viel besser. Was täten Sie denn mit denen. Sie haben ja noch andere Kinder.

KOHLENMANN  Sieben. Noch drei Buben.

ALTE FRAU  Na. Sehen Sie!

Kohlenmann geht die Stiege hinunter. Die alte Frau am Gang.

ALTE FRAU (laut:) Gabor! Gabor! Komm schon! Ach. Der Gabor. Immer früher dran gewesen als wir. Immer der erste am Bach. Der erste auf dem Baum. Immer Stehplatzkarten in der Oper. Immer vorne gestanden. Ich bin immer zu spät gekommen. Hinten eingeklemmt. (Wieder lauter:) Jetzt komm schon. Du hast es mir versprochen. Mach es doch jetzt gleich.

GABOR (unterbricht seinen Gesang und steckt den Kopf aus dem Zimmer, ungeschickter norddeutscher Akzent:) Laß ihn nur zuerst die Kohlen heraustragen. Du wirst ihn schon kriegen. Kannst es wohl nicht erwarten. Was? Das ungeduldige Gerdalein. Ja. Ja. Auch das Sterben muß abgewartet werden.

Geht in sein Zimmer zurück. Tür fällt zu.

ALTE FRAU (zum Kohlenmann, der eben die Stufen hochkommt, keucht und während des Gesprächs die Kohlen ausleert:) Wie geht denn das Geschäft?

KOHLENMANN Der Winter ist lang heuer.

ALTE FRAU Der Winter ist lang. Die Winter sind jetzt meistens lang. Nebel war heuer wenig.

KOHLENMANN Der Schnee hat genügt.

Die alte Frau steht auf, ächzend.

ALTE FRAU Ich darf nicht so lang sitzen. Ich muß gehen. Der Doktor hat gesagt, wen ich zu gehen aufhöre, ist es aus. Und schauen Sie den Gabor an.

KOHLENMANN Ja. Ja.

ALTE FRAU Ein halbes Jahr älter als ich und nichts fehlt ihm. Nur im Kopf. Und so viel Sport habe ich gemacht.

Der Kohlenmann geht die Stiege hinunter.

ALTE FRAU Die Mutter hat immer sehr viel Wert darauf gelegt. Reformgymnastik. Die Mutter hat ja noch die Mieder tragen müssen. Dann Geräteturnen und schwedische Gymnastik. Mit dem Rhönrad. Auf der Wiese. Und was bin ich mit den Hunden gegangen. Im Sommer um vier Uhr auf und in den Prater. Vor dem Büro. Mit den Hunden. Ganz allein waren wir da. Die Maus, der Noris und ich. Die Hunde. Nichts hat geholfen. In den Beinen hat es mich erwischen müssen. Der Gabor hat nur im Krieg. Leibesertüchtigung. Haben Männer einen Leib? Nein. Frauen haben einen Leib. Männer sind Körper. Na. Scheint besser zu funktionieren. Dafür stirbt der Leib nicht. Wird in den Himmel aufgenommen. Bei klarem Wetter. Wenn der Himmel zu ist wie jetzt, ist es natürlich nichts. Die alte Butze hat uns Kindern immer gesagt (böhmakelt) »die Seele, die Seele ist« ah, ich muß mich wieder setzen, »die Seele ist eine Fledermaus. Wenn Seele verläßt Leib, man muß aufmachen Fenster oder Ofentürl und Seele hinauslassen in Himmel.« Lang haben wir versucht, eine Fledermaus zu fangen und dann in ihr Zimmer. Nie gelungen.

KOHLENMANN Wie bitte?

Bleibt kurz stehen.

ALTE FRAU Nie gelungen. Seelenfangen. Hinter der Fabrik im Wald. Da waren viele Fledermäuse. Mußte man aber aufpassen. Die Tschechenkinder haben nur darauf gewartet, einen von uns allein. Den Gustl – (Kohlenmann geht Kohle ausleeren.) – haben sie erwischt und ihm die Zähne ausgeschlagen. Gerade bevor er in die Kadettenschule gekommen ist. In den Bach haben wir sie getrieben. Dafür. Konnten alle nicht schwimmen. Und der liebe Gabor. Auch da der erste. Eingetunkt hat er sie. Bis sie gewinselt haben. Na. Genau die haben uns dann alles weggenommen.

ALTE FRAU (laut zum Kohlenmann im Zimmer:) Was macht denn Ihr Hof. Sind Sie eigentlich noch draußen, oder sind Sie schon ganz in Wien?

KOHLENMANN Nur im Winter.

ALTE FRAU Sind Sie heute allein?

KOHLENMANN Ja. Jetzt wo der Bub tot ist.

ALTE FRAU Wo ist denn der Bursch, der immer geholfen hat. Ist schon schneller gegangen. Sie sind ja auch nicht mehr der Jüngste.

KOHLENMANN Das ist ja der Bub, der sich erschlagen hat.

ALTE FRAU Kinder machen schon Sorgen.

KOHLENMANN Ja. Das ist schon so.

ALTE FRAU Meine Mutter hat immer schreckliche Sorgen gehabt. Ununterbrochen irgendeine Sorge. Der Vater hat das nie ernst genommen. Gelacht hat er über sie, und dann hat er uns »Brehm's Tierleben« abgefragt. Am Abend. Nach dem

Abendessen. Die Mutter auch. Besucht hat er sie dann nicht mehr im Sanatorium Löw. Wie es zu Ende gegangen ist. »Kinderl«, hat er zu mir gesagt, »Kinderl, du machst das schon.« Die Mutter hat auch nicht gefragt nach ihm. Still war sie, die Mutter. Beim Begräbnis haben dann alle geweint. Der Vater und die Buben. Ein Fiaker voller heulender Männer. Eine Schande. Ein Glück, daß die Mutter das nicht mehr ansehen hat müssen. Sie hätte sich zu Tode geniert. Na ja, der Fritzl war halt noch klein. Aber der Vater. Und der Gustl.

KOHLENMANN Ja. Ja. So geht's halt.

ALTE FRAU Wissen Sie, ich muß viel gehen.

KOHLENMANN Ein bisserl Bewegung.

ALTE FRAU Hinunter kann ich nicht mehr.

KOHLENMANN (schon von weiter weg:) Muß nicht sein.

ALTE FRAU Nein. Es ist überhaupt nicht notwendig. Die Weigl bringt mir alles, und das Essen kommt sowieso. So. Das war genug. Jetzt kann ich mich wieder setzen. Ja. Die Weigl. Die macht mir Sorgen. Geht ins Spital. Krebsverdacht. Noch nicht sechzig. Schaut aus wie die Made im Speck und dann Krebsverdacht. War ihr nicht anzusehen. Unglaublich. Eine Zeitlang wird es noch gehen mit ihr. Aber dann? Noch nicht sechzig. Ist ihr zu gut gegangen. Eine Bauerndirn aus Oberösterreich. Ich bitte Sie. Immer zu essen. Nie Hunger. Wir haben eben gehungert. Und die Mutter hat darauf geschaut, daß keiner zu viel ißt. Dünn mußten wir sein, viel Bewegung, kein Mieder und Gesundheitsschuhe. Sehr auf Natur war sie. Und das Schlimmste waren für sie dicke Menschen. Wie die Tante Lina. Die Schwester vom Vater. Zu der hat sie uns nicht gern lassen. War aber auch wirklich kein Vergnügen. Sie hat uns im Vorhaus gebadet, damit wir keinen Schmutz ins Haus bringen. Aber zu essen hat es viel gegeben. Der Vater ist dann auch dick geworden. Aber da war sie schon tot.

Gabors Tür geht auf. Gabor geht an der alten Frau vorbei und deklamiert im Gehen, wieder mit übertriebenem ungarischen Akzent.

GABOR Wir standen am Anfang der Vörösz Marty in Buda. Der Feind war gerade in Pest eingerückt. Zwei Tage hatten wir Gefechtslärm gehört.

Gabor geht wieder auf die Toilette. Zieht die Spülung, redet weiter, zieht ein zweites Mal, kommt heraus, geht in sein Zimmer.

GABOR Aber wir harrten aus. Bis die letzte Barrikade gegen die Kommunistenschweine gefallen war und wir unser Blut geopfert. Für die Freiheit, für die abendländische Freiheit und für Ungarn. Die gefesselte Schöne, für die wir uns abführen ließen in Gefangenschaft und Tod. An die Wand gestellt für die Allerschönste, mein Ungarn. Und wiedererstrahlen wirst du in deiner alten Glorie und noch schöner. Und süßer noch werden unsere Freudentränen fließen.

Der Kohlenmann kommt wieder herauf. Die alte Frau beginnt beim Satz »An die Wand gestellt« zu sprechen, als erläutere sie die Situation.

ALTE FRAU War nie in Budapest. Hat nie einen Fuß nach Ungarn gesetzt.

KOHLENMANN Was meinen Sie? Frau Gerda?

Er geht die Kohlen ausleeren. Die alte Frau schreit ihm zu.

ALTE FRAU Die hätten ihn sofort verhaftet. Ist gesucht worden. Die Amerikaner haben ihn dann interniert, und er ist gleich bei denen geblieben. Ist Amerikaner geworden.

KOHLENMANN (kommt zurück und bleibt bei der alten Frau stehen:) Aber er ist doch schon länger da?

ALTE FRAU Aber ja. Jahrelang. Für ihn ist es auch aus mit den Geschäften. Und die da drüben. Für alte Leute ist das nicht gut dort. In Amerika. Obwohl. Ich glaube, er muß ganz schön verdient haben. Hat irgend etwas zu tun gehabt in Vietnam. Vorher im Kongo. Hat sich ja nur beim Kriegführen ausgekannt. Was anderes hat der doch nicht gelernt.

KOHLENMANN Ja. So ist es schon.

ALTE FRAU Ich werde wieder gehen. Herumgehen. – Diesen Spiegel muß man endlich einmal abnehmen. Mit dem Anschauen ist es aus. – Alles ist auszuhalten, wissen Sie. Aber daß einem die Haare ausgehen. Nein. Kommen Sie. Kommen Sie! Ich zeige Ihnen. (Sie gehen ins Zimmer.) Da. Schauen Sie. Da. Auf dem Foto. Das war ich. Solche Haare hatte ich. Jeden Tag haben wir sie gebürstet. Die Butze und ich. Das hatte sie nicht, das Fräulein Edelmann. Nein. Solche Haare nicht.

KOHLENMANN Ja. Ja. So geht's. Ich muß jetzt weiter.

ALTE FRAU Die Edelmann. Dann haben sie sie geholt. Und wegen der habe ich nie mit dem Alfred. – Und nie kennengelernt, worum die Welt sich dreht. Aber die Edelmann an meiner Stelle? War auch nie Zeit. Immer Krieg. Dazwischen die Mutter. Und der Vater. Zuckerkrank. Extra kochen. Alles für ihn extra kochen und nie allein lassen. Nach dem einen Hypo im Garten durfte man ihn nicht mehr allein lassen. Geschrien hat er. Wie ein kleines Kind. Und am Schluß hat er mich mit der Mutter verwechselt und »Liesl, du Hure!« geschrien. Und mit dem Wasserglas nach mir geschossen.

Kohlenmann kommt langsam wieder die Stiegen hoch. Bleibt stehen.

KOHLENMANN Wieviel wollen Sie denn heute. Vier Säcke sind es schon.

ALTE FRAU Nein. Es muß ein schöner Berg sein. Schauen Sie. So hoch haben wir es immer. Hüfthöhe. Ungefähr.

KOHLENMANN Das kostet aber.

ALTE FRAU Ja. Was soll man machen. Wärme muß sein. Etwas muß sein. Mit dem Schlafen ist es ohnehin nichts mehr. Alle zwei Stunden stehe ich auf und werfe eine Schaufel Koks nach. Können Sie schlafen?

Kohlenmann kommt vom Ausleeren zurück. Im Gehen.

KOHLENMANN Muß schon gut sein. (Geht.)

ALTE FRAU Ich nicht. Jede Nacht ist gleich. Lang. Wenn es zwei wird, kommt die Angst. Jedesmal glaube ich, ich sterbe jetzt. Jede Nacht. Auf und ab gehen. Gegen die Angst. So als ob es mich nicht gibt. Gar nicht gegeben hat. Gehen ist gut dagegen. Die Schmerzen in den Knien. Die sind da. Die sind sicher. Dann bleibt nur noch die Angst, was gewesen wäre, wenn ich jemand anderer geworden wäre. Einer von den Brüdern. Oder der Gabor und eigentlich Wilhelm heiße. Oder die Edelmann. Ob ich dann auch sitzen geblieben wäre beim Horst-Wessel-Lied. Die blöde Gans. Sie hat ja gewußt, was passieren wird. Jeder hat das gewußt. Und dann. Mußte sie im Hotel Europa. Mit dem Alfred. Wo es jeder mitbekommen muß. Und die Edelmann an meiner Stelle. Ob die dem Alfred auch gesagt hätte, daß er rassisch nicht einwandfrei war? Hat ihn ganz schön getroffen. Den Alfred. Der Bub von denen muß jetzt auch schon fast Großvater sein. Hat alles gekriegt. Nach dem Krieg. Ist reich geworden mit der Wiedergutmachung. Aber die Edelmann war weg. Dann. Gabor! Gabor! Bist du jetzt soweit. Es wird Zeit. (Sie geht zu Gabors Tür und klopft.) Gabor! Geh Willi mach auf. Laß das. Ihr müßt jetzt anfangen.

Der Kohlenmann kommt wieder herauf.

ALTE FRAU (zum Kohlenmann:) Hinauf kann ich auch nicht mehr. Eigentlich hätte ihn mir die Weigl heruntertragen sollen. Bevor sie sich ins Spital gelegt hat. Aber jetzt. Was kann man schon machen. Krebsverdacht. Gabor!

Gabor schreit von drinnen, ohne Akzent.

GABOR Ich brauche ihn ja nicht. Ich kann ja noch hinaufgehen. Du glaubst doch ohnehin, daß ich zuerst dran bin.

Der Kohlenmann ist im Kohlen-/Ankleidezimmer. Die alte Frau hastig und verschwörerisch.

ALTE FRAU Ja. Ja. Es wird schon so sein. Aber es ist doch einfacher, wenn wir ihn herunterholen. Ihr könnt es zusammen machen. Jetzt stell dich doch nicht so an. Einer allein schafft das doch nicht.

Gabor immer noch hinter der Tür, wieder mit ungarischem Akzent.

GABOR Ich bin noch im Negligée. Ich muß noch Toilette machen.

ALTE FRAU (zum Kohlenmann:) Steht er wieder vor dem Spiegel und gafft sich an. Oder schaut Hefterln an.

KOHLENMANN Das war jetzt der sechste.

ALTE FRAU Ja. Ja. Tun Sie nur. (Kohlenmann geht hinunter, sie spricht vor sich hin.) Kann's nicht lassen. Wie ein kleiner Bub. Können es alle nicht lassen. Der Gustl ist von der Kadettenschule geflogen wegen der Hefterln. Weiber anschaun. Hat damals schon angefangen mit seinen Geschichten. Immer Geschichten gehabt. Der Gustl. Alle Augenblicke ist eine aufgetaucht und hat wieder ein Kind gekriegt. Die Gretel hat es nicht leicht gehabt mit ihm. Ein richtiger Fallot. (Kichert.) Und dann hat er gelacht und so geschaut. Und dann war es wieder vorbei. War'n auch selber schuld. Viel

Geld hat uns das gekostet. Und am End hat's ihm dann noch leid getan. Hätt seine Kinder gern gekannt, hat er gesagt. Tät ihm leid, daß keines gelebt hat. Die Gretel hat ja keine kriegen können. Gabor! Gabor!

Gabor beginnt hinter seiner Tür »Auf, auf zum fröhlichen Jagen« zu singen. Er kommt mit einem Hausmantel bekleidet aus dem Zimmer und beginnt auf und ab zu gehen. Der Kohlenmann kommt nun schon sehr langsam und keuchend die Stiegen herauf.

ALTE FRAU (zum Kohlenmann:) Jetzt werden wir es bald haben. Nur noch einen Sack. Einen noch. (Zu Gabor:) Bist du jetzt fertig. Hör auf mit deiner Singerei. Jagen! Was anderes haben deine Leut ohnehin nicht gekannt. Jäger, Schürzenjäger. Dienstmädchenjäger. Aber na gut. Muß ja alles sein. Anscheinend. Der Vater hat ja auch. Unterhosen. Damenunterhosen. Eine ganze Lade voll. Eine war lila. Ungewaschen. Na gut, daß die Mutter das alles nicht mehr erleben hat müssen.

Der Kohlenmann kommt aus dem Kohlen-/Ankleidezimmer.

ALTE FRAU (zum Kohlenmann:) Einen noch. Das geht schon. Dann kommen Sie ins Speisezimmer. Ja?

KOHLENMANN Ja. Ist recht.

ALTE FRAU (schlurft in das fast vollkommen ausgeräumte Speisezimmer. Spricht vor sich hin:) Gabor! Du auch! Es ist halt kalt hier. Aber heizen geht nicht. Der Kamin ist verstopft. Geht nur in meinem Zimmer. Wir essen hier auch nicht mehr. Essen auf Rädern. Wird nur aufgewärmt. Gabor in seinem Zimmer. Ich will allein sein. Nicht mehr gestört werden. Immer Tischgespräche. Ein Leben lang Tischgespräche. Jedesmal irgendein Problem. Streitereien. Der Vater. Und der Gustl sagt »Da kann man auch ganz anderer Meinung sein!« und der Vater sagt »Kann man schon. Aber blöd ist es.« Und. Na ja. Oder der Gabor. Liest vor beim Essen. Wie im Kloster. Der sentimentale Trottel. Er hat es nie aufgegeben. Hat nie verlieren können. Nimmt alles ernst. Schon immer. (Zu Gabor, der nachgekommen ist:) Ja. Ja. Das tust du mein Lieber. Und schau nicht so. Und bitte rede normal mit ihm. Oder wenigstens nur mit »ungarischem Akzent« (Sie äfft seinen

Akzent nach.) Ja. Ja. Das mit Vietnam ist vorbei. Das probier bitte nicht aus. Das versteht er nie. Ho-sien-mih. (Sie versucht das so »asiatisch« wie möglich auszusprechen.) Das Ungarisch geht gerade noch. Mein Gott, es wird fürchterlich, wenn Südafrika fällt. Dann mußt du Afrikaans lernen. Das wird fein. So. Wo ist er denn jetzt. Drei-Stern wird schon gehen. Kochcognac. Aber in unserem Alter schmeckt man ohnehin nichts mehr. Nur wenn es scheußlich ist. Das merkt man schon noch. Gläser. Wo sind Gläser. Da. Hallo? Ist er schon heroben? Gabor! Schenk ein. Ich muß mich setzen. So eine Herumrennerei.

Gabor beginnt mit den Gläsern und der Flasche zu hantieren.

ALTE FRAU Jetzt ist die Gelegenheit. Ja? (Laut zum Kohlenmann, der wieder heraufgekommen ist:) Ja! Kommen Sie nur herein. Da ist ein kleines Glaserl. Cognac. Ohnehin Medizin. Kommen Sie. Schadet nie. Hilft immer. Gabor! Gib ihm ein Glas.

KOHLENMANN Na dann. Wenn's Ihnen recht ist. Prost.

ALTE FRAU Prost. Prost. Das tut gut.

GABOR (ungarischer Akzent:) So viel Wärme hat er uns heraufgeschleppt. Einen Berg Hitze hat er uns ins Ankleidezimmer gelegt. Früher haben wir uns dort angezogen. Heute haben wir die Kohlen dort. Beides macht warm. Kommen Sie. Sie haben noch einen verdient.

ALTE FRAU Ja. Ja. Natürlich. Schmeckt gar nicht so schlecht. Die Mutter hat den Cognac immer im Tantalus. War versperrt. Weißt du noch Gabor? Wissen Sie, das waren Karaffen, die waren zugesperrt. Wegen der Dienstmädchen. Aber die haben den Kochcognac gehabt. So wie wir. (Lacht.) Der Tantalus ist immer noch versperrt. Er steht im Zimmer von der Gretel. Den Schlüssel hat nie jemand gefunden. Seit dem 24er Jahr hat niemand mehr daraus. Da oben wäre ein wirklich alter Cognac. Nehmen Sie. Nehmen Sie.

KOHLENMANN Ja, also. Bitte. Prost. Danke. Aber ich wollte nur ...

GABOR (ungarischer Akzent:) Kassieren! Aber mein Lieber! Das geht noch allemal. Ein Schlückchen in Ehren. Jetzt nur noch die Schlückchen, aber die sicher. Ja. Ja. Die Zeiten der

Küßchen ... Ah! ... Wie es noch Frühling geworden ist. Lind. Jetzt wird es ja gleich heiß. Hitze. Sommer. Aber kein Frühling. Aber Sie! Sie waren doch auch einer! Ja. Ja. Geben Sie es nur zu. Sie waren auch einer. Ich sehe es Ihnen an. Darauf müssen wir noch einen trinken. Gerdalein! Du gestattest. Das muß sein.

KOHLENMANN Ja. Na dann. Aber ich muß weiter. Also. Das macht ...

ALTE FRAU Mein Lieber. Vorher haben wir noch eine ganz große Bitte. Gabor. Sag du es ihm.

GABOR Ja. Wir haben eine Bitte an Sie. Eine ganz große. Aber vielleicht nehmen wir noch ein kleines Glaserl. (Betont wienerisch:) Ein ganz kleines Glaserl. Da. Prost.

KOHLENMANN Ja dann. Prost. Aber jetzt. So war das doch immer. Barzahlung. Ich liefere doch seit dreißig Jahren gegen Barzahlung.

GABOR (wieder mit ungarischem Akzent:) Aber darum geht es doch nicht. Prost. Trinken Sie nur einen.

ALTE FRAU Sie sehen doch. Wir sind alt. Sie sind ja noch jung gegen uns. Wieviel sind es denn?

KOHLENMANN Sechzig. Sechzig wird es heuer. Aber mit der Pension ist es noch nichts. Nicht genug Jahre. Gefangenschaft. Bin mit dem letzten Transport zurück. Hab es zuerst mit dem Hof probiert. War aber nichts zu machen. Hab in die Stadt müssen.

GABOR (normal:) Ja. Ja. Herumgekommen sind wir. (Lacht.) Darauf noch einen. (Verfällt wieder in den ungarischen Akzent.) Gerdalein. Ich befürchte, dein Tee wird heute jungfräulich bleiben müssen. Muß man morgen einen Neuen besorgen. Werde ich gehen müssen. Ist ja niemand da dafür. Die Weigl! Keine Jungen. Wo sind denn die Jungen. Wehleidig. (Norddeutsch:) Viel zu wehleidig. In Saigon. Wissen Sie. Ich habe da viel zu tun gehabt. Also, das waren nette Burschen. Sehr nette Burschen. Aber keinen Mumm. Fliegen einen Einsatz und weinen. Geweint haben sie. Herzchenweh. Die größten und stärksten GIs und haben einfach Herzchenweh. Ein paar von diesen Schweinen abgeschossen und dann geweint. So läßt sich die Welt nicht retten. Ich bin im Krieg gewesen. Im wirklichen Krieg.

Ich habe nie geweint. (Weinerlich:) Nie hätte ich geweint. Haben Sie geweint? (Steigert sich in seine betrunkene Sentimentalität.) Nein. Du hast auch nicht geweint. Komm. Wir waren noch Burschen. Eisern. Eisern waren wir. Gerda. Liebes Gerdalein. Jetzt trinken wir den Rest.

ALTE FRAU Gut. Gut. Aber fang nicht wieder zu heulen an. Ihr müßt ihn noch heruntertragen. Wenn du dich jetzt ansaufst, kannst du das nicht. Holt ihn doch gleich und trinkt nachher weiter.

GABOR (normal:) Gerda. Ich muß schon bitten. Ansaufen! Was für Ausdrücke. Gerda. Wir haben doch einen Gast hier. Ansaufen! (Geht in sein Zimmer.)

ALTE FRAU (zum Kohlenmann:) Die alte Schnapsdrossel. Ich habe es immer gewußt. Nachher liegt er dann bewußtlos auf dem Bett und hat Abschiedsbriefe in der Tasche. Er hat es nie verwunden. Das Kriegsende. Er hat wirklich alles geglaubt. Dafür hat schon der Lehrer Neumaier gesorgt. War ein ganz Fanatischer. Ein richtiger Illegaler. Nicht so wie die anderen nachher. Wie der Küchelbeck, der sich das Abzeichen von der Traut aus der Buchhaltung ausgeborgt hat. Wie die Nazis gekommen sind. Und der Gabor immer auf der falschen Seite. Auch wie er dann mit den Waffen. Aber daher er wenigstens verdient. Im Kongo. Und dann. In Vietnam. Er hat es aber trotzdem immer sehr persönlich genommen, wenn es dann schiefgegangen ist. Ich habe die Nazis ja nicht mehr wollen, wie sie dann da waren. Und der Vater hat natürlich recht gehabt. Aber wer hätte das zugegeben. Damals. Na ja. Sie haben das alles gar nicht miterlebt.

KOHLENMANN Ah ja. Ich war eingerückt. Vom Arbeitsdienst weg an die Front und gleich in die Gefangenschaft. Wir haben nicht einmal gewußt, was los war. Die Russen. Waren harte Burschen. Hat ihnen Spaß gemacht mit uns. Uns Junge haben sie erst ganz am Schluß gehen lassen. Haben ja gut gearbeitet.

Gabor kommt zurück, er spricht wieder mit ungarischem Akzent.

GABOR Na. Da haben wir entdeckt ein Nachschublager. Leider

nur Gin. Den habe ich mir im Ausland angewöhnt. Aber Gin wärmt auch. Da. Prost.

ALTE FRAU Ich kann das Zeug nicht riechen. Prost.

KOHLENMANN Na also. Wenn Sie meinen. Prost.

Alle trinken. Schweigen. Der Kohlenmann wird unruhig. Gabor beginnt vor sich hinzusummen. Die alte Frau geht wieder auf und ab.

ALTE FRAU Am besten, ihr macht es jetzt gleich. Der Gin. Mich macht der Geschmack nervös.

GABOR Du hast nie trinken können.

ALTE FRAU Das hätte sich auch nicht gehört.

GABOR (äfft sie mit besonders starkem ungarischen Akzent nach:) Das hätte sich auch nicht gehört. (Normal:) Die sittsame Gerda. Unangefochten von leiblichen Sünden, hat sich unser Gerdalein die Keuschheit bewahrt. Bis ins höchste Alter.

ALTE FRAU (unbeeindruckt:) Du altes Ferkel. Immer hast du es darauf abgesehen gehabt. Neben dem Schießen war das einzige, was du noch im Kopf gehabt hast, Weiber. Hättet ihr halt nicht soviel geschossen. Dann tät der Georg noch leben und ich wäre verheiratet und wir hätten Kinder gehabt. Oder ich hätte sogar den Alfred. Aber du warst sowieso nie ein Herr. Eine Schande, daß ausgerechnet du von allen übrigbleiben mußt. Schon dein Vater war so. (Zum Kohlenmann:) Kommen Sie. Prost!

KOHLENMANN Na also. Dann Prost.

GABOR (ungarischer Akzent:) Gerda. Gerdalein! Jetzt habe ich sie böse gemacht. Immer fange ich an, Blödsinn zu reden, und sie hat uns doch immer geholfen. Sogar Schuhpasta hat sie aufgetrieben, wie es nichts gegeben hat.

ALTE FRAU (zum Kohlenmann:) Waren seine Stiefel wenigstens geputzt, wie sie ihn geholt haben. Von den Männern hätte ja keiner auch nur auf die Straße, wie alles vorbei war. Und schon gar nicht auf den Schleich. Was glauben Sie, wenn man die im Resselpark erwischt hätte. Waren alle gesucht und der Vater im Sterben. (Zu Gabor:) Dieser Gin ist nicht zu trinken. Wollt ihr nicht endlich anfangen? Er hat ja noch etwas anderes zu tun. Nicht so wie wir. Wir haben es schließ-

lich hinter uns. Ein Leben lang gearbeitet. 40 Jahre Ministerium.
GABOR (norddeutsch:) Ja. Ja. Das Gerda-Bienchen. Tagein-tagaus. Jahrein-jahraus. Ins Büro.
ALTE FRAU Der Vater war ohnehin dagegen. Studieren hat er mich auch nicht lassen. »Hat keinen Sinn«, hat er gesagt, »jetzt nach dem Krieg kommen alle Lehrer aus den Kronländern zurück. Da hast du keine Chance.« Also bin ich ins Büro. Er hat sich nie daran gewöhnt, daß seine Tochter arbeiten geht. Und was hätt ich heute? Verhungern könnt ich. Oder als Haushälterin vom Gabor enden, jetzt wo er zur Familie zurückgekehrt ist.
GABOR Aber ich bitte dich. Wir hätten alle für dich gesorgt.
ALTE FRAU Ja. Ja. Es gibt ja keinen mehr. Das Haus ist leer. Wir sind die letzten. Nicht einmal heizen kann man mehr. Nur in meinem Zimmer. Wenn es kalt ist, muß er bei mir schlafen.
GABOR (ungarischer Akzent:) Spät aber doch habe ich Eingang in dein Kämmerlein ...
Verliert das Interesse und beginnt »Don Giovanni« zu singen.
ALTE FRAU Blödsinn. Erfrieren würdest du mit deinem Elektrostrahler. Außerdem können wir beide nicht zum Sicherungskasten hinauf, wenn etwas ist. Kann nur die Weigl. Wenn uns die jetzt wegstirbt.
KOHLENMANN Sie sollten hier weggehen. Das ist nichts mehr in Ihrem Alter.
ALTE FRAU Nein. Nein. Das ist nichts. Und wer kümmert sich dann um den Gabor. Gabor! Gabor!
Gabor geht in sein Zimmer davon. Sie ihm nach.
ALTE FRAU Gabor. Wo gehst du hin?
GABOR (kindisch:) Ich mag nicht mehr. Ihr habt meinen Gin ausgetrunken. Meinen ganzen Gin.
ALTE FRAU Gabor! Du gehst jetzt sofort hinauf und hilfst heruntertragen. Ich brauche ihn. Ich muß ihn herunten haben.
GABOR (schon hinter seiner Tür:) Nein. Nein. Nein.
ALTE FRAU Gabor. Ich schmeiß dich hier hinaus. Ich halt das nicht mehr aus. Ein Leben lang gibt man sich mit dir ab. Du alter Widerling du! Nur weil man mit dir verwandt ist, muß man vergessen, was du alles aufgeführt hast. Vergessen, von

wem du Adjutant gewesen bist. Deine albernen Spinnereien.
Deine Sauferei. Du alter Waffenschieber. Ich habe es satt.
Satt. Gut. Gut. So ist es ja immer. Ist schon gut. Dann hole
ich ihn mir eben selbst.

Sie beginnt die Stiege hinaufzugehen. Der Kohlenmann versucht, sie zurückzuhalten.

KOHLENMANN Aber. Frau Gerda. Das lassen Sie bleiben. Was soll denn geholt werden. Na sehen Sie, soweit kommt es noch.

Die alte Frau sitzt keuchend vor Wut auf der Stiege.

ALTE FRAU Die Knie. Mein Gott die Knie. Dieser gemeine Kerl. Der Willi. So war er immer. Ach. Sie haben ja keine Ahnung. Glauben Sie, er war umsonst auf der Liste. Ah. So ein Kerl. Immer. Immer nichts als Verdruß. Mein ganzes Leben lang. Hätt ich nur mit der Mutter allein leben können. Ich hätte keine Brüder oder Cousins gebraucht. Und den Vater schon gar nicht. Nein. Alles muß man machen und alles hergeben für sie. Und wenn man einmal etwas braucht, ist keiner da. Der Gabor! Ha! Immer mit Landsknechten und Flegeln an einem Tisch. Und am Ende hilft einem niemand. Er soll gehen. Soll er doch zurückgehen. Warum ist denn er übriggeblieben.

KOHLENMANN Aber Frau Gerda!

ALTE FRAU Warum ausgerechnet er. Was will er denn hier. Ich will nicht seine Familie sein. (Schreit in Richtung von Gabors Tür:) Warum bist du überhaupt zurückgekommen. (Zum Kohlenmann:) Geheißen hat es immer, er handelt mit Bremsbelägen. Aber ich bitte Sie, wer hat im Kongo 1964 Bremsbeläge gebraucht. Oder dann in Vietnam. Er hat es immer gut verstanden. Verträge in Luxushotels und die Tschechenkinder ins Wasser treiben. Aber da kann man nichts machen. Die einen verstehen es, und die anderen einfach nicht. Am gescheitesten ist es, man macht sich alles selbst. Nur jetzt. Ohne die Weigl.

KOHLENMANN Jetzt sagen Sie mir schon, was Sie wollen. Ich kann es ja versuchen.

ALTE FRAU Aber Sie keuchen auch schon ganz schön.

KOHLENMANN Ja, das Alter. Wir werden alle nicht jünger. Wenn ich langsam tue, geht es schon.

ALTE FRAU  Warten Sie. Ich muß doch mitkommen. Es muß gehen. Einmal wird es schon noch. Ein letztes Mal muß es noch gehen. Wird halt eine Weile dauern, bis ich oben bin. So. Sehen Sie. Die erste Stufe hätten wir. Ah. Aber. Dann ist es wenigstens nicht so bald vorbei mit dem letzten Mal. Ah! Ich habe es nämlich lieber, wenn ich weiß, daß es das letzte Mal ist. Die ersten Male. Schauen Sie. Es geht. Die ersten Male merkt man meistens nichts, und auf einmal ist es vorbei. Man merkt nichts vom Leben. Nur von den Katastrophen. Vielleicht muß man dankbar sein dafür.

Die Tür Gabors geht auf. Gabor kommt heraus. Er deklamiert wieder den Schulaufsatz über die Reise nach Budapest, geht auf die Toilette und wieder in sein Zimmer zurück. Die alte Frau und der Kohlenmann klettern die Stiege zur Mansarde hinauf.

ALTE FRAU  Der Narr. So. Wieder eine. Immer ist es so. Geht es Ihnen auch so? Man will von dem, was man gelebt hat, ohnehin nichts. Hat es nie gewollt. Ah!

KOHLENMANN  Ja. Ja. So ist es schon. Aber ich. Wenn ich auf meinem Acker bin. Im Frühjahr. Dann tut es schon gut.

ALTE FRAU  So! Das glaube ich Ihnen. Das hätte ich auch gerne gehabt. Aber so. Ich weiß nicht. Die Dinge kleben so an einem. Und es bleiben nur die Dinge übrig.

KOHLENMANN  Kommen Sie. So. Ja. Aber sagen Sie mir doch, was man holen soll. Dann müssen Sie nicht da hinauf.

ALTE FRAU  Ja. So ist es gut. Eine kleine Pause. In die Mansarde? Ja. Ja. Sind alle gelegen da. Was bin ich da auf- und abgelaufen. Die Mutter nicht. Die ist als erste, aber im Sanatorium. Der Vater hat halt den Himmel sehen wollen. Hat immer gesagt, er möchte verbrannt werden und die Asche in den Wind gestreut. Von einem Hügel aus in den Wind. Ist natürlich nicht gegangen. Wegen der Kirche. Wäre er nicht eingesegnet worden. Naja. Wissen Sie. Er war noch ein k. u. k.-Offizier. Waren sehr romantisch alle. Beim Spazierengehen hat er die Buben das Gelände bestimmen lassen. Hat überall Schlachtfelder gesehen. Dann der Fritz und der Gustl. Die Gretel war die letzte. Das war die Frau vom Gustl. Ist man näher beim Himmel. Und stört die anderen weniger. Mit dem

Sterben. Am stillsten war ja die Mutter. So still möchte ich auch sterben. Nein. Warten Sie. Ein bißchen. Der Vater hat geflucht und geschrien und gekannt hat er niemanden mehr. Aber die Mutter. Nichts hat sie gesagt. Nichts. Wochenlang keinen Ton. Sogar die Krankenschwestern haben so etwas noch nicht erlebt. Nicht einmal gebeichtet hat sie. Und es hat ja auch nichts zu beichten gegeben. Ja. Langsam. Ah. So. Es ist besser, Sie lassen mich anhalten. Die Mutter hat keine Sünden gehabt. Wie denn. Was hat es denn schon für Gelegenheiten gegeben. Im Krieg. Wissen Sie. Ja. So ist es gut. So kommen wir weiter. Im Krieg habe ich heroben gewohnt. Nein. Lassen Sie mich. Ja. Wegen dem Heizen. Wissen Sie. Es ist das kleinste Zimmer im Haus. Und wie die Russen unten auf der Straße waren, hab ich die Tür heroben zugesperrt und mir gedacht, sollen sie nur kommen. Sollen sie nur. Dann spring ich halt. So. Viel ist es nicht mehr. Das werden wir auch noch. Also dann spring ich halt, hab ich mir gedacht. Aber die haben das Silber genommen und sind gar nicht bis in die Mansarde hinauf.

KOHLENMANN So. Ja. Es geht schon.

ALTE FRAU Ja. Gleich haben wir es. Die haben das Silber genommen und sind gleich wieder weg. Ich wäre auch zu alt gewesen. War doch schon über vierzig. Damals. Die kleine Frauendorfer aus der Revision. Die haben sie erwischt. Nie wieder hat man etwas von ihr gehört. Vier Russen haben sie mitgenommen. Der Vater von ihr. Ach. Die Knie. Das tut weh. Mein Gott. Also. Der Vater von ihr ein Nazi. Was hätte man machen können. So. Ah. So. Sehen Sie, wir haben es geschafft. Warten Sie. Da müssen wir erst aufsperren. Der Schlüssel muß da in der Lade liegen. Beim Spiegel. Haben Sie ihn?

KOHLENMANN Wo? Ich ...

ALTE FRAU Warten Sie. Da muß er sein. So. Jetzt werden wir ihn gleich haben. Wissen Sie, es ist der Paravent. Der Sterbeparavent. Wo ist denn dieser Schlüssel wirklich? Alle sind hinter ihm gestorben. Deswegen steht er da drinnen. Wenn man auf ihn zukommt, bäumt sich ein schwarzer Hengst auf. Innen ist er rosa. Schaut furchterregend aus. Früher haben wir uns immer gefürchtet vor dem Hengst. Stand bei den Eltern im Schlafzimmer. So. Da ist er. Jetzt nur noch das Schlüsselloch. So. Ja. Also.

KOHLENMANN Mein Gott. Der ist ja ...

ALTE FRAU Ja. Ja. Riesig. Und alt. Älter als ich. Schon der Großvater. Und der ist im 71er Jahr gestorben. 1871. Hat Königgrätz nicht verkraftet. Passen Sie auf. Da ist so ein kleiner Riegel. Da. Den muß man aufmachen, und dann kann man ihn zusammenklappen. So. Ja.

KOHLENMANN Also. Ich weiß nicht. Ja. Wenn Sie meinen. Tun wir ihn halt hinunter.

ALTE FRAU Nein. Nein. Ich brauche ihn unbedingt. Wissen Sie, ich mag es nicht, wenn man mich anschaut, wenn ich krank bin. Schon als kleines Kind habe ich mich verkrochen. Und hinter dem Paravent. Es wird alles ganz rosig. Und jeder, der ins Zimmer kommt, sieht nur den Hengst. Außen. Sieht wirklich zum Schrecken aus. Wie er sich aufbäumt und wütend aus den Nüstern bläst. (Kichert.) Ist eine gute Arbeit. Innen Samt. Halt staubig jetzt. Aber glauben Sie, ich will, daß die Weigl mich dauernd anstarrt, wenn sie das Zimmer macht. Schade, daß ich nicht heroben leben kann. Die Aussicht. Da. Schauen Sie. Der Kahlenberg, der ganze Wienerwald ist zu sehen. Berge waren mir ohnehin immer das Liebste. Aber die Weigl steigt mir ja nicht mehr so hoch hinauf. Ja. Ja. So. Passen Sie nur auf. Seien Sie vorsichtig. Nicht so ungeduldig. Halt. Halt. Kommen Sie. Nein. Sie machen ja ein Loch in den Stoff. Jetzt haben Sie ein Loch in den Stoff gemacht. Ach du lieber Himmel! Nein. Nein. Lassen wir es. Lassen wir es lieber. Sie können ihn nicht allein. Nein. Mein Gott. Das wird ein böses Ende nehmen. (Der Paravent kracht auf der Stiege auf.) Jetzt zerschlägt er mir den Paravent. So. Jetzt ist der auch hin. Jetzt hat er mir den Paravent zerschlagen. Nichts. Nichts bleibt einem. Nichts ganz. (Wütend:) Was willst du alte Schachtel deinen Sterbeparavent auch ganz haben. Die Zeiten sind – (Paravent kracht) – ja wohl vorbei, in denen etwas ganz war. Und in Ordnung. Früher. Wie die Mutter noch gelebt hat. Da hat es eine Welt gegeben, da hat jeder gewußt, wo er hingehört. Da hat es keine Angst gegeben. Heute. Heute kann man sich nur mehr fürchten. Jede Nacht. Alles zu Ende. So viel zu Ende gegangen und wird nie wieder. (Paravent kracht unten auf. Gabor hat seine Deklamation des Ungarnaufsatzes wiederaufgenommen.) So. Jetzt hat er ihn unten. Und ich. Wie komme ich hinunter. Allein schaffe ich es nicht. Allein schaffe ich das nicht mehr ...

**New York. New York.**

Die Personen:
FRAU HORVATH, 60–80 Jahre alt. Die vielen Kleidungsstücke, die sie übereinanderträgt, passen in keinem Fall zueinander, die Farben sind dunkel. Sie trägt orthopädische Schuhe, die weit über die Knöchel hinaufgeschnürt werden. Die Horvath ist die einzige Person, die eine eindeutige Identität durchhält. Sie spricht ein persönlich gefärbtes Hochdeutsch. Sie besitzt ein streng durchzuhaltendes Gesteninventar; vor allem in ihrer Rolle als Klofrau (Reinigung des WC, Versperren, Schwammtuch/Wettex etc.), wenn »der liebe Herr Prometheus« besprochen wird oder wenn das Geld zu zählen ist.

DER TAUBSTUMME, 20, Stricher, Mick-Jagger-Typ.

HERR SELLNER, 30, Fremdenführer.

PROFESSOR CHROBATH, 50, Universitätsprofessor. Er trägt einen schwarzen Jogging-Anzug, Stirnband, ist vollbärtig und barfuß.

LULU, 40, Hure.

KARL (CHARLY) BLEICHER, 30, Zuhälter.

DIE SCHWANGERE, 25, Doris-Day-Typ mit Pillbox-Hütchen à la Jackie Kennedy. Hochschwanger.

DIE 3 STRIPPERINNEN, 50, dick. Sie tragen schwarze Unterwäsche, die mit Rüschen verziert ist und Stubenmädchentracht andeutet. Ebenso kleine Stubenmädchenhäubchen mit Spitzenbesatz.

DER STREETWORKER, 40, Jeans, Tennisschuhe, Lederjacke, unter der Lederjacke Priesterkollar, lila Hemd und ein großes Glaskreuz an einer Kette um den Hals.

MANN IM DINNERJACKET, in den besten Jahren, korrekter Abendanzug, Lackschuhe.

MANN MIT HUT, in den besten Jahren, Autoverkäufer. Ein richtiger Mann, der noch eine Autorität sein kann.

DIE JAPANER, eine Reisegruppe. Sie sind bei ihrem ersten Auftritt verschiedentlich schon trachtenmäßig gekleidet. Jopperln, Jankerln, Lederhosen, Hüte mit Gamsbärten, aber nur vereinzelt. Beim zweiten Auftritt sind die Japaner vollständig in Tracht. Einige tragen Dirndl. Zwei tragen die Tangas der Stripperinnen à la Samurai als Stirnbänder. Jeder Japaner ist zumindest mit einem Fotoapparat ausgerüstet. Einige haben noch zusätzlich Videokameras.

DIE DREI VON DER MATURAFEIER, 18jährige in weißem Hemd und schwarzer Hose, die sich in 60jährige verwandeln.


Die Bühne:
Vorraum zum Herren-WC der Stadtbahnhaltestelle Burggasse. Die ehemalige k. k. Piß- und Bedürfnisanstalt ist seit dem 12er Jahre unrenoviert. Weißgekachelt. Am oberen Rand der Kacheln ein blaues Mäanderband. Nach hinten zwei Türen mit kleinen Milchglasscheiben oben. Aufschriften: Pissoir, WC. Eine kleine weiße Tür nach links, keine Aufschrift. Rechts eine Doppelschwingtür auf die Stiegen hinaus, die hinauf zur Stadtbahn führen. Auch die Doppelschwingtür hat Milchglasscheiben, auf denen außen Herren-WC geschrieben steht. Hinter allen Türen ein grelles widerliches Licht. Ein Tischchen. Darauf der Teller für das Kleingeld. Eine Lade für das Wettex. Ein Sessel. Ein Küchenhocker. Eine Bassenawasserleitung. Ein Kübel, über den ein Wischfetzen zum Trocknen gelegt ist. Eine riesengroße Zinngießkanne. Ein Erste-Hilfe-Schränkchen an der Wand, in dem Küchenrolle und Knackwurst aufbewahrt werden. Ein kleiner Plastikrasierspiegel, auf der Wasserleitung aufgestellt. Radio mit Kassettenrecorder. Unter dem Tisch ein großer Plastiksack mit grünen Riesenwollknäueln. Hinter den Plastiksack geschoben die originale Tafel »k. k. Piß- und Bedürfnisanstalt« und ein Doppeladler in Schwarz-Gold.

I

Die Horvath sitzt an der Wand an ihrem Tischchen. Sie strickt einen Schal. Einen langen, breiten, grünen Schal. Lulu lungert auf dem Hocker und raucht. Sie streift ihre Asche auf dem Teller für die Häusl-Gebühr ab. Die Horvath betrachtet das mißbilligend, sagt aber nichts und strickt wieder weiter. Lulu starrt lange in den Rauch ihrer Zigarette, bevor sie zu sprechen beginnt. Lulu spricht teilnahmslos.

LULU  Ja. Weil Sie die Regel nicht mehr kriegen.
Die Horvath strickt, schaut wieder mißbilligend dem Mißbrauch ihres Gebühren-Tellerchens zu und strickt weiter.
HORVATH  Brauche ich auch nicht. Nein. Brauche ich wirklich nicht.
Sie legt das Strickzeug in den Schoß und schaut vor sich hin. Lulu raucht Kette, aber immer gleichmäßig unhastig.
HORVATH  Schon der Geruch. Nein. Nur kein Blut. Ich habe diesen Geruch. Nie. Mein Gott. Und der alte Horvath.
Die Horvath beginnt wieder zu stricken und spricht mehr mit dem Strickzeug als mit Lulu.
HORVATH  Der alte Horvath. Seien Sie froh, daß Sie nicht verheiratet sind. Fräulein Lulu. Ja. Ja. Der hat dann nur mehr dann. Können. Hat seinen Schwanz angestarrt und das Blut verschmiert. Nachher. Grauslich. Nein. Nein. Nur kein Blut. Und wissen Sie. Das ist das Gute am Altwerden. Keine Kopfschmerzen mehr. Deswegen.
Lulu raucht langsam und stetig weiter. Ihre Bewegungen beschränken sich auf das Anzünden der neuen Zigarette am Stummel der letzten und dem versunkenen Schauen in den Rauch.
LULU  (nach einer Pause:) Hab ich auch. (Pause.) Der Charly mag es nicht. Glitschig. Ist ihm zu glitschig.
HORVATH  (strickend:) Na ja.

Die Horvath strickt. Lulu raucht.
HORVATH  Wie ist es heute?
LULU  Schön. (Pause.) Die Kastanien blühen.
Die Horvath steht auf und mustert Lulu.
HORVATH  (vertraulich-besorgt-impertinent:) Aber. Ist das warm genug? Schaut recht dünn aus.
LULU  (unberührt:) Sagt der Gynäkologe auch.
Die Horvath strickt. Lulu raucht.

## II

Die Schwingtüren werden von Charly aufgerissen. Wildwestauftritt von Charly. Charly steht da. Gleich hinter ihm kommt ein Mann im weißen Dinnerjacket. Die Horvath sieht nur Charly und bleibt sitzen.
Lulu raucht weiter ohne irgendeine Veränderung ihrer Haltung oder ihres versunkenen Starrens in den Zigarettenrauch. Sie sieht niemanden an.
Charly bleibt in der Nähe der Tür stehen und schaut Lulu unverwandt an. Der Mann im Dinnerjacket geht in die Mitte des Raumes. Sieht sich um. Die Horvath bemerkt ihn und verfällt in ihre Rolle als Häuslfrau. Sie steht schnell auf, legt ihr Strickzeug auf den Sessel, geht zur WC-Tür, streicht die Kleiderschürze über der Brust glatt und öffnet die WC-Tür.

HORVATH  Bitte. Lieber Herr. Hier ... Hier.
Der Mann im Dinnerjacket kümmert sich überhaupt nicht um sie und geht an ihr vorbei ins Pissoir.
Die Horvath macht langsam die Tür zum WC zu und geht wieder an ihren Platz.
Charly starrt immer noch Lulu an. Lulu beginnt sich zu strecken und zu dehnen wie eine erwachende Katze. Sie raucht die Zigarette zu Ende, steht auf und geht zu dem kleinen Spiegel, der auf dem Hahn der Bassenawasserleitung steht, und schaut hinein. Danach geht sie auf die Schwingtüren zu.
Charly beginnt erfreut zu grinsen und hält die Arme auf.

Lulu geht an ihm vorbei auf die Türen zu, und Charly muß sich mit ausgestreckten Armen mitdrehen. Lulu wendet sich knapp vor der Tür dem sie blöde angrinsenden Charly zu. Auf den Blickkontakt hin beginnt er sie zu prügeln. Er hält sie mit der einen Hand um den Hals und boxt und schlägt sie wie wild ins Gesicht, auf Brust und Bauch. Er würgt sie, bis sie hinsinkt, und behält währenddessen sein erfreutes Wiedersehens-Wieder-findens-Bin-ich-froh-dich-endlich-zu-treffen-Grinsen bei. Keiner spricht. Lulu wehrt sich nicht. Es sind nur die Laute des Prügelns und Lulus gurgelndes Stöhnen zu hören. Sie schreit nicht. Die Laute, die sie von sich gibt, sind durch Schläge in den Bauch hervorgerufenes Stöhnen oder keuchendes Um-Atem-Ringen. Die Verprügelung dauert nicht lang. Sie findet eher blitzartig statt. Sowohl Täter wie Opfer verhalten sich routinemäßig. Die Horvath strickt und sieht nicht zu. Lulu liegt dann auf dem Boden. Offensichtlich ohne Bewußtsein. Charly grinst.

### III

Die Tür zum Pissoir geht auf. Der Mann im Dinnerjacket kommt heraus. Er ist makellos gekleidet und macht keinen Versuch, eventuelle Toilettefehler durch Griffprobe festzustellen. Er sieht sich, die Hände von sich weghaltend, nach einer Möglichkeit um, die Hände zu waschen. Die Horvath eilt zur Bassena und redet auf den Mann im Dinnerjacket ein.

HORVATH (diensteifrig-gierig:) Da. Sehen Sie. Da. Lieber Herr. Da. Schauen Sie. Es ist halt alles ein bisserl unbequem bei uns. Aber das Kulturamt hat auch kein Geld für unsere Renovierung. Da. So. Sehen Sie.

Sie hat den Mann zur Wasserleitung geführt, das Wasser aufgedreht und über seine Hände rinnen lassen. Beide schauen auf die nassen Hände. Charly reißt sich aus seiner Grinserei, in der er die mittlerweile noch immer ohnmächtige Lulu angelächelt hatte. Er ist plötzlich betrunken und taumelt. Er wankt auf die Gruppe bei der Wasserleitung zu.

MANN IM DINNERJACKET (ungeduldig-höflich-schnarrend:) Ja. Ja. Ist schon gut.

CHARLY (großartig, betrunken:) Du. Kleiner. Du. (Schaut ihn von ganz nah an. Versucht ihn ins Blickfeld zu bekommen.) Du. Schaust aus. Schaust aus. (Hat ihn endlich fixiert und stellt zufrieden fest:) Bist ein Graf! Bist ein Graf. Ja? Gestatten: Karl Bleicher. Bedaure: Zuhälter.

Die Horvath hat mittlerweile eine Küchenrolle aus dem Kasterl an der Wand geholt und ein einziges Blatt davon abgerissen. Sie hält es dem Mann im Dinnerjacket zum Händeabtrocknen hin. Der will danach greifen, sie zieht es ihm aber wieder ein bißchen weg, schließlich soll der Mann bezahlen, er hat ohnehin nur das billigere Pissoir benützt. Der Mann im Dinnerjacket beginnt vorsichtig mit seinen nassen Händen nach Kleingeld zu suchen.

CHARLY (großartig:) Geh! Laß das! (Zur Horvath.) Auf die Fetzen lad ich den Herrn Grafen ein. Da! (Reißt einen Geldschein aus der Tasche, gibt ihn der Horvarth. Nach kurzem Zögern noch einen.) Geh! Horvath! Du notige Bisgurrn. Gib das Zeug her.

Der Mann im Dinnerjacket wartet höflich mit nassen Händen ab. Die Horvath läuft um die ganze Rolle. Charly nimmt sie, rollt sie ab und gibt dem Mann im Dinnerjacket einen langen Streifen davon. Die beiden Männer sind mittlerweile zu beiden Seiten der liegenden Lulu zu stehen gekommen. Beide lassen das abgerollte Papier auf Lulu fallen. Lulu liegt zwischen den beiden. Der Mann im Dinnerjacket trocknet seine Hände sehr sorgfältig ab.

CHARLY Gestatten: Karl Bleicher. Charly Bleicher. Bedaure: Zuhälter. Und du?

MANN IM DINNERJACKET (ernst, mit korrekter Verbeugung:) Johannes Altenwühl. Und jetzt entschuldigen Sie mich bitte.

Er steigt über Lulus Beine und geht. Leicht überkorrekt in feierlicher Betrunkenheit.

CHARLY (in tiefe Gedanken versunken, nebenbei und jovial:) Aber ja. Ich entschuldige. Ich entschuldige.

Charly steht noch kurz gedankenverloren. Starrt auf die

Schwingtür. Beginnt wieder zu schwanken. Die Horvath war mittlerweile damit beschäftigt, die Geldscheine an einen geheimnisvollen Ort in ihrer Kleidung wegzustecken. Charly dreht sich plötzlich um und schaut sie an. Sie nestelt ihre Kleidung zurecht und geht zu ihrem Sessel. Sie nimmt das Strickzeug wieder auf. Sie schaut sich nicht um. Charly starrt sie an. Flehend. Und beginnt zu weinen, zu greinen. Das Greinen steigert sich zu einem heftigen Schluchzanfall. Von Schluchzen geschüttelt und trostlos geht Charly hinaus. Verlassen und geschlagen. Ungeliebt. Die Horvath sucht den Anfang ihrer Strikkerei. Lulu liegt unter dem Papierhaufen. Das Papier färbt sich rot. Die Horvath hat wieder zu stricken begonnen.

HORVATH Er ist weg. (Sie strickt.) Sie sind beide weg.

Lulu bleibt liegen. Das Papier hat sich rot gefärbt. Die Horvath steht nun doch auf, geht vorsichtig an Lulu heran. Sie greift mit spitzen Fingern nach dem Papier. Schaut Lulus Gesicht an und läßt das Papier gleich wieder fallen. Angeekelt.

HORVATH Blut. – Grauslich. Blut. Blut. Immer irgendwo Blut. Die ganze Zeit. Immer. So was Grausliches.

Lulu liegt weiter unbeweglich unter dem nun bedrohlich rot getränkten Papierhaufen. Die Horvath wäscht das Tellerchen.

## IV

Der Mann mit Hut kommt herein. Gleich hinter ihm der Taubstumme. Die Horvath sieht sie und steht sofort auf. Sie greift in die kleine Tischlade, holt ihr Wettex heraus, riecht daran und läuft in das WC. Der Mann mit Hut und der Taubstumme gehen auf das WC zu, sie sehen Lulu, drehen sich um und schauen sie an. Der Mann mit Hut kniet bei Lulu nieder und nimmt behutsam das Papier weg. Der Taubstumme stößt lallende Laute aus. Er wollte eigentlich seiner Arbeit als Stricher nachgehen und ist durch die Störung verwirrt. Er versucht, den Mann mit Hut wieder auf sich aufmerksam zu machen. Obszöne Gesten. Die Horvath hat das WC auf Hochglanz gebracht. Mit dem Wettex in der Hand kommt sie näher an Lulu.

HORVATH  Was machen Sie denn da?
MANN MIT HUT (als dränge er sich durch eine schaulustige Menschenmenge:) Lassen Sie mich doch durch. Ich bin Arzt.
Er beginnt mit einer Untersuchung. Er zieht Lulu das Jäckchen aus. Er tastet sie ab und fragt in Arztmanier.
MANN MIT HUT  So. Tut das weh? – Oder das? – Und da – Was spüren wir denn dabei?

## V

Der Mann mit Hut hat gerade mit seiner Untersuchung richtig begonnen, da schreit Herr Sellner vom Stiegenabsatz oben herunter.

SELLNER  Frau Horvath. Juhuhuhu! (Er jodelt fast.)
Die Horvath wird aus der Betrachtung des Doktorspielens herausgerissen und hastet zum Tischchen. Sie holt eilends die Tafel mit der Aufschrift »k. k. Piß- und Bedürfnisanstalt« und den Doppeladler hervor und hängt beides auf Haken zwischen WC und Pissoirtür. Dann läuft sie zur Schwingtür und arretiert die Türen rechts und links mit Häkchen. Herr Sellner jodelt noch einmal und springt dann, ein Bild von einem Fremdenführer, auf die Bühne. Hinter ihm die Gruppe: 15 Japaner. Sie sind verschiedentlich trachtenmäßig gekleidet: Gamsbärte, Jankerln, Lederhosen. Jeder Japaner hat zumindest einen Fotoapparat. Viele auch noch Videokameras. Sie beginnen sofort mit dem Fotografieren. Die Blitzlichter sind wirr und nie in Richtung Publikum. Einige nehmen Aufstellung, um Lulu zu fotografieren. Lulu in den Armen eines Arztes unter Beistand des Taubstummen. Die Japaner zwitschern und schnattern in hohen Tönen.
Sellner nimmt seine Position als Fremdenführer ein. Er spricht Englisch mit Wiener Akzent mit einem Hernalser »L«.
SELLNER  Gentlemen. I want to show you. No. Not this. (Er meint Lulu.) This ist ... ja ... ein Unfall ... accident. Yes. Yes,

you. With the many cameras ... Look here. Yes, please. Here
you can see. You are in an antique WC. This toilet is built
‚1910 and was opened by the last Emperor of Austria, Franz
Joseph (Fraantz Tschosef.) It is told that he pissed in here and
said: »It was very beautiful. I was very pleased.« He always
said this.

Die Japaner freuen sich. Sie beginnen einzeln den Satz zu wiederholen. Einzeln und durcheinander. Gleichzeitig stellen sie
sich unter das Schild in Pinkelpose und fotografieren einander.
Gewühl. Der Satz »It was very beautiful. I was very pleased.«
wird immer eindeutiger im Chor gesprochen.

SELLNER And now. We make a picture of the whole group.
With Mrs. Horvath. Mrs. Horvath is the very soul of this
establishment. She is here nearly fifty years. Gell. Frau Horvath, Frau Horvath. Na, so kommen Sie doch schon her.

Alle Japaner geben Sellner ihre Kameras. Sie hängen sie ihm um
den Hals, bis er behängt ist wie ein Pfingstochse. Sie nehmen
Frau Horvath in die Mitte. Die Japaner können den Satz nun im
Chor sagen. Herr Sellner blitzt mit mehreren Kameras gleichzeitig und gerät kurz in eine Fotografier-Frenzy. Er arbeitet wie
ein Modefotograf, der sein Modell angeilt.

SELLNER Yes. That's right. Class. Ja. Ja. So ist das. Ja. Schön
herzeigen. Alles. Jawohl.

Die Japaner reißen nun Herrn Sellner die Kameras wieder herunter. Durch die ihn umdrängenden Japaner wird Herr Sellner
in Richtung Lulu geschoben.

Währenddessen:

Der Mann mit Hut / Arzt hat Lulu fertig abgetastet und untersucht. Während des Gruppenfotos hat er versucht, Lulu aufzu-
richten. Lulu ist fast nackt, blutüberströmt, das blutige Kü-
chenrollenpapier liegt zu ihren Füßen.

Die Japaner haben ihre Fotoapparate wieder. Der Mann mit
Hut / Arzt hält Lulu mühsam aufrecht. Lulu hängt schlaff in seinen Armen. Herr Sellner legt seinen Arm um Lulus Schultern
und drängt damit den Mann mit Hut / Arzt aus dem Bild. Die Japaner sammeln sich und fotografieren Herrn Sellner mit Lulu,
die vom Mann mit Hut gehalten wird. Die Japaner sagen den
»Kaisersatz« im Chor, skandierend, und blitzen im Rhythmus.

Am Ende läßt Herr Sellner Lulu los, der Mann mit Hut wurde von ihm vollkommen abgedrängt, und Lulu stürzt auf den Papierhaufen und bleibt wieder liegen. Herr Sellner hat die ganze Zeit fürs Foto und die Freude seiner Schützlinge gegrinst. Die kurze Szene mit Lulu ist durchaus eine Wiederholung der Charly-Szene. Lulu liegt unbeweglich auf dem Boden.
Die Japaner gehen im Gleichschritt unter lautem marschartigem Aufsagen des Kaisersatzes die Stiege hinauf. Herr Sellner drückt der Horvath einen Geldschein in die Hand. Sie nestelt ihn sofort wieder in ihre Kleidung weg. Dann nimmt sie die Tafel und den Doppeladler ab und verstaut alles wieder unter dem Tisch.

SELLNER (etwas hinter den Japanern zurückgeblieben, jodelt wieder:) Juhuhuhu! Please wait. I am coming. Juhuhu.

Er läuft die Stiegen hinauf. Die Horvath schließt die Schwingtüren. Die Gruppe fegt hinaus.

## VI

Dasselbe Bild wie vor der Ankunft. Der Mann mit Hut bei Lulu. Der Taubstumme und die Horvath. Der Mann mit Hut macht aus dem blutigen Papier und den Kleidern Lulus einen Polster, den er Lulu zum Hochlagern unter die Beine schiebt. Damit bekommt die Gruppe endlich einen medizinisch-professionellen Anstrich, und der Mann mit Hut wird zum Arzt. Bisher hat er Lulu zwar untersucht, ist dabei aber durchaus seinen Tastgelüsten nachgekommen.

MANN MIT HUT (professionell-geduldig-autoritär zur Horvath:) Haben Sie eine Decke. Oder einen Mantel. Sie muß zugedeckt werden. Wissen Sie. Sie muß es warm haben.
HORVATH (verständnisvoll-unsicher:) Ja. Ich weiß nicht. Da muß ich erst. Wissen Sie. Hier ist gar nichts. Dafür. Da müßte ich. Na ja. (Rafft sich auf.) Ich werde halt den lieben Herrn Prometheus fragen. Vielleicht. Also. Warten Sie einen Augenblick.

Die Horvath geht zur kleinen Tür links und sperrt auf. Während des Hantierens mit dem Schlüssel erinnert sie sich und läuft, die Türen zum WC und zum Pissoir zuzusperren, und eilt dann wieder – schusselig, hastig – zur kleinen Tür zurück. Sie sperrt endgültig auf und verschwindet. Im Verlauf dieser Szene steigert sich ihr Tempo von langsam und nicht sehr willig auf höchste Bereitschaft zum Katastropheneinsatz. Der Mann mit Hut/Arzt kniet bei Lulu und mißt elaborat ihren Puls. Lulu liegt schräg gegen ihn gelehnt. Der Taubstumme kniet sich zur Gruppe; es entsteht eine Pulsmessungspietà. Die Horvath kommt wieder zurückgeschusselt. Sie kontrolliert, ob die kleine Tür gut verschlossen ist, dann läuft sie, die WC-Tür und die Pissoir-Tür wieder aufzusperren. Sie trägt dabei eine speckige Decke aus deutschen Wehrmachtsbeständen des 2. Weltkrieges. Erst bei der Übergabe der Decke löst sich die Pietàgruppe auf. Lulu wird vom Mann mit Hut und dem Taubstummen als Helfer zugedeckt.

HORVATH (nachdem Lulu zugedeckt ist:) Das ist alles. Das ist alles, was wir haben.

Der Mann mit Hut greift noch einmal prüfend die Decke an und schaut die Horvath zweifelnd-verdächtigend an und bekommt plötzlich Eile.

MANN MIT HUT/ARZT (zur Horvath:) Ich hole meine Tasche aus dem Wagen. Ich komme gleich wieder zurück.

Die Horvath ist auf dem Weg, zu ihrem Strickzeug zurückzukehren. Der Taubstumme macht seit dem Zudecken von Lulu jede Bewegung des Mannes mit Hut/Arzt nach.

HORVATH (plötzlich sehr mild und sehr mitleidig:) Soll man sie nicht. Ich meine. Ins Spital. Wäre das nicht. Besser. Da. So. Auf der Erde. Und das Blut. Meinen Sie nicht?

MANN MIT HUT (nun Gott im weißen Mantel:) So schlimm ist es nicht. Spital braucht sie nicht. Schöner wird sie halt nicht aussehen. Morgen.

Er geht. Der Taubstumme folgt ihm bis zur Tür. Dort fällt er ruckartig aus der Imitation des Mannes mit Hut, sackt wieder in sich zusammen und lungert an den Flügeltüren. Dann sieht er Lulu, als sähe er sie zum ersten Mal, und beginnt sich ihr zu nähern. Die Horvath strickt, spricht vor sich hin und ist zuckersüß-menschlich.

HORVATH Den sind wir los. Die arme Lulu. So viel Blut. (Sie beobachtet den Taubstummen, zu ihm:) Ist schon gut. (Schreit und macht entsprechende Gesten.) Ist schon gut. Mein Gott. Der Trottel. Es ist schon gut.
Die Horvath strickt. Der Taubstumme ist nun in seinem Kreisen zu Lulu gelangt. Er kniet nieder und beginnt Lulu zu betasten. Zu Beginn imitiert er noch den Arzt, verfällt aber dann ins Kindlich-Erforschende, sehr zart, sehr kindlich. Er bohrt einen Finger in ihren Mund. Kostet und riecht an ihren Haaren. Er ist vollkommen ein kleines Kind und stößt kleine zärtliche Laute aus. Lulu ist seine Puppe. Langsam versickert das Erfreut-Kindliche aus den Berührungen. Die Bewegungen werden forscher, fordernder. Der Taubstumme wird zum erwachsenen Mann / Tier.
Die Laute werden aggressiver.
Er grunzt und röhrt am Ende dieser sehr langen und langsamen Szene. Der Taubstumme spielt ein Brunftritual und versucht, Lulu beweglich zu machen, sie lebendig werden zu lassen.
Schließlich tanzt und tobt er um und über Lulu. In dem Augenblick, in dem er sehr knapp daran ist, Lulu zu vergewaltigen, tritt Charly auf.
Charly schwankt, wirkt noch immer verloren und ist kleinlaut betrunken. Dann entdeckt er Lulu und den Taubstummen. Sein Besitzinstinkt wird geweckt. Es entsteht ein Kampf um Lulu mit den entsprechenden Schreien. Charly wird zum King-Kong und gewinnt. Der Taubstumme flüchtet zur Horvath. King-Kong-Charly verliert das Interesse an seinem Nebenbuhler. Er geht zur leblosen Lulu. Er hebt einen Arm und läßt ihn probeweise fallen. Grunzt. Dann hebt er ein Augenlid und horcht, nun in Panik, ob noch Leben in ihr ist. Lulus Herz schlägt. Er brüllt, hebt Lulu auf und trägt sie auf seinen Armen weg. Der Taubstumme kauert zwischen WC und Pissoir auf dem Boden und plärrt um sein Spielzeug.

## VII

Die Horvath strickt. Der Taubstumme kauert an der Wand und plärrt vor sich hin. Der kleine Wecker in der Lade des Tischchens läutet. Sie öffnet die Lade und stellt ihn ab. Es ist zwei Uhr. Sie zeigt dem Taubstummen die Uhrzeit. Er hört langsam mit dem Plärren auf und beginnt trotzig zu nicken, bleibt aber auf dem Boden sitzen, der Horvath im Weg.
Die Horvath beginnt nun ein Ritual, das allnächtlich stattfindet und dementsprechend flüssig und selbstverständlich abläuft: Sie schließt alle Türen (WC+Pissoir) ab. Sie übergibt dem Taubstummen die Schlüssel. Sie führt ihn an die Türen und zeigt ihm, welcher Schlüssel für welches Schloß bestimmt ist und wie man aufsperrt, sollte jemand kommen. Sie macht ihm vor, wie er sich auf dem WC vergewissern muß, ob alles in Ordnung ist, und sperrt dann wieder ab. Dann setzt sie ihn auf den Hocker, zeigt auf den Teller für das Geld und macht bedeutungsvoll die Geste des Geldzählens.

HORVATH (am Ende des Rituals zu sich:) So. Ja. So. So machen wir das. Ist ja auch nicht wirklich ungeschickt, der Burschi. Nein. Obwohl. Ein Krüppel muß ein Krüppel bleiben. Auch im Kopf. Doch. Doch. Ja. So. (Zum Taubstummen:) Schön kassieren. Immer schön kassieren. Ja?

Der Taubstumme sitzt mit den Schlüsseln in der Hand auf dem Hocker. Die Horvath sucht den Schlüssel für die kleine Tür und geht dorthin aufsperren.

HORVATH (währenddessen zu sich, nebenbei:) Kassieren. Ja. – Alles. Selber. Immer. Na ja. Nur kein Blut. Nur kein Blut. Solche Schweinereien. Ich kann das nicht ausstehen. Grauslich.

Die Horvath hat aufgesperrt. Sie geht zurück an das Tischchen. Schaltet das Radio ein. Aus dem Lautsprecher strömen Kitschmelodien à la »I did it my way« etc. Die Horvath verschwindet durch die kleine Tür. Der Taubstumme sitzt am Tischchen und spielt mit den Schlüsseln, läßt sie tanzen oder jongliert mit ihnen. Da er nichts hört, richtet er sich auch nicht nach dem Rhythmus. Die Musik ist laut. Der Taubstumme ist mit seinem Schlüsselspiel beschäftigt.

## VIII

Die Schwangere kommt mit laut klappernden Absätzen hastig die Stiege herunter. Sie ist nervös und sieht sich verschreckt um. Sie sieht den Taubstummen erst nicht, sondern stürzt direkt auf die Tür mit der Aufschrift WC zu. Sie findet die Tür verschlossen und ist verzweifelt. Der Taubstumme hat sich mittlerweile die Schlüssel in die Ohren gesteckt und ist zum kleinen Spiegel auf der Wasserleitung gegangen und betrachtet sich mit den Schlüsseln in den Ohren.

DIE SCHWANGERE (bei der WC-Tür:) Können Sie das WC aufsperren?
Der Taubstumme grinst sich im Spiegel an.
DIE SCHWANGERE Ob Sie mir aufsperren können. – Bitte.
Sie rüttelt wieder an der Tür.
DIE SCHWANGERE (sehr verzweifelt und trippelnd:) Aufsperren. Machen Sie auf. Ist da jemand drinnen? Hallo! Hallo!
Sie geht auf den Taubstummen zu. Sie muß aber sehr dringend aufs WC und kann deshalb nicht stehenbleiben, sondern nur im Kreis herumgehen. Der Taubstumme ist aus seinem Spiel mit sich und den Schlüsseln herausgerissen und erschrickt. Er läuft zu seinem Hocker zurück und kauert sich auf ihn. Die Schlüssel bleiben in seinen Ohren stecken. Er starrte die Schwangere an, während sie ihre kleinen tänzelnden, trippelnden Kreise zieht.
DIE SCHWANGERE (bemüht ruhig:) Ich muß auf die Toilette. Ich weiß, daß ich kein Mann bin. Aber können Sie mir aufsperren.
Sie beugt sich kurz über ihn. Sie weiß nicht, was sie mit diesem Wesen anfangen soll. Läuft wieder zur Tür. Sie hat es immer eiliger.
DIE SCHWANGERE (nun schon leicht hysterisch:) Ich muß. Aufs Häusl. Sie sehen doch, ich muß. Ich muß.
Der Taubstumme beginnt zu verstehen. Grinst und macht dann die von der Horvath vorexerzierte Geste des Geldzählens. Die Schwangere reagiert verzweifelt und wütend. Sie läuft auf und ab und beginnt, das Geld in ihrer Tasche zu suchen.

DIE SCHWANGERE (wütend:) Ja. Ja. Natürlich. Geld. Geld. Fürs Pischen und Scheißen. (Sie sucht immer hastiger in der Handtasche.) Vielleicht auch noch einen Krankenschein dafür. Oder eine amtliche Erlaubnis. Damit man das Häusl benützen darf.

Sie weint jetzt fast. Sie wirft den Inhalt der Tasche in der Hast auf den Boden. Erst einzelne Stücke, dann schüttelt sie die Tasche aus. Sie knallt die Börse auf den Teller. Wirft die Tasche auf den Boden, ebenso die Handschuhe. Die Dinge liegen vor den Schwingtüren, zu denen sie beim Suchen nach dem Geld getrippelt ist, quer über die Bühne verstreut bis zum WC-Eingang. Der Taubstumme springt wie ein Affe vom Hocker. Nimmt die Schlüssel aus den Ohren und sperrt auf. Sie geht weiter auf und ab und stürzt, während er, dem Auftrag der Horvath entsprechend und sie karikierend, ins WC kontrollieren geht, selbst ins WC. Es kommt zu einem kurzen Gedränge, währenddessen die Schwangere mehrmals verzweifelt »Hinaus. So gehen Sie doch hinaus.« schreit. Sie hat den eher verwirrten Taubstummen hinausgedrängt und sperrt sich ein.
Währenddessen:
Kitschmelodien, Lamourhatscher, Schmusetangos.
Weiter sanfte Kitschmelodien. Der Taubstumme stellt sich auf die Zehenspitzen und schaut durch die Milchglasscheibe ins WC hinein. Dann zuckt er mit den Achseln, schlendert zum Tisch, nimmt einen Schein aus der Börse, steckt ihn in seine Stiefel. Dann nimmt er eine Münze und legt sie auf den Teller. Er geht die Reihe des Tascheninhalts entlang und stößt die Dinge mit den Zehenspitzen an.
Die Horvath kommt aus dem Nebenraum. Sie hat eine gefüllte Urinflasche in der Hand, leert sie in die Bassena, füllt Wasser ein, schüttelt die Flasche, wäscht sie aus.

HORVATH (vor sich hin:) So was Grausliches. Immer diese Schweinereien. Für was das. Und warum heute. Gestern nicht. Vorgestern. Aber heute. (Bemerkt die umherliegenden Dinge.) Und was soll das sein?

Sie schaut genauer. Geht dann zur WC-Tür und schaut durch die Glasscheibe. Kopfschüttelnd. Sie hat die ganze Zeit die Urinflasche in der Hand.

HORVATH Das ist eine Nacht. Mein Gott. Na. Hoffentlich passiert da nicht wieder etwas. Ich kann nicht mehr viel Blut aushalten. Heute nicht mehr.

Sie geht zum Tischchen. Sieht die Börse. Der Taubstumme steht bei den Schwingtüren. Sie nimmt – mit dem Rücken zu ihm – einen Schein heraus, nestelt ihn schnell weg, geht wieder in den Nebenraum.

Die ganze Zeit einschmeichelnde Melodien.

HORVATH Nein. Heute kein Blut mehr.

## IX

Ton:
Die Kitschmelodien wechseln auf Filmmusik. Hollywood. Schlafzimmerstimmung. Ein Auto fährt vor. Autotüren. Schritte von hohen Absätzen auf Pflaster. Schritte in ein Zimmer. Tür fällt zu.
Währenddessen:
Der Taubstumme nimmt die verstreuten Gegenstände in die Hand, betrachtet, wendet sie und steckt sie wieder in die Tasche zurück. Als letztes fügt er noch die Börse hinzu. Er schwenkt die Tasche kokett und hält die Handschuhe so, wie die Schwangere sie hielt. Er beginnt gerade, à la Doris Day tascheschwingend auf und ab zu gehen, und nähert sich dem Bild der ehemals tascheschwenkenden Hure der 60er Jahre, da fällt im Ton eine Tür zu. Klospülung. Danach Rauschen, als liefe ein sehr alter Film an. Die Schwangere kommt aus dem WC. Sie wirkt unsicher und schaut sich um, als wüßte sie nicht so genau, wie und warum sie an diesen Ort geraten ist. Der Taubstumme sieht sie und schwenkt ihre Tasche. Die Schwangere kommt zu ihm. Bühnenmitte.
Das Knistern der Tonspur wird stärker. Playback-Mundbewegungen des Taubstummen und der Schwangeren.
Die Frauenstimme: amerikanisches Englisch, als wäre es aus einer Verfilmung von Raymond Chandler. Sie spricht mit einem bedroom-drawl.

Die Männerstimme: Lawrence Olivier aus der Verfilmung von
»Richard III.«.

FRAUENSTIMME  Still satisfied with my legs?
Die Schwangere geht auf den Taubstummen zu und greift nach
der Tasche. Sie lächelt geniert.
MÄNNERSTIMME  Lady, you knowst no rules of charity. Which
   renders good for bad, blessings for curses.
Der Taubstumme hält die Tasche an seine Brust gepreßt, wie
ein wertvolles Stück, das er behalten will. Verdreht die Augen
zum Himmel.
FRAUENSTIMME  You bastard. You complete bastard. Come closer.
Die Schwangere lächelt ihn an wie ein kleines Kind, das etwas
haben möchte.
MÄNNERSTIMME  More wonderful, when angels are so angry.
   Vouchsafe, divine perfection of a woman.
   Of these supposed crimes to give me leave
   By circumstance but to acquit myself.
Der Taubstumme dreht sich um die eigene Achse. Schüttelt den
Kopf. Hält die Tasche hoch in die Luft. Er möchte sie behalten.
FRAUENSTIMME  I don't love you.
Die Schwangere schlägt die Augen nieder. Gelangweilt.
MÄNNERSTIMME  So will it, Madam. Till I lie with you.
Der Taubstumme schwenkt die Tasche hin und her, als wolle er
ein Fangspiel beginnen.
FRAUENSTIMME  I hate you.
Die Schwangere schaut den Taubstummen an. Es beginnt eine
herzerweichende Liebesszene.
MÄNNERSTIMME  Your beauty was the cause of that effect –
   your beauty, that did haunt me in my sleep
   To undertake the death of all the world,
   So I might live one hour in your sweet bosom.
Der Taubstumme hält die Schwangere bei den Schultern. Sehr
sanft. Sehr pathetisch. Ihr Bauch ist im Weg, so daß er sie nicht
küssen kann. Die Handtasche hängt an seinem Arm.
FRAUENSTIMME  I hate you not for this, but because perfection
   never comes twice and with us it came too soon.

Die Schwangere entschlüpft ihm kokett und geht auf und ab, mit der endgültigen Entscheidung für oder gegen ihn ringend. Gesten der Hilflosigkeit, der Resignation in das Schicksal und einer Leidenschaft für ihn.

MÄNNERSTIMME
These eyes should not endure that beauty's wreck;
You should not blemish it, if I stood by.
As all the world is cheered by the sun,
So I by that. It is my day, my life.

Der Taubstumme umkreist die Schwangere. Hungrig. Gierig. Aber nobel. Die Tasche baumelt an seinem Arm.

FRAUENSTIMME And I'll never see you again.

Die Schwangere umfaßt ihren Bauch. Mädchenhaft.
Der Taubstumme spricht von unten in ihr Gesicht.

MÄNNERSTIMME Never came poison from so sweet a place.

FRAUENSTIMME I'll never see you again and I don't want.

Die Schwangere wird statuenhaft, mädchenhaft, heilig.

MÄNNERSTIMME Thine eyes, sweet lady, have infected mine.
I would they were, that I might die at once,
For now they kill me with a living death.
Those eyes of thine from mine have drawn salt tears,
Shamed their aspects with store oft childish drops.
These eyes, which never shed remorseful tear –

Der Taubstumme wird zu Richard III., häßlich und unglaublich verführerisch.

FRAUENSTIMME It would have to be for ever or not at all.

Die Schwangere ist jetzt eine Marienstatue. Beginn einer Gebetshaltung.

MÄNNERSTIMME Then bid me kill myself, and I will do it.

Der Taubstumme als Richard III. wirft sich ihr zu Füßen.

FRAUENSTIMME So did you. And we were both wrong. And it's useless.

Die Schwangere hat betend die Hände auf den Bauch gestützt, den Kopf schräg geneigt. Die perfekte gotische Madonna.

MÄNNERSTIMME That was in thy rage.
Speak it again, and even with the word
This hand, which for thy love did kill thy love,
Shall for thy love kill a far truer love;
To both their deaths shalt thou be accessory.

Der Taubstumme liegt als Richard III. verkrüppelt und spastisch zu ihren Füßen und beginnt, die Füße zu küssen.
FRAUENSTIMME It's useless. Kiss me harder.
Die Schwangere ist nur noch Madonna.
MÄNNERSTIMME
Look how my ring encompasseth thy finger,
Even so thy breath encloseth my poor heart.
Der Taubstumme küßt ihre Füße.
FRAUENSTIMME Goodbye. I'm calling a taxi for you. Wait out in front for it. You won't see me again.
Die Schwangere weiter heilig resigniert. Sie macht sich vorsichtig frei und steigt aus seiner Umarmung, als zöge sie ihr Höschen aus. Sehr liebevoll.
MÄNNERSTIMME Was ever woman in this humour wooed?
Was ever woman in this humour won?
I'll have her, but I will not keep her long.
Der Taubstumme kniet, nach hinten gelehnt. Sie steht im Profil. Er umarmt sie. Erst wieder ihre Beine. Dann umfängt er den Bauch. Steht halb auf. Drängt sich an ihre Brust. Will sie küssen. Ist aber zu klein für sie.
Die Schwangere schiebt ihn wieder weg. Sie stehen einander gegenüber (Casablanca-Abschied).
FRAUENSTIMME (besonders lasziv:) I hate you not for this but because perfection never comes twice and with us it came too soon.
And I'll never see you again and I don't want to. It would have to be for ever or not at all.
Bei »It would have to be for ever ...« beginnt sie, sich langsam zu entfernen. Sie nimmt ihm die Tasche weg, die er die ganze Zeit am Arm getragen hat. Er erstarrt. Knistern der Filmtonspur. Man hört auch im Film eine Frau weggehen (sie geht auch synchron!). Nachdem die Schwangere durch die Tür gegangen ist, hört man Türen zufallen. Eine Autotür. Ein Auto fährt weg.
Der Taubstumme bleibt zurück. Er wird mit einem Schlag, nachdem die Tonspur aus ist, sofort wieder der Taubstumme. Autistisch verschlossen, trotzig. Dreht sich weg. Geht ins WC und setzt sich hinein. Schlägt die Tür zu.

## X

Die Horvath kommt aus dem Nebenraum. Sie schaltet das mittlerweile nur noch knisternde Radio/Ton ab. In der Hand hält sie eine Trinkschale, die man aus Krankenhäusern kennt. Sie ist auf dem Weg zur Wasserleitung. Sie sieht sich um und spricht zu sich selbst.

HORVATH Ja. Und? Was ist denn das wieder. Wo ist er denn. Mein Gott. Was ist denn jetzt wieder los. Und gerade jetzt. Und der liebe Herr Prometheus. Und heute.

Sie geht doch nicht zur Wasserleitung, sondern zum Tisch. Sie schaut in die Lade und sucht nach den Schlüsseln. Findet sie nicht und geht zum Pissoir. Das Pissoir ist versperrt, ebenso das WC. Sie stellt sich auf die Zehenspitzen und schaut wieder durch die Milchglasscheibe hinein. Sie wird wütend, moralisch-empört.

HORVATH Nein. Also nein. So was. Der Burschi. Schweinereien. Der Burschi. Nein. Das kann ich nicht. Das soll er zu Hause. Nicht bei mir. (Schreit.) Aufmachen. Aufmachen. Na warte. So ein Gfrast.

Sie läuft und füllt die Trinkschale und verfällt nun in vollkommenes Selbstmitleid.

HORVATH Und der arme Herr Prometheus. So schlimm ist es wieder. Dem Burschi sollte der Herr Kratos einmal beibringen, wo Gott wohnt. Ja.

Sie geht in den Nebenraum. Ehrlich-entrüstet.

Der Taubstumme stößt die Tür zum WC auf. Macht sich die Hose zu und läßt die Tür zum WC offenstehen. Er sperrt die Tür zum Pissoir auf und läßt auch diese Tür sperrangelweit offen. Danach kehrt er wieder auf den Hocker zurück und beginnt das Spiel mit den Schlüsseln wie zu Beginn von Szene 9.

## XI

Der Taubstumme ist wieder der Mick-Jagger-Affe und steckt wieder die Schlüssel in die Ohren. Die Schlüssel stehen grotesk weg. Einen Augenblick hockt er erstarrt, die Arme um die Beine geschlungen. Dann beginnt er sich zu wiegen und kleine aggressive Schreie auszustoßen. Dazwischen kleine Konvulsionen.
Die Horvath kommt leicht aufgelöst und erschöpft wieder aus dem Nebenraum. Sie stellt die Urinflasche und die Trinkschale in die Bassena. Erst dabei bemerkt sie den Taubstummen und die weitaufgerissenen Türen. Sie bleibt kurz stehen und sieht sich das alles an.

HORVATH (grimmig-resigniert:) Ja. Ja, natürlich. Das auch. Das auch noch. Weil er das halt nicht verträgt. Er soll das nicht. Aber kann man ihm etwas sagen?
Den folgenden Monolog spricht die Horvath wie eine Litanei fast betonungslos resigniert vor sich hin. Sie wühlt aus der großen Plastiktasche eine Medikamentenschachtel, aus der sie dem Taubstummen eine Tablette aufzwingt. Er muß aus der Trinkschale des Prometheus Wasser trinken. Sie flößt ihm das Wasser so ein, daß er gerade nicht erstickt. Die nun starken Konvulsionen des Taubstummen sind dabei sehr hinderlich. Dann räumt sie hastig den Tisch ab, zieht ihn von der Wand weg und legt den Taubstummen auf den Tisch.

HORVATH (währenddessen:) Und wozu das gut sein soll. Das alles. Dafür hat man keine Beweise. Wie denn auch. Wenn alles so ist, wie es ist, und geändert bleibt es auch so. Nie eine Besserung. Immer das Schlimmste. Und überkommt einen die Wut. Der Zorn. Die Verzweiflung. Immer. Der lange Arm erreicht einen. Das Schicksal. Das Schicksal. Und das Schlimmste wird das Schlimme und auf ewig. Das Entsetzen das Entsetzen. Und das Schöne ist der Anfang davon und keine Ruhe. Keine Ruhe. Keinen Frieden. Und trotzdem. Keine Lust. Keine Lust zum Sterben. Nicht einmal eine Lust zum Sterben. Kein Entkommen. Und. Keine Erlösung.
Der Taubstumme liegt auf dem Tisch. Er liegt seitlich eingerollt, hat weiterhin Zuckungen und stöhnt. Die Horvath hat ih-

ren Sessel zu seinem Kopf gestellt und sitzt seitlich abgewandt. Analysesituation. Die Horvath hat wieder zu stricken begonnen. Der Taubstumme dreht sich auf den Rücken und wölbt sich noch einmal katafon auf. Er wird dann ruhiger. Je weniger er krampft, um so mehr beginnt er gurgelnde und lallende Babylaute auszustoßen.

HORVATH (erst während der Babylaute, ruhig, kalt, professionell:) Und? – Können wir uns daran zurückerinnern? – Ja? – Und? – Was fällt Ihnen dazu ein? – War das nun eher angenehm oder eher unangenehm? – Ja? Und? – In diesem Fall sollte es eine Parallelsituation gegeben haben. Vielleicht können wir die wiederherstellen? Wir wollen es jedenfalls einmal versuchen. – Weiter. – Ja? – Erzählen Sie weiter. – Ja. (Ad libitum Wechsel Analysefragen / Babylaute.)


## XII

Die Befreiung des Taubstummen in die Sprache ist kein mühevoller, quälerischer Prozeß, sondern ein durch Medikament und Analyse kurz ermöglichtes Abrutschen in Sprachmimikry. Diese Erlösung geht wasserfallartig und manisch vor sich und bleibt ein fremder Zustand für den in der Tonlosigkeit lebenden Taubstummen. Der Taubstumme ist zwar erstaunt über den Vorgang, aber nur darüber, daß dieser Vorgang wieder stattfindet, eine Wiederholung früherer, gleicher Ereignisse ist, das Funktionieren der Behandlung.
Er gerät von den Babylauten in gegurgelte Verszeilen und beginnt rhythmisch und sehr getragen zu singen. Die Horvath ist davon völlig unberührt. Alles geht nur seinen gewohnten Gang, und es ist völlig normal, daß einer nach einem bestimmten Medikament in ein Rilke-Gedicht ausbricht.

DER TAUBSTUMME
früh hegeg lückt eihr ver wöhntend erschö pfung
höhe nzü gemorg enröt licheg rate
allerer schaf fungpo llend erblü hendeng otth eit

gelenk edes li chtesgä ngetre ppenth rone
räum eaus wese nschi ldeaus wonne tum ulte
stürmi schentzückt engefühlsund plötz lich ein
zeln spiegel: die die entstr ömte eigene Schön
heit wieder schöpfen zu rück in das eigene Ant litz.
Der Taubstumme hat sich auf dem Tisch aufgesetzt und die
letzten Zeilen sitzend gesprochen.
HORVATH (fragend bestätigend:) Geht es jetzt wieder. Ja?
  Geht es uns jetzt wieder gut? Na. Dann können wir ja weitermachen.
Der Taubstumme steht auf und geht. Er ist high und abwesend.
Die Horvath bleibt erst sitzen. Sie legt das Strickzeug weg und
schaut sich um.

## XIII

Sie betrachtet einigermaßen erschöpft das Durcheinander, das
durch den Anfall des Taubstummen entstanden ist.
Alles liegt auf dem Boden. Als erstes hebt sie das Radio auf. Danach wühlt sie in ihrem Plastiksack und holt eine Kassette heraus. Legt sie ein (Radio), läßt sie im Schnellauf laufen.
Währenddessen:

HORVATH So. Jetzt brauch ich eine Musik. Eine schöne Musik.
  So. Ja.
Sie sucht noch auf dem Band. Dann Arie des Kalaf aus »Turandot«. Die Horvath steht kurz auf und hört zu. Erwartungserfül-
lende Freude über die Musik. Eine andere Welt, aus der sie
seufzend in ihre eigene zurückkehrt. Sie schaltet noch etwas
lauter und beginnt aufzuräumen. Die Musik flutet durch den
Raum. Die Horvath geht hin und her. Hebt auf, schiebt zurecht,
immer mit ein bißchen Rücksicht auf die Musik. Am Ende der
Arie hat sie halbwegs aufgeräumt. Sie läßt das Band weiterlau-
fen zur Arie der Turandot. Wieder flutende Kristalltöne. Sie
geht zum kleinen Spiegel auf der Bassenawasserleitung. Schaut
sich im Spiegel an, versucht eine Frisur zurechtzuzupfen. Der

Spiegel ist sehr klein, und sie muß sich bemühen, sich zu sehen. Schaut sich selbst in die Augen, stützt sich am Bassenarand ab und hört Musik.

Währenddessen:

Ungefähr ab der Arie der Turandot kommen die drei von der Maturafeier die Stiege herunter. Die Schwingtüren sind offen. Die Horvath hat sie während des Aufräumens geöffnet.

Einer der drei hält den in der Mitte an den Haaren und reißt ihn immer wieder hoch. Der dritte reißt den Arm des Gymnastikers in der Mitte in die Höhe. Die beiden außen lachen und biegen sich in krampfartigen Lachanfällen. Der Gymnastiker kann kaum noch springen und den Arm in die Höhe reißen und keucht nur noch.

Bewegung 1: Hacken zusammen, Hände an die Hosennaht.
Bewegung 2: Sprung in die Grätsche. Rechte Hand zum Hitlergruß.
Linke Hand zwei Finger als Schnurrbart unter die Nase.

Die Szene ist ganz schnell. Die Musik flirrt und flutet. Die zwei Quäler biegen sich in lautlosem Gelächter und treiben den Gymnastiker mit zählenden Handbewegungen an und zwingen ihn, schneller zu werden. Der erste reißt immer stärker an den Haaren, der andere reißt ihm die Hose auf. Die Hose rutscht. Der Gymnastiker kann nicht mehr springen. Kommt ins Taumeln, stolpert. Die beiden anderen schleppen ihn ins Pissoir. Einen Augenblick sieht man ein Körperknäuel im Pissoir. Dann schließt der erste die Tür. Lachend. Noch einen Augenblick Turandot-Arie, dann geht die Horvath und sucht auf dem Band. Schlußakkorde der Oper. Wabernde Töne. Ihr Gesicht hat wieder den freudigen Schimmer von Kulturerfülltheit. Sie geht zu ihrem Tisch zurück und setzt sich, um zu stricken. Die drei von der Maturafeier kommen aus dem Pissoir. Sie haben sich in distinguierte 60jährige verwandelt. Glatzen, Sakkos, Krawatten, Stecktücher. Alle drei kontrollieren gleichzeitig (Chorszene), ob die Hosen wirklich verschlossen sind, ob der Gürtel richtig sitzt. Dann werden die Krawatten zurechtgeschoben, die Sakkos geschlossen, mit den Stecktüchern die Glatzen abgewischt, die Stecktücher wieder in die Brusttaschen. Alle holen Klein-

geld aus der Hosentasche. Die Musik ist zu Ende. Sie stellen sich beim Präversativautomaten an und holen sich jeder eine Packung aus dem Automaten. Das Restgeld, das jeder zurückbekommt, legen sie der Horvath auf das Tellerchen.
Während des Präservativerwerbes:
1. ALTMATURANT (als setze er ein Gespräch fort:) Nein. Wir fahren jedes Jahr woandershin. Mehr Abwechslung.
2. ALTMATURANT Ja. Wir nützen unser Sommerhaus auch nicht mehr so aus. Aber für die Enkelkinder ist es ganz gut.
3. ALTMATURANT (= GYMNASTIKER) Ich habe seit Jahren keinen Urlaub gehabt. Ich weiß gar nicht mehr, wie das ist.
1. ALTMATURANT Na ja. Dafür ist auch etwas aus dir geworden. Es ist mehr Abwechslung. Nicht jedes Jahr. Immer das gleiche.
Die Horvath schaut von ihrer Strickerei nur auf, um festzustellen, was sie auf den Teller gelegt bekommt. Nachdem auch der 3. Altmaturant sein Geld hingelegt hat, gehen alle drei hinauf. Der Gymnastiker ist wieder in der Mitte. Sie sind jetzt drei höfliche, ältere, im Leben durchaus erfolgreiche Männer, ihre Rücksicht auf den Gymnastiker ist unaufdringlich, aber deutlich. Die Quälerei hat nie stattgefunden.
Die Horvath strickt.

## XIV

Die Horvath strickt. Irgendwann schaut sie auf das Geld, das die Altmaturanten auf den Teller gelegt haben, und steckt es dann verächtlich weg. Sie strickt wieder. Sie beschäftigt sich mit der Strickerei. Schaut, wie lang der Schal schon ist, sieht nach, wie viele Knäuel noch in ihrem Riesenplastiksack sind. Eine Idylle. Die alte Frau sitzt ein bißchen müde, aber zufrieden da wie eine alte Krankenschwester, der der Nachtdienst nicht mehr so viel ausmacht, weil sie ohnehin schlecht schläft.
Herr Seller jodelt von der Stiege herunter.
Die Horvath erschrickt. Mit einer weiteren Gruppe hat sie nicht gerechnet. Verwirrt ist sie plötzlich, sehr alt und überfordert.

Sie verstaut nervös und umständlich ihr Strickzeug und beginnt, die Tafel und den Doppeladler unter dem Tisch hervorzukramen. Sie steht mit der Tafel in der einen und dem Doppeladler in der anderen Hand da, wenn Herr Sellner durch die offenen Schwingtüren hereintritt. Herr Sellner ist dynamisch und unternehmungslustig. Er ist allein. Keine Japaner.

HORVATH  Ja. Was ...
SELLNER  Nein. Nein. Aber nein. Ich komme nur so. Vorbei. Bei Ihnen. Auf ein Tratscherl. Sie gestatten.
Herr Sellner verschwindet hoseöffnend ins Pissoir.
Die Horvath verstaut murrend die Tafel und den Doppeladler an ihre Plätze. Sie setzt sich wieder hin und beginnt umständlich, das Strickzeug wieder aufzunehmen. Herr Sellner kommt hoseschließend und hemdzurechtstopfend aus dem Pissoir. Er kramt Kleingeld aus der Hosentasche und legt es auf den Kleingeldteller. Die Horvath nimmt die Münzen, betrachtet sie nur kurz und abfällig und steckt sie ihm dann in die Jackentasche, wie man Trinkgeld in einen Frisörkittel steckt.
Die Horvath bleibt sitzen und strickt.
HORVATH  (krisp:) Sie brauchen doch nicht. Sie brauchen das doch nicht.
SELLNER  (betulich:) Gehen Sie, Frau Horvath. Aber gehen Sie. Wie kommen Sie denn dazu.
HORVATH  (kühl:) Na ja.
Sellner beginnt umherzugehen.
SELLNER  Nein. Nein. Schließlich. Ich meine. (Pause.) Die neue Wasserleitung. Haben Sie die eigentlich schon?
HORVATH  Aber nein. Was glauben Sie denn. Nein. Nichts. Nichts. Seit die Herren vom Kulturamt sich das angeschaut haben. Nichts mehr gehört. Da ändert sich auch nichts. Sage ich Ihnen. Erhalten wollen die alles. Aber zahlen. Nichts.
SELLNER  (teilnahmsvoll:) Ja. Aber wie machen Sie denn das jetzt?
HORVATH  (sehr sachlich:) Mit der Gießkanne. Was denn sonst. Mit der Gießkanne. Ich kann Ihnen sagen. Versuchen Sie einmal mit der Gießkanne. Lysoform. Unverdünnt. Aber ohne Spülung riecht das ja trotzdem. Unglaublich. Wissen

Sie. Da waren die alten Teerwände fast noch gescheiter als diese Emailgeschichten. Und wenn Sie glauben, das interessiert irgend jemanden. Nein. Nein. Denen ist es absolut gleich, ob es stinkt oder nicht. Nur riechen soll es nicht. So ist das nämlich. Und. Daß eine öffentliche Bedürfnisanstalt eine ordentliche Spülung braucht. Nein. Denkmalschutz überlegen sie sich. Mein Gott. Wissen Sie. Es verrottet schon alles immer mehr. Obwohl. Viel mehr? – Pissoirspülung mit der Gießkanne. Und schwer ist das Zeug. Aber na gut. Ich bin eine alte Frau. Ich hab schon viel gesehen. Mir ist es gleich.

SELLNER Ein Skandal. Das Ganze. Ein Skandal.

HORVATH Ja. Ja. So ist das immer.

SELLNER (vertraulich:) Und wie. Ich meine. Ist das nicht. Ich meine. Wie? Der Herr ... (Schaut bedeutungsvoll auf die kleine Tür.) Wissen die ...

HORVATH ... aber was denken Sie denn. Wer soll etwas wissen. Nichts wissen die. Und wenn sie etwas wissen. Sagen tun sie es nicht. Was kann man auch schon wissen. Und wenn. Es ist eine ganz andere Abteilung.

(Pause.)

SELLNER (nachdenklich:) Ohne Wasserleitung im Pissoir. Und die Hygiene?

HORVATH Aber. Die Hygiene. Eine Zeit geht es schon noch. Aber wenn ich einmal nicht mehr. Die Gießkanne. Leicht fällt einem das nicht.

SELLNER Ich sage Ihnen immer. Sie wissen es. Ganz gegen meine Interessen. Sie sollten in Pension gehen. Irgendwann muß einmal eine Ruhe sein.

HORVATH Eine Ruhe. Machen Sie sich nicht lustig. Lieber Herr Sellner. Eine Ruhe. Ich kann mir das nicht leisten. Und außerdem. Wer. Wer könnte das schon. Mit dem lieben Herrn Prometheus. Sagen Sie mir. Einfach ist das nicht. Und irgendwer muß es ja machen. Außerdem. Ich glaube. Die würden mich nicht lassen. Glauben Sie, der Bias sucht sich eine andere. (Pause.) Und ich habe mein Leben lang gearbeitet. Ich könnte mich nicht mehr umgewöhnen. (Pause. Dann bemüht interessiert.) Wo haben Sie denn Ihre Japaner? Sind die schon schlafen? Sonst geht es doch ...

SELLNER ... Nein. Nein. Die sind in der Orchidée. (Trotzig.) Ich brauche auch einmal eine Pause. Wissen Sie. Die ganze Zeit immer nur »What is this? Is this vely old?« und Beethoven und Schubelt. Das kann einem schon einmal. Nein. Nein. Die sind in der Orchidée.

Er setzt sich auf den Hocker. Rückt ihn von der Wand weg und setzt sich der Horvath schräg gegenüber. Die Horvath strickt.

SELLNER (betont munter:) Hat ihnen gut gefallen bei Ihnen. Den Japsen. Das fahrt halt immer.

HORVATH Ja. Ja. Ist ja auch interessant bei uns. Da.
(Pause.)

SELLNER Eigentlich ist es noch nicht sehr spät.

HORVATH Spät genug. Spät genug. Aber Sie sind ja noch jung.
(Pause.)

SELLNER Eigentlich. Wie lange ...

HORVATH ... was?

SELLNER ... Sie schon hier?

HORVATH Lange.

SELLNER Ja?

HORVATH Na ja.
(Pause.)

HORVATH Was wollen Sie eigentlich, Herr Sellner? Sie kommen doch nicht zu mir, um hier aufs Häusl zu gehen. Und mich fragen, wie lange ich schon dasitze.

SELLNER (etwas gekränkt:) Nein. Frau Horvath. Das haben Sie jetzt vollkommen mißverstanden. Es würde mich halt interessieren. Schließlich haben wir doch miteinander. Zu tun. Und so. Ich meine.
(Pause.)

SELLNER Man kann sich doch einfach interessieren. Ich meine. Menschlich. Und so.

HORVATH So?

SELLNER Also. Ich weiß nicht. Warum stört es Sie denn, wenn man Sie etwas Persönliches fragt. Oder. Ist es wegen dem Horvath. Aber der ist doch jetzt schon Jahre ...

HORVATH (sehr bestimmt:) ... der alte Horvath war eine Sau, und Sterben war das beste, was er zusammengebracht hat.
(Pause.)

SELLNER Ich meine. Es interessiert mich ja nur. Wie kommt man zu so einem Job. Im Krieg? Oder?

HORVATH Mein Gott. Im Krieg. Da waren wir ja noch jung. Fast halt.

SELLNER Mein Gott. Ich meine. Ich frage ja nur. Ich frage alle. Ich habe den Krieg ja nicht mitgemacht.

HORVATH Das hat ja niemand. Das macht sich von selbst.
(Pause.)

SELLNER Eine schreckliche Geschichte.

HORVATH Ja. Ja. Aber es geht weiter. Immer. Irgendwie.

SELLNER Na ja. Ich weiß nicht.

HORVATH Aber ja. Irgendwie. Oder glauben Sie, wir haben nichts Schönes gehabt. So gut wie euch ist es uns nicht gegangen. Aber sonst ...

SELLNER Glauben Sie.

HORVATH (sehr bestimmt:) Aber ja.
(Pause.)

SELLNER Ja. Also. Aber. Na gut. Ich kann leider nicht die ganze Zeit bei Ihnen sitzen. Und tratschen.

HORVATH Haben wir gar nicht.

SELLNER Was?

HORVATH Getratscht. Wir haben nicht getratscht.
(Pause.)
Also. Jetzt sagen Sie schon endlich, worum es geht. Und. Ich sage Ihnen gleich. Es kommt unter keinen Umständen in Frage.

SELLNER Aber gehn Sie. Es wäre sehr günstig. Es schaut schließlich wirklich etwas dabei heraus. Auch für Sie.

HORVATH So? Was denn?

SELLNER Na ja. Ein ... oder na ja, ... zweitausend. Schon.

HORVATH Nein. Ich sage nein. Und außerdem. Mein Lieber. Sie kassieren von jedem mindestens einen Tausender. Und mir geben Sie davon einen. Daß ich nicht lache. Wer trägt denn überhaupt das Risiko? Ihre Stellung ist ja nicht in Gefahr.

SELLNER Ach so. Und was glauben Sie, wenn das. Daß ich nicht lache. Das wäre lustig, wenn das herauskommt. – Waren die überhaupt schon da. Heute. Oder kommen sie gar nicht?

HORVATH (kalt:) Natürlich waren sie da. Und ob sie zurückkommen, weiß keiner. Das wissen Sie doch ganz genau. Und heute ist es nicht gut.

SELLNER Ist es so arg?

HORVATH Na ja. Das auch. Also. Wenn man nicht wüßte, daß er nicht. Ich meine. Nicht sterben kann. Manchmal denke ich mir, die zwei Gfraster bringen es noch soweit.

SELLNER Na. Dann verlangen wir einfach zwei von jedem und machen halbe-halbe. Wie wäre das?

HORVATH Hmmm.

Strickt besonders intensiv.

SELLNER (Ausbruch in eine ungeduldige Gewerkschaftspredigt: Frau Horvath! Sie machen hier eine Scheißarbeit! Sie müssen sich die ganze Zeit mit diesem (Geste auf die kleine Tür hin) abgeben. Das ist doch eine Belastung. Ich weiß nicht, was Sie hier verdienen. Zu viel wird es nicht sein. Und die anderen Gründe, warum Sie das machen, kenne ich nicht. Aber ich meine, Sie haben auch ein Recht auf etwas. Das ist doch alles eine ungeheuerliche Belastung. Das Ganze. Und sonst. Nehmen Sie es halt für den Burschi. Der kann es auch brauchen.

HORVATH Und wenn sie draufkommen. Die können einem schon ...

SELLNER Sind Sie denn dabei?

HORVATH Nie. Was glauben Sie denn. Glauben Sie, ich könnte mir solche Schweinereien auch noch anschauen?

SELLNER Also. Ich muß wieder. Ich kann die Japs nicht länger. Sagen Sie ja und schauen Sie halt weg. Sie können ja derweil aufs Häusl gehen. Das müssen Sie doch auch. Dafür kann Ihnen doch niemand einen Vorwurf machen. Oder?

HORVATH Fünfzehn und vorher!

SELLNER (schon auf dem Weg zur Tür:) Ja. Ja. Fünfzehn und vorher. Hab ich doch gesagt. Oder? Meinen Sie, man will Sie betrügen? (Läuft die Stiegen hinauf.)

HORVATH Ich bin eine alte Frau. Ich habe genug gesehen.

## XV

Die Horvath sitzt und strickt. Mechanisch und unbeirrt. Sie schaut auf den Wecker. Strickt weiter.
Hinter der Schwingtür taucht ein Schatten auf. Kurz. Dann wird ein Flügel geräuschlos aufgeschoben. Prof. Chrobath kriecht in den Raum. Er ist barfüßig, und es gelingt ihm, fast geräuschlos in den Raum zu gelangen und sich an der Wand entlangzutasten. Er schleicht sich in guter alter Indianer-Spiel-Manier an.
Die Horvath strickt.
Prof. Chrobath lauert einen Augenblick. Dann stürzt er auf die WC-Tür zu. Karateschrei. Er versucht, mit einem riesigen Satz zu dieser Tür zu gelangen. Genau in diesem Augenblick springt auch die Horvath auf und wirft sich ihm in den Weg. Mit dem Strickzeug als Waffe wehrt sie ihn ab. Der Sack mit der Wolle fällt um, und große grüne Wollknäuel rollen heraus.
Die Horvath kreischt schrill. Prof. Chrobath brüllt und schreit dann getroffen auf. Der Kampf wird kurz, aber mit Erbitterung geführt. Die beiden Gegner kennen einander, wissen, was sie voneinander zu erwarten haben. Es gibt keinerlei Überraschungsmomente. Der Kampf ist choreographiert.
Prof. Chrobath stürzt getroffen zu Boden. Er sitzt zwischen den grünen Knäueln und hält die Hände vor das Gesicht. Blut quillt unter den Fingern hervor. Die Horvath steht, vor Anstrengung keuchend, wütend vor ihm und hält das Strickzeug triumphierend in Siegerpose hoch.

HORVATH Ha!

CHROBATH Meine Augen! Meine Augen! Mein Augenlicht!

HORVATH Sie werden es nicht. Nicht bei mir. Bei mir werden Sie es nie schaffen. Das kann ich Ihnen versprechen.

CHROBATH (hysterisch:) Ich kann nichts sehen. Da. Schauen Sie. Ich kann nichts sehen.

HORVATH (kalt:) Aber ja. Das wird schon wieder. Das vergeht schon wieder. Herr Professor.

CHROBATH Blind. Sie haben mir. Das Augenlicht. Sie! Sie Mörderin.

HORVATH Das kann schon sein. Aber nicht bei Ihnen. Sie reden ja noch.

CHROBATH Blind. Blind. Nicht mehr sehen. Nichts. Nur mehr Dunkelheit. Frau Horvath!

HORVATH Ich habe Ihnen das letzte Mal gesagt, Sie sollen das bleibenlassen. Auf jeden Fall bei mir. Bei mir gibt es so etwas ...

CHROBATH (schreit:) Ich blute. Sehen Sie nicht. Ich verblute.

HORVATH Bei mir gibt es so etwas nicht! Wie oft soll ich Ihnen noch. Solange ich hier ...

CHROBATH (ersterbend:) Mein Gott! Die Schmerzen! Ich werde nie wieder etwas sehen. (Schreit wieder.) Und es muß sein. Frau Horvath. Es muß sein.

HORVATH Und die Strickerei ruiniert. Da. Schauen Sie sich das an. Mindestens 10 Reihen. Wie soll das noch ein Schal werden? Und eines sage ich Ihnen noch einmal. Bei mir nicht. Bei mir nicht das Abendland. Zerstören Sie das, wo Sie wollen. Nur bei mir nicht.

CHROBATH Es muß sein. Frau Horvath. Es muß sein. Sie können das nicht verstehen. Aber. Glauben Sie mir. Es muß sein.

HORVATH Glauben. Was soll ich Ihnen glauben. Nein. Wirklich nicht. Herr Professor. Vielleicht meinen Sie es ja nicht so. Aber glauben. Ihnen ... Nein.

CHROBATH (wieder ersterbend:) Es muß sein. Verstehen Sie. Aber. Ich kann mich nicht darum kümmern, ob Sie es verstehen. Oder irgend jemand. Es muß eben getan werden und. Je früher, desto ...

HORVATH Ja. Ja. Es muß. Es muß. Und wenn Sie meine Klomuschel zertrümmert haben und das Abendland erledigt ist, dann bin ich arbeitslos ... Das kann man auch nur von diesen Asiaten lernen, wie man...

CHROBATH (schwach:) ... mit einem Schlag ...

HORVATH ... können Sie schon etwas sehen?

CHROBATH Wie denn? Sie haben mir doch die Augen ausgestochen.

HORVATH Ja. Ich kann solche Schweinereien bei mir nicht leiden ... Was täten Sie eigentlich. Ich könnte doch. Eine Zeitung. »Vandalenakt in öffentlichen WC-Anlagen aufgeklärt. Universitätsprofessor als Täter überführt!«

CHROBATH Schauen Sie. Frau Horvath. Ich weiß schon. Sie können das alles nicht verstehen. Aber ich sage Ihnen, es muß sein. Ich habe fast alle schon. Und jetzt ist die Burggasse an der Reihe. Wenn Sie mich nicht so schwer verletzt hätten. Irgendwann werden auch Sie das einsehen. Müssen. Merken Sie es denn nicht? Wir lösen uns auf. Ahnungslos. Unbemerkt lösen wir uns auf. Und auf einmal. Nicht mehr da. Nichts mehr da. Nichts geschehen. Und wir sind weg. Weggelöscht.

HORVATH So schaut es aber nicht aus.

CHROBATH Frau Horvath. Sie haben ja keine Ahnung. Sie wissen gar nicht, wie das Nichts im Kopf weh tut. Und sich selbst nie erreichen. Sie können es nicht wissen.

HORVATH Nein. Kann ich nicht. Aber mir ist das Abendland ja auch gleich. Ich will mein Häusl in Ordnung. Und die Leute, die hierherkommen, wollen es auch. Das kommt nur davon, weil Sie so chinesisch raufen gehen. Das macht aggressiv. – Machen Sie doch etwas Schönes. Machen Sie doch einmal etwas Schönes, Herr Professor. (Gerührt.) Vorhin. Vorhin habe ich wieder meine Turandot angehört. Wenn die zwei singen. Am Schluß. Und die tote Liu. Das ist etwas. So was sollten Sie machen.

CHROBATH (nun nicht mehr hypochondrisch, sondern ernsthaft im Schock:) Mir ist schlecht. Mir ist schlecht. – Das muß der Blutverlust sein.

HORVATH (sperrt sofort die WC-Tür ab. Steckt den Schlüssel ein und beschäftigt sich wieder mit dem Strickzeug. Sie zieht ihren Sessel so weit vor, daß sie vor der WC-Tür sitzt.) Ja. Ja. Schlecht. Ha. Eine Ausrede. Nichts als eine Ausrede. Anpirschen. Anpirschen wollen Sie sich. Auf das Abendland anpirschen. Und zuschlagen. – Gehen Sie doch weg von hier. Gehen Sie doch woandershin und lassen Sie uns unsere Klomuscheln.

CHROBATH Du lieber Himmel. Mir ist schlecht.

HORVATH Lassen Sie den Himmel. Der kann auch nichts dafür. Aber ich weiß schon, wieso Sie sich aufregen. Weil Sie das alles nicht mehr können. So wie die das früher einmal gemacht haben. Neidisch sind Sie, weil Sie nichts mehr können.

CHROBATH Aber was wissen denn Sie?

HORVATH Und erreichen werden Sie auch nichts. Auch wenn Sie alle Klomuscheln ...
CHROBATH Ich werde noch wahnsinnig. Seien Sie still. Ich leide. Meine Augen. Ich leide.
HORVATH Ja. Dann lassen Sie mich doch in Ruhe. Sie. Ich habe Ihr Abendland nicht erfunden. Meinetwegen hängen Sie sich doch auf. Wenn es so schrecklich ist. Hängen Sie sich schön auf. Das ist Ihr gutes Recht. Aber bitte bei Ihnen zu Hause. Überhaupt. Alle Menschen sollten ihre Schweinereien bei sich zu Hause erledigen. – Und so etwas ist Universitätsprofessor. Nein. Versuchen Sie nichts. Hier werden Sie nicht hineinkommen.
CHROBATH Frau Horvath. Ich muß. Der Schock. Die Verletzung. Ich muß.
HORVATH Aber ja. Ich glaube Ihnen nichts.
CHROBATH Frau Horvath. Bitte. (Würgt.) Mir ist schlecht. Mir ist wirklich schlecht. Ich habe nichts. Gegessen. Schwach.
HORVATH Was tun Sie jetzt? Speiben Sie mir nicht. Nein. Du meine Güte.
Chrobath kriecht zwischen den Knäueln am Boden herum. Blutverschmiertes Gesicht. Würgt. Kriecht auf allen vieren auf das WC zu. Die Horvath sperrt nun doch auf und führt ihn wie einen Hund am Kragen in das WC. Die Tür bleibt offen. Die Bewegungen der folgenden Szene sind wie aus einem Film, in dem eine Geisel, von ihren Entführern ständig in Schach gehalten, jede noch so kleine Geste mißtrauisch beobachtet. Im Dialog entdeckt die Horvath durchaus ihr kleines Verständnis für die notleidende Menschheit.
HORVATH (währenddessen:) Mein Gott. Ihnen ist ja wirklich. (Chrobath erbricht.) Nein. Nein. Die Hände am Boden. Lassen Sie die Hände am Boden. Ja. Ja. Schön am Rücken. Verschränken. Ja. Noch einmal? Meine Güte. Und da wollen Sie die Klomuschel zertrümmern. Da sehen Sie, wie man nicht verzichten kann auf sie. Nichts gegessen.
Haben Sie denn keine Frau? Ja. Mein Gott. Pipi machen auch noch. Aber ja. Aber halten tu ich. Sie lassen Ihre Hände schön am Rücken. (Sie benimmt sich wie eine Kindergartentante, die einen Dreijährigen beim Pipimachen betreut.) Ich

habe immer noch das Strickzeug. Sie wissen. Ja, schön Pipi machen. Wieso haben Sie denn keine Frau. Ja. So. Jetzt gehen wir wieder hinaus. Nein. Probieren Sie es nicht. Ich glaube Ihnen ja, daß Sie nichts Schlechtes wollen. Aber was hätten wir jetzt gemacht, wenn Sie die Klomuschel schon. So. Setzen Sie sich schön daher. Es wird schon wieder. Wie lange haben Sie denn nichts gegessen. Aber. Ich habe etwas. Warten Sie. Irgendwo habe ich etwas.

Während die Horvath den Professor aufs WC gebracht hat, sind der Streetworker und der Taubstumme miteinander heruntergekommen und erstaunt über die Ereignisse stehengeblieben.

HORVATH Ja. Ja. (Zum Streetworker, den sie vorerst nur als Kundschaft des Taubstummen sieht. Entschuldigend:) Ich mach gleich fertig. Aber dem lieben Herrn Professor ist ein bißchen schlecht geworden. Ja. So.

Die Horvath setzt den Professor an die Wand.

CHROBATH (schwach:) Seit gestern. Nur Kaffee.

HORVATH Nein. Gehen Sie. Sie müssen sich eine Frau. (In Richtung Neuangekommene:) Gleich, der Herr. Gleich ist alles fertig. (Wieder zu Chrobath:) Man muß essen. Man muß essen. Und ohne Frau. Wahrscheinlich gehen Sie immer ins Gasthaus. Oder Wurstsemmeln. (Zum Streetworker:) Einen Augenblick. Der Burschi wartet schon. (Erkennt ihn.) Ach. Sie sind das. Mein Gott. Was wollen Sie denn schon wieder hier? Lassen Sie mir den Burschi in Frieden. (Zu Chrobath:) Ohne Frau. Das ist nichts. (Gibt ihm eine Knackwurst und eine Semmel:) Ohne Frau geht es nicht. (Setzt sich wieder auf ihren Sessel. Ruht sich aus. Beugt sich vertraulich zu ihm vor. Sie ignoriert den Streetworker von nun an.) Wissen Sie. Ich glaube, ohne Frauen wäre es schon aus. Was glauben Sie. Der alte Horvath wäre einmal irgendwohin gegangen. In ein Theater. Oder in eine schöne Musik. Nie. Der nie. Ich immer. Nein. Nein. Ohne Frauen. Und jetzt essen Sie schön.

Chrobath ißt seine Knackwurst. Die Horvath bringt das Häusl wieder mit Wettex in Ordnung. Wäscht das Wettex aus und kehrt zu ihrer Strickerei zurück.

## XVI

Während der Professor unter der Assistenz der Horvath Pipi macht, kommen der Taubstumme und der Streetworker die Stiegen herunter. Da das WC besetzt ist, stehen die beiden unschlüssig herum. Die Horvath nimmt den Streetworker mit Unmut zur Kenntnis. Der Taubstumme will dann ins WC und stößt die Horvath beziehungsvoll an, während sie gerade ihr Wettex auswäscht, und deutet auf den Streetworker. Die Horvath zuckt eher verächtlich mit den Achseln. Der Taubstumme bleibt unschlüssig stehen. Der Streetworker wendet sich nach dieser wenig freundlichen Behandlung ab und setzt sich Chrobath gegenüber auf den Boden. Er zieht ein kleines Büchlein aus der Brusttasche und beginnt zu lesen. Er vertieft sich darin und reagiert vorerst nicht auf das Geschehen. Der Taubstumme geht auf und ab. Nach einiger Zeit beginnt er sich zu erinnern und wiederholt alle Bewegungen der Szene 8 und geht wieder den Tascheninhalt der Schwangeren entlang, stößt ihn mit Schuhspitzen an und hebt zuletzt die Dinge auf und legt sie in die Tasche. Er beginnt diese Sequenz sehr langsam, fast gelangweilt, und wird gegen Ende immer schneller. Am Ende Bewegungen à la Eile im Stummfilm. Mit der fertig eingeräumten imaginierten Tasche an die Brust gepreßt, steht er dann in der Mitte der Bühne. (Horvath strickt, Chrobath ißt langsam seine Knackwurst, Streetworker liest.) Einen Augenblick ist er weich und sehnsüchtig, ein gläubiges Kind. Dann öffnet er die Tasche und leert den Inhalt auf den Boden aus. Danach läßt er die Tasche fallen. Der Streetworker springt nun auf und geht zu dem verloren dastehenden Taubstummen. Den letzten Schritt macht er vorsichtig so, daß er sicher den imaginierten Tascheninhalt und die Tasche zertritt. Er sieht den Taubstummen freundlich an und schlägt ihm tändelnd-burschikos auf die Schulter.

HORVATH (zum Professor:) Aber jetzt ist es besser. Oder?
Der Streetworker hat den Taubstummen aus seiner Reverie gerissen. Der Taubstumme blickt erstaunt um sich, weiß nicht, wo er ist, dreht sich staunend und sagt schmachtend mit Kleinmädchenstimme:

DER TAUBSTUMME Wo bin ich?
Der Streetworker nimmt ihn an der Hand und zieht ihn an seine Seite. Sie stehen eng seitlich aneinandergepreßt und halten einander an der Hand, die Finger ineinandergeflochten. Der Taubstumme steht mit dem Rücken zum Publikum. Der Streetworker sieht in das Publikum. Sie stehen kurz so da. Dann legt der Taubstumme den Kopf auf die Schulter des Streetworkers und sagt wieder mit Mädchenstimme:
DER TAUBSTUMME Wo bin ich. Hier.
Der Streetworker legt nun seinen Kopf auf den des Taubstummen.
Er sagt schmachtend, aber fest und sicher:
STREETWORKER Auf dem richtigen Weg.
Pause.
Der Streetworker umklammert in einer leidenschaftlichen Aufwallung die Hand des Taubstummen noch fester. Er wiederholt überzeugt und innig:
STREETWORKER Auf dem richtigen Weg.
Die beiden erstarren in dieser Haltung. Die Horvath strickt. Professor Chrobath nagt an einem Knackwurstzipfel.

## XVII

Getrampel auf der Stiege. Die drei Stripperinnen stürmen die Stiege herunter. Die Stripperinnen kreischen und stürzen auf die WC-Tür zu. Die Horvath springt auf, wirft das Strickzeug auf den Tisch und verteidigt ihr WC. Sie stellt sich vor die Tür, die aber schon von einer Stripperin erreicht wurde. Beide, die Horvath und die Stripperin, halten die Türklinke. Die Stripperin lasziv-präpotent, die Horvath wütend-verwirrt.

HORVATH Habt ihr kein eigenes Häusl. Das hier. Das hier ist für Männer. Ein Herren-WC.
1. STRIPPERIN Ein Herren-WC?
2. STRIPPERIN Für Männer?
3. STRIPPERIN Ein Herren-WC!

ALLE DREI ZUSAMMEN Ein Männer-Klo.
Die erste Stripperin geht einfach in das WC. Sie schließt ab und schreit von drinnen.
1. STRIPPERIN Bei uns ist das WC verstopft. Und am anderen sind die Japaner. Dauernd. Ah. Endlich.
Währenddessen:
Die 2. Stripperin hält sich zwischen den Beinen und trippelt auf und ab, um nicht zu früh ... Sie paradiert so vor Chrobath in einer Verführungsparodie.
Währenddessen:
Der Streetworker und der Taubstumme sind von der kreischenden Stripperinneninvasion auseinandergewirbelt worden. Sie stehen nun getrennt voneinander. Der Taubstumme ist wieder in seine Taubheit eingehüllt. Er sieht seine Schuhspitzen an. Steht gegrätscht und beginnt, sich autistisch zu wiegen. Dieses Wiegen ist vorerst nur langsam und angedeutet. Der Streetworker will ihm etwas sagen. Flehentlich, dann immer dringender will er zumindest einen Blickkontakt herstellen. Er will den Taubstummen in seinem Selbstwiegen aufhalten und versucht, ihm das Wort »Erlösung« zu sagen. Er formt jeden Buchstaben, bleibt aber stumm dabei. Seine Eindringlichkeit steigert sich, und er versucht, den Kopf des Taubstummen festzuhalten. Er muß sich mitwiegen und sagt weiter stumm »Erlösung« vor sich hin. Es sieht aus, als tanze er mit dem Taubstummen, dessen Kopf er in den Händen hält. Trotzdem kann er keinen Kontakt bekommen.
Währenddessen:
Die Horvath verteidigt Chrobath, der sich, mit seinem Knackwurstzipfel in der Hand auf dem Boden sitzend, von der zappelnden Stripperin umgarnt sieht.
HORVATH Nur weil du gleich pieschen mußt, brauchst du dich nicht so aufführen. Laß das. Ich kann solche Schweinereien hier bei mir nicht haben.
Die Horvath stellt sich vor den Professor. Die erste Stripperin kommt aus dem WC, zupft ihre Tangabänder zurecht. Die zweite stürzt hinein und zerrt dabei an ihren Tangaschnüren. WC-Rauschen.
Die erste Stripperin setzt sich zu Chrobath auf den Boden. Sie

rollt ein Wollknäuel zwischen ihren ausgestreckten Beinen mit den Zehen hin und her und animiert Chrobath mitzumachen. Chrobath schluckt den Rest Knackwurst und rollt das Knäuel zurück. Verschämt. Kinderspiel.
Die dritte Stripperin hat den Taubstummen entdeckt und zupft an ihm herum. Kichert. Geht um ihn herum. Sie muß auch aufs WC, aber längst nicht so dringend wie die beiden anderen. Sie trippelt herum und beginnt, an den noch herumliegenden Wollknäueln zu stupsen.
Die zweite Stripperin kommt aus dem WC. Die dritte geht hinein, macht die Tür kaum zu.
2. STRIPPERIN (zur Horvath:) Tampons habt ihr hier nicht?
HORVATH Tampons. Tampons. Nein. Das haben wir nicht. Wir haben hier Präservative. Tampons! Wir sind ein Herren-WC. Man sollte. Also. Jetzt beeilt euch schon.

Die zweite Stripperin schiebt ihren Tampon zurecht. Mit fragendem Gesicht währenddessen:
2. STRIPPERIN Was sollte man? Ja. Ja. Na gut. Muß halt so.
HORVATH Laß das. Verschwindet jetzt schon bald.
Die zweite Stripperin macht sich an den Streetworker heran und umtanzt ihn. Sie versucht, ihn auf sich aufmerksam zu machen. Schnalzt mit den Tangabändern, klatscht auf ihr Hinterteil, klatscht ihre Brüste zusammen. Der Streetworker formt weiter das Wort »Erlösung« stumm schreiend mit den Lippen und ist nicht abzulenken. Der Taubstumme ist in seinen Autismus versunken. Die dritte Stripperin kommt aus dem WC. Strahlend und erleichtert.
3. STRIPPERIN (fröhlich:) Was sollen wir? Verschwinden? Aber sicher. Wir verschwinden.
Die anderen beiden Frauen nehmen das »Verschwinden« auf und beginnen es zu sagen, zu singen, zu trillern, bis ein lieblicher Mädchenchor daraus geworden ist.
Währenddessen:
Die Horvath findet wieder in ihre Rolle als Klofrau zurück und holt das Wettex aus der Lade. Riecht daran. Geht in das WC. Wasser rinnt. Man sieht, wie sie, über die Klomuschel gebeugt, mit dem Klobesen im WC stochert, dann mit dem Wettex die Klobrille abwischt.

Gesamtsituation:
Der Taubstumme wiegt sich autistisch.
Der Streetworker hält den Kopf des Taubstummen und versucht, ihm stumm »Erlösung« zu sagen.
Die 1. Stripperin spielt, auf dem Boden sitzend, mit einem Wollknäuel.
Die 2. Stripperin spielt mit der 1. Stripperin Wollknäuelfußball.
Die 3. Stripperin macht hinter dem Streetworker wieder selbstversunkene Verführungsgesten.
Prof. Chrobath sitzt auf dem Boden und will mitspielen.
Die Horvath putzt das Klo.
Die Horvath ist mit dem WC fertig. Sie zieht noch einmal die Spülung. Ein donnernder Wasserfall aus Lautsprechern, der langsam verklingt, bis nur noch ein leises gurgelndes Abfließen und dann noch ein Nachtropfen zu hören ist.
Während dieser Geräusche erstarren alle in ihren Bewegungen.
Vier Sekunden lang. Die Horvath steht in der WC-Tür.
Ab nun kommt der Chor der Stripperinnen »Verschwinden. Wir verschwinden« aus dem Lautsprecher. Die Stripperinnen singen aber weiter mit und variieren noch. Der Chor ist dem jeweiligen Handlungsmuster angepaßt.
Der Taubstumme gibt mit seinem Wiegen ein Zeitmaß an. Er steht als Metronom auf der Bühne. Alle Handlungen richten sich nach diesem Rhythmus. Bei Beginn Zeitlupe.
Die Horvath geht zur Bassena und wäscht das Wettex aus.
Die 3. Stripperin drängt sich in Zeitlupe sanft zwischen den Streetworker und den Taubstummen. Sie wendet dem Streetworker ihr Hinterteil zu, so daß sie sich im vorerst langsamen Rhythmus an ihm reibt und gleichzeitig ihren Busen an den Taubstummen drängt. Sie schiebt die beiden auseinander. Alles in diesem sich sehr langsam steigernden Rhythmus und mit Begleitung des »Verschwinden-Chors«. Kurz wiegen die drei sich in einer Koitusparodie. Der Streetworker, dann getrennt vom direkten Zugriff auf den Taubstummen, keucht das erste Mal, natürlich dem Tempo angepaßt, »Erlösung« laut.
Die zweite Stripperin spielt nun mit dem Wollknäuel, an dem das Strickzeug der Horvath hängt. Sie zieht genußvoll

(Tempo!) die Stricknadeln heraus und beginnt den Taubstummen zu pieksen. Der Taubstumme verharrt in seinem Gewiege und Schaukeln. Langsam drängt die 3. Stripperin den Streetworker mit dem Hinterteil endgültig weg. Der Streetworker keucht wieder laut und im Tempo »Erlösung«. Er zerlegt das Wort in Einzelsilben, sinnlos aneinandergereiht.
Alle drei Stripperinnen beginnen nun, den Taubstummen, der allein steht, zu umkreisen. Die 2. Stripperin umtanzt ihn und wickelt ihn mit der Wolle ein, während sie genußvoll zugleich den Schal der Horvath auftrennt. Die beiden anderen Stripperinnen nehmen Wollfäden, die beim Spielen schon abgewickelt wurden, und verwirren sie zu einem Wollfädengespinst. Sie tanzen rechts und links vom sich wiegenden Taubstummen und halten dieses Wollfädengespinst heiligenscheinartig über seinen Kopf, während die zweite Stripperin weiterhin den Schal kichernd auftrennt. Die Stripperinnen singen weiterhin im Chor mit, der gegen Ende an Stimmen und Volumen zunimmt.
Chrobath kniet an der Wand und will immer noch mitspielen. Die Horvath wäscht ihr Wettex im Tempo. Sehr gründlich und genau.
Der Streetworker kann nicht zum Taubstummen. Der Taubstumme wird nun deutlich schneller. Die Stripperinnen tanzen – plumpe Nymphen – kichernd um ihn und verharren immer gleich wieder in barocken Posen der Apotheose. Der Streetworker röhrt immer lauter keuchend »Erlösung«. Die Stripperinnen kichern hoch und perlend als Antwort auf diese Keuchschreie, die auch gegen den Chor vom Band ankämpfen müssen. Zu einem von Koloratur und Gekreisch durchsetzten großen Chor »Verschwinden« noch einmal eine barocke Apotheoseszene, ganz kurz schön und lieblich. Der »Verschwindenchor« wird zu einem peitschenden Stakkato. Der Taubstumme wiegt sich nun ekstatisch. Die Stripperinnen feuern ihn an. Kichernd und sehr obszön.
Der Streetworker kann es nicht mehr ertragen. Er schreit laut und verzweifelt »Erlösung« und reißt seine Lederjacke auf. Der Gesang erstirbt schlagartig. Alle erstarren. Unter der Lederjacke sind Priesterkollar, violette Brust und ein großes, gläsernes Kreuz, das um den Hals hängt. Der Streetworker reißt das

Kreuz herunter und hält es der Gruppe der Stripperinnen mit dem Taubstummen mit dem Donnerschrei »Erlösung« entgegen.
(Karateschrei von Chrobath aus dem WC.) Die drei Stripperinnen verwandeln sich in Furien. Sie stürzen sich kreischend auf den Streetworker. »Verschwinden« wird manchmal gehört, diesmal als Imperativ an den Streetworker und nicht mehr als Selbstauflösungsformel der Außenseiterinnen. Das Kreuz wird zu Boden gerissen und zerbricht. Der Streetworker muß vor den Stripperinnen flüchten. Sie fegen ihn aus dem Raum die Stiegen hinauf. Sie verfolgen ihn mit sirenenartigem Geheul.
Währenddessen:
Prof. Chrobath kniet während des Nymphentanzes noch immer am Rand und will – ein tolpatschiger Hund – mitspielen.
Das zu Ekstase sich steigernde Tempo erregt ihn. Er schaukelt auf allen vieren mit und stürzt während des Crescendo ins WC. Er brüllt, während der Streetworker sein Glaskreuz zur Bannung der wilden Weiber in die Höhe hält, einen Karateschrei aus und zerschlägt die Klomuschel.

## XVIII

Man hört das Gekreisch und Getrampel der Furien/Stripperinnen verklingen. Währenddessen kommt Chrobath aus dem WC. Er trägt eine halbe Klomuschel und geht an seinen Platz an der Wand. Setzt sich hin. Erschöpft, aber zufrieden. Seine Aufgabe ist erfüllt. Er stellt die halbe Klomuschel, mit der er eine Wasserspur gezogen hat, neben sich und stützt sich auf. Er legt seinen Kopf à la Der Denker auf seine Hand und verharrt so. Der Taubstumme holt sich ein Präservativ und beginnt es aufzublasen.
Währenddessen:
Die Horvath hat alles ignoriert. Sie hat ihre Waschzwänge nach dem vorgegebenen Tempo befriedigt. Sie riecht noch einmal am Wettex, windet es noch einmal aus, riecht wieder daran und legt es in die Lade zurück.

Herr Sellner jodelt gerade in diesem Augenblick, in dem die Horvath die Lade über dem Wettex schließt, und trampelt, gefolgt von den Japanern, die Stiege herunter. Die Japaner sind nun endgültig in Lederhosen, zwei Japaner tragen Dirndl, zwei haben die Stubenmädchenschleife der Stripperinnen wie Trophäen um die Stirn – samurai fashion – gebunden.
Im Hintergrund wird der Präservativluftballon des Taubstummen zu einem immer größeren, bis endlich riesengroßen, spermafarbenen Zeppelin, der über der Gruppe schwebt.
Die Japaner stoßen kleine, erwartungsvolle Laute aus. Sie bleiben unruhig im Hintergrund.
Sellner stürzt zur Horvath und bedeutet ihr aufzusperren. Die Horvath ist vorerst störrisch. Eine alte Frau, die sich auf eine Situation nicht einstellen kann oder will. Die beiden gehen an den Rand der Bühne. Der folgende Dialog verfällt immer wieder deutlich in die Darstellung eines Gaunerpaares aus einem 40er-Jahre-Film.

SELLNER (ungeduldig – noch fröhlich:) Also. Gehen wir es an.

HORVATH (mustert intensiv ihre Schuhe:) Ja?

SELLNER (noch immer fröhlich:) Kommen Sie. Machen wir es schnell.

HORVATH Hmm.

SELLNER (nur noch geduldig:) Aufsperren. Frau Horvath. Sie müssen nur aufsperren. Mehr verlangt man nicht von Ihnen.

HORVATH Ja. Ja.

SELLNER Kommen Sie. Frau Horvath. Was soll denn das. Wir haben doch nicht ewig. Die ganze Nacht. Also?

HORVATH Warum haben Sie es denn so eilig? Haben Sie denn Angst.

SELLNER (grob:) Frau Horvath. Wir haben einen Deal. Sie sperren auf. Wir besichtigen. Wir fotografieren. Und Sie kriegen Ihr Geld. Und ich habe keine Angst. Warum soll ich eine Angst haben. Es besteht doch kein Grund. Oder.

HORVATH Schiefgehen kann immer etwas.

SELLNER Also was soll das. Frau Horvath? Ich kann nicht die ganze Nacht. Machen Sie schon auf.

HORVATH  Ja. Sicher. Nichts ist ohne Risiko. Kann auch schiefgehen. Natürlich. Man weiß ja nie. Wie man es richtig machen soll. Morgen kann schon alles anders. Ja. Ja. (sachlich:) Wo ist das Geld.

SELLNER  (ungeduldig:) Ich bitte Sie. Sperren Sie jetzt einmal auf. So viel Zeit.

HORVATH  Haben Sie es. Oder nicht.

SELLNER  Aber ja. Natürlich. Cool sind Sie schon. Das muß man Ihnen schon lassen. Sich am Elend von dem da.

HORVATH  Ob Sie das Geld haben. Tun Sie nicht so. Herr Sellner. Sie verdienen doch auch.

SELLNER  Ja. Aber. Ich hab ja nicht mit ihm. Zu tun. Menschlich. Meine ich. Seelisch. Und so.

HORVATH  Fünfzehn. War ausgemacht. Und vorher. Ich kann es mir nicht aussuchen. Und ich kauf ihm eine neue Decke. Hat er auch etwas davon.

SELLNER  (sucht nach dem Geld:) Ja. Ja. Viel hat er da.

HORVATH  Sie brauchen nicht glauben. Herr Sellner. Weil ich eine alte Frau bin. Fünfzehn und vorher.

SELLNER  (ironisch:) Da. Haben Sie. Und in kleinen Scheinen.

Sellner holt ein Bündel Scheine aus der Jacke. Die Horvath nimmt das Geld und zählt es mit Bankkassierer-Handbewegungen zweimal durch. Die Japaner werden immer ungeduldiger.

HORVATH  Kuvert haben Sie keines?

Sellner holt, als handle es sich um einen ungeheuren Schatz, ein zerknittertes Kuvert aus seiner Brusttasche und gibt es ihr.

SELLNER  (bitter:) Barmherzigkeit kennen Sie nicht.

HORVATH  (spitz:) Ausgemacht ist ausgemacht.

Sie nestelt das Geld weg. Dreht sich um. Geht zur kleinen Tür. Sperrt wortlos auf. Geht zu ihrem Sessel und setzt sich. Holt noch einmal das Geld heraus, zählt nach, nestelt das Geld wieder weg.

Währenddessen:

Die Japaner gehen nacheinander ins WC und besichtigen die halbe Klomuschel. Aufgeregtes Sing-Sang-Gerede. Spiel mit Karategestik.

Die Horvath setzt sich auf ihren Sessel. Erschöpft. Die Japaner zücken ihre Fotoapparate und drängen sich in den Nebenraum. Sie bilden eine Schlange.
Die Schlange kommt immer wieder ins Stocken. Die Japaner werden wieder herausgedrängt, bis endlich auch der letzte Japaner verschwunden ist.

## XIX

Die Horvath sitzt da. Schaut sich kaum um. Sie hat den Kopf gebeugt. Eine Katastrophe mehr. Die war zu erwarten. Eigentlich. Dann sagt sie, ohne den Kopf zu heben, fast kalt, nur fast resigniert:

HORVATH Enttäuscht. Enttäuscht haben Sie mich aber schon. Herr Professor.
Chrobath umarmt seine halbe Klomuschel und beginnt zu weinen. Trostlos. Er hätte es gerne ihr zuliebe vermieden, aber er mußte seinem Schicksal folgen. Er legt seinen Kopf in die Muschel. Die Horvath stützt die Hände auf ihre Knie. Seufzt resigniert. Aber ungebrochen, weil sie ja ohnehin nichts mehr erwartet.

HORVATH (großartig-resigniert:) Sehr enttäuscht. Gut, daß der alte Horvath das nicht mehr erleben hat müssen. Hat er sich alles erspart. – Sehr enttäuscht. Herr Professor. Menschlich. Herr Professor. Menschlich.

## XX

Seltsam kratzende Geräusche aus dem Nebenraum. Sellner stürzt heraus. Vorerst ist er noch der diensteifrige, durchaus dem Funktionieren seiner Sehenswürdigkeiten vertrauende Fremdenführer.

SELLNER  Er will nicht.
Die Horvath reagiert nicht. Chrobath weint still vor sich hin.
Der Taubstumme setzt sich, den Zeppelin in den Armen, zwischen WC und Pissoir.
SELLNER  Frau Horvath. Hören Sie. Er will nicht.
Die Horvath legt das Gesicht in die Hände. Müde. Desinteressiert.
SELLNER  Frau Horvath. Was sollen wir jetzt machen? Er will nicht. Verstehen Sie. Er will einfach nicht. Einfach so.
Die Horvath zuckt mit den Achseln.
SELLNER  Also. Frau Horvath. Wir müssen etwas tun. Irgend etwas. Unternehmen. Sagen Sie ihm doch, er muß. Er muß.
Die Horvath zuckt wieder mit den Achseln.
SELLNER  Was stellt er sich denn vor. Ja. Was stellt er sich denn vor. Geh. Sie gehen jetzt und sagen ihm, er muß. Was glaubt er denn. Melden. Melden will er es. Hat man so etwas schon. Wäre ja noch schöner. Also. Jetzt tun Sie doch etwas. Sie. Frau Horvath. Wenn die Japs nicht fotografieren dürfen. Sie. Die lynchen uns noch.
HORVATH  (desinteressiert:) Sie. Die lynchen Sie.
Die Japaner rumoren.
SELLNER  (nun schon ärgerlich:) Jetzt tun Sie etwas. Sie müssen etwas. Sagen Sie ihm doch, er bekommt nichts zu trinken. Sonst. Kein Wasser mehr. Oder er soll sich anpinkeln. Oder Sie reden nichts mehr mit ihm. Irgend so etwas.
HORVATH  (unbeteiligt, müde-schnippisch:) Das müssen Sie. Das müssen Sie schon selber regeln. Ich habe Ihnen aufgesperrt. Mehr habe ich nicht zu tun. Mehr war nicht ausgemacht. – Und überhaupt. Sie sind hinein, wie ich auf dem WC. Ich weiß gar nichts. Ich habe nichts damit zu tun. Ich muß ja schließlich auch.
SELLNER  (wütend:) Und die Fünfzehntausend? Ha? Wenn die bei Ihnen gefunden werden? Ja.
HORVATH  (kühl:) Ein Brieflos.
SELLNER  (wütend-verzweifelt:) Ich kann auch gleich die Polizei holen. So ist das ein Betrug. Ein glatter Betrug.
HORVATH  Bitte. Bitte. Holen Sie. Etwas Gescheiteres können Sie gar nicht tun.

Die Japaner werden laut.

SELLNER (rafft sich auf, kalt, in Pflichterfüllung:) Gut. Frau Horvath. Gut. Wenn es keinen anderen Weg gibt. Man muß Sie also bitten. Gut. Wie Sie wollen.

(Er verwandelt sich in einen Schauspieler etwa um die Jahrhundertwende. Burgtheater. Getragener, singend-edler Vortrag.)

Nicht länger sprech' ich rätselhafte Warnungen.
Seid selber Zeuge, daß ich jene Frevelspur
Vergangner Greuel Schritt für Schritt aufwittere.
Durch dieses Haus tönt fort und fort der Rachechor
Einstimmig, doch in grausenvoller Harmonie
Berauscht zu höchster Raserei von Menschenblut,
Und schwer hinauszubannen, tobt und schwelgt am Herd
                                                    der ...

Die Japaner beginnen mitzuskandieren, laut.

Die Horvath ist müde. Sie gibt auf und beginnt auf Sellners Forderungen einzugehen, damit die Sache ein Ende hat oder wenigstens wieder Ruhe einkehrt. Sie fällt Sellner ins Wort.

HORVATH Sie müssen ihn nur fragen, was er will. Fragen Sie ihn, was er will. Er wird etwas haben wollen. Er hat halt auch seine Bedürfnisse.

SELLNER (küßt ihr die Hand:) Und was, wenn Offenbarung uns nicht wird,
So gar geneigt zu glauben ich mich fühle.

HORVATH (eher peinlich berührt:) Ja. Ja. So gehen Sie schon.

SELLNER So gehe ich und danke Euch der Hilfe unverdiente Rettung.

Stelzt in den Nebenraum. Die Japaner werden still. Die kratzenden Geräusche. Die Horvath sitzt ruhig. Der Taubstumme hält den Zeppelin. Chrobath umarmt die Klomuschel. Sellner stürzt heraus. Er ist wieder der Fremdenführer, der an seiner Sehenswürdigkeit verzweifeln muß.

SELLNER Rätsel. Frau Horvath. Er will Rätsel. Drei. Ja. Was? Drei Fragen.

Er stürzt wieder zurück.

Er beruhigt die Japaner. Man hört ihn aus dem Nebenraum.

SELLNER (wienerdialektenglisch:) Gentlemen. You must wait a bit. Please do wait. And be silent. I know you are very anxious to meet the tortured mankind. And as you have very great merits for the Austrian steel market, you are quite right. But you see. There is a certain delay. Eine Verzögerung. We have to do what he says. Or there will be great trouble for all of us. He now will put us three questions and we will answer then und then everything will be o.k. ... o.k.?

Die Japaner applaudieren. Rumoren. Kratzende Geräusche. Sellner stürzt heraus. Bleich. Verwirrt.

SELLNER (zur Horvath:) Das Datum. Der Wievielte ist heute. Gestern war der. Mein Gott. Ich werde noch wahnsinnig. Nie wieder. Nie wieder. Also gestern war der ... Will er jetzt das richtige Datum oder das von gestern. Was für ein Datum hat man mitten in der Nacht ...

CHOR DER JAPANER
Zu den Waffen, zu den Waffen!
Was die Hände blindlings raffen!
Mit der Keule, mit dem Stab,
Schlacht, in dein Gefild hinab!

Sellner hat erstarrt dem dumpfen Chor zugehört. Läuft wieder zurück. Von drinnen:

SELLNER Gentlemen. He wants to know the date of today. You see. And ...

Die Japaner schreien im Chor das Datum des Aufführungstages. Die kratzenden Geräusche. Sellner kommt nun langsam und gebrochen.

SELLNER (verzweifelter Aufschrei:) Nein. – So geht das doch nicht. Wie antwortet man ihm denn. Ich habe ja noch nie wirklich mit ihm. Ich habe ja nichts gewußt. Frau Horvath.

HORVATH (verächtlich:) Sie sagen ganz einfach, heute ist der ... (Datum. Zischt.) Scheißen Sie sich nicht an. Ich habe immer geglaubt, Sie sind Herr der Lage.

SELLNER (wieder Burgtheater:) Wie wenig hab ich Sie gekannt! Wie reich.
Und grenzenlos belohnt Ihr schönes Herz
Die schwere Müh, es zu begreifen!

Er stelzt in den Nebenraum. Kratzende Geräusche.

CHOR DER JAPANER
Nicht die Flur ist's, die zertreten

Unter ihren Rossen sinkt,
Nicht der Mondstrahl in den Städten, der
aus Tür und Fenster blinkt,
Nicht das Weib, das mit Gewimmer
Ihrem Todeskuß erliegt,
Und zum Lohn, beim Morgenschimmer,
Auf den Schutt der Vorstadt fliegt.

SELLNER Frau Horvath. (Er keucht. Wie nach einer schweren, schockierenden Anstrengung.) Er ist wahnsinnig. Wahnsinnig. Verrückt. Er ist total wahnsinnig. Gut. Daß er nicht frei herumgehen kann. Wissen Sie, was er jetzt will? Es ist vollkommen richtig, daß man ihn festhält. Er will (Kichert verrückt.) Er will den Brotpreis. Wissen Sie? Den Brotpreis.

Er setzt sich erschöpft auf den Hocker. Lehnt sich gegen die Wand zurück.

SELLNER Wissen Sie ihn? Eigentlich?

CHOR DER JAPANER
Wer in unheilbaren Wunden
Dieser Fremden Hohn empfunden,
Brüder, wer ein deutscher Mann,
Schließe diesem Kampf sich an!

Sellner springt auf, ermannt sich.

SELLNER (zur Horvath:) Frau Horvath. Sie wissen. Sie müssen den Brotpreis wissen. Sie. Sie sind eine Frau. Sie kaufen ein. Sie. Sie bezahlen. Sie müssen. Frau Horvath.

HORVATH (unbeteiligt:) Fünf.

SELLNER Was fünf. Schilling. Das gibt es nicht.
Der Brotpreis hat doch immer noch Groschen dran.

HORVATH Tausend. Fünftausend.

Sellner begreift. Fällt wieder auf den Hocker zurück.

SELLNER (wieder Burgtheater:) Ah!
Ich bin gekommen
Weil Du ein sanftes Mädchen bist, weil ich
Auf Deine gute, schöne Seele baue.
Sieh, Mädchen, sieh. Ich habe keine Freunde mehr
Auf dieser Welt als Dich allein. Einst warst Du mir so gut ...

HORVATH (ungerührt:) Fünftausend.

SELLNER Ich ehre Ihre Handlungen,
Auch wenn ich sie nicht fasse ...

Er zählt umständlich fünftausend aus dem ihm verbliebenen Geldbündel und übergibt sie. Die Horvath behandelt das Geld in aller Ruhe, genauso wie das erste Mal. Die Japaner sind wieder sehr unruhig.
Die Horvath hat ihr Geld weggesteckt.
Die Horvath (Radioansagerstimme) nennt den jeweils geltenden Brotpreis.
Sellner wiederholt die Ziffer immer wieder. Stürzt hinaus. Das grollende Unruhegemurmel der Japaner verstummt. Dann stürzt Sellner wieder heraus. Er fällt sofort vor der Horvath auf die Knie und breitet die Arme aus. Burgtheater.

CHOR DER JAPANER
    Das Geschehne sei vergessen;
    Droben wird ein Richter messen.
    Keinem nichtgen Erdengut
    Flammt, an diesem Tag, das Blut!

SELLNER Alles. Alles, was immer ich und je mein eigen, Es sei auf ewig treu in Euer liebend Händen, und stifte ...
HORVATH (ungerührt:) Den Rest.
Sellner weint.

CHOR DER JAPANER
    Eine Jagdlust, wie wenn Schützen
    Auf der Spur dem Wolfe sitzen!
    Schlagt ihn tot! Das Weltgericht!
    Fragt nach Euren Gründen nicht!

Sellner hat den Rest des Geldes aus seiner Jacke gefischt. Weint.
SELLNER Nehmt hin, was Euch zu geben mir gebeut.
HORVATH Alles.
Sellner findet noch Scheine in seiner Hosentasche.
HORVATH Wirklich alles.
Sellner, sich auf dem Boden windend, gibt ihr Münzen.
HORVATH Und?
SELLNER (flüsternd vom Boden:) Die Hymne. Er will die Hymne!
Die Horvath hat wieder das Geld gezählt, die Münzen auf den Kleingeldteller gegeben. Sie geht in die Mitte der Bühne. Kleinmädchenhaltung. Brav die Beine nebeneinander. Die Hände auf dem Rücken. Sie läßt sich Zeit.

SELLNER (aus dem Nebenraum, wieder Fremdenführer:) Please be quiet. Mrs. Horvath will now be so friendly and sing for us our Bundeshymne. Please. Be quiet. Silence please.
Die Horvath singt mit kleiner Stimme das Deutschlandlied. Am Ende johlen und klatschen die Japaner. Sie versuchen das Lied selbst zu singen, wie beim Kaiserzitat. Wenn es alle können, schreit Sellner laut und ekstatisch:
SELLNER Now. Light. Light. This is the moment.
Im schmalen Nebenraum stehen die Japaner dichtgedrängt um einen schrägen Tisch. Sie bilden einen sehr engen Halbkreis. Einige stehen erhöht. Sie sind Kopf an Kopf gedrängt. Ein sehr starkes Licht von oben. Die mitgebrachten Scheinwerfer von vorne. Es hängen elektrische Kabel von der Decke herunter. Von den Japanern sind statt der Gesichter nur riesengroße Kameras und Videokameras zu sehen. Licht. Blitzlicht. Ein unglaubliches Blitzlichtgewitter geht nieder. Auf dem schrägen Tisch liegt ein offener, bluttriefender Pferdekadaver. 5 Sekunden Blitzlichter. Die Kameras beugen sich über den Kadaver. Bis sie sich in den Kadaver versenkt haben.
Schluß.
Währenddessen:
Die Horvath hat wieder zu stricken begonnen.

**Waikiki-Beach.**

Die Personen:
HELENE HOFRICHTER, Die Frau des Bürgermeisters, ca. 40
RUDOLF HOFRICHTER, Der Bürgermeister, ca. 45
MICHAEL PECIWAL, Chefredakteur der wichtigsten Zeitung, ca. 45
DIE STROTTERIN
DIE DREI DICKEN FRAUEN
DIE DREI ZITTERNDEN GREISE
EIN SKINHEAD
MICK
SCHLÄGERTRUPPE
EIN POLIZIST

Die Bühne:
Das Stück spielt auf dem Gang des ehemaligen Redaktionsbüros in einem Abbruchhaus. Im Mezzanin. An der hinteren Wand stehen Büroschränke, Türen führen zu anderen Räumen. Die vordere Wand ist nur an der rechten Bühnenseite schräg angedeutet. Eine Tür – für den Zuschauer nicht unbedingt sichtbar – führt nach rechts in das ehemalige Büro des Chefredakteurs. Links die Eingangstür mit Glasscheiben. Rechts ein großes Gangfenster auf die Straße.
Gerümpel, alte Bürosessel, Lumpenbündel und -berge.

# I

Ein Auto fährt draußen vorbei. Das Geräusch ist realistisch gedämpft. Das Licht fällt, von rechts kommend, zuerst durch die offene Tür zum Büro und dann durch das Gangfenster über den Gang. Danach Stille. Eine Ahnung von raschelnden Ratten. Das Ganglicht geht an. Man hört das Paar näher kommen und sieht sie als Silhouetten hinter der Milchglasscheibe der Tür. Sie kichern. Es werden Schlüssel ausprobiert. Beide sind lustig betrunken.
Hinter der Tür:

HELENE Geht es nicht? Liebling.
MICHAEL Aber sicher. Es muß doch. Muß doch. Scheiße.
HELENE (kichernd:) Also. Michel. Komm.
MICHAEL Ich verstehe das nicht. Das muß doch noch.
HELENE Mach doch. Mausilein. Komm. Wir müssen. Da. Schau! (Sie macht die Tür einfach auf.)
Sie kommen herein. Licht fällt vom Stiegenhaus in den Gang.
MICHAEL Na siehst du. Das war doch eine gute Idee.
Sie kichern und kudern. Geschmuse.
HELENE Das war wirklich eine gute Idee. Zu flüchten.
MICHAEL Komm. Wir gehen da. In mein Büro. In mein gutes altes Büro.
Er führt sie an der Hand quer über die Bühne. Etwa in der Mitte geht die Minutenschaltung des Ganglichts aus. Wieder nur Licht durch das Gangfenster rechts. Sie stolpern.
MICHAEL Warte. Wo ist denn ...
Er tastet an der hinteren Wand nach einem Lichtschalter. Nimmt sein Feuerzeug zu Hilfe.
HELENE (in der Mitte, allein, Kinderschmollen:) Liebling. Mäusilein. Wo bist du. Helene fürchtet sich im Dunkeln.
MICHAEL (kichernd:) Arme kleine Helene. Komm schnell zum großen starken Michael.

Er tastet sich zu ihr. Nimmt sie in die Arme und hält dabei das Feuerzeug immer über sich in die Höhe.

HELENE (kindlich-lasziv:) Und was macht der große, große Michael mit der armen kleinen Helene.

MICHAEL (geil:) Was wird der große, große Michael mit der armen kleinen Helene machen? Was möchte denn die arme kleine Helene.

Geschmuse. Sie sind bei der Tür zum Büro angelangt.

MICHAEL (verfällt in formal-höflichen Ton:) Frau Bürgermeister. Darf ich Sie in mein Büro bitten.

HELENE (affektiert:) Aber ja. Herr Chefredakteur. Mit Vergnügen. Mit Vergnügen.

Sie brechen wieder in Kichern aus und gehen in das Nebenzimmer. Geraschel, Geflüster, perlendes Lachen von Helene.

## II

Ein Auto fährt vorbei. Von links nach rechts tastet sich das Scheinwerferlicht über die Bühne und ist wieder einen Augenblick durch die Bürotür zu sehen.

Ein spitzer Schrei Helenes. Sie läuft schreiend aus dem Zimmer und drückt sich verschreckt gegen die Gangwand. Michael versucht ihr nachzustürzen, was ihm wegen der halb ausgezogenen Hosen nur stolpernd gelingt. Er hält wieder das Feuerzeug über sich und sucht nun ernsthaft nach einem Lichtschalter. Er findet ihn. Grelles Neonlicht überflutet die Bühne. Helene steht halb ausgezogen an der Rückwand. Er zieht sich die Hosen hoch und macht sie zu. Sie stehen einander schräg gegenüber und sehen einander an.

HELENE (hysterisch-ernüchtert flüsternd:) Man sieht hier herein.

MICHAEL Bitte?

HELENE Man kann hier hereinsehen. Das geht nicht. Ich. Ich kann nicht. Ohne Vorhänge.

MICHAEL Du meine Güte. Kein Mensch kann hier hereinsehen. Und wer soll auch. Du spinnst ja.

HELENE Das weiß man nie. Das weiß man ja nie. Wer einen beobachtet.

MICHAEL Du spinnst. Immer mußt du übertreiben. Kein Mensch kann wissen, daß wir hier sind.

HELENE Das kann man nie sagen.

MICHAEL Und was soll ich jetzt machen. Zurückfahren und weitersaufen?

HELENE (ernüchtert-beleidigt:) Du kannst ja ganz schnell. Zu deiner Frau. (Sie richtet ihre Kleidung.) Dazu hast du sie doch.

MICHAEL Helene. Ich bitte dich. Das ist doch lächerlich. (Geht auf sie zu. Verführerisch.) Es gibt wirklich keinen Grund. Komm. Bitte.

HELENE Nein. Unter keinen Umständen. Ich gehe nicht in dieses Zimmer. – Außerdem zieht es.

MICHAEL (hilflos-verzweifelt:) Und? Was sollen wir tun. In ein Hotel gehst du schon gar nicht. Im Auto. Kannst du mir sagen, wie ...

HELENE Das kann ich. Aber ich glaube nicht, daß du es hören willst.

Mittlerweile sind beide wieder halbwegs korrekt angezogen.

MICHAEL Ach. Jetzt kommt das. Bitte. Wenn es sein muß.

HELENE (wütend-hysterisch:) Hör auf. Hör schon auf. Du bist ein zynisches Schwein. Und ich bin dir gleich. Vollkommen gleichgültig. Aber schon vollkommen. Bring mich nach Hause.

MICHAEL (richtet sich die Krawatte:) Okay. Okay. (Nonchalant-bombastisch.) In diesen heil'gen Hallen / Kennt man das Ficken nicht ...

HELENE Bitte! Muß das sein. Geschmacklos auch noch.

Sie steht zum Weggehen bereit. Er beginnt, die Hände in den Hosentaschen, herumzuschlendern.

MICHAEL Helene? Komm. Ich weiß. Es ist alles schwirig. Aber. Sonst haben wir überhaupt nichts.

HELENE Du weißt ganz genau, daß ich aufpassen muß. Jetzt. Vor der Wahl. Ich kann keinen Skandal. Jeder kennt mich. Und dich auch. Du weißt doch, wie das alles läuft. Du verdienst doch dein Geld mit solchen Geschichten. Es ist einfach eine Katastrophe. (Weint fast.) Alles ist eine einzige Katastrophe. Und ich weiß nicht. Ich habe keine Ahnung, wie ich das überstehen soll. Oder wozu. Ich bin schon jetzt völlig fertig. Und dabei geht es erst los. Du hast ja keine Ahnung. Was weißt du schon. Was kannst du überhaupt wissen. Ich ...

MICHAEL Komm. Komm. Ist ja schon gut. Komm. Weißt du was. Wir setzen uns noch hin und reden. Ja?

## III

Michael geht in das Büro. Rumort. Helene zündet sich eine Zigarette an. Geht auf und ab. Nervös. Spricht halb mit ihm, halb zu sich selbst.

HELENE Weißt du. Ich glaube ja. Eigentlich ist es besser, man ist selber im Mittelpunkt. Ich meine. Es ist ja schon anstrengend. Auch für den Rudolf. Aber für mich. So. Als Anhängsel. Es ist entsetzlich. Dabei kann man es gar nicht so richtig beschreiben. Es ist nur so ein Gefühl. Ständig. Alle warten. Alle lauern rund um mich. Oder wollen etwas. Und die Schadenfreude. Im vorhinein. Nein. Seine Chancen sind gar nicht gut. Na. Sie wird auch noch sehen, wie das ist. Die Frau Bürgermeister. Du meine Güte. Und ich kann nichts tun. Ich meine. Ich war bisher schon nicht so wirklich sicher, daß es mich gibt. Aber jetzt. Also. Jetzt gibt es mich sicher nicht mehr. Einfach nicht mehr.

Aus der Bürotür taucht eine alte abgewetzte Couch auf. Michael schiebt die Couch auf den Gang. Während der letzten Sätze hilft ihm Helene. Die Couch erscheint anfangs sehr schwer, wird aber dann sehr schnell herausgeschoben. Michael und Helene setzen sich erschöpft nebeneinander. Die Couch steht in der Mitte des Bühnenraums.

Helene holt einen Flachmann aus ihrer Handtasche und trinkt zuerst.

HELENE Hier. Trink. Das ist immer noch die beste Begleitung für eine Politikergattin.

MICHAEL Oh ja. (Trinkt.) So ist das doch ganz nett. Oder? (Rückt näher.)
HELENE (trinkt wieder, zündet sich wieder eine Zigarette an. Nachdenklich.) Zu Hause sitzen jetzt sicher noch alle diese Leute.
MICHAEL Was für Leute? (Er beginnt wieder mit ihrer Kleidung zu tändeln.)
HELENE Na die, die ihn schulen. Für die Diskussion. Im Fernsehen. Lockere, private Umgebung.
MICHAEL Braucht er das? Hat er nichts Besseres zu tun?
HELENE Nein. Sie schauen auch den neuen Video an.
MICHAEL Noch einen?
HELENE Ja. Ich darf auch auftreten. Hand in Hand mit meinem Mann darf ich hineintreten. In die schöne neue Welt, die er machen wird. Schau. (Sie steigt auf die Couch, hält Zigarette und Flachmann hoch über sich und macht einen weiten Schritt von der Couch herunter. Sehr übertrieben.) So kommt man in die schöne neue Welt vom Rudolf. Natürlich fehlt hier der Trick.

Sie setzt sich wieder neben ihn. Er beginnt wieder zu schmusen.

HELENE Bei dir geht es nicht?
MICHAEL Nein.
HELENE Ist die Sylvie nicht?
MICHAEL Das Kindermädchen.
HELENE Aber die. Die setzen wir vor den Fernseher. Einen Video lang wird sie doch Ruhe geben. Und wir. Wir gehen ins Badezimmer. Immer noch besser als im Auto. Ich habe noch ein steifes Genick von vor drei Wochen. Außerdem habe ich immer noch Angst. Irgendwann wird einmal einer dastehen. Und was machen wir dann?
MICHAEL (unterbricht sein Geschmuse nicht:) Aber Helene. Das ist doch alles halb so schlimm. Nimm das alles doch nicht so ernst. Wir sind doch nicht die einzigen. Ich weiß nicht. Du mußt immer übertreiben. Natürlich ist das alles sehr anstrengend für dich. Aber. Du machst ja mit. Du mußt dich nicht wundern, daß das alles so ist.
HELENE Ja. Ja. Ich muß mich nicht wundern. Nein. Nein. Ich

muß mich nicht wundern. Also gut. Ich wundere mich nicht.

MICHAEL Ja. Entschuldige schon. Wir machen doch alle mit. Wir dürfen uns alle nicht wundern. Da. Komm. Trink noch was. (Sucht in ihrer Handtasche nach dem Flachmann.) Da. (Gibt ihr die Flasche. Sie nimmt sie gehorsam und trinkt.) Ja! Was haben wir denn da. (Hält ein Medikamentenschächtelchen hoch.) Ja. Was ist denn das.

Michael macht das Schächtelchen auf und holt einen Beipackzettel heraus. Er steht auf und liest laut vor. Er macht das mit komischem Ernst und wendet sich durchaus vertrauensvoll an das Publikum in der Manier der bürgerlichen Komödie, die das galant-chauvinistische Männereinverständnis über die Zumutungen sucht, die diese Frauen den Männern antun.

MICHAEL Anleitung zur Einführung eines Vaginalsuppositoriums in das hintere Scheidengewölbe. Indikation: Empfängnisverhütung. Anwendung: Man reißt die Schutzhülle, Klammer auf: Folie. Klammer geschlossen, auf und entnimmt das Vaginalsuppositiorium und führt es vor dem Verkehr tief in die Scheide ein. Klammer auf: siehe Abbildung. Aha. Ja. Klammer geschlossen. – (Murmelt.) ... hat sich, Bindestrich, bei sachgemäßer Anwendung, Bindestrich, als verläßlich (ein letzter direkter und bedeutungsvoller Blick ins Publikum. Danach nie wieder eine Kontaktaufnahme.) als verläßlich und empfängnisverhütend erwiesen ...

HELENE (ist mittlerweile lethargisch auf der Couch sitzengeblieben:) Ich nehme das Zeug nicht mehr.

MICHAEL Was? Du hast aufgehört. Du nimmst die Pille nicht mehr? Seit wann? Weißt du überhaupt? Dieses Zeug hat eine Sicherheit von wahrscheinlich 90 Prozent. Das heißt, bei jedem zehnten Fick besteht die Gefahr ...

HELENE Das ist dann erst nächstes Jahr. Im März.

MICHAEL Blödsinn. So ein Blödsinn. Wie kannst du ...

HELENE Wieso. Wieso ein Blödsinn. Wir sehen uns gerade noch einmal im Monat. Seit du von hier weg bist, hast du überhaupt keine Zeit mehr. Keine Mittagspausen ...

MICHAEL Aber. Begreifst du nicht. (Er nimmt ihr die Flasche weg und trinkt.) Nein. Du begreifst nicht. Verstehst du denn

nicht. Man weiß doch nicht, welcher der zehnte sein wird. Du meine Güte. Na. Ich stelle mir lieber nichts vor. – Du kannst ja nicht einmal etwas machen, wenn. Wenn da irgend jemand draufkommt. Nein. Völlig unmöglich. Du. (Er gerät ins Lachen.) Du müßtest es einfach bekommen. Der arme Rudolf.
HELENE Du kannst es ja dann aufdecken. In deiner Zeitung da. (Ironisch.) Und dann heiratest du mich und machst eine ehrbare Frau aus mir. Endlich.
MICHAEL Eine Tragödie. Eine richtige Tragödie könnte so etwas werden.
HELENE In deinem Revolverblatt?
MICHAEL (faßt sich und ist nur noch indigniert:) Also. Eines muß ich dir schon sagen. Ich finde das unverantwortlich von dir. Und außerdem. Dieses Zeug hat einen echt widerlichen Geschmack.

## IV

Michael beginnt ein Schlafengehritual. Langsam und geordnet zieht er sich aus und legt alle Kleidungsstücke sorgfältig zusammen oder hängt sie an den Schlüsseln von Kastentüren auf. Er stellt seine Schuhe parallel und legt sich in Unterhose und mit Socken gerade auf die Couch, wenn Helene mit ihrem Monolog fertig ist.
Sie springt auf und hält die folgende Rede auf und ab gehend. Sie nimmt von der Bühne vollen Besitz.

HELENE (à la Jeanne d'Arc, durchaus enflammé:) Unverantwortlich. Natürlich. Total unverantwortlich. Geradezu grauenhaft unverantwortlich. Aber. Ich frage dich. Wann war unsereiner je verantwortlich. Ich noch nie. Und wie es scheint, bin ich ja gleichgültig. Einfach total gleichgültig. Selbstverständlich soll ich dieses Zeug fressen. Jeden Tag. Sieben Tage kleine weiße Tablettchen. Sieben Tage in Zartrosa. Und dann sieben organgenfarbene. Jahrein. Jahraus. Und wozu? Ich frage dich. Wozu? Kannst du mir das sagen? Bitte! Es ist nämlich total überflüssig. Total und vollkommen überflüssig. Es wird nämlich nicht. Es wird nämlich nicht gefickt. Der Rudolf sowieso nicht. Dazu sind wir ja verheiratet. Und du. Auch nicht. Nicht mehr. Jedenfalls. Und soll ich dir einmal was sagen. Niemand fickt. Die Ehepaare, die ich kenne. Seit Jahren nicht. Und die Liebhaber. Zwischendurch. Pah. Außer ein paar dauerhungrigen Wölfen an den Tresen von Stehbeiseln. Niemand. Und die kennen wir schon alle. Dafür. Nein. Dafür muß man sich nicht vergiften. Oder Eisenschleifen im Bauch spazierentragen. Na. Schmeckt es halt nach Seife. Tu nicht so, als hättest du für so etwas Zeit. Überhaupt. Das letzte Mal habe ich mir die Strümpfe angezogen, da waren wir schon wieder in der Innenstadt. So viel Zeit haben wir. Ich kann dir sagen. Ich habe es satt. Ganz schön satt. – Die ganze Welt besteht aus Sex. Und es gibt nichts davon. Nichts. Nichts. Total nichts. Meine Männer. Immer in Sitzungen und Terminen. Wahrscheinlich seid ihr einfach Sitzungsficker. Und ich bin geil. Ich kann dir sagen. Die Geschichte mit dem Briefträger ist gar nicht so schlecht. Überhaupt nicht. Kann ich dir sagen. Ich träume davon. Daß sie sich anstellen. Alle Männer. Und ich liege nur da. Und sie stecken ihn mir hinein. Einer nach dem anderen. Jeder. Aber für solche Märchen brauche ich keine Sachen schlucken. Keine weißen, keine orangenen und nicht in Zartrosa. – Kein Mann fickt. Gern jedenfalls nicht. Kein Mann will ficken. In Wirklichkeit will kein Mann wirklich gerne ficken. – Jedenfalls nie, wenn ich will. Ich glaube, das ist doch eine ziemliche Fehlkonstruktion. Krank. Einfach total krank.

Sie steht mit ausgebreiteten Armen in der Mitte und dreht sich zu Michael bei »krank«. Er reagiert, als hätte sie kein Wort gesprochen. Er grinst zu ihr auf.

MICHAEL  Na. Wie wäre es? Hm?

HELENE  Ach. Du alter Trottel.

Sie wirft sich in Michaels Arme. Heftiges Geschmuse.

## V

Das Paar erstarrt, sie auf ihm liegend. Das Licht wechselt in sehr starke Spots, die die Couch mit dem Paar, die Lumpenbündel an der Rückwand, die Tür zum Büro, offene Aktenschränke etc. anstrahlen.
Ein Scheinwerfer begleitet die Drei Dicken Frauen auf ihrem Weg.
Die Drei Dicken Frauen tragen bei ihrem Auftritt in jeder Hand Einkaufsnetze, aus denen Lebensmittel quellen: Gemüse, Obst, Milch, Brot. Ihre Kleidung funkelt, flimmert und glitzert. Ihr Rundgang durch die Ausstellung erfolgt durchaus majestätisch. Ihre Aussagen zu der Ausstellung sind von kompetenter Sachlichkeit. Sie kommen durch die Tür, bleiben kurz stehen, betrachten den Gesamteindruck, danach gehen sie von einem Ausstellungsstück zum nächsten. Sie beugen sich den jeweiligen Gegenständen zu und betrachten sie genau. Währenddessen sprechen sie ohne jede Unterbrechung reihum.

1. DICKE  Hier muß es sein.
2. DICKE  Ja. Hier ist es.
3. DICKE  Ja. Ich glaube, hier muß es sein.
1. DICKE  Ich hoffe, es ist nicht wieder einer ...
2. DICKE  ... von diesen originellen Schauplätzen für eine Ausstellung.
3. DICKE  Während die Ausstellung wieder überhaupt nicht originell ist.
1. DICKE  Sind wir eigentlich zu früh?
2. DICKE  Zu früh? Das kann ich mir nicht vorstellen.
3. DICKE  Wir sind hier richtig. Ganz sicher.
1. DICKE  Ja. Also. Realismus. Scheint mir.
2. DICKE  Ja. Ohne Zweifel. Realismus.
3. DICKE  Die Wirklichkeit ist eben nicht zu umgehen.
1. DICKE  Die Frage ist ja nur ...
2. DICKE  ... ob eine einfache Wiedergabe der empirischen Qualitäten ausreicht ...
3. DICKE  ... auch das zu sein, was mit Kunst beschrieben werden kann.

1. DICKE  Ich stelle nur gleich fest ...
2. DICKE  ... daß diese Art Realismus hier doch nicht ohne Zitate aus der ...
3. DICKE  ... metaphysischen Vergangenheit der Kunst auskommt. Wie bei der Position dieser Couch ...
1. DICKE  ... in der Mitte des Raums ...
ALLE ZUSAMMEN  ... die Assoziation mit einem Altar unvermeidlich macht. Opfersituation. Das Liebespaar. Menschenopfer.
2. DICKE  Kann das nun eine zulässige Lösung werden ...
3. DICKE  ... hier die Aufgabe der Bindung an eine Realität ...
1. DICKE  ... und dann doch wieder Realität, wie hier ...
2. DICKE  ... diese Frauenfigur. Die betrunkene Oberschichtfrau nach der Party.
3. DICKE  Ja. Die naturalistische Nachbildung bis ins trostlose Detail. Wie hier ...
1. DICKE  ... die wirklich scheußlichen Ohrclips. Oder die verrutschten Strumpfnähte.
2. DICKE  Soll hier Sozialkritik transportiert werden?
3. DICKE  Was soll Sozialkritik in der Kunst? Auch nur eine Männersucht. Zu predigen.
1. DICKE  Künstler erfüllen auch gerne ihre sozialsakralen Aufgaben.
2. DICKE  Auch wenn es dann in ästhetischen Zynismus führen muß?
3. DICKE  So wie hier. Der Männerakt. Planer Narzißmus und vollkommene Aussagelosigkeit.
1. DICKE  Aber Schönheit.
2. DICKE  Die es nicht mehr geben kann.
3. DICKE  Die Skulptur kann doch ohnehin nur mehr die Sache selbst sein. Das kann man aufgeben.
1. DICKE  ... was hier versucht wird. Aber der Verzicht auf eine Aufnahme in die Ewigkeit ...
2. DICKE  ... eines Kunsthimmels scheint den Künstlern doch schwerer zu fallen ...
3. DICKE  ... als es ihr ästhetisches Gewissen zuläßt.
1. DICKE  Wie man noch auf die Idee kommen kann. Geradezu antiquiert kitschig. Ein mißlungener Versuch.

2. DICKE  Auch die Installation. Ein verlassenes Büro sagt nicht einmal etwas über seine Funktion.
3. DICKE  Die Verschleierung kann auch mit dieser widerlichen Detailtreue nicht verdeckt werden.
1. DICKE  Nur ein bißchen verstaubte Trostlosigkeit. Und hier ...
2. DICKE  ... ein weiterer Versuch, in eine Wirklichkeit zu gelangen. Strotter. Hier. An der Wand. Seht ihr.
3. DICKE  Ich glaube, wir können das hier vergessen.
1. DICKE  Das hier ...
2. DICKE  ... muß man nicht weiter ...
3. DICKE  ... zur Kenntnis nehmen. Ein Foto ...
1. DICKE  ... von dieser Szenerie ...
2. DICKE  ... hätte genügt. Und dann ...
3. DICKE  ... wäre es irgendein Foto ...
1. DICKE  ... und nicht wichtig ...
2. DICKE  ... einfach nicht wichtig.
3. DICKE  Es wäre die plane Wiedergabe ...
1. DICKE  ... eines Versuchs, eine Wirklichkeit ...
2. DICKE  ... herzustellen. Von jedem ...
3. DICKE  ... Bild einer Wirklichkeit überholt.
1. DICKE  Ein etwas theatralischer Versuch mit dem Paar.
2. DICKE  Tragfähig ist das nicht.
3. DICKE  Hier sollte man dem Künstler raten ...
1. DICKE  ... sich etwas radikaler daran zu erinnern ...
2. DICKE  ... daß, wenn schon Realität ...
3. DICKE  ... dann nur noch die jeweils ganz ...
1. DICKE  ... spezifische eigene Wirklichkeit eine Berechtigung hat.

Die Drei Dicken sind wieder an der Eingangstür angelangt. Sie wandern majestätisch hinaus. Man hört sie weggehen. Etwa vier Sekunden, nachdem der letzte Schritt verklungen ist, fährt wieder ein Auto vorbei, erhellt den Raum.

Das Licht wechselt erneut zu Neonbeleuchtung.

## VI

Das Paar schmust wieder. Sie setzt sich plötzlich auf und fragt kindlich nett:

HELENE  Sag einmal. Hast du überhaupt Lust? Ich meine. Richtig. So. Auf mich. – Ich meine. Wir haben uns doch. Eigentlich. Zufällig. Wir haben uns doch nur zufällig getroffen. Heute abend. Ich habe gar nicht gewußt. Daß du ... Ohne Sylvie. Ich meine. Es wird immer zufälliger. Das alles. Mein Gott. Wie du noch hier gearbeitet hast und vor dem Büro. Ein kleiner Frühstücks... Oder in der Mittagspause ...

MICHAEL  (setzt sich abrupt auf:) Kannst du eigentlich sagen, warum hier so viel geredet wird. Du redest schon fast so viel wie dein Mann. – Okay. Okay. Ich habe mich nicht um dich gekümmert. Und deshalb wird nicht gefickt. Logisch. Hast du noch etwas zu trinken.

HELENE  Bitte.

MICHAEL  (beginnt sich wieder anzuziehen:) Aber. Du hast ja recht. Irgendwie war es einfacher. Noch vor kurzem war alles einfacher. Irgendwie. Oder nicht. Was weiß ich. Nicht einmal die Vergangenheit ist übersichtlich. (Trinkt.)

HELENE  Laß mir auch noch etwas. (Nimmt die Flasche.) Danke. Aber. Das gemeinsame Trinken. Das bleibt uns. – Hat die Entziehung eigentlich gewirkt?

MICHAEL  Glaube ich nicht. Die wird nicht mehr.

HELENE  Ja. Aber was machst du dann.

MICHAEL  Mein Gott. Die Kinder. Und irgendwann werde ich mich scheiden lassen müssen. Dann.

HELENE  Ja?

MICHAEL  Ja. (Anfall totalen Lebensekels beim Hemdzuknöpfen.) Ja. Ja. Ja. Ich werde mich scheiden lassen. Aber die Maden in meinem Fleisch werden sich ohnehin bald zu Würmern gefressen haben. Und mich bis aufs Bein. Und dann fortkriechen. (Er bindet die Krawatte.) Fortkriechen von mir. Die Würmchen. – So. Ich bin fertig.

HELENE  (weiterhin naiv und lieb, von Michaels Ausbruch unberührt:) Aber. Mir macht das schon Sorgen. – So eine schöne Frau. – Sie war wirklich eine schöne Frau. – Ich habe sie immer gemocht. Eigentlich schon. Ja. Doch. – Du kannst dich nicht scheiden lassen. Wenn es ihr so schlecht geht. Du kannst sie doch nicht. Allein lassen.

MICHAEL Ach nein? Ich dachte. Du. Du willst mich heiraten. Das war doch einmal der Plan. Du läßt dich scheiden. Ich lasse mich scheiden. Wir flüchten. Und leben glücklich bis ans Ende unserer Tage. Und wenn wir nicht gestorben sind ...

HELENE Sind wir aber. Sind wir längst. Ich jedenfalls sicher. Was kann ich noch tun. Ohne die schrecklichsten Folgen für alle anderen. Nichts. Ich kann nichts mehr tun. Verstrickt. Eines Morgens wacht man auf. Und ist verstrickt. So ist das.

MICHAEL Und geliebt haben wir einander also auch nie. Ich dachte. Na ja. Wahrscheinlich hast du recht.

HELENE Sagte die Giftspinne und legte sich in die Sonne. Damit auch das weiße Kreuz auf ihrem Rücken braun würde. Sie wollte sich umschulen lassen. Die Spinne wollte nicht mehr als Folterknecht arbeiten.

MICHAEL Getrocknetes Blut ist auch braun. Was wollte denn die Spinne werden.

HELENE Chefredakteur. Natürlich.

MICHAEL Natürlich.

HELENE Ja. Dann.

MICHAEL Ja. Dann.

HELENE Ja. Dann.

MICHAEL Ja. Dann.

Sie steht von der Couch auf. Richtet sich die Haare vor einem Handspiegel. Sie macht sich ausgehfertig. Er richtet seine Krawatte und knöpft sein Sakko korrekt zu.


## VII

Helene und Michael stehen einander gegenüber. Das bisher nonchalant durchgespielte Auseinanderdriften einer Beziehung kristallisiert plötzlich zu einem tragischen Abschied. Beide sind ernüchtert und stehen in einem Lichtkegel. Die bisher übertrie-

ben aufwendige Abendkleidung ist nun völlig adäquat. Die Tragödie nimmt ab dieser Szene erst ihren Anfang.
Playback: perfektes Shakespearian English. Äußerstes Pathos.

ANTONY / MICHAEL I'll leave you, lady.
  CLEOPATRA / HELENE
  Courteous lord, one word.
  Sir, you and I must part, but that's not it:
  Sir, you and I have loved, but there's not it:
  That you know well. Something it is I would –
  O, my oblivion is a very Antony,
  And I am all forgotten.
ANTONY / MICHAEL
  But that your royalty
  Holds idleness your subject, I should take you
  For idleness itself.
CLEOPATRA / HELENE
  'Tis sweating labour
  To bear such idleness so near the heart
  As Cleopatra this. But, Sir, forgive me,
  Since my becomings kill me when they do not
  Eye well to you. Your honor calls you hence;
  Therefore be deaf to my unpitied folly,
  And all the gods, go with you. Upon your sword
  Sit laurel victory, and smooth success
  Be strewed before your feet!
ANTONY / MICHAEL
  Let us go. Come:
  Our separation so abides and flies
  That you residing here goes with me,
  And I hence fleeting here remain with thee.
  Away!

Sie gehen. Michael dreht das Licht ab. Man hört seine Schritte verhallen.

## VIII

Helene geht bis zur Tür mit. Bleibt aber in der Dunkelheit zurück. Sie geht zur Couch und setzt sich. Zuerst noch Ganglicht, dann geht das aus. Licht wie zu Beginn. Wieder das Rascheln und Raunen. Helene zündet sich eine Zigarette an und sitzt in der Dunkelheit.
Man hört über Lautsprecher die Schritte von ihm zurückkommen. Licht am Gang. Er reißt die Tür auf. Licht. Helene blinkt wegen der plötzlichen Helligkeit und macht die Augen zu. Er ist zuerst nur müde, steigert sich dann in kalte Wut. Es ist die Wut des Vaters, der vergeblich versucht hat, seine kleine Tochter zu etwas zu bewegen, und nichts erreichen konnte.

MICHAEL Wo bist du denn?
 Komm jetzt.
 Bitte komm jetzt.
 Komm. Morgen ist auch noch ein Tag für Szenen.
 Du kannst mich den ganzen Tag anrufen.
 Ich lasse dich durchstellen.
 Aber bitte komm jetzt.
HELENE (weiter mit geschlossenen Augen:) Nein.
MICHAEL Nein?
HELENE Nein.
MICHAEL Nein?
HELENE Nein. (Sie legt sich auf die Couch zurück.)
MICHAEL (kalt-ironisch:) Nein. Sie bleibt hier. Sie bleibt hier und spielt das gequälte Mädchen. Die unverstandene, leidende Frau. Und so, glaubst du, kann man das alles machen.

Er dreht sich plötzlich weg und geht in das Büro. Er kommt sofort wieder heraus, mit einer Whiskyflasche.
 Ich sage dir, was dir fehlt. Du bist noch nicht betrunken genug. Komm. Du mußt schon ordentlich betrunken sein. Dann kann man dir dein Elend erst wirklich glauben. Komm.

Er kniet sich auf sie und zwingt sie zu trinken. Seine Wut und sein Ekel steigern sich zu immer größerer Kälte und Zielsicherheit der Aktion.

Da. Na. Trink. Trink doch. So sauf schon. Alles für dich. Nur für dich. Und jetzt tu nicht so.

Sie würgt und erstickt fast. Sie bäumt sich auf und wehrt sich, gurgelt und prustet.

Du trinkst doch sonst so gerne. Da. Na. Komm. Alles. Alles austrinken. So. Und weil du so ein braves Mädchen warst, wirst du auch gefickt.

Er bleibt auf ihr kniend sitzen, holt ihre Handtasche vom Boden, wühlt und holt das Medikamentenschächtelchen heraus. Reißt es auf. Sie hustet weiter und ringt nach Atem.

Er spricht abwesend, ist mit dem Öffnen des Schächtelchens und dem Herausnehmen des Suppositoriums beschäftigt:

So. Du tust dir jetzt dieses Zeug da hinein. Und dann wird ordentlich. Du wirst sehen. Dann wird die Welt gleich ganz anders aussehen. Das ist gut gegen Depressionen. Das hast du dir doch gewünscht. Einen Schwanz. Kriegst du. Kriegst du. Es wird die Gelegenheit deines Lebens. Du wirst sehen.

Sie wehrt sich, um Atem ringend. Michael steckt ihr das Zäpfchen, ohne sie weiter auszuziehen, in die Scheide. Dann setzt er sich erschöpft, aber durchaus zufrieden an den Couchrand. Zieht ihr noch den Rock zurecht. Zündet eine Zigarette an. Beide keuchen.

Studiert weiter den Beipackzettel.

So. Wie geht das jetzt weiter. Aha. Zehn Minuten. Na. Die warten wir auch noch ab.

Er steht auf und zieht sein Sakko wieder aus. Hängt es an einem Kastenschlüssel sorgfältig auf. Raucht weiter. Sieht nach, ob etwas in der Flasche ist. Setzt sich wieder auf die Couch. Schaut ins Publikum.

## IX

Helene setzt sich auf. Sitzt kurz mit dem Rücken zum Publikum. Steht unsicher auf. Unschlüssig. Geht dann ins ehemalige Chefredakteurszimmer. Kommt wieder heraus. Sie holt Flaschen, die offensichtlich in der Hausbar des Büros zurück-

gelassen wurden. Sehr konzentriert und akkurat baut sie aus den vielen, vielen verschiedenen Flaschen für Alkoholika eine Linie auf, hinter der sie bleibt. Sie leert jeweils die Reste aus den Flaschen in eine schäbige alte Kaffeekanne. Von dieser Kanne in Kaffeetassen. All das tut sie aufmerksam und überhaupt nicht betrunken. Sie kümmert sich nicht um Michael.
Währenddessen:

MICHAEL Ganz schön spät ist es geworden. – Du hast natürlich recht. Wir haben uns. Irgendwie haben wir uns auseinander. – Schon ziemlich naiv gewesen. Was? Ich meine. Wir beide. Aber wahrscheinlich muß man an solche Märchen glauben. Die Wirklichkeiten. Die sind ja wirklich nicht lustig genug. – Weißt du. Manchmal. Manchmal, da hat man ja noch klare Augenblicke. Da denke ich mir dann. Ich sollte mir eine ordentliche Hure suchen. Das wäre einfacher. Für uns alle. Weißt du. Niemanden mehr belästigen. Mit Gefühlen. Und so. Diese Quälereien. Diese Anstrengungen. Immer die Frage, was wird die Sylvie jetzt wieder aufführen. Was wirst du sagen. Treibt es eine von euch gerade mit einem anderen. Störungen. Nichts als Störungen. Und ich habe wirklich genug zu tun. Wirklich genug. – Am Abend. Wenn ich fertig bin. Dann schaue ich bei der Hure vorbei. Irgendwann. Oder auch nicht. Und: nichts passiert. Es passiert nichts. Ich zahle. Und keine Szenen. Keine Hysterien. (Macht sie nach.) Nein. Ich gehe nicht. Nein. Nein. Nein. – Ruhe und eine Ordnung. Die Erlösung von den Gefühlen. Man könnte wieder arbeiten. In Ruhe. Oder denken. Sogar. Wieder zu denken beginnen. Mein Gott. Natürlich ist das lustlos. Das ist lustlos. Aber das auch. Und man wird noch kaputtgemacht. – Gefühle. Das erfindet ihr als Mütter. Und dann zwingt ihr sie das ganze Leben den Männern ab. – Weißt du. Ihr macht das schon sehr geschickt. Ohne euch tut das Leben weh. Das lernt man vom ersten Tag an. Schmerzen. Das ist euer Mittel. Eifersucht. Abwendung. Verstoßung. Entzug. Jede Lust mit der Angst vor Schmerzen garniert. – Und was bleibt uns armen Trotteln übrig. Wir lassen uns von rasender Gier treiben und kämpfen um Dinge, die wir dann nie zu Gesicht bekommen. Ein ewiger trojanischer Krieg. Die schöne Helena. Die hat schließlich auch keiner gesehen. – Aber. So verhindert ihr eine höhere Entwicklung. Immer zurückgerissen in private troubles kann kein Mensch etwas leisten. Nur mit Vernunft ist etwas zu erreichen. Wirklich etwas zu erreichen. – Wenn wir vögeln. Vielleicht gibt es dann zwei Sekunden lang. Eine Einbildung von etwas. Was weiß ich. Lust. Nähe. Und dann geht jeder und sammelt neue Kräfte für die nächste Komplikation. Glaubst du. Mir war das angenehm, mich ausgerechnet in dich zu verlieben. Schließlich kommen dein Mann und ich nicht gerade gut miteinander aus. Im Gegenteil. Aber das scheint mir eure Rolle zu sein. Eine Störung. Eine ewige Störung. – Nur. In Wirklichkeit gibt es dann eben noch ein paar wichtige Dinge. Um die man sich auch kümmern sollte. Unser Staat. Unsere Gesellschaft. Die Welt. Alles. Nirgendwo Ordnung. Nirgendwo Frieden. Und ich. Statt daß ich die Welt rette, sitze ich hier und warte darauf, daß sich in der Scheide der Frau meines größten politischen Gegners genug Schaum bildet, daß wir folgenlos einander beischlafen können. Und damit den Dämon Eros einen Tag lang wieder zur Seite schieben können. (Er hat einen großartigen Ton angeschlagen. Jetzt ernüchtert.) Vielleicht sollte ich nicht so viel trinken.

## X

MICHAEL (sieht auf die Uhr:) Ganz schön spät ist es geworden.
Er beginnt wieder, sich auszuziehen. Er sieht sich nach Helene um.
Helene. Was machst du denn. Helene. Na komm. Komm. (Er ist mit dem Ausziehen beschäftigt.) Komm. Wir kennen einander jetzt drei Jahre. Da kannst du dich schon auch einmal alleine ausziehen.
Helene kommt mit einer besonders seltsamen Flasche aus dem

Büro und beginnt wieder, vorsichtig und konzentriert den Rest in die Kaffeekanne umzugießen.

MICHAEL (aufgeknöpftes Hemd, Unterhose, Socken; kommt auf sie zu:) Helene. Hast du keine Lust mehr?

Er steht auf der einen Seite der Flaschengrenze, sie auf der anderen. In einer Verführungsparodie zieht er sich lasziv einen Socken aus und wirbelt ihn à la Striptease durch die Luft. Helene steht erstarrt. Sie sieht ihn so zum ersten Mal und ist von seinem Benehmen erstaunt-angeekelt.

Gerade als Michael ansetzt, sich des zweiten Sockens zu entledigen, beginnt ein Bündel an der Wand zu kichern. Die Strotterin schält sich, hustend vor Lachen, aus dem Berg Säcke, Zeitungen, alten Vorhängen etc. heraus, unter dem sie gelegen hat. Er wirbelt herum, betrachtet die Strotterin, wirbelt wieder herum, starrt Helene an. Helene steht mit der Kaffeekanne und der Flasche in der Hand da. Währenddessen gerät die Strotterin vom Kichern ins Keuchen und nahe an einen Raucherhustenerstickungsanfall.

## XI

Schlagartig beginnt Michael, sich wieder anzuziehen. Er setzt sich auf die Couch, sucht den Beipackzettel und studiert ihn. Helene stellt die Kaffeekanne ab. Sie geht auf die Strotterin zu, nimmt sie an der Hand und führt sie in ihren Flaschenkreis. Sie ist die perfekte Gastgeberin. Das Licht taucht die beiden Frauen in rosige, gemütliche Wolken.

HELENE Sind Sie doch noch gekommen. Kommen Sie herein. Frau Doktor. Kommen Sie. Sie müssen entschuldigen. Die Unordnung. Aber. Sie wissen ja. Einen Augenblick. Gleich. Einen Sessel.

Sie läuft ins Büro. Holt einen derangierten Drehsessel, stellt ihn in den Flaschenkreis. Die Strotterin setzt sich. Helene läuft wieder ins Büro und kehrt mit zwei Kaffeetassen auf Untertassen zurück. Die beiden Frauen sitzen in einer Lichtinsel.

So jetzt machen wir es uns gemütlich. Ich bin sehr froh, daß
Sie doch noch Zeit. Ich hätte nicht gewußt. Wie ich. Es ist gerade. Wieder. Besonders schlimm. Aber. Das können Sie sich
ja vorstellen ...

Sie gießt der Strotterin aus der Kaffeekanne in die Tasse ein.
Dann sich. Kaffeeplauschsituation. Die Strotterin bleibt die
Strotterin und ist nur an den Getränken interessiert. Die gesellschaftliche Situation ist ausschließlich auf Helenes Seite.

Mein Mann ist ja leider nicht zu Hause. Aber. Da können wir
zwei. Einmal so richtig. Uns unterhalten. Ist der Kaffee gut
so? Ja? Ich habe mir den Zucker auch abgewöhnt. Mit der
Zeit. Nicht wahr. Gewöhnen wir uns das ab. Das alles. Doch.
Doch. Das muß man schon akzeptieren. Glauben Sie nicht
auch? – Also. Frau Doktor. Ich weiß gar nicht, was ich getan
hätte, wenn Sie nicht gekommen wären. Mit niemandem. Sie
wissen ja. Ich kann mit niemandem sprechen. Ich darf gar
nicht. Mein Mann. Eine Scheidung ist unmöglich. Derzeit.
Die Wahlen. Wissen Sie. Und mit meinem Freund. Da stimmt
es auch längst nicht mehr. Wir wollten heiraten. (Lacht lustlos auf.) Wie wir. Miteinander. Aber mittlerweile. Wissen Sie.
Seine Frau trinkt. Und die Kuren. Das ist auch nichts. Dann
bringt er sie wieder in die Klinik. Er sagt, sie spinnt. Aber ich
weiß, daß er sie tagelang einsperrt. Im Schlafzimmer. Sie haben so eine Asiatin. Die weiß natürlich überhaupt nicht, was
los ist. Und wenn seine Frau heraußen ist. Aus der Klinik.
Dann fängt sie natürlich sofort wieder an. Eine kranke Frau.
Er wird bemitleidet. Eine Last. Und er trägt das so. Ein toller
Mann. Die Geschichte mit der kranken Frau erzählt er einem
gleich. Ganz am Anfang.

## XII

Helene steht auf. Tritt aus dem Kreis. Die Tasse in der Hand.
Stehparty. Lichtinsel für sie und Michael nahe der Couch. Er
steht auf, knöpft sofort sein Sakko zu. Höflich. Gesellschaft.

HELENE (trinkt einen Schluck aus der Tasse:) Ach. Hallo. Man sieht Sie doch. Bei uns. Am Sonntag.
MICHAEL (Sehr höflich:) Ich fürchte. Ich werde. Eher nicht.
HELENE (flirtativ:) Das kann ich nicht akzeptieren. Sie müssen kommen.
MICHAEL Es tut mir leid ...
HELENE Ist etwas nicht in Ordnung? Sagen Sie.
MICHAEL Nein. Nicht wirklich. Ich meine ...
HELENE Ja. Kann man denn etwas helfen? Sie können sich ruhig helfen lassen. Von mir. Doch.
MICHAEL Ja. Wissen Sie denn nicht. Ich dachte. Alle sind bestens informiert. Meine Frau ist ...
HELENE Um Gottes willen. Was? Ich habe sie doch vorige Woche ...
MICHAEL Ja. Ich mußte sie wieder in die Klinik.
HELENE In eine. Ja ...
MICHAEL Doch. Ja. Und es besteht. Wenig Hoffnung. Diese Dinge können sich. Kaum bessern.
HELENE Aber. Das ist ja. Das ist ja entsetzlich.
MICHAEL Ja. Das ist entsetzlich. – Aber wissen Sie. Ich bin sehr froh, daß ich das so. Daß ich das einmal mit jemandem. Wissen Sie. Es gibt wenige Menschen. Mit denen. Ich danke Ihnen.
HELENE Bitte. Sie müssen mich anrufen. Wenn Sie irgend etwas brauchen, müssen Sie mich anrufen. Versprechen Sie mir das. Und das mit Sonntag. Das ist ja nicht so wichtig.


## XIII

Lichtwechsel auf Kaffeeplausch. Helene geht wieder in den Flaschenbezirk zurück. Schenkt der Strotterin wieder ein und setzt sich auf den wackeligen Sessel.

HELENE (gelangweilt:) Ja. Ja. Sie haben es richtig erraten. Und er hat etwas gebraucht. Dringend auch noch. Ganz dringend. Michael hat sich kurz wieder hingesetzt. Er schaut auf. Sie schaut gedankenverloren zu ihm. Blickkontakt. Er steht auf, macht einen Schritt auf sie zu. Sie erstarrt. Springt auf. Gehetzt. Er kommt weiter auf sie zu. Sie flüchtet in plötzlicher Panik in das Nebenzimmer. Schaut heraus. Versucht, an ihm vorbeizulaufen. Sie wirft Flaschen um. Panik. Sie hat Angst vor der Wiederholung der »Vergewaltigungsszene«.

In der Bühnenmitte zuckt Helene zusammen. Krümmt sich. Taumelt auf. Fällt fast um. Schleppt sich zur Couch und bricht dort zusammen.

Michael sieht ihr zu und beobachtet ihre Panik. Geht hinter die Couch und bleibt da stehen. Die Strotterin trinkt vor sich hin. Licht auf die Couch.

Helene ist eine Person am Ende, die keinerlei Möglichkeit eines Entkommens sieht. Es geht um ein Bild äußerster Verzweiflung, Hoffnungslosigkeit und Ausgeliefertheit.

HELENE / SYLVIE  Nein. Bitte nicht. Frau Doktor. Lassen Sie ihn nicht herein. Bitte. Er. Er. Sie müssen mir helfen. Nein. Nein. Ich bin ruhig. Ich bin ruhig. Bitte. Ich werde ganz ruhig sein. Es ist nur. Er. Er. Nein. Bitte nicht diese Injektionen. Bitte nicht. Ich kann das. Ich kann das nicht mehr. Frau Doktor. Was soll ich denn tun. Sagen Sie es mir. Sie glauben mir ja nichts. Sie hören nur das, was er Ihnen. Nur was er Ihnen. Mir hört niemand zu. Niemand. Niemand. Niemand zu.

Michael / Rudolf setzt sich auf den Rand der Couch. Er spricht sehr freundlich, väterlich-liebevoll mit ihr und hält dabei ein keines Aufnahmegerät.

MICHAEL / RUDOLF  Sylvie. Hörst du mich. Sylvie. Sylvie. Komm. Erzähle. Sag mir. Was ist geschehen.

HELENE / SYLVIE  Rudolf. Rudolf. Bist du das. Du mußt dich um das Kind kümmern.

MICHAEL / RUDOLF  Ja. Sylvie. Natürlich. Ich werde dir helfen. Komm. Mach dir keine Sorgen. Komm. Erzähl mir.

HELENE / SYLVIE  Bitte.

MICHAEL / RUDOLF  Wie ist das mit dem Michael. Er schlägt dich.

HELENE / SYLVIE  Er. Er ...

MICHAEL / RUDOLF  Und dann trinkst du und dann ...

HELENE / SYLVIE  Immer. Hat er. Wenn ...

MICHAEL / RUDOLF  Und er sperrt dich in das Schlafzimmer.
HELENE / SYLVIE  (nickt.)
MICHAEL / RUDOLF  (sehr freundlich:) Ob er dich in das Schlafzimmer einsperrt?
HELENE / SYLVIE  (spricht mühsam und genau:) Er sperrt mich in das Schlafzimmer.
MICHAEL / RUDOLF  Und warum macht er das. Was will er damit?
HELENE / SYLVIE  Er. Er. Das. Das.

Sie ist nun knapp vor dem endgültigen Zusammenbruch, und Michael/Rudolf wird unglaublich liebevoll-dringend in seinem Verhör.

MICHAEL / RUDOLF  Sylvie. Sylvie. Du mußt es mir sagen. Ich muß es wissen. Weißt du.
HELENE / SYLVIE  Er. Er hat. Er hat.
MICHAEL / RUDOLF  Sylvie. Sylvie. Komm. Dann ist es vorbei. Wir können dir nicht helfen, wenn du es uns nicht sagst.
HELENE / SYLVIE  (mit äußerster Anstrengung:) Das Kind. Er. Mit dem Kind.
MICHAEL / RUDOLF  Du meinst. Er hat mit deiner Tochter?
HELENE / SYLVIE  (nickt völlig erschöpft und flüstert dann:) Hilfe. Kann niemand. Helfen.

Helene/Sylvie liegt ohnmächtig da. Michael/Rudolf spult das Aufnahmegerät zurück und hört kurz zur Kontrolle hinein.

## XIV

Das Licht beschränkt sich auf die Strotterin. Sie stellt die umgefallenen Flaschen auf und leert sie noch einmal in ihre Tasse um. Mit der wieder gefüllten Tasse setzt sie sich in ihren Drehstuhl.
Die Strotterin trinkt und dreht sich der Couch zu.

## XV

Licht wieder nur auf die Couch. Aber diesmal nicht das harte, sondern gemütliches, gedämpftes Wohnzimmerlicht.
Helene liegt faul und lasziv hingestreckt. Michael kommt aus dem Büro zurück. Zieht das Sakko aus und hängt es wieder sorgfältig auf. Nimmt die Krawatte ab und legt sie in einen Büroschrank.

MICHAEL/RUDOLF Hallo.
HELENE Hallo.
MICHAEL/RUDOLF Na. Wie geht es bei dir? Was gibt es Neues?
HELENE Nichts.
MICHAEL/RUDOLF Übrigens. Von deinem Freund habe ich vielleicht nette Sachen gehört.
HELENE Von welchem Freund?
MICHAEL/RUDOLF Na. Von deinem Chefredakteur.
HELENE So?
MICHAEL/RUDOLF Seine Frau hat uns alles bestätigt.
HELENE Was kann seine Frau denn wissen. Die ist doch ...
MICHAEL/RUDOLF Ja. Die ist. Aber. Man weiß ja auch, daß die Einlieferer die wirklich Kranken sind. Du erklärst mir das doch immer. Ihr. Die Opfer. Wir. Die Täter.
HELENE Ja. Und?
MICHAEL/RUDOLF Na. Jedenfalls. Es haben sich eine Menge seltsamer Dinge herausgestellt. Vergnügen ist der Mensch keines. Kann ich dir sagen.
Stille.
MICHAEL/RUDOLF Hast du heute etwas anderes gemacht. Als auf der Couch.
HELENE Oh ja!
MICHAEL/RUDOLF So? Und was wäre das gewesen?
HELENE Ich habe nachgedacht.
MICHAEL/RUDOLF Unsere Videoaufnahmen sind übrigens gut geworden. Du siehst sehr gut aus. Sehr überzeugend.
HELENE Ja? Wirklich? Dann bin ich ja fertig. Dann brauchst du mich doch nicht mehr.

MICHAEL / RUDOLF Wir sehen richtig. Richtig lebenslustig aus. Wird sehr gut ankommen. Richtig etwas für alle Schichten. Gut. Daß du doch nicht dieses elegante Zeug angezogen hast.

HELENE Das heißt. Dann brauchst du mich nicht mehr. Dieser Wahlkampf ist erledigt. Und für den nächsten suchst du dir eine Doppelgängerin.

MICHAEL / RUDOLF Ahh. Du willst ausreißen. Na. Fahr ein paar Tage mit dem Burschen weg. Vielleicht brauchst du das. Obwohl. Ich finde ihn schon ein bißchen unappetitlich. Und. Er soll sich keine Illusionen machen. Ich habe ihn endgültig.

HELENE Wie hast du ihn endgültig.

MICHAEL / RUDOLF Belastendes Material. Wie das so schön heißt.

HELENE (kichernd-neugierig:) Belastendes Material. Das klingt aber toll.

MICHAEL / RUDOLF Nun. Ein Tonband ist schon etwas, um das man nicht so einfach herumkommt. Jedenfalls kann er mir in diesem Wahlkampf nichts mehr aufführen. Das kannst du ihm ausrichten.

HELENE Ein Tonband. Ich bitte dich. Wenn es nur das ist. Eine Tonkassette. Da keuchen und quietschen irgendwelche Leute. Ich meine. Wie soll man einen Fick von einem anderen unterscheiden. Auf Band. Ich frage dich.

MICHAEL / RUDOLF Aber. Wer interessiert sich denn für so etwas. Hier geht es schon um andere Dinge. Meine Liebe.

HELENE Andere Dinge? Nicht ums Ficken?

MICHAEL / RUDOLF Darum geht es immer. Aber da. Schau.

Das Band läuft – aus den Lautsprechern. Sie läuft zu ihm, reißt ihm das Gerät aus der Hand und dreht ab.

HELENE Wie bist du dazu gekommen.

MICHAEL / RUDOLF Ach. Man hat mich einfach verständigt. Rechtzeitig.

HELENE Das ist. Das ist einfach. Das kannst du nicht.

MICHAEL / RUDOLF Ich kann dir dieses lassen. Ich habe alles beim Notar. Die Originale sind immer beim Notar. In solchen Fällen.

HELENE  Du bist ein Schwein. Gott. Seid ihr alle Schweine.

MICHAEL/RUDOLF  Ist das das Ergebnis deines Nachdenkens? Ist es das, worauf du gekommen bist? Ja? Mein Gott. Was ist nur aus dir ...

HELENE  ... geworden. Ja. Ja.

MICHAEL/RUDOLF  Wie, glaubst du eigentlich, soll das weitergehen. Mit dir? Den ganzen Tag auf der Couch. Warum machst du nichts. Irgend etwas. Du wirst noch völlig. Du hast doch schließlich studiert. Du wirst doch ...

HELENE  Und. Was soll ich machen? Bitte. Etwas für die Bedürftigen. Oder für die Kunst. Ich könnte eigentlich etwas für die Huren tun. Für deine schönen schwarzen Meisterinnen.

MICHAEL/RUDOLF  Ich meine, etwas tun. Arbeiten. Eine Tätigkeit. Meine liebe Helene. Das tut jedem gut. Seinen Platz haben. Eine Aufgabe.

HELENE  Was machst du eigentlich. Jetzt. Jetzt kannst du ja schon überhaupt nicht mehr zu deiner schwarzen Marie. (Hält das Tonband hoch.) Das war dringend notwendig. Was? Und jetzt haltet ihr einander in Schach? Ja? Der Michael hat die Fotos von dir. Und du das Band. Von seiner Frau. Jetzt könnt ihr weitermachen wie vorher. Alles wieder in Ordnung. Ist das nicht herrlich.

## XVI

Helene schwenkt fröhlich das Aufnahmegerät. Geht in den Flaschenkreis. Das Licht wechselt dorthin. Michael bleibt im Dunkeln auf der Couch.
Helene setzt sich wieder zur Strotterin und plaudert vertrauensvoll mit ihr. Sie nimmt den Ton von Szene XI auf.

HELENE  Aber jetzt. Jetzt ist alles wieder in Ordnung. Der eine hat Fotos. Und der andere ein Tonband. Alles in Ordnung. Wissen Sie. Frau Doktor. Ihnen kann ich das ja sagen. Sie verstehen das. Ich habe natürlich mit Ärzten gesprochen.

Über sein Problem. Er konnte ja nicht zu einem Arzt. Er hat immer Angst, daß etwas gegen ihn. Irgendwo aufgeschrieben. Oder gespeichert. Oder so. Und er hat natürlich recht. Ein Skandal. Irgendwie hat das ganze mit seiner Mutterproblematik zu tun. Aber dann auch wieder mit dem Vater. Meine Söhne habe ich jedenfalls ins Internat gegeben. Weg von ihm. Vielleicht war das natürlich auch ein Fehler. Meinen Sie nicht auch. Frau Kammersänger. Frau Kammersänger. Möchten Sie noch eine Tasse. Vielleicht?

## XVII

Auf das Stichwort »Frau Kammersänger« flutet Musik auf. Die Strotterin, die eine unglaublich versoffene und heruntergekommene Person ist, kniet inmitten der Flaschen nieder und singt – im Playback – das Gebet der Tosca.
Gespielt wird eine historische Aufnahme. Licht nur auf der Strotterin. Blau oder Grün – jedenfalls kann die Unwirklichkeit dieser Unschuldsverteidigung durchaus in aller Pracht zur Geltung kommen.

## XVIII

Die Musik verfließt vom symphonischen Gerausche in ein tropfendes »An Elise«, das seltsam verzögert die ganze nächste Szene untermalt.
Licht auf Michael und Helene. Er sitzt auf der Couch. Müde. Erschöpft. Gequält. Sie schlendert zum Gangfenster und sieht hinaus. Sie bleiben so. Kurz. Das Licht ist weich und schmeichelnd.
Dann springt er plötzlich auf. Er geht entschlossen auf Helene zu. Nimmt sie an den Schultern und dreht sie zu sich. Draußen, vor dem Gangfenster, hört man eine Polizeisirene, die ganz nahe kommt. Sirene weg. Blaulicht hinter dem Gangfenster.

Die beiden sind im Profil vor dem Blaulicht zu sehen. Sie blicken einander in die Augen. Tief und intensiv.
Der Dialog erklingt pathetisch aus dem Lautsprecher.

MICHAEL Helene. Helene.
Sie schaut ihn an. Dann wendet sie sich erneut dem Fenster zu. Mit dem Rücken zum Publikum. Einige Sekunden steht sie so. Blaulicht. »An Elise«. Er dreht sich auch dem Fenster zu. Beide nun mit dem Rücken zum Publikum. Dann dreht er sich plötzlich um.
Salonton.
HELENE Ob es morgen wieder regnen wird?
MICHAEL (drängend leidenschaftlich:) Helene. Warum nicht.
HELENE (sehr sanft, sehr zart, sehr verständnisvoll:) Es hat keinen Sinn Michajl Michaijlov. Wir müssen einander vergessen. Sie müssen morgen abreisen. Und sich vorstellen, daß Sie mich nie gesehen haben.
MICHAEL Helene. Helene.
HELENE Mischka. Sie wissen doch. Es ist sinnlos. Nehmen wir unser Unglück und tragen es. In Dankbarkeit. Ja. In Dankbarkeit, daß wir einander gekannt. Es ist mehr, als den meisten Menschen widerfährt.
MICHAEL Sie meinen das nicht. Sie meinen nicht, was Sie da sagen. Ich weiß es.
HELENE Warum quälen Sie mich. Es ist sinnlos. Und falsch. Es wäre eine Sünde. Wir könnten nie glücklich werden.
MICHAEL Ich weiß, daß wir einander bestimmt sind. Ich weiß es.
HELENE Ich weiß nur, daß wir es bereuen müßten. Die Ewigkeit. Michajl. Die Ewigkeit wird uns verschlossen bleiben. Und wie sonst sollten wir. Ein Glück finden. Wenn nicht in Ewigkeit.
MICHAEL Wir werden die Sekunden, die uns gegeben sind, in Ewigkeiten wandeln. Helene. Sie sind mein Schicksal.
HELENE Ich kann nicht. Meine Kinder. Mein Leben ... Sie sind zu spät gekommen. (Sie sind sehr nahe beieinander. Sie flüstert.) Sie sind zu spät gekommen. Oder zu früh. Mischenka. Oder zu früh.

MICHAEL Helene. Wir müssen unser Schicksal. Es gibt kein Entkommen.
Sie sinken einander in die Arme und gelangen auf die Couch. In den Lautsprechern beginnt es zu rauschen wie auf der Tonspur eines sehr alten Films. Gleichzeitig wird das Flimmern dieses alten Films projiziert.
Das Paar in behutsamer Umschlingung. »An Elise«. Blaulicht. Das Flimmern verwandelt sich in das braune Brandloch eines gerissenen Films. In dem Licht sieht es noch mehr nach Salon aus. Sogar die Strotterin trinkt ihren Fusel äußerst kultiviert.
Die Szene sieht nach Abend-im-Salon-und-draußen-der-Schneesturm aus.

## XIX

Der Skinhead ist plötzlich da. Er sieht sich die Szenerie eine Weile an. In dem Augenblick, in dem er zu sprechen beginnt, wird sofort das Büroneonlicht hergestellt.
Der Skinhead ist riesengroß und stark, eine bedrohliche Erscheinung. Sein Stottern besteht daraus, daß er den Anfang von Wörtern veratmet und dann in der daraus entstehenden Atemnot wiederum Silben überspringt. Sein Stottern macht einen hilflosen, rührend einfachen Charakter aus ihm.

SKINHEAD Huuuu?
Helene setzt sich auf und richtet ihre Kleidung. Er springt auf, richtet seine Krawatte und knöpft sein Sakko zu.
MICHAEL (Herr der Lage:) Wer sind Sie? Was wollen Sie hier. Wer hat Ihnen erlaubt, sich hier herumzutreiben.
SKINHEAD Huuuu?
HELENE (ganz freundliche Dame der Gesellschaft:) Wahrscheinlich war die Tür offen. Sie haben sich sicher geirrt. Nicht wahr?
SKINHEAD Iiiich mumumumuß hier aaaarbeiten. Ssssssaubbbbbermmmmachen.
MICHAEL Na. Das kann ich mir nicht vorstellen. Was wollen

Sie hier denn machen. Um diese Zeit. So ein Blödsinn. Und jetzt gehen Sie. Hören Sie. Sie sollen verschwinden.
HELENE (versucht auszugleichen:) Sie haben sich in der Adresse geirrt. Dieses Haus wird in den nächsten Tagen abgerissen. Wissen Sie. Hier wird nicht mehr aufgeräumt. Am besten. Wir gehen jetzt alle.
SKINHEAD Iiiiiiich mumumumumuß ssssauberbermachen. Das ist ein Bebebefehl.
MICHAEL Na. Dann geb ich dir jetzt den Befehl, zu verschwinden.
Der Skinhead geht trotzdem in das Büro. Kommt wieder heraus und stößt auf die Strotterin, die in ihrem Drehstuhl eingeschlafen ist. Er bleibt vor ihr stehen und schaut sie lange an. Draußen wieder kurz eine Polizeisirene.
Die Strotterin wacht unter dem Blick des Skinheads auf. Betrunken, taumelig. Sie sieht den Skinhead vor sich stehen.
Das Paar bewegt sich vorsichtig in Richtung Tür, sieht aber der folgenden Szene fasziniert zu.

## XX

SKINHEAD Máma? – Máma.
STROTTERIN Burli? – Ja. – Burli!
Die Strotterin taumelt auf. Sie steht dem Skinhead gegenüber. Die beiden grinsen einander an.
Beide gleichzeitig:
STROTTERIN Hörst. Burli. Sag amal.
SKINHEAD Máma. Mamamamama.
Die Strotterin und der Skinhead stoßen einander an. Verschämte, rauhe Herzlichkeit. Sie fährt ihm einmal über seinen kahlen Kopf und kichert. Sie verlieren aber dann wieder das Interesse aneinander. Der Skinhead steht unschlüssig da. Die Strotterin nimmt wieder ihre Suche nach dem Alkohol auf.
Michael und Helene stehen beobachtend im Hintergrund. Er kopfschüttelnd, sie doch ein wenig gerührt.

## XXI

Die Tür wird aufgerissen. Der Anführer der Schlägertruppe, Mick, tritt auf. Ein Mitglied seiner Bande kommt zuerst herein, prüft alles, betätigt noch einen Schalter. Gleißendes Licht, das auch noch das letzte Detail der Verkommenheit sichtbar macht.
Mick ist ein kleiner, sehr präsenter Katzenmann, elastisch leise, der alle mustert, auch das Publikum.
Die Schlägertruppe sind Skinheads – oder auch nicht. Einer von ihnen hat einen Fotoapparat und macht ununterbrochen Blitzlichtaufnahmen.
Mick steht hinter der Couch und betrachtet die Szenerie. Beim Mustern des Publikums schickt er durchaus einige laszive Grinser in diese Richtung. Er wendet sich immer an alle Anwesenden, also auch an das Publikum.
Auf Blickkontakt mit Mick klappt der Skinhead seine Motorradstiefel zusammen und stottert:

SKINHEAD Heiheiheiheil Mimimimimick!
MICK Heil.
DIE SCHLÄGER Heil Mick.
Mick geht herum. Sieht sich alles an. Wieder lasziv auffordernde Konfrontation mit dem Publikum.
MICK (zu dem Paar:) Schau. Schau. Was haben wir denn da.
MICHAEL (Versuch einer Männersolidarität, noch cool:) Ein nächtlicher Ausflug. Eher ein Mißerfolg. Wie mir scheint.
MICK Und die gnädige Frau. Ist nicht die gnädige Frau. Nehme ich an. Könnt ihr euch kein Hotel leisten. Nein?
HELENE (ganz Dame der Gesellschaft in Bedrängnis:) Wissen Sie. Das ist ... (Michael macht ihr ein Zeichen, still zu sein. Sie beendet verunsichert.) ... schwierig für uns.
MICK (geht um die beiden herum:) Kann ich mir gar nicht vorstellen. Daß etwas schwierig sein könnte. Für die gnädige Frau.
Mick wendet sich abrupt Michael zu und geht um ihn herum.
MICK Sparen. Müssen wir sparen. Ja? Kann ich mir gar nicht

vorstellen. So eine nette Krawatte. Und die Manschetten-
knöpfchen. Alles wie es sein soll. Also. Warum sind wir denn
dann hier. Auf Abbruch. – Du. Alter. Ich hab dich etwas ge-
fragt.
Die Schläger rücken auf den Tonwechsel bei »Du. Alter.« sofort
näher. Mick springt auf die Couch und wippt provokant.
MICK Ihr seid noch nicht an der Reihe. Deshalb dürft ihr ein-
fach nach Hause. Heute. Noch.
Michael und Helene wollen sich auf den Weg zur Tür machen.
MICK Aber gegrüßt wird schon. So unhöflich sind wir doch
nicht. Oder?
MICHAEL UND HELENE (eher kühl:) Gute Nacht.
Mick springt von der Couch und verstellt den beiden den
Weg.
MICK Heil Mick! Heißt das bei uns.
MICHAEL (wütend:) Aber nicht bei uns. Gute Nacht.
Michael nimmt Helene an der Hand. Die Schläger rücken nä-
her. Blitzlichter. Konfrontation: auf der einen Seite Mick und
die Schläger, auf der anderen Seite das Paar, der Skinhead und
die Strotterin, die aber beide unbeteiligt bleiben.
Die Strotterin trinkt weiter.
Stille. – Mick mustert Michael.
MICK Gute Nacht ist nicht genug.
MICHAEL Lassen wir das. Wir gehen jetzt. Ganz einfach. Ich
kann mir nicht vorstellen, daß es von Interesse ist, wie ich
grüße.
MICK Für uns ist das von großem Interesse.
Mick geht zu Michael. Greift ihm in die innere Brusttasche und
nimmt die Brieftasche heraus. Die Schläger rücken auf. Michael und Helene zurück in den Flaschenbezirk. Mick gibt
einem seiner Leute die Brieftasche, ohne Michael aus den
Augen zu lassen. Der Gefolgsmann von Mick macht die Brieftasche auf, wirft deren Inhalt einzeln auf die Couch und zählt
dabei auf:
SCHLÄGER (im Litaneiton:) Eine American-Express-Card auf
den Namen Michael Peciwal. Eine Diners-Club-Card auf den
Namen Michael Peciwal. Eine Euro-Check-Card auf den Na-

men Michael Peciwal. Eine Golden Card auf den Namen Michael Peciwal. Eine Mitgliedskarte beim Automobilclub auf den Namen Michael Peciwal. Eine Mitgliedskarte beim Colony Club auf den Namen Michael Peciwal. Eine Mitgliedskarte beim Country-Golf-Club auf den Namen Michael Peciwal. Ein Führerschein. Michael Peciwal. Geboren am 10. Januar 1946. Der Ausweis ist in ... ausgestellt.

MICK Michael Peciwal. Michael Peciwal. Sollte uns das nicht bekannt sein?

HELENE (wütend:) Er ist Chefredakteur. Bei der Tageszeitung. (Jeweils passender Name.) Das wird Ihnen doch etwas sagen. Ich würde Ihnen raten, keine Schwierigkeiten zu machen. Einfach keine.

MICK Nein. So etwas. Die Lady wird wütend. – Chefredakteur. (Er macht sie nach.) Chefredakteur. Die Tageszeitung. – (Wahnsinniger Wutanfall. Schreit außer sich.) Da. Da. In den Kasten. Sperrt ihn. In den Kasten. Dieses Schwein.

Die Schläger stürzen sich auf Michael. Zerren ihn in einen Garderobenschrank. Stopfen ihn hinein. Tumult. Helene schreit. Blitzlichter. Sie sperren den Kasten zu. Michael brüllt und tobt in dem Kasten. Ein Schläger bringt Mick den Schlüssel. Mick ist sofort wieder gefaßt. Alles ist unglaublich schnell gegangen. Helene steht verloren und verdutzt da. Dumpfes Brüllen und Klopfen aus dem Schrank.


## XXII

Mick geht mit Helene wie der Interviewer mit dem Stargast einer x-beliebigen Unterhaltungssendung im Fernsehen um. Sehr zuvorkommend, vertraulich. Bezieht auch das Publikum ein.

MICK Und jetzt begrüßen wir den prominenten Gast unseres Abends. Unser Gast ist eigentlich eine Dame. Wir begrüßen: Helene Hofrichter. Die Gattin unseres Bürgermeisters.

Applaus von den Schlägern. Der Fotograf fotografiert. Die Strotterin grölt ihre Zustimmung. Helene steht verloren und verstört da. Mick nimmt sie an der Hand und führt sie zur Couch. Michael tobt im Schrank.

MICK Darf ich Sie. Hier. So. Ja. Setzen wir uns hierher. So. Kommen Sie. Setzen Sie sich zu mir. Ja. (Licht auf beide.) So. Also. Frau Bürgermeister. Sagen Sie einmal. Mögen Sie es eigentlich, wenn Sie so genannt werden. Stört Sie das, oder sind Sie stolz darauf.

Michael tobt im Schrank. Helene dreht sich immer wieder in die Richtung des Tobens, rutscht aber dann langsam doch in die Rolle der TV-Interviewten. Das Klopfen und Brüllen bleibt weiter – zur Erinnerung an die eigentliche Situation.

HELENE Ja. Also.

MICK Ich meine. Sind Sie gerne. So eine Stellung hat doch auch ihre Nachteile. Alle kennen Sie. Sie können nirgends hingehen, ohne daß jeder weiß, wer Sie sind.

HELENE Ja. Wissen Sie. Das ist manchmal schon schwierig. Aber. Wissen Sie. Es gibt so viele Menschen. Die. Sehr freundlich. Und die sich freuen, wenn sie einen treffen. Die wirklich Anteil nehmen an dem, was mein Mann macht.

MICK Sie sind also zufrieden.

HELENE Ja. Natürlich. Es ist doch eine sehr schöne Aufgabe. Für alle diese Menschen dazusein. Und helfen zu können.

MICK Jetzt noch eine private Frage. Was machen Sie denn, wenn Sie nicht von allen diesen Pflichten beansprucht werden. Womit beschäftigen Sie sich da?

HELENE Also. Ich meine. Ich – Tiere. Wissen Sie. Ich kümmere mich um unsere Tiere. Wissen Sie. Wir haben ein Haus auf dem Land. Und dort. Wir haben dort alles, was so. Ich meine. Pferde. Und Schafe. Wir haben sogar Hühner. Und das tue ich gern. Ich bin ja auch die Präsidentin des Tierschutzbundes. Und ich nehme das sehr ernst. Den Tieren helfen. Wissen Sie.

MICK Das trifft sich ja großartig. Das paßt ja wunderbar zu unserem Prominentenspiel. Sagen Sie. Wie gut sind Sie denn im Nachmachen von Tierstimmen? (Sie lacht verschämt hysterisch.) Wir möchten nämlich, daß Sie Tiere nachmachen. Und Ihr Partner. Da. Im Kasten. Den holen wir jetzt. Aber

vorher sagen Sie uns, welche Tiere erraten werden sollen. Was werden Sie nachmachen?
HELENE Ja. Also. Pferd?
MICK Sehr gut.
HELENE Schaf?
MICK Ja. Und? Eines noch.
HELENE Huhn. Nein. Hahn.
MICK Sehr gut. Dann können wir anfangen. Also.
Applaus der Schläger.


## XXIII

Wieder volles, gleißendes Licht auf die Bühne. Einer der Schläger holt den Schlüssel von Mick. Sie holen Michael zu dritt aus dem Kasten, halten ihn im Polizeigriff und bringen ihn zu Mick. Der Fotograf fotografiert ihn so.

MICK (zum Fotografen:) Dann machen wir doch eines von uns drei.
Michael, hinterrücks gehalten, Helene auf der Couch und Mick in der Mitte nehmen Aufstellung. Familienfoto.
MICK Wir beginnen. Ja. Frau Bürgermeister. Und Sie. (Zu Michael.) Sie sagen uns, was die Frau Bürgermeister darstellt. Bitte.
Helene sitzt noch auf der Couch. Sie versucht, das Wiehern eines Pferdes nachzuahmen. Michael setzt zu einem Fluchtversuch an.
MICHAEL (schreit:) Was soll der Blödsinn. Lassen Sie das.
Helene wiehert.
MICK Sie sollen erraten, was die Frau Hofrichter für ein Tier ist. So schwierig ist das doch nicht. Also noch einmal.
Helene wiehert und schaut Mick flehend an.
MICK Sie können das Tier auch ganz nachmachen. Da gibt es keine Einschränkungen.
Helene versucht nun, ein Pferd darzustellen. Auf allen vieren auf der Couch scharrt sie mit den Hufen und wackelt mit dem Popo dazu.

MICHAEL  Was soll das. Helene!
Helene spielt das Pferd.
MICK  Sie müssen uns nur sagen, um welches Tier es sich handelt.
Helene ist das Pferd.
MICHAEL  (unglaublich wütend:) Ein Pferd.
MICK  Bravo.
Allgemeiner Applaus.
MICK  Und gleich weiter.
Helene macht das Schaf nach, das dem Pferd nicht unähnlich ist. Sie strengt sich sehr an.
MICHAEL  Was soll der Scheiß. (Seine Bewacher reißen an ihm.)
Helene strengt sich an, das Schaf zu sein. Kurz wird nun von allen – auch von Michael – das Spiel ernst genommen.
MICHAEL  Keine Ahnung, was das sein soll.
MICK  Nun. Überlegen Sie. Es ist nicht so schwierig. Denken Sie daran, welche Tiere die Frau Bürgermeister auf dem Land betreut.
MICHAEL  Aber. Ihr habt doch keine.
Helene ist das Schaf.
MICHAEL  Hund.
MICK  Nein. Falsch. Ein Punkt weniger. Aber gleich das nächste. Das ist einfach. Da kann nichts schiefgehen.
Helene beginnt nun, ein Huhn nachzumachen. Sie hüpft auf dem Boden, schlägt mit den Armen als Flügel und gackert sich die Seele aus dem Leib. Sie steigert sich in das Huhn-Sein hinein und hüpft wieder auf die Couch. Alle sehen ihr zu.
Plötzlich beginnt die Strotterin wieder zu kichern, sie hat wieder einen Lachhustenanfall und erstickt fast am Lachen. Atemlos und kichernd und hustend beginnt sie Helene nachzumachen und hüpft jetzt ebenfalls als Huhn herum. Ungelenk, kichernd, hustend, häßlich. Alle sind entsetzt. Das Spiel ist gestört. Das Spiel ist aus.

## XXIV

Alle wenden sich der Strotterin zu.

MICK (wieder äußerste Wut:) Schluß. Aus. Aus. Was ist das?
Die Schläger zerren nun die taumelnde, betrunkene Strotterin vor Mick. Michael nützt die Ablenkung und schlüpft unbemerkt durch die Tür.
Während alle drohend die Strotterin umkreisen:
HELENE (beschwichtigungsdamenhaft:) Ach. Sie schläft doch nur hier.
Helene wird sofort in die Verachtung der Strotterin einbezogen.
MICK (kalt und schneidend:) Sie stinkt. Sie stinkt entsetzlich. Unglaublich stinkt sie. Hätte das nicht erledigt werden sollen. Längst? Hätte das nicht dieser Burschi?
Helene will wie Michael verschwinden.
MICK (nun in Weißglut:) Haltet die Vettel fest. Der Peciwal ist weg. Einfach weg. Scheiße. Scheiße. Scheiße. Und ihr. Ihr seid unfähig. Unfähig. In fünf Minuten haben wir die Bullen am Hals. Macht sie fertig. Habt ihr gehört. Und diesmal keine Fehler. Habt ihr gehört.
Helene steht in der Mitte der Bühne, und noch greift sie keiner an. Aber die Schläger rücken gegen die Strotterin vor.
HELENE (noch immer Reste von Vermittlerin im Salon:) Was wollen Sie. Gehen Sie. Wenn alle weg sind, kann niemandem etwas passieren. Gehen Sie einfach. Ich werde niemandem etwas ...
MICK (ohne auch nur hinzuhören:) Zuerst einmal die Alte. Das ist ein Befehl.
Der Skinhead geht als erster nun direkt auf die Strotterin zu, die nichts von alledem mitbekommt und, auf dem Boden kriechend, nach Alkohol sucht.
HELENE (hat nun endlich begriffen, stürzt auf Mick zu, schrill, hysterisch:) Das können Sie. Das können Sie nicht machen. Es ist seine Mutter. Er kann doch nicht. Er hat vorhin Mama zu ihr gesagt. Hat er zu ihr gesagt. Mama.
MICK Dieser Abschnitt ist sofort zu reinigen. Und volle Dokumentation. Haben alle verstanden.
MICKS BEGLEITER Jawoll!

## XXV

Licht aus. Soundtrack einer Tom-und-Jerry-Verfolgungsjagd. Die Frauen schreien in höchsten Tönen.
Wenn Mick – über Lautsprecher – »Foto« schreit, wird die Bühne in grelles Licht getaucht. Es wird jeweils eine neue Phase der Zerstörung gezeigt.
Die beiden Frauen werden zwischen zwei Gruppen der Schläger hin und her getrieben. Die Schläger machen ihre Arbeit mit der stillen, wohlwollenden Präzision des Fachmanns. Um so gesteigerter die unendliche Panik von Helene und das Unverständnis der betrunkenen Strotterin. Es wird ein unglaubliches Blutbad angerichtet. Die Verwüstungen kommen einer Demolierung gleich. Die »Foto«-Rufe von Mick und die Tonspur werden zu einem Geräuschinferno gesteigert.
Grelles Licht. Die Frauen sind zusammengeschlagen. Die Bühne ein Chaos.
Helene wird auf das Sofa gelegt. Die Strotterin parallel dazu am Boden. Mick und sein Gefolge stellen sich hinter dem Sofa in Pose. Der Fotograf macht eine Jagdaufnahme.
Währenddessen:

MICK (zusammen mit seinen Schlägern skandierend:)
 Ha! wenn sie euch unter dem Beile so zucken,
 Ausbrüllen wie Kälber, umfallen wie Mucken,
 Das kitzelt unsern Augenstern,
 Das schmeichelt unsern Ohren gern.

Mick und sein Gefolge geordnet ab. Der Skinhead bleibt unschlüssig zurück. Während er noch zu seiner Mutter geht und sich zu ihr auf den Boden setzt, dann ihre Hand nimmt, wird das Licht noch gesteigert.
Der Skinhead und seine Mutter werden zur umgekehrten Pietá.

## XXVI

Das Licht wird noch härter, eine alles ausleuchtende Weißglut, die kein Detail der Zerstörung übersehen läßt. Die Drei Dicken Frauen kommen herein, als Krankenschwestern aus dem Ersten Weltkrieg gekleidet. Jede Krankenschwester führt einen zitternden, blinden alten Mann. Die alten Männer tragen Lumpen, die einmal die Kostüme für eine Aischylos-Aufführung gewesen sein könnten.
(Die folgende Szene kann auch in Altgriechisch aufgeführt werden: Aischylos, Agamemnon, Verse 1347 bis 1371.)
Die Drei Dicken Frauen führen die Greise vorsichtig an den Leichen und dem Skinhead vorbei und stellen sie ungefähr dort auf, wo Helene die Flaschengrenze gezogen hatte.
Die Drei Dicken Frauen gehen auf die andere Seite der Leichen an der Tür zurück, so daß die Leichen von den Chören eingerahmt sind. (Dieses Bild soll mit viel Würde erfüllt werden.)
Die blinden Greise greifen immer wieder nervös vor sich hin und sind unruhig.

DIE DREI FRAUEN
Weh dir, oh Menschenleben! Lächelt ihm das Glück,
So stürzt es leicht ein Schatten; steht es unbeglückt,
Dann tilgt im Flug ein wasserfeuchter Schwamm das Bild,
Was gibt's Beklagenswertheres, als das Letzere.
DIE DREI GREISE
Daß bereits die That vollbracht ist, zeigt der Geruch des
                          Bluts.
1. GREIS
Laß gemeinsam uns erwägen welcher Rath der beste sey?
2. GREIS
Was mich bedünkt, eracht ich für das Sicherste, Die Bürger
                     laut heranzurufen.
3. GREIS
Mir scheint es besser, einzudringen ungesäumt.
Und nachzuforschen mit dem schnellgezückten Schwert.
1. GREIS
Des gleichen Raths Theilnehmer stimm ich auch dafür.
Mit raschem Muth zu handeln, nicht zaudern gilt's.

2. GREIS
Unschlüssig bin ich, welchen Rath ich geben soll.
Das Beste scheint, wir halten an den Thäter uns.
3. GREIS
Derselben Meinung bin ich, denn ich sehe nicht,
Wie unser Rath den Todten wieder wecken soll.
1. GREIS
Das Leben feig zu retten, weichen wirklich wir
Des Königshauses Schändern als den Oberherrn?
2. GREIS
Nein, nimmer trüg' ich's! Besser, wahrlich ist der Todt.
Denn süßer ist er, als das Joch der Tyrannei.
3. GREIS
Doch dürfen aus des Wehrufs Zeichen wir
Prophetisch schließen, daß der Fürst getödtet ist.
1. GREIS
Wenn klar wir dieses wissen, ziemt Berathung uns.
Klar wissen und vermuthen, ist verschieden Ding.
DIE DREI FRAUEN
Keiner That ja schleicht hinfort mehr der Groll dieses
     Schwarms grimmiger Menschenhüter nach.
Jeden Mord stell ich frei.
Dann erhebet über Leid von Nächstenhand jeder Klag und
             Jeder forscht
Nach des Jammers End' und Flucht und Heilung.
Die drei zitternden Greise werden von den Krankenschwestern weggeführt.
Die drei Greise haben – wie seit tausenden Jahren – wieder versagt und die Schuldigen gedeckt. Dementsprechend hart ihre Behandlung durch die Furien.


## XXVII

Die Bühne wird nach dem Auszug schlagartig dunkel. Gleichzeitig fährt draußen ein Auto mit quietschenden Reifen vor. Licht von draußen auf die erschlagenen Frauen. Schritte – über Lautsprecher.

Die Tür wird aufgerissen. Michael und Rudolf stürzen herein. Rudolf hat eine Pistole in der Hand. Michael dreht das Neonlicht auf. Rudolf bleibt bei der Tür stehen. Sieht sich um. Gemeinsam gehen sie langsam zu den Leichen und kommen hinter der Couch zu stehen. Beide sind ähnlich angezogen, in Trenchcoats und mit Hüten.

MICHAEL UND RUDOLF Helene.
MICHAEL Helene. Um Gottes willen. (Er kniet nieder. Greift aber dieses blutüberströmte Bündel nicht mehr an.)
RUDOLF Sie. Sie ist ...
MICHAEL Sie ist. (Er richtet sich auf. Große Wildwest-Männer-Tragik. Beide nehmen ihre Hüte ab.)
Schweigen.
RUDOLF (gebrochene Stimme:) Sie war eine schöne Frau.
MICHAEL (gebrochene Stimme:) Ja. Das war sie.
RUDOLF Eine der schönsten.
MICHAEL Ja. Eine der schönsten.
Schweigen.
Die beiden Männer setzen ihre Hüte auf und wenden sich einander zu.
RUDOLF Und. Was jetzt?
MICHAEL Die Polizei wird in fünf Minuten hier sein.
RUDOLF Und. Welche Rolle spielst du.
MICHAEL Keine. Wir sind da hineingeraten. Eine Schlägertruppe. Skinheads.
RUDOLF Und warum liegt sie da. Und du nicht.
MICHAEL Weil ich. Einen Augenblick. Sie hat ja unbedingt diese Alte da verteidigen müssen. Hätte sie sich nicht eingemischt. Die waren gar nicht auf uns aus.
RUDOLF Wenn das herauskommt. Ich bin erledigt. Wie kann man eine solche Geschichte erklären. – Rechtsradikale, sagst du?
MICHAEL Vermutlich. Ja.
RUDOLF Das macht immer den falschen Eindruck. Gerade jetzt. Und im Ausland erst. – Ich bin jedenfalls arbeitslos.
MICHAEL Deine Frau. Ein Herzfehler. Wir nehmen sie hier weg. Das muß sich machen lassen. Du willst nicht mehr. Wie lange ist es noch bis zu den ...

RUDOLF Sieben Wochen.
MICHAEL Zeit genug. Trauer. Das Begräbnis. Dann wirst du aufgefordert zu bleiben. Und du wirst bleiben. Wenn du schon deine Frau verloren hast. Dann willst du wenigstens wissen, wofür du lebst. Wiederwahl. Die absolute Mehrheit. Das muß drinnen sein. Und alles für die Kinder. Du machst das alles für die Kinder.
RUDOLF Du unterstützt das?
MICHAEL Ja.
RUDOLF Das Kraftwerk?
MICHAEL Ja.
RUDOLF Flughafenausbau?
MICHAEL Ja.
RUDOLF Die Spitalsreform?
MICHAEL Ja.
RUDOLF Intendantenneubesetzung?
MICHAEL Ja.
RUDOLF Hausbesetzer. Ausländerwahlrecht. Mit deinem liberalen Besserwissen muß es aus sein.
MICHAEL Ja.
RUDOLF Die Weltausstellung?
MICHAEL Ja.
RUDOLF Olympische Spiele?
MICHAEL Ja.
RUDOLF Ein rundum gedeihliches Arbeitsklima.
MICHAEL Ja.
RUDOLF Damit wir uns verstehen. Du bleibst Chefredakteur. Die nächsten zehn Jahre auf jeden Fall. Dann. In fünf Jahren bin ich weg von hier. Dann brauche ich dich für die Bundesrepublik. Ist das klar.
MICHAEL Zehn Jahre?
RUDOLF Zehn Jahre. Immerhin dürfen wir diese Burschen hier nicht erwischen. Das versteht sich doch auch. Obwohl wir durchgreifen werden.
MICHAEL Ja.
RUDOLF Wir verstehen einander?
MICHAEL Ja.
Beide holen nun kleine Tonbandgeräte aus ihren Mänteln. Stel-

len sie ab und tauschen sie förmlich aus. Handschlag. Dann wenden sich beide wieder Helene zu. Sie legen sie auf den Boden und rollen sie in einen fürchterlich verkommenen Läufer ein. Sie stehen nun wieder – mit abgenommenen Hüten – an ihrer Leiche. Beide sinken in die Knie.
RUDOLF Helene. (Beginnt plötzlich zu schluchzen.) Helene.
MICHAEL Helene. Mach's gut. Helene.
Sie nehmen sie auf und tragen sie hinaus. Das sieht dann plötzlich sehr würdig aus.
Beim Hinausgehen dreht Michael das Licht ab.

## XXVIII

Stille, dann Polizeisirenen, Blaulicht. Befehle, Rufe von Einsatztruppen. Getrampel von Stiefeln. Hundebellen. Ein Polizist stürzt mit einer sehr starken Stablampe in den Gang. Er leuchtet herum. Er findet die Leiche der Strotterin in den Armen des Skinheads. Er überschreit den tosenden Lärm:

POLIZIST Ich hab sie. Hier ist die Leiche. A Sandlerin. Und der Mörder ist auch da.
Schlagartig aus.

**Sloane Square.**

Die Personen:
LEOPOLD MARENZI, gegen 55
MARIA MARENZI, gegen 50
MICHAEL MARENZI, Sohn, etwa 25
CLARISSA, Freudin von Michael, etwa 20
FRANZ FISCHER, gegen 45
ELISABETH FISCHER, gegen 45
GABRIELE D'ANNUNZIO
EIN STRANDVERKÄUFER
DIE STROTTERIN
DIE SCHWARZEN FRAUEN
DIE MÄNNER IM NADELSTREIF
DREI PUNKS
MENSCHEN, die auf die Underground warten


Undergroundstation Sloane Square:
Ein vorderer und hinterer Bahnsteig sind durch einen Graben für den Gleiskörper voneinander getrennt. Die Bahnsteige liegen parallel zum Bühnenrand. Der vordere ist leer. Der hintere hat gekachelte Wände, durch die Durchlässe zu einem Nachbarbahnsteig führen. Bänke. Eine steile Treppe führt von links oben herunter. Über dem Gleiskörper eine Fußgängerbrücke, von der die Abgänge zu den beiden Bahnsteigen führen.

# I

Auf dem hinteren Bahnsteig warten Menschen. Andere kommen über die Treppen herunter. Oder aus den Durchlässen. Es findet in träger Form normales Leben statt. Die Menschen warten. Die Hinzukommenden gesellen sich zu den Wartenden. Bis zur Ankunft der Touristen auf dem vorderen Bahnsteig ist der hintere voll mit Menschen. Sie warten ruhig und passiv. Es ist das tägliche, in ihren Lebenslauf eingebettete Warten zwischen den Bewegungen mit der Underground. Keiner spricht mit einem anderen.
Die Touristen kommen die Treppe herunter, zögern auf der Brücke und gehen dann die letzten Stufen auf den vorderen Bahnsteig. Sie schleppen Gepäckstücke. Atemlos. Gehetzt. Sie stellen die Gepäckstücke ab. Das Ehepaar Marenzi rechts. Das Ehepaar Fischer links. Clarissa setzt sich auf der Bühnenmitte auf ihre Reisetasche. Die anderen unschlüssig. Unsicher. Nervöse Blicke auf die Uhren.
Ansage aus dem Lautsprecher: »Due to an incident at Victoria there will be a considerable delay.«
Diese Ansage kann man nur schwer verstehen. Sie wird ständig wiederholt.
Auf dem hinteren Bahnsteig entsteht Bewegung. In Wellen fluten die Menschen durch die Durchlässe und über die Brücke und die Treppen weg. Unhastig. Ergeben. Die Ansage, die bedeutet, daß sich bei Victoria ein Selbstmörder unter eine Underground geworfen hat, ist nur zu bekannt.
Der hintere Bahnsteig leert sich vollkommen. Die Ansage wird ein letztes Mal wiederholt. Die Touristen sind auf dem vorderen Bahnsteig allein.

## II

MICHAEL Verstehst du das?

HERR MARENZI Nein. Aber diese Lautsprecher. Die kann man nie verstehen.

FRAU MARENZI Wir werden unseren Flug versäumen.

HERR MARENZI Du mußt das doch verstehen. Du hast doch Englisch gelernt. Ordentlich.

FRAU MARENZI Wenn wir zu Hause sind, müssen wir sofort den Videorecorder richten lassen. Wir hätten das vorher machen sollen. Noch.

MICHAEL (zu Clarissa:) Geht es dir besser?

Clarissa kauert auf ihrer Reisetasche, den Kopf auf den Knien. Sie schüttelt den Kopf.

HERR MARENZI Also. Ich möchte wissen, was hier los ist. Frag doch diese Leute einmal. Da.

Fischers stehen links. Sie haben die Botschaft aus dem Lautsprecher ebenfalls nicht verstehen können. Ebenso verunsichert.

MICHAEL Excuse me please. Could you tell me when the next underground will come. We want to go to Victoria. We must go to Gatwick.

HERR FISCHER No. I am sorry. We are not from here. We ...

FRAU MARENZI ... aber! Sie sind doch auch mit dem Flugzeug. Mit dem wir ...

HERR FISCHER Ja. Wir fliegen auch heute zurück.

FRAU FISCHER Jetzt. Um 14.50 Uhr ist unser Abflug. Sie auch?

Alle außer Clarissa aufeinander zu.

Alle zur gleichen Zeit:

HERR MARENZI Nein. So etwas. Ja. Jetzt erinnere ich mich. Sie sind ganz vorne gesessen. Im Flieger.

FRAU MARENZI Aber. Das habe ich doch gleich gesagt. Die kennen wir. Habe ich mir gedacht. Gleich habe ich mir das gedacht.

FRAU FISCHER Das ist doch nett. Ist das nicht nett.

HERR FISCHER So ein Zufall. So ein Zufall. Da wollen Sie auch nach Gatwick.

MICHAEL  Ja. Wir warten auf die Underground. Nach Victoria.
Pause.
Alle sind ein wenig verlegen darüber, ihre Erleichterung über das Treffen mit Landsleuten so offen gezeigt zu haben.


### III

Die Männer in einer Gruppe links.
Es geht um ihre Videocameras.

HERR MARENZI (zu Herrn Fischer:) Wie schwer ist denn Ihre?
HERR FISCHER  Ja. So eins-komma-drei ist sie schon.
HERR MARENZI  Meine hat überhaupt noch zweieinhalb. Aber die vom Michael. Eins-komma-zwei. Nur mehr eins-komma-zwei. Das ist schon ein Fortschritt.
MICHAEL  Und außerdem. Dreihunderttausend Bildpunkte. Sechsfach Motorzoom Macro neun bis vierundfünfzig Millimeter. Selbstverständlich High Speed Shutter. Nur zehn Lux Mindestbelichtungsstärke. Aber Autofocus voll- und halbautomatisch. Da kann man doch besser eingehen. Auf das Objektiv. Vor allem mit der variablen Zeitlupe. Das läßt mir dann wirklich alle Möglichkeiten.
HERR FISCHER  Sechsfach Motorzoom hat meine auch. Und ich kann Datum und Uhrzeit einblenden. Da kann ich den Überblick nicht verlieren. Wissen Sie. Wir reisen viel. Und da ist das schon wichtig. Daß man immer weiß, wann was war. Wo es gewesen ist. Wir waren praktisch schon überall. Und die Blenden. Natürlich.
MICHAEL  Automatisch oder manuell?
HERR MARENZI  Unser Michael. Der will immer alles selber machen. Ich überlasse das der Technik. Automatisch. Das ist das richtige für mich. Der Michael. Der will das alles nicht so. Automatisch.
HERR FISCHER  Na ja. Der Vorteil ist doch. Hier. Da. Schauen Sie. Da kann ich ...

Die Männer versammeln sich um die Kameras und hantieren mit den Geräten. Sie beginnen, mit den ausgetauschten Geräten auf der anderen Bühnenseite aufzunehmen. Sie geben einander kopfnickend die Geräte weiter und nehmen wieder auf.
Währenddessen:
HERR MARENZI Ist Ihre Frau auch immer so nervös. Daß sie zu spät kommt. Den Flieger versäumt.
HERR FISCHER Nein. Meine Frau ist nie nervös. Aber. Für uns ist das. Routine. Das gibt sich.
MICHAEL Die Mama hat immer Angst, daß ihr etwas davonfährt. – Dabei ist sie noch nie zu spät gekommen.

## IV

Geräusche und Licht verändern sich deutlich. Die Geräusche werden verhallt-bedrohlich. Ein überhelles Licht über dem hinteren Bahnsteig.
Die Männer nehmen mit den Videocameras auf. Die Frauen haben bisher herumstehend zugesehen. Frau Marenzi und Frau Fischer auf der rechten Seite. Gehemmt. Frau Marenzi überwindet sich und beginnt das Gespräch.

FRAU MARENZI Das ist eine schöne Jacke. Die Sie da anhaben. Haben Sie die hier gekauft?
FRAU FISCHER Nein. Diese Jacke? Aber nein! Die ist doch. Uralt ist die. Nein. Die habe ich schon ewig.
Pause.
FRAU MARENZI Ich habe einen Pullover gekauft. Wissen Sie. Die Wolle hier. Das ist doch. Für meine Tochter. Diese Wollsachen hier. Die sind halt doch sehr gut. Ich meine. Billiger sind sie ja nicht. Aber die Qualität. Das ist doch etwas ganz anderes.
FRAU FISCHER Ja. Das ganz bestimmt. Die Qualität. So eine Qualität. Die findet man nicht. Bei uns. Das ist etwas ganz anderes. Da haben Sie recht.

Über die Treppe ziehen Die Schwarzen Frauen herunter auf den hinteren Bahnsteig. Eine stumme Prozession. Sie tragen lange schwarze Gewänder und haben den Kopf schwarz verhüllt. Sie ziehen feierlich und gemessen dahin. Sehr langsam. Das Geschehen auf dem hinteren Bahnsteig muß opernhaft-pathetisch wirken.
Währenddessen:
FRAU MARENZI Ja. Da haben sie recht. Wirklich. Die Qualität. – Und. Wie haben Sie das Essen gefunden. Also. Irgendwie. Ich weiß nicht. – Aber der Tee. Nicht wahr. Der Tee. Also. Ich habe gleich so eine Wasserkanne für das Teewasser gekauft. (Sie kramt in ihrer Reisetasche und holt einen elektrischen Wasserkessel heraus. Zeigt ihn Frau Fischer.) Da. Sehen Sie. Da steckt man das einfach an. Und das Wasser kocht. Sofort.
FRAU FISCHER Ja. Das ist wirklich praktisch. Solche Dinge haben sie hier. So Praktisches. Ich habe das auch bei uns gesehen. Aber. Da war es teuer.
FRAU MARENZI Ja. Über diese Kanne bin ich sehr froh. Die kann ich gut gebrauchen. Auch für den Kaffee. Für das Kaffeewasser. Zu Hause.
FRAU FISCHER Ja. Jetzt geht es wieder zurück. Also ich. Ich bliebe am liebsten weg. Ich liebe das. Wegsein. In der Welt herumfahren. Ich könnte immer reisen.
FRAU MARENZI Das möchte ich nicht. Natürlich. Ich meine. Es ist schon schön. Aber. Zu Hause. Ich meine. Zu Hause.
Die Schwarzen Frauen ziehen über die Hinterbühne. Die Männer nehmen ihre Frauen auf. Die Frauen im Vordergrund. Clarissa sitzt auf ihrer Reisetasche. In sich zusammengesunken. Einen Augenblick lang sollte man sich wünschen. Die Schwarzen Frauen blieben stehen und stimmten einen überirdisch schönen Chor an.
Die Schwarzen Frauen ab.

## V

Die drei Punks stehen plötzlich auf der Brücke. Sie beobachten die Touristen. Alles Licht kriecht auf sie zu. Dann Ausbruch der Gewalt. Handgemenge auf der Fußgängerbrücke. Heftig. Getrampel. Krachen. Schreie. Schlachtlärm. Ein Messer blitzt auf. Ein langgezogener Todesschrei. Röcheln. Einer der Punks (= Puppe) wird von der Fußgängerbrücke auf den hinteren Bahnsteig geworfen.
Alle Geräusche kommen über Lautsprecher. Dieselbe Geräuschsequenz auch in den Wiederholungen dieser Szene.
Die Touristen haben sich rechts zusammengerottet. Herr Fischer hat alles mit der Videocamera aufgenommen. Michael hat Clarissa nachgeholt und hält sie an sich gepreßt. Alles sehr schnell.

## VI

Das Licht wieder wie in III.
Herr Fischer nimmt noch auf. Er geht an den Bahnsteigrand und filmt den Toten auf der anderen Seite.

HERR FISCHER Wahnsinn.
HERR MARENZI Das ist. Was ist das.
FRAU MARENZI Wir müssen hier weg. Wir müssen hier weg.
MICHAEL Und der Mann?
HERR FISCHER Das bringt nur Schwierigkeiten.
MICHAEL Man muß doch. Wenigstens nachsehen. Muß man doch. Er kann ja.
FRAU MARENZI Bleib da. Michael. Man mischt sich nicht ein. Michael. Wir sind fremd. Hier. Das geht uns nichts an. Leopold.
MICHAEL (er setzt Clarissa wieder auf ihre Reisetasche. Legt ihr seine Videocamera in den Schoß.) Da. Halte das für mich. Ich komme gleich. Ja?
FRAU FISCHER Man muß nachsehen. Er könnte doch ...

FRAU MARENZI Leopold. Sag ihm. Er soll hierbleiben. Bei uns.

HERR MARENZI Michael. Hör jetzt. Wir gehen alle da hinauf.

HERR FISCHER Ja. Ein Taxi. Wir suchen uns ein Taxi.

FRAU FISCHER Das Flugzeug versäumen wir ohnehin.

HERR MARENZI Wir müssen hier weg. Michael. So warte doch.

Alle tragen ihre Gepäckstücke hastig ein paar Schritte. Bleiben dann wieder stehen und sehen Michael zu, der sich vorsichtig dem Toten nähert.

MICHAEL (schreit herüber:) Ich glaube ...

HERR MARENZI Na?

MICHAEL Ja. Ich glaube. Der ist. Tot ist der.

FRAU MARENZI Leopold. Hol den Buben. Er hat doch. Er doch noch nie einen Toten gesehen. (Schreit:) Du weißt doch gar nicht. Wie ein Toter aussieht, weißt du doch gar nicht.

FRAU FISCHER Ich gehe. Ich will nach Hause. Wenn man nichts mehr machen kann. Ohnehin.

HERR FISCHER Versucht haben wir es. Mehr kann man nicht. Tun.

HERR MARENZI Jetzt brauchen wir ein Taxi.

FRAU MARENZI Ich will weg von hier. Nur weg. Ich habe es gleich. Gleich habe ich es gesagt.

HERR FISCHER (zu Michael schreiend:) Kommen Sie herüber. Wir gehen.

FRAU MARENZI Michael. Alle gehen. Komm schon.

HERR MARENZI Clarissa. Clarissa. Komm. Wir müssen hier weg.

FRAU MARENZI Clarissa. Reiß dich zusammen. Wir müssen hier weg.

FRAU FISCHER Ist sie krank? Was hat sie denn. Ihre Tochter.

HERR MARENZI Laß sie doch. Dir ist doch auch immer schlecht gewesen. Komm. Clarissa. Ich helfe dir.

FRAU MARENZI Nein. Das ist die Freundin von unserem Michael.

MICHAEL (wieder da.) Clarissa. Was ist denn.

HERR FISCHER Ist sie krank?

HERR MARENZI Ach nichts. Übel ist ihr halt. Michael. Nimm ihre Tasche.
MICHAEL Der blutet gar nicht. Stark blutet der nicht.
HERR MARENZI Na. Weil er tot ist. Komm. Clarissa.
FRAU MARENZI Übel. Übel. Schwanger ist sie. Schwanger. Heute. Bei diesen Möglichkeiten. Ich frage Sie.
HERR FISCHER Wenn er schon tot ist. Können wir nicht endlich. Wir sollten hier weg. Und zwar schleunigst.
FRAU FISCHER Ja. Franz. Wir gehen schon. Wir kommen.
CLARISSA Ich kann nicht. Mir ist so. Mir ist einfach elend. Ich kann nicht. Ich schaffe das nicht.
HERR MARENZI Wir müssen aber. Clarissa.
FRAU MARENZI Na. So schrecklich ist das auch nicht. Das haben alle überstanden. Schließlich. Reiß dich zusammen. Ganz einfach.
HERR MARENZI Was sollen wir denn tun. Clarissa.
MICHAEL Ich gehe einmal. Und schaue, wie wir ein Taxi bekommen. Und dann hole ich euch. Ich schaue, was man machen kann.
FRAU MARENZI Das Flugzeug haben wir ohnehin schon versäumt.
HERR FISCHER Aber. Es sind noch zwei Stunden. Zeit genug. Vielleicht geht es ihr in einer Viertelstunde besser.
FRAU FISCHER Aber. Du hast gesagt, wir müssen zum Flieger. Wir hätten noch einkaufen können.
HERR FISCHER Das kannst du ja noch im Duty-free.
MICHAEL Ich lasse einmal meine Sachen hier. Da kann ich besser.
FRAU FISCHER Duty-free. Da ist doch überall das gleiche.
FRAU MARENZI Ich will aber nicht hierbleiben. Ich bleibe nicht mit einem Toten auf dem Bahnsteig.
HERR MARENZI Aber. Was sollen wir denn machen. Mit ihr. Und er liegt ja auf dem anderen Bahnsteig.
FRAU MARENZI Ja. (Äfft ihn nach:) Was sollen wir denn tun mit ihr. (Spitz:) Die Stiegen wird sie schon hinaufkommen. Das haben wir alle geschafft. Ich bleibe nicht hier. Mit einem Erstochenen.
FRAU FISCHER Wenn sie schwanger ist. Warten Sie. Ich habe

Kreislauftropfen. Irgendwo. (Kramt in ihrem Gepäck.) Irgendwo habe ich Kreislauftropfen. Mir ist auch immer so schlecht.

FRAU MARENZI Um mich hat sich nie jemand gekümmert. Da ist einem dann auch nicht schlecht. Wenn es niemandem auffällt. Wieviel Kinder haben Sie denn.

FRAU FISCHER Wo habe ich sie denn nur. Ich habe sie doch immer mit.

MICHAEL Clarissa. Wir schaffen das. Mach dir keine Sorgen.

HERR FISCHER Laß das. Du findest sie ohnehin nicht.

FRAU MARENZI Um mich hast du dich nie so. Gesorgt hast du dich nie um mich. Kein Mensch hat sich auch nur interessiert. Damals. In was für einem Zustand. Leopold. Laß das. Sie kann doch selbst.

FRAU FISCHER Ich kenne das. Es ist schrecklich. Man glaubt, die Welt geht unter. In welchem Monat ist sie denn.

MICHAEL Bleib bei der Mama. Ich hole euch dann alle. Wartet hier. Ich bin ganz schnell. Und dann wartet oben ein Taxi. Und du brauchst nur hinaufzugehen.

FRAU MARENZI Aber. Sie ist erst am Anfang. Gerade erst draufgekommen. – Wir gehen jetzt alle.

HERR FISCHER Aber. Wenn dem Kind so schlecht ist. Ich gehe mit Ihnen. Und sie – (zu Marenzi) – bleiben hier. Bei den Frauen. Und in zehn Minuten ist das Problem gelöst.

MICHAEL Und der Tote. Man muß es doch jemandem sagen. Melden. Man kann ihn doch nicht einfach liegenlassen. So.

HERR MARENZI Wir gehen. Ich komme mit. Zu dritt schaffen wir das noch schneller. Wir teilen uns auf. Irgendwo da oben muß ja ein Taxi sein. Und die Frauen bleiben beim Gepäck. Und passen auf die Clarissa auf.

MICHAEL So. Allein.

HERR FISCHER Ja. Und wenn jetzt jemand kommt. Der Tote war schon da. Wir haben nichts. Gesehen. Machen können wir ja ohnehin nichts. Er ist ja tot. Oder?

MICHAEL Schauen Sie doch selber nach. Natürlich ist er tot. Das sieht man doch. Oder. Ich meine. Er sieht so aus, wie man tot aussieht. Glaube ich.

HERR MARENZI Ist schon gut.

MICHAEL  Man sieht es doch. An den Augen.
FRAU MARENZI  Das Flugzeug haben wir schon versäumt. Wahrscheinlich kommen wir hier nie weg. Hier.
HERR FISCHER  Ja. Wir erledigen das jetzt.
MICHAEL  Aber beeilen sollten wir uns.
HERR MARENZI  Ja. Beeilen wir uns. Machen wir schnell.
Michael läuft noch zu Clarissa. Küßt sie. Nimmt seine Kamera wieder und läuft den anderen nach. Die Männer gehen rasch die Treppe hinauf.

## VII

Geräusche entfernter Züge. Licht diffuser.
Frau Fischer links bei ihrer Reisetasche, in der sie weiterkramt.
Frau Marenzi rechts bei ihrem Koffer, um den sie in kleinen Kreisen geht. Clarissa kauert weiter in der Mitte.

FRAU FISCHER  Jetzt will ich aber wissen. Das gibt es nicht. Ich weiß doch. Ganz sicher. Ich habe sie immer mit.
FRAU MARENZI  Die Männer. Jetzt sind sie einfach weg.
FRAU FISCHER  Das ist doch seltsam.
FRAU MARENZI  Haben Sie einen niedrigen oder einen hohen?
FRAU FISCHER  Niedrig. Viel zu niedrig.
FRAU MARENZI  Meiner ist immer zu hoch. Mein Arzt sagt natürlich immer: »Frau Marenzi. Ruhig. Nehmen Sie alles in Ruhe. Ganz ruhig. Und essen Sie kein Fett.« Sagt der Arzt. Aber. Was soll man tun. Wenn das Herz so. Schlägt. Und diese Angst. Wie soll man da ruhig bleiben.
FRAU FISCHER  Ich habe Schwindelanfälle. Und so. Am Morgen. Vor allem. Aber. Ich verstehe das nicht. Sie sind nicht zu finden.
Frau Fischer hockt vor ihrer Reisetasche, in der sie gewühlt hat. Sie beginnt nun, Gegenstände und Kleidungsstücke aus der Tasche zu nehmen, und stapelt sie auf dem Bahnsteig. Sie versucht, sie so aufeinanderzulegen, daß möglichst wenig den Boden berührt.

FRAU MARENZI Wie viele Kinder haben Sie. Haben Sie gesagt.

FRAU FISCHER So. Aber jetzt habe ich sie. Wie sie dahingekommen sind. Das weiß ich jetzt wirklich nicht. Im Schreibzeug waren sie. Was sagen sie dazu. (Zu Clarissa:) Sie. Sie! Ich habe die Kreislauftropfen gefunden. Wollen Sie ... (Zu Frau Marenzi:) Wollen Sie Ihrer Tochter. Ich meine ...

FRAU MARENZI Unsere Tochter ist nicht mitgekommen. Clarissa. Clarissa. – Bitte. Wenn du dir nicht helfen lassen willst. – Sie ist die Freundin von meinem Sohn.

FRAU FISCHER Es ist schrecklich. Ich weiß es. Diese Übelkeit. Am Anfang. Und keinen Schritt. Man ist unfähig, sich auch nur zu schleppen. – Vergällt. Das ganze Leben ist einem vergällt. Und dabei soll man sich freuen. – Aber dann wird es ja besser.

FRAU MARENZI Ja. Die Kinder. – Aber dann. Wenn es da ist. Dann vergißt man doch alles. Das ist doch schon. Eine Freude ist das dann.

Frau Fischer räumt ihre Reisetasche wieder ein und setzt sich darauf.

FRAU MARENZI Also, ich wüßte nicht, was ich täte. Ohne die Kinder. Ich meine. Das weiß man doch wenigstens. Wozu. Man lebt. – Wo die Männer bleiben.

FRAU FISCHER (zu Clarissa:) Wenn Sie die Tropfen doch noch wollen, sagen Sie es mir. Jetzt habe ich sie in der Handtasche. Gegen niedrigen Blutdruck muß man etwas tun. Wenn man schwanger ist. Das ist nicht gut. Man darf das nicht anstehen lassen.

FRAU MARENZI Obwohl. Sorgen. Sorgen machen sie einem schon. Aber. So. Zu Weihnachten. Wenn alle unter dem Baum. Beim Essen. Dann denke ich mir doch. Es ist alles. Richtig. So.

FRAU FISCHER Wo die Männer sind.

FRAU MARENZI Ja. Das dauert.

FRAU FISCHER Das stelle ich mir besonders nett vor. Enkelkinder. Ich meine. Die sind doch nur mehr ein reines Vergnügen. Für die Großeltern.

FRAU MARENZI Ja. Sicher. Wer freut sich nicht. Auf Enkelkinder. Natürlich freuen wir uns. Der Leopold besonders. Der kann es gar nicht erwarten. Großvater zu werden. Und jetzt. Wo ich nicht mehr arbeiten gehe. Ich kann mich ja kümmern. Und sie kann fertig studieren. Nein. Nein. Wir freuen uns. Zuerst können sie ja bei uns wohnen. Und dann wird man schon weitersehen.

FRAU FISCHER  Nun. Dann sind Sie ja ein glücklicher Mensch. Familie. Kinder. Enkelkinder. Ein netter Mann. Mehr kann man nicht haben.

FRAU MARENZI  Nein. Nein. Da haben Sie wirklich recht. Man muß zufrieden sein. Nicht wahr. Wenn alles in Ordnung ist.

CLARISSA  (setzt sich auf. Ruhig:) Kannst du bitte aufhören. Es ist nichts in Ordnung. Kein Mensch freut sich auf dieses Kind. Wenn ich nur daran denke, wie du gestern geredet hast. Beim Abendessen. Hör doch auf. Es interessiert ohnehin niemanden. (Sie legt ihren Kopf wieder auf die Knie und bleibt so.) Nichts ist in Ordnung. Nichts.

Pause.

FRAU FISCHER  Das ist eine schöne Jacke. Die Sie da anhaben.

FRAU MARENZI  Ja. Finden Sie? Ich habe sie extra für London gekauft. Ein bißchen sportiv. Aber schlank. Oder? Und elegant. Mit der geräumigen Form. Gerade das richtige für eine Reise. Aus Baumwolle. Imprägniert. Natürlich. Man weiß ja nie. Mit dem Wetter.

Pause

FRAU MARENZI  (setzt sich auf ihren Koffer.) Nein. Es ist nichts in Ordnung. Nichts. Aber. Wissen Sie. Ich weiß nicht, wie ich das sagen soll. Aber. Auf einmal ist alles anders. Das ist nicht leicht. Zu verstehen. Meine ich. Im Sommer. Im Sommer war alles noch. Und jetzt.

FRAU FISCHER  (steht auf und beginnt nervös herumzulaufen.) Die bleiben aber schon lange weg.

FRAU MARENZI  Aber. Die wollten nicht warten. Hier. Und der Tote. Die lassen uns doch einfach hier.

FRAU FISCHER  Aber wenn dem Kind doch so schlecht ist.

FRAU MARENZI  Ja. Sie ist halt noch sehr jung. Da ist alles noch besonders schrecklich. Finden Sie nicht? – Also. Ich weiß nicht, warum ich hier bin. Ich hätte zu Hause bleiben sollen. Das ist nichts für mich.

FRAU FISCHER Aber. Hat es Ihnen denn gar keinen Spaß gemacht? Alles anschauen. Und ...

FRAU MARENZI Ich weiß nicht. Mir macht es eigentlich keinen Spaß, anzuschauen, wo sie hier ihren Königen die Köpfe abgeschlagen haben. Und den Frauen. Da haben sie doch auch kleine Kinder umgebracht. Finden Sie es nicht seltsam. Immer schaut man sich solche Sachen an. Wo sie einen erstochen haben. Oder wie viele verhungert sind. In irgendeiner Festung. Und die Kirchen.

FRAU FISCHER Aber. Die Atmosphäre. Und so weit weg. Von zu Hause. Alles anders. Ich habe das gern. Ich. Dann muß man ohnehin wieder ins Büro. Immer das gleiche. So weiß man wenigstens, daß es etwas anderes gibt. Daß es ganz anders ...

FRAU MARENZI Ja. Vielleicht. Ich glaube nur. Für mich ist das nichts. Glaube ich. Aber. Wissen Sie. Ich habe ohnehin langsam das Gefühl, daß sich nichts mehr ausgeht. Nichts mehr auszahlt. Sechzig ist man gleich. Und dann. Älter als fünfundsiebzig. Ich bitte Sie. Ein paar Jahre. Die sind weg. Wie nichts sind die weg. Die merkt man nicht einmal. An die kann man sich doch nicht einmal erinnern. So. Wie einem die Zeit.

FRAU FISCHER Aber deshalb muß man doch etwas machen. Gerade deshalb. Da weiß man, was man. Da weiß man dann. Da war man in Ägypten. Oder in Kenia. Und dann kann man die Fotos anschauen. Und die Videos. Und dann weiß man. Das war der Vogel, der auf der Papyrusstaude geschaukelt hat. Den hat es gegeben. Das war die Zeit ...

FRAU MARENZI Ja. Vielleicht. – Jetzt könnten sie aber zurückkommen. Eigentlich.

Währenddessen: Ab »Aber. Hat es Ihnen denn gar keinen Spaß gemacht?« Auftritt der Strotterin auf dem hinteren Bahnsteig. Sie ist alt. Graue Haare stehen von ihrem Kopf drahtig ab. Sie schleppt unendlich viele, gleiche, relativ große Plastiksäcke zuerst an die Ecke. Erst wenn dort alle Säcke stehen, schleppt sie sie nach und nach vorne zur Bank. Dort versammelt sie die Säcke rund um die Bank.

Dann geht sie zum Toten, schleift ihn zuerst zu den Säcken und setzt sich erst einmal erschöpft hin. Ab »Ich finde. Sie soll das Kind nicht bekommen« zieht sie eine riesengroße Schere hervor, die sie unter den vielen Mänteln an einem langen Band umgehängt hat. Sie beginnt, die Puppe zu zerschneiden, trennt Gliedmaßen und Kopf ab. Sägespäne oder ein anderes Füllmaterial quillt hervor und rieselt über alles.

FRAU MARENZI Ich finde. Sie soll das Kind nicht bekommen. (Pause.) Es ist ohnehin nur eine Quälerei.

FRAU FISCHER Was meinen Sie damit.

FRAU MARENZI Nicht bekommen. Ganz einfach nicht kriegen. Sie sind doch beide viel zu jung. Sie überhaupt.

FRAU FISCHER Aber. Ich meine. Ich verstehe nicht. Sie haben doch gerade gesagt ...

FRAU MARENZI .. natürlich freue ich mich. Würde ich mich freuen. Wir freuen uns sehr. Das ist doch. Selbstverständlich ist das doch. Aber. Sie sind doch beide noch so jung. Der Michael ist noch nicht fertig. Sie studiert noch. Wohnung haben sie keine. Am Anfang müssen sie bei uns wohnen. Das geht doch nicht. Das kann nicht gutgehen. Es wird gestritten. Und dann wird geschieden. Und was hat das Kind davon. Und sie? Niemand hat etwas davon.

FRAU FISCHER Sie meinen. Einfach nicht. Einfach ...

FRAU MARENZI Und überhaupt. Wie soll man denn heute. In dieser Welt. Es weiß doch keiner, wie. Jetzt schaut es wieder einmal besser aus. Aber. Kann man das glauben. Die Atomkraftwerke. Die gibt es doch noch. Oder? Und die Natur. Das Kind kann vielleicht nicht einmal mehr auf einer Wiese. Kann man das einem Kind antun? Und Sinn. Sinn hat das doch schon überhaupt keinen. Wissen Sie einen. Wissen Sie, was das für einen Sinn hat. Wissen Sie das?

FRAU FISCHER Aber. Sie haben doch. Sie haben doch selbst. Kinder. Sie müssen doch. Sie müssen doch. Wissen. Sie können doch nicht einfach sagen, daß das alles ...

FRAU MARENZI Ja. Ich weiß. Und wissen Sie. Ich weiß nicht, wie ich das sagen soll. Aber. Irgendwie. Im Augenblick, gerade. Wenn es ist. Wenn alle beim Abendessen sitzen. Dann. Ist es richtig. Aber dann. Nachher. Alles weg. Kein Grund mehr da. Keiner.

FRAU FISCHER  Ich hätte alles gemacht, um Kinder.
FRAU MARENZI  Ja. Ich weiß. Man weiß es ja auch nur, wenn man es kennt. Wissen Sie. Und dieses. Das ist doch passiert. Das hat doch keiner vorgehabt.
FRAU FISCHER  Nun. Entscheiden werden das ja wohl die Eltern.
FRAU MARENZI  Und ich meine eben, daß sie sich noch Zeit lassen sollen.
FRAU FISCHER  Aber die Eltern. Das sind doch nicht mehr Sie. Das ist Ihr Sohn und seine Freundin.
FRAU MARENZI  Wenn man nur wüßte, was man falsch gemacht hat. Ich meine. Wir haben immer alles ...
FRAU FISCHER  Sie sollten sich freuen. Sonst nichts.
FRAU MARENZI  Ich bin müde.
FRAU FISCHER  Zu Hause werden Sie das alles anders sehen.
FRAU MARENZI  Irgendwie will ich nicht mehr.
FRAU FISCHER  Ja. Was soll man ...
FRAU MARENZI  Manchmal habe ich jetzt das Gefühl, daß es mich. Gar nicht gibt. Nie gegeben. Eigentlich.
FRAU FISCHER  Ja. Das ist manchmal schon so.
FRAU MARENZI  Und wie soll man da weiter? Bitte. Wenn alles nur im Kopf wäre. Wenigstens. Aber es ist überall. In mir. Drinnen.

## VIII

Die Strotterin hat mittlerweile die Puppe in ihre Hauptbestandteile zerschnitten und die Gliedmaßen in den Plastiksäcken verstaut. Sie hält den Kopf in der Hand und schnipselt während des folgenden Monologs an den Haaren herum.
Das Licht konzentriert sich auf die Strotterin. Die Frauen sitzen gedankenverloren wartend im Vordergrund. Fetzen von Barockmusik. Pathetisch.
Die Strotterin muß dämonisch-großartig sein – dem Geist Maria Stuarts entsprechend.

STROTTERIN
> Nein! wenn wir disen Sturm in Engelland erregt /
> Und die gestårckte Well' / itzt Mast und Seil bewegt;
> Muß man die wilden See / mit Fůrsten Blut versȯhnen /
> Und den zuspritzen Schaum mit Purpur-Flůssen kroͤnen.
> Was ists den Britten mehr umb eines Kȯnigs Haubt?
> Es ist der Insell Art! Umb daß ihr Edward glaubt
> Gab er sein Leben hin. Wilhelm der rott erroͤtet
> Und zappelt in dem Blut. Ihr Richard ward getȯdtet
> Durch den geschwinden Pfeil. Johann verging durch Gifft /
> Das ihm das Kloster mischt. Was hat man nicht gestiftet
> Auffs zweyten Edwards Kopf? Der sich des Reichs begeben /
> Und dennoch nicht erhilt das jammervolle Leben /
> Wie Richard auch der zwey' in Hunger unterging /
> Und Heinrich Frankreichs Herr den der Verråther fing
> Und in dem Thurm erwůrgt / der Vetter Richard wetzte
> Die Kling auff Edwards Hertz / und als er kaum sich setzte
> Auf des entleibten Thron / erblast er in der Schlacht
> Des achten Heinrichs Sohn ward plȯtzlich weggemacht
> Durch unentdeckte Gifft. Wo ist Johanna bliben?
> Wie offt war dise schon dem Richt-Beil zugeschriben.
> Die endlich wider uns den harten Schluß aussprach.
> Und wider Recht den Stab auff Cron und gleiche brach?
> Verfluchter Tag! Als wir von Kȯnigen gebohren /
> Die Kȯnige gezeugt / von Kȯnigen erkohren /

Die Strotterin setzt sich. Die Arme verschränkt.

## IX

FRAU MARENZI Eigentlich komisch. Wie wir da herumsitzen. Wie die Gänseliesln.

FRAU FISCHER Ja. Wie die Gänseliesl. – Wie ist das gegangen. Kommt ein ...

FRAU MARENZI Warten Sie. Lieschen sitzt im grünen Gras – Wie auf einem Throne. – Pflückt sich Gänseblümchen ab, träumt vom Königssohne.

FRAU FISCHER Ich weiß nur mehr. Mag nicht tanzen. Danke schön. Wart auf einen König.
FRAU MARENZI Ja. Dann war. Jungfrau lieblich. Jungfrau schön. Tanz mit mir ein wenig.
FRAU FISCHER Mag nicht tanzen. Danke schön. Wart auf einen König. Und erst beim letzten. Dann muß sie tanzen.
FRAU MARENZI Ja. Zuerst der Ritter, dann der Kaufmann. Und der Bauer. Aber die nimmt sie alle nicht.
FRAU FISCHER Genau. Und dann. Das war der Schweinehirt. Oder?
FRAU MARENZI Ja. Der Schweinehirt ...
CLARISSA (hebt den Kopf hoch und sagt die Strophe herunter:)
Kommt der Schweinehirt daher. Johann Christoph Stoffel. Hat nicht Schuh noch Strümpfe an. Trägt nur Holzpantoffel.
FRAU FISCHER Genau. Aber dann muß sie ihn doch fragen.
FRAU MARENZI Ja. Lieschen wartet Jahr für Jahr, auf der grünen Wiese, doch kein König kommen mag, sich neigen vor der Liese.
CLARISSA Lieber Stoffel, tanz mit mir. Auf der grünen Wiese. Und der Stoffel tanzt mit ihr. Mit der dummen Liese.
(Alle drei Frauen lachen. Alle drei wiederholen, halb singend, halb sprechend:)
Kommt der Schweinehirt daher.
Johann Christoph Stoffel.
Hat keine Schuh noch Strümpfe an,
trägt nur Holzpantoffel.
Lieber Stoffel, tanz mit mir.
Auf der grünen Wiese.
Und der Stoffel tanzt mit ihr.
Mit der dummen Liese.
Die Frauen sitzen, einen Augenblick lächelnd, auf ihren Gepäckstücken.

## X

Szene V wird wiederholt.
Die Punks sind plötzlich wieder da. Das Handgemenge. Die Schreierei. Das Messer. Der Opernschrei. Eine Puppe wird wieder erstochen von der Brücke auf den hinteren Bahnsteig geworfen. Schlagartig ist der Spuk zu Ende.
Weit entfernt: rätselhafte Geräusche.

## XI

Die Strotterin beginnt sofort wieder mit dem Wegräumen der Leiche und füllt ihre Plastiksäcke. Genau wie vorher. Die Frauen vorne sind aufgesprungen. Die beiden älteren Frauen bauen aus den Koffern und Taschen eine Art Barrikade gegen die Brücke hin und setzen Clarissa so, daß sie vollkommen gegen die Brücke hin geschützt ist. Clarissa sitzt am Boden. Die beiden anderen Frauen knien und halten über die Koffer zur Brücke hin Ausschau. Nachdem der Spuk endgültig vorbei ist, setzen sie sich zu Clarissa, rechts und links.
Der Bau der Barrikade wird ohne Worte in völliger Übereinstimmung durchgeführt. Sie beginnen sofort damit – beim Auftauchen der Punks. Alles geschieht automatisch, wie oft geübt.
Die Männer in Nadelstreifanzügen mit aufgespannten Regenschirmen kommen in Prozession von rechts und ziehen die Treppe hinauf. D'Annunzio ist einer von ihnen. Er schwenkt auf der Brücke ab und geht zu den Frauen hinter den Koffern.

FRAU MARENZI  Na. Danke.
FRAU FISCHER  Die Männer sind nicht da. Natürlich.
FRAU MARENZI  So ist das doch immer.
FRAU FISCHER  Die sind jetzt weg. Was das soll.
FRAU MARENZI  Ich bin fremd hier. Ich weiß gar nichts. Ich kenne mich nicht aus.

FRAU FISCHER Ich meine. Ich habe ja viel gehört. Aber so.
FRAU MARENZI Dabei kann es höchstens Mittag sein.
FRAU FISCHER Hier ist es eben immer finster.
FRAU MARENZI Geht es dir halbwegs. Clarissa. Ich glaube. Die tun nur. Untereinander. Die lassen uns in Ruhe. Sonst hätten sie ...
FRAU FISCHER Denen ist es ganz gleichgültig, ob wir da sind. Oder nicht. Dabei sind wir Zeugen.
FRAU MARENZI Könnten Sie einen von denen wiedererkennen.
FRAU FISCHER Nein. Ich nicht. Ich will auch nicht.
FRAU MARENZI Na. Hoffentlich wissen die das auch. Ich meine. Im Fernsehen. Schön und gut. Aber hier.
FRAU FISCHER Ich fange jetzt aber schon an, mich zu fürchten.
FRAU MARENZI Das tue ich schon die ganze Zeit.
CLARISSA Mir ist immer noch so schlecht.
FRAU FISCHER Nehmen Sie doch die Tropfen. Schaden können sie auf keinen Fall.
FRAU MARENZI Und was sollen wir jetzt tun. Ich traue mich da nicht hinauf.
FRAU FISCHER Aber hier. Das ist auch nicht gerade.
FRAU MARENZI Ich gäbe viel, wenn ich jetzt zu Hause sitzen könnte.
FRAU FISCHER Oder im Flieger. Dann wäre das alles schon vorbei.
CLARISSA Ich probiere Ihre Tropfen aus. Vielleicht hilft es.
FRAU FISCHER (kramt eilig ihre Tropfen aus der Tasche.) Warten Sie. Machen Sie den Mund auf. Ich tropfe Ihnen einmal zehn Tropfen. So. Da. Die Zunge hinauf. Da wirken sie am schnellsten. Die Krankenschwestern machen das so. Ja. Warten Sie. Es kommt gleich.
Frau Fischer kniet über Clarissa, die den Mund aufreißt. Clarissa wird von Frau Marenzi gehalten.
FRAU FISCHER So jetzt. 1, 2, 3, 4, – 5, – 6, 7, 8, 9 und 10. So.
Frau Marenzi hält Clarissa. Clarissa hat den Mund weit aufgerissen. Frau Fischer beugt sich über sie. D'Annunzio steht plötzlich bei den Frauen. Beobachtet das Einträufeln der Tropfen.

## XII

D'ANNUNZIO Mesdames.
Die Frauen erschrecken. Sie sehen auf. Verharren kurz in ihrer »Selbdritt«-Haltung. D'Annunzio sieht auf sie hinunter.
D'ANNUNZIO Meine Damen. Ich wollte nicht ...
FRAU FISCHER We. – She. – We.
Frau Fischer steht D'Annunzio gegenüber. Clarissa und Frau Marenzi sitzen.
D'ANNUNZIO Madame. Ich wußte nicht. Aber. Sagen Sie.
FRAU FISCHER (Salonton:) Eine kleine Übelkeit.
Barmusik.
Seit D'Annunzios Heraustreten aus der Männerprozession ist diese Musik zu ahnen. Dreißiger Jahre. Schleifende Rhythmen. Trauriges Saxophon. Ab hier wird sie wahrnehmbar als Zitat von Fellini-Szenen.
D'ANNUNZIO Ach. Unpäßlichkeiten! An diesem Ort! Mesdames. Wie kann ich Ihnen behilflich sein. Das ist eine Tragödie. Hier. Meine Damen. Erlauben Sie mir, Sie an einen passenderen Ort zu geleiten. Hier. Meine Damen. Hier ist kein Ort für sie. Weilt schon einmal Aphrodite in all ihren Metamorphosen hier bei uns. Hier. An diesem Ort, von dem nur Seufzer sein Dasein künden. Meine Damen. Lassen Sie mich Ihr Führer sein. Folgen Sie mir in andere Gefilde. Lassen Sie mich Ihnen einen Ort zeigen, der Ihnen ziemt. Ihnen. Der reif erglühten Frucht. Der prangenden Blüte. Und der rosenüberhauchten Knospe. Mesdames. Mesdames. Nie sollen Sie allein sein. Wie konnte man Sie in diesen Gefahren allein zurücklassen. Meine Damen.
FRAU FISCHER Wir warten auf die Underground.
FRAU MARENZI Nach Victoria.
FRAU FISCHER Aber es kommt keine.
FRAU MARENZI Unsere Männer sind ein Taxi holen.
FRAU FISCHER Und sie werden gleich wieder da sein.
D'ANNUNZIO Gleich wieder. Hierher zurück. Meine Damen. Das kann lange dauern. Sehr lange. Ewig. Meine Damen. Kommen Sie. Kommen Sie mit mir. Lassen Sie uns gemeinsam gehen. Wir sollten diesem unglücklichen Kind helfen.

Haben Sie keine Sorge. Meine Damen. Ich habe nur noch die Stille. Kein anderes Interesse mehr als die Stille. Meine Damen. Das ist es, was geblieben ist. Die Stille. Lassen Sie uns diese Stille teilen. Mesdames. Wir könnten einander beistehen. In der Stille, die von uns allen übrigbleibt. Wir könnten einander die Hände reichen und Mitleid haben. Für all das, was gewesen. Wir. Die das Leben vorbei. Wir könnten einander in die Augen sehen und betrauern, daß es das Leben gibt. Kommen Sie. Meine Damen. Erzählen wir einander von diesem tiefen Schmerz, der uns nie verlassen hat.
Clarissa steht auf. Sie ist taumelig und muß sich festhalten. Sie steht D'Annunzio kurz gegenüber. Muß sich dann aber auf die Gepäcksbarrikade setzen. Sieht D'Annunzio an.
D'ANNUNZIO (nur mehr zu Clarissa:) Ja. Auch wir Helden sind verletzlich. Auch wir wissen von der Hinfälligkeit. Vom Ende, das zu erleben wir. So oft. Ja. Auch inmitten der taumelnden, jubelnden Massen oder des Kampfes. Meine Liebe. Inmitten all der kraftstrotzenden jungen Männer. Versammelt in der Schönheit ihres Kampfesmuts. Wenn sie marschieren. Gebündelte Kraft. Bereit, den Löwen mit der bloßen Faust. Auch da. Inmitten der brodelnden, entfesselten Männlichkeit verließ er mich nicht. Der Schmerz. Die Sehnsucht. Und nur nach deinen Augen mußte ich suchen. Nur nach deinem Blick. Dein Mitleid zu finden, saß ich auf dem Roß, über alle hinzuschauen. Dich zu erspähen und dich meine Wunden kühlen zu spüren. Komm. Mein Kind. Kommen Sie mit. Meine Liebe. Ich zeige Ihnen. Komm. Bevor es zu spät ist. Und die Zeit. (Sein Selbstmitleid übermannt ihn, aber nur kurz.) – Überrollt. Wir werden überrollt, und nur Ihre Jugend. Meine Liebe. Deine Jugend. Die jeden Augenblick ewig. Dein Sieg über die Vergänglichkeit kann uns retten. Heilen. Du. Mein Kind. In deinen Augen. In deinen Augen spiegeln sich noch alle Sonnen. Glänzen noch alle Sterne. Fängt sich der Morgen in deinen Brauen. Nistet die Nacht in deinem Haar. Zerfließen Monde auf deiner Haut, und die Süße immerlauen Frühlings liegt eingefangen in der Furche zwischen deinen Brüsten. Für dich. Für dich. Für dich werde ich Rosenblätter streuen. Ein Katafalk aus Blüten soll dein

Lager unserer Ewigkeit sein und Einhalt gebieten dem Lauf des Lichts, und gefangen zwischen Tag und Nacht sollen alle Sonnen uns dämmern und den Weg weisen zur ...

D'Annunzio in ziemlicher Ekstase. Die Frauen in Erstaunen gelähmt.

Der Strandverkäufer ist durch einen der Durchgänge aufgetaucht. Hat sich kurz bei der Strotterin aufgehalten. Freundschaftliches Zunicken der beiden. Er kommt über die Brücke. Unterbricht D'Annunzio. Aber kameradschaftlich, kollegial und unaggressiv. Der Strandverkäufer ist dunkelhäutig.

STRANDVERKÄUFER (zu den Frauen, bei jedem Namen einer Uhr, die er alle auf dem linken Arm trägt und den Ärmel seines T-Shirts hinaufziehen muß, auf eine Uhr weisend. Sing-Sang:) Patek-Philippe! Longines! Baume Mercier! Movado! Rolex? Bulova? Schaffhausen? Junghans? Omega? No? (Zu D'Annunzio, der nach Atem ringt:) Hi. Guv. How's things. Nice ways in the rape business? (Wieder zu den Frauen, alles anzüglich:) He believes to be some guy from Italy. Great lover stuff. Quite harmless. Needs a pure woman. For redemption. I ask you. The story of the frog thrown at the ceiling – You really don't want a watch. No Patek-Philippe? Longines? Baume Mercier? Movado? Rolex! Bulova! Schaffhausen! Junghans. Omega. Or. Perhaps you want a massage. A real nice massage. (Sehr eindeutig:) Ah? Why not. Does you good. Goodie good. Ha?

Clarissa dreht sich zu den beiden Frauen um. Frau Marenzi rappelt sich auf. Nimmt Clarissa an der Hand. Der Strandverkäufer sieht interessiert zu. Immer bereit, seinen Ärmel hinaufzuziehen und seine Uhren anzupreisen. D'Annunzio, aus seinen Höhen gerissen, ist nun ein häßlicher, verwirrter alter Mann.

FRAU MARENZI Wissen Sie was. Lieber Herr. Probieren Sie das woanders. Das ist die Frau von meinem Sohn, und außerdem ist sie schwanger. Also. Regen Sie sie nicht auf. Es geht ihr ohnehin nicht gut. Und Uhren wollen wir auch keine. Wir kaufen uns schon, was wir brauchen.

Die beiden Frauen setzen Clarissa wieder auf die Kofferbarrikade und stellen sich rechts und links von ihr auf.

D'ANNUNZIO (nun verwirrt, verkalkt, zum Strandverkäufer:)

Meine Mutter war Hebammme. Was wißt denn ihr. Hat sie immer gesagt. Kaum war ich eingeschlafen, haben sie mich schon wieder geholt. Ja. Meine Mutter war Hebamme. Was wißt denn ihr. Hat sie gesagt. Kaum war ich einmal eingeschlafen, haben sie mich schon wieder geholt. Und haben ohnehin schon fünf, sechs Kinder herumrennen gehabt. Die Erlösung. Hat meine Mutter gesagt. Die Erlösung muß für viele dasein. Ja. Meine Mutter war Hebamme. Was wißt denn ihr. Hat sie immer gesagt. Kaum hab ich eingeschlafen. Schon haben sie mich wieder geholt. Und haben ohnehin fünf, sechs Kinder ...

Der Strandverkäufer führt den sehr tatterig wirkenden D'Annunzio an die hintere Seite der Kofferbarrikade und setzt ihn dort hin.

STRANDVERKÄUFER You sit down. Here. Yes. That's right. Be quiet. Yes. It's all right. You stay put. Hear?

D'ANNUNZIO (taucht hinter der Barrikade auf:) Die Erlösung. Die Erlösung, hat meine Mutter gesagt. Die Erlösung hat viel zu tun. Die Erlösung muß für viele.

FRAU FISCHER Ja. Ist schon recht.

FRAU MARENZI Laß gut sein. Wir wissen es schon.

Der Strandverkäufer drückt den Kopf D'Annunzios hinter die Barrikade hinunter. Vielsagende Blicke auf ihn.


## XIII

Die Szene V wird zweimal wiederholt. Crescendo. Die Punks werfen die beiden Toten/Puppen auf den vorderen Bahnsteig. Zwischen erster Wiederholung und zweiter eine Pause, danach crescendo weiter. D'Annunzio beginnt in höchsten Tönen zu schreien, wild-verstört. Der Strandverkäufer und die beiden Frauen, vor allem Frau Marenzi, versuchen, das schreiende, um sich schlagende Bündel D'Annunzio irgendwie zu bändigen und gleichzeitig die Kofferbarrrikade so zu verschieben, daß sie besser abschirmt. Frau Fischer hält Clarissa hinter der Barrikade nieder.

Am Ende der sehr turbulenten Szene, die aber streng in der Wiederholung der Choreographie der Punk-Szene abläuft und die ihre zusätzliche Turbulenz der Schreierei D'Annunzios und seinen Versuchen, unter die Röcke von Frau Marenzi zu flüchten, verdankt, liegen links zwei Puppen auf dem vorderen Bahnsteig. D'Annunzio: ein leise wimmerndes Bündel rechts. Alle anderen hinter der Barrikade.

## XIV

Die Barrikade wird noch einmal verschoben, um das Geschehen von den Toten anzugrenzen. Alle sind erschöpft.

FRAU MARENZI  So. Jetzt muß ich. Dringend. Aber wo. Hier.
FRAU FISCHER  Ja. Ich muß auch.
FRAU MARENZI  Du doch sicher auch. Clarissa.
STRANDVERKÄUFER  Drüben. Dort. Rechts. Dort ist ein WC.
FRAU FISCHER  Ja. Gut. Dann. Werde ich. Aber.
FRAU MARENZI  Nehmen Sie Clarissa mit. Und ich warte hier beim Gepäck. Ja. Geht nur. Ich setze mich hierher. Einstweilen. Also. Geht schon.

Clarissa und Frau Fischer gehen an den Toten vorbei über die Brücke, an der Strotterin vorbei, nach rechts ab. Sie halten einander an den Händen. Wie zwei kleine Mädchen auf dem Weg zur Großmutter. Frau Marenzi schaut ihnen nach, bis sie verschwunden sind, und setzt sich dann auf das Gepäck.
Die drei Zurückgebliebenen lagern sich nun so, als spielten sie eine Strandszene bei Čechov. Alles sehr langsam. Licht. Naturgeräusche, den jeweiligen Schilderungen comicartig aufgesetzt. Also Meeresrauschen, wenn vom Meer die Rede ist. Pferdegetrappel bei der Erwähnung von Pferden. Das Toben beim Einlauf bei Pferderennen. Vögelgezwitscher und Zigeunergesänge bei der Schilderung Frau Marenzis. Das Licht ist illusionistisch, strahlend-rosig. Besonders langsam.

STRANDVERKÄUFER  (Fetzen einer Steelcombo.) Für mich war das immer das Schönste. In der Sonne liegen. Die Mutter mit

dem Essen hinten. Unter den Bäumen. Sonne. Das Meer. Weit weg. Dumpf tosend. Kein Horizont im Flimmern des Dunstes. Keine Grenze zwischen Himmel und Meer. Und ich. In der Sonne. Im Sand. Weich. Und warm.
Pause. Geräuschwechsel.
D'ANNUNZIO Mein Vater gab mir Malatesta I. Da war ich noch nicht einmal zwölf Jahre alt. Und kaum in der Lage, ein so großes Halbblut zu reiten. Die Stallburschen rissen ihre Witze über mich und das große Pferd. Aber dann. Wir sprangen über die höchsten Hecken und die steilsten Wege in den Steinbruch hinunter. Alle Turniere gewannen wir. Malatesta und ich. Mein Vater sammelte die Pokale. Und die Stallburschen. Die verwetteten ihr Geld auf mich und schrieen sich die Seelen aus den Leibern. Mich anzufeuern. Für meine Siege.
Pause. Geräuschwechsel.
FRAU MARENZI Wenn die Großmutter. Die vom Bauernhof. Eines von den bunten Kopftüchern auch nur von ferne sah. Irgendwo weit hinter dem Kukuruz. Dann ging sie sofort zurück zum Hof und versperrte alles. Ganze Tage mußte ich in der dunklen Stube sitzen. Nur einmal. Da konnte sie mich nicht finden. Ich war in den Nußbaum hinter dem Haus geklettert, und von dort oben sah ich sie. Sie gingen rasch. Ihre bunten Röcke flogen nur so rund um ihre Beine. Bei jedem Schritt. Und alles war bunt an ihnen. Die Haare. Rabenschwarz. Über die Rücken hinunter. Ihre dunklen Gesichter machten mir angst, wie sie da unter dem Baum standen und an das Hoftor klopften. Und miteinander sprachen. Kein Wort konnte ich verstehen. Und trotzdem wäre ich mit ihnen mitgegangen. Sofort wäre ich hinter ihnen hergelaufen und wäre ihnen gefolgt, wohin immer sie gegangen wären. Und hätte nie zurückgedacht. Nie.
Alle drei sitzen träumerisch versunken. Die Geräuschkulisse nun auf heiteres Strandleben oder das Treiben in einem Park. Lachen. Entferntes Jauchzen. Von ferne die Musik eines Kurorchesters mit Operettenmelodien. Oder Walzern. Markusplatz. Alle drei wenden sich einander lächelnd zu.
ALLE DREI (gleichzeitig:) So angenehm ...
Alle drei halten inne. Lächeln. Wollen einander das Wort zukommen lassen. Gleichzeitig:

D'ANNUNZIO Entschuldigen Sie. Bitte sprechen Sie.
STRANDVERKÄUFER Nein. Bitte. Sie. Bitte Sie zuerst.
FRAU MARENZI Nein. Nein. Sie. Ich bitte Sie. Bitte.
Sie halten wieder inne.
ALLE DREI (wieder gleichzeitig:) So angenehm war es schon
 lange nicht. Ich kann mich nicht erinnern, wann es so ange-
 nehm gewesen ist.
Wieder lächeln alle einander einverständig an.
FRAU MARENZI So nett habe ich es. Schon lange nicht. Wirk-
 lich. Das ist alles so. So angenehm. Finden Sie nicht auch.
 Ich. Wir. – Wir sollten jetzt etwas essen. Darf ich Sie zu
 einem Essen einladen. Es ist nicht viel, was ich habe. Wissen
 Sie. Zu Hause. Zu Hause könnte ich Sie zu einem Essen einladen. Zu einem wirklich guten Essen. Hier kann ich Ihnen
 nur Sandwiches und Cola. Alles gekauft. Natürlich. Mein
 Mann lacht immer über mich. Weil ich immer Proviant mit
 mir herumschleppe. Aber wie man sieht. Es ist doch gut. Da.
 Sehen Sie. Jedenfalls gibt es etwas.
Frau Marenzi hat ein Proviantbündel aus ihrem Gepäck heraus-
gekramt. Sie breitet eine große Serviette auf und ordnet das Es-
sen.
FRAU MARENZI Zu Hause. Zu Hause hätte ich natürlich einen
 guten Kuchen. Einen wirklich guten Kuchen. Ich mache im-
 mer alles selbst. Es wird doch. Oder eine Torte. Und meine
 Sandwiches wären natürlich auch. Aber es muß reichen.
 Auch so. Und jetzt. Darf ich bitten. Jetzt haben wir es doch.
 Wirklich. Wie soll man nur sagen. Wirklich. – Angenehm.
STRANDVERKÄUFER (schon während Frau Marenzi spricht:)
 Aber. Das wäre doch nicht notwendig. Das ist doch über-
 haupt nicht notwendig.
D'ANNUNZIO (ebenfalls schon während Frau Marenzi spricht:)
 Aber. Meine Liebe. Das ist viel zu liebenswürdig. Das ist mir
 fast peinlich. So viel Liebenswürdigkeit.
Frau Marenzi hat hastig – und ganz nervös-besorgte Gastgebe-
rin – das Picknick ausgebreitet. Alle drei sprechen zuerst durch-
einander. Dann sind sie wieder stumm in ihrer heiteren Stimmung befangen. Lächelnd.
Stumm wird die »Einander-das-Wort-zukommen-lassen-Szene«
wiederholt. Jeder will dem anderen den Vortritt lassen.

Die Geräuschkulisse wechselt jetzt auf die Barmusik mit ihren hüpfend-schleifenden Rhythmen vom Auftritt D'Annunzios. Dieser richtet nun seine Krawatte. Steht auf. Richtet sein Sakko. Er wirkt abwesend. Sucht nach seinem Regenschirm, den er irgendwo stehengelassen hat.
Die Männer im Nadelstreif mit den aufgespannten Regenschirmen kommen wieder von rechts. D'Annunzio geht über die Brücke und reiht sich ein. Der Strandverkäufer kontrolliert seine Uhren und eilt noch vor D'Annunzio die Treppen hinauf und versucht, sich von oben gegen die Prozession durchdrängend, den Männern im Nadelstreif eine Uhr zu verkaufen. Er wiederholt seinen Sing-Sang immer wieder.

STRANDVERKÄUFER Omega – Junghans – Schaffhausen – Bulova – Rolex – Movado – Baume Mercier – Longines – Patek-Philippe.

Keiner will eine Uhr. Die Männer verschwinden über die Treppen nach oben.
Geräusche bedrohlich nah fahrender Züge.
Frau Marenzi schaut dem Aufbruch der Männer verständnislos zu. Frau Marenzi steht allein auf dem vorderen Bahnsteig. Im Schock.

FRAU MARENZI Jetzt hat keiner etwas gegessen.


## XV

Verhallte, näher kommende Geräusche von Metall auf Metall. Sie entfernen sich wieder. Das Licht jetzt heller. Frau Marenzi steht da. Die Männer sind weg.
Die folgenden Monologfetzen sind ein Versuch, Frau Marenzis Situation zu beschreiben. Sie versucht, mit diesen Worten sich selbst alles faßbar zu machen. Goethes Worte sind aber eine Fremdsprache für sie, der sie schon während des Deklamierens zuhört, nachhorcht, die sich ihr durch die Wiederholungen endgültig entziehen, sinnlos werden. Der Text konstituiert einen Zustand, einen anderen Zustand als den ihren, den sie nicht versteht, vor dem sie aber große Angst hat. Deshalb verfällt sie wäh-

rend des Monologisierens in ihre geläufigen Alltagshandlungen. In das Ordnungmachen. Diese Tätigkeit wird zur Befreiung wenigstens der Hände aus der Verzweiflung und der Verlorenheit der Frau in der Fremde, die sie zu flatternden, pathetisch-großen Gesten zwangen, denen sie ebenfalls verwundert-erschreckt zugesehen hat.

FRAU MARENZI
　Heraus in eure Schatten, rege Wipfel,
　Des alten, heiligen, dichtbelaubten Haines,
　Wie in der Göttin stilles Heiligthum
　Tret ich noch jetzt mit schauderndem Gefühl.
　Tret ich noch jetzt –
　Tret ich noch jetzt mit schauderndem Gefühl.
　Mit. – Mit schauderndem. – Schauderndem.
　Schauderndem.
　Tret ich noch jetzt mit schauderndem Gefühl.
　Und gegen meine Seufzer bringt die Welle
　Nur dumpfe Töne mir herüber.
　Und gegen meine Seufzer bringt die Welle
　Nur dumpfe Töne mir herüber.
(ganz langsam:)
　Und gegen meine Seufzer bringt die Welle
　Nur dumpfe Töne mir herüber.

Bisher deklamatorische Gestik. Frau Marenzi beginnt nun zögernd, dann immer bestimmter, Ordnung zu machen. Das Picknick wird zurechtgerückt. Die Koffer werden so aufgestellt wie zu Beginn, aber ordentlich; etc.
Die folgenden Zeilen werden stoßweise gesprochen. Unverständlich schnell, dann gedehnt oder mit unrichtigem Rhythmus.

FRAU MARENZI
　Vor meinen Ohren tönt das alte Lied –
　Vergessen hatt ichs und vergaß es gern –
　vergessen hatt ichs und vergaß es gern –
　vergessen hatt ichs und vergaß es gern –
　Das beste Glück, des Lebens schönste Kraft,

Ermattet endlich! Warum nicht der Fluch?
Vergessen hatt ichs und vergaß es gern –
Vergessen hatt ichs und vergaß es gern –
Mit schauderndem Gefühl –

Im Verlauf des Ordnungmachens ist sie nun bei den beiden Toten angelangt, die natürlich nicht hierhergehören. Sie nimmt je einen an einem Arm und beginnt, die beiden über die Brücke zu zerren.
Auf der Fußgängerbrücke stehend:

FRAU MARENZI
O bleibe ruhig, meine Seele!
Beginnst du nun zu schwanken und zu zweifeln?
Den festen Boden deiner Einsamkeit
Mußt du verlassen! Wieder eingeschifft,
Ergreifen dich die Wellen schaukelnd, trüb
Und bang verkennest du die Welt und dich.

## XVI

Frau Marenzi schleift nun die Toten resolut über die Brücke zur Strotterin. Die Strotterin übernimmt einen Toten. Sie ziehen die Toten zur Bank.
Beide Frauen setzen sich und beginnen mit dem Zerlegen der Puppen. Beide ziehen Riesenscheren unter ihren Jacken hervor. Frau Marenzi schaut, wie die Strotterin beim Zerlegen vorgeht, und macht es dann nach. Es könnte sich um einen Besuch handeln, bei dem die Hausfrau beim Erbsenauslösen angetroffen wurde und die Besucherin nun dabei mithilft.
Frau Marenzi redet plaudernd vor sich hin. Die Strotterin murmelt immer wieder ihre Zustimmung, ihr Erstaunen, Abscheu, nickt Einverständnis, deutet, in welche Plastiksäcke die einzelnen Leichen/Puppenteile gehören, reagiert also vollkommen, spricht aber nicht. Traute Stimmung.

FRAU MARENZI So fangst du an. Ja? Hmm. Ja. So geht das auch. – Der Michael erwartet ein Kind. Habe ich dir das schon gesagt? Was sagst du dazu. Das heißt. Seine Freundin kriegt es. Natürlich. Ich bin dagegen. Der Bub versäumt alles. So war es schon bei uns. Kannst du dich erinnern. Keiner hat etwas gehabt. Aber ein Kind. – Ja. Ja. Sicher. Die sind jetzt da. Aber. Hat es einen Sinn gehabt. Weißt du. Wenn ich jetzt manchmal am Abend so sitze. Da ist ohnehin keiner. Und ich will auch niemanden mehr. Aber wirklich leben. Das habe ich doch nie können. Wegen der Kinder. Immer die Kinder. Und ob das alles so wichtig war. Wahrscheinlich hätte ich alles anders machen sollen. Und nicht beim Leopold bleiben. Ich habe es ja gleich gemerkt. Dann. Bei der Taufe von dem Michael. Daß der Leopold und meine Schwester. Irgendwie haben die sich immer schon. Aber ich habe mir gedacht. Das kann es doch nicht. Das kann doch nicht sein. Aber dann. Man sieht es dann ja gleich. Finde ich. Wenn zwei. Mit einem Blick kann man es sehen. Aber. Da war ich dann schon. Ich weiß nicht, wie ich es sagen soll. Aber ich war ganz sicher, daß. Irgendwie ist es mir damals als die einzige Möglichkeit vorgekommen, die Kinder und mich. Ich habe den Leopold schon sehr. Und es war. Ich kann mich noch ganz genau erinnern. Es war. Ich weiß gar nicht, wie ich dir das beschreiben soll. Es war. Grauenhaft. Ununterbrochen nur der Gedanke daran. Wie ich es. Weißt du. Ich weiß es noch ganz genau. Spüren kann ich es nicht mehr. Das nicht. Das ist ganz verschwunden. Dieses Gefühl. Aber damals. Da war es ganz stark. Damals wollte ich es einfach. Der Leopold hat sich nicht einmal um uns gekümmert. Gesagt hat er, er arbeitet. Aber. Ich bitte dich. Vielleicht hätte es mir gutgetan. Es zu wissen. Weißt du. So habe ich es ja nur. Geahnt. Vermutet. Genau weiß ich es ja bis heute nicht. Und fragen. Fragen hätte ich mich nie getraut. Wissen wollte ich es auch nicht. Und irgendwie war alles auf einmal verschwunden. Zusammengebrochen und verschwunden. Es war so ein Gefühl. Zusammengeballt im Bauch. Zuerst die Kinder. Und dann mich. Einfach so. Weil es plötzlich so gleichgültig war. So. Als ob es nichts mehr anzugreifen gegeben. Und ob man da ist. Oder nicht. Völlig belanglos. Und die Kinder. Man kann sie doch nicht zurücklassen. So. Und dann. Man kann ihnen das auch ersparen. Aber es hilft nicht. Währenddessen funktioniert alles weiter. Sogar man selbst. Wenn ich manchmal lese, daß eine es gemacht hat. Dann weiß ich alles. Eigentlich hätte ich zu meinem Bruder gehen sollen. Zu meinem Vater hätte ich nie zurück. Wäre ich nie. Aber er war zu weit weg. Und dann. Jetzt sind die Kinder weg. Aus dem Haus. Und fangen das Elend selber wieder an. Von vorne. Ganz von vorne fangen sie es an. Und wenn sie noch glücklich sind, sitzen sie schon im tiefsten Elend. Man wird zwar rasend schnell alt. Aber nicht schnell genug. Obwohl. Für das größte Unglück. Für diese Sorte Unglück. Da wird man dann doch zu alt. Das kann man nur, wenn man jung ist. Oder? Ich weiß nicht. Ein Unglück ist gewesen. An das kann ich mich erinnern. Und dann ist alles normal geworden. Irgendwie. Und seither kann ich mich an nichts mehr erinnern. – So. Jetzt ist aber alles in Ordnung. Den. (Sie hält den Kopf in der Hand.) Den tust du da hinein. Ja? Na gut. Ich gehe jetzt wieder. Sie werden bald zurück sein.

Sie wischt sich die Hände ab. Winkt der Strotterin zu. Geht zurück.

## XVII

Frau Fischer und Clarissa kommen von rechts, miteinander plaudernd, zurück.

CLARISSA (zu Frau Marenzi:) Stell dir vor. Die Frau Fischer weiß eine ganz billige Quelle für Kleider. Und Mäntel. Ein Großhandel. Aus Italien. Wir sollen ganz einfach kommen. Er gehört ihrem Bruder.

FRAU MARENZI Das klingt gut. Natürlich kommen wir. Na freilich. – Wollt ihr etwas essen. Ich habe etwas. Der Leopold würde jetzt lachen. Und erst der Michael. Weil ich immer etwas zu essen mithabe. Aber. Es wird einem womöglich schlecht. Ohne. Und du mußt jetzt. Etwas essen. Geht es dir überhaupt halbwegs?

CLARISSA Ja. Die Tropfen haben wirklich gewirkt.
FRAU FISCHER Das freut mich. Ich habe es doch gewußt. Ja. Danke. (Nimmt einen der angebotenen Sandwiches.)
FRAU MARENZI (zu Clarissa:) Da. Iß. Wenigstens so einen Sandwich. Selbstgemacht wäre das natürlich etwas anderes. Aber bitte. Und ein Cola. Es muß schon lange nach Mittag sein.
CLARISSA (mit einem Sandwich in der Hand:) Ich weiß nicht. So gut ist mir nun auch wieder nicht.
FRAU MARENZI Versuchen solltest du es. Wenigstens.
FRAU FISCHER Haben Sie hier. Alles so. So ordentlich?
FRAU MARENZI Ja. Ich dachte. Die Männer. Wenn die Männer zurück. Jetzt müssen sie doch bald.

Alle drei Frauen setzten sich auf die ihnen gehörenden Gepäckstücke. Anordnung wie zu Beginn. Frau Fischer links. Clarissa in der Mitte. Frau Marenzi rechts. Aber näher zusammen.

FRAU MARENZI (ein Sandwich kauend, springt auf:) So. Jetzt muß ich aber auch. Da? Rechts?
FRAU FISCHER (gemeinsam mit Clarissa:) Ja. Da. Rechts. Man sieht es gleich. Dann.

Frau Marenzi eilt kauend über die Brücke nach rechts. Frau Fischer und Clarissa sehen ihr nach, bis sie verschwunden ist. Sie sprechen erst, wenn Frau Marenzi nicht mehr zu sehen ist.

CLARISSA Und. Was würden Sie an meiner Stelle tun.
FRAU FISCHER Mich dürfen Sie das nicht fragen.
CLARISSA Ich kann wirklich nicht beschreiben, wie elend ...
FRAU FISCHER Ja. Ich weiß. Aber es vergeht. Wirklich.
CLARISSA Das ist nur schwer zu glauben. Wenn einem gerade ...
FRAU FISCHER Ja. Das glaube ich schon. Aber ich. Ich habe viermal. Fehlgeburten. Ich hätte natürlich. Ich meine. Ich habe mir eines gewünscht. Ein Kind. Obwohl. Nach den ersten zwei. Da habe ich noch gedacht, es wird. Aber. Das dritte Mal. Und beim vierten. Da habe ich nicht mehr wollen. Da war ich einfach am Ende. Am liebsten hätte ich mich. Aber auch das ist mir nicht. Gelungen. Ich meine. Meinem Mann macht das nichts aus. Er hat Kinder aus der ersten Ehe. Zwei Söhne. Und so. Wir können überall hinfahren. Ungestört. So

viel wir wollen. Aber. Fragen, was man tun soll, wenn eines kommt. Was glauben Sie, kann ich dazu sagen.

CLARISSA Aber. Wenn man es recht überlegt. Es gibt ja wirklich keinen Grund. Auf der Welt zu sein. Vorher. Jedenfalls. Bevor man lebt. Da gibt es keinen. Eigentlich. – Dann. Wenn man dann schon geboren ist. Dann. Vielleicht.

Frau Marenzi kommt zurückgelaufen. Clarissa und Frau Fischer stecken schnell die Sandwiches in ihre Jackentaschen. Sie haben nur an ihren Colas getrunken.

FRAU MARENZI So. Das war jetzt gut. – Aber eines weiß ich. Wenn ich nach Hause komme. Wenn ich nach Hause komme, dann esse ich alles leer. Ich werde mir – Krautfleckerl. Ich werde mir Krautfleckerl machen. Und dann Vanilleeis. Mit Schokoladensauce. Und. Einen Kaffee. Eine wirklich guten Kaffee.

FRAU FISCHER Wir werden essen gehen. Zum Italiener.

FRAU MARENZI Haben Sie einen guten? Ja? Ich mag ja nur Pizza. Aber die könnte ich ...

FRAU FISCHER Ich mag mehr den Rotwein.

FRAU MARENZI Deswegen haben Sie auch eine so gute Figur.

FRAU FISCHER Na ja. Es geht. Obwohl. Ins Fitneß-Center sollte ich schon öfter. Zweimal in der Woche ist fast nicht genug.

FRAU MARENZI Ja. Das täte mir auch gut. Ein bißchen Bewegung. Aber allein. Früher habe ich mit Helene solche Sachen gemacht. Das ist unsere Tochter. Die Helene. Aber jetzt.

CLARISSA Ich glaube, mir wird wieder schlecht.

FRAU MARENZI Wegen der Cola. Das gibt es doch nicht.

CLARISSA Ich will hier weg. Ich muß hier hinaus. Ich kann das nicht aushalten. Ich werde. Ich werde noch wahnsinnig. Hier.

Clarissa greift nach ihrer Tasche und macht Anstalten wegzulaufen. Wendet sich, einen Ausweg suchend, nach allen Richtungen. Frau Marenzi versucht, sie zu beruhigen. Frau Fischer hilflos daneben. Clarissa landet dann wieder auf ihrer Tasche in der Bühnenmitte. Zusammengesunken. Schluchzend.

Alle drei gleichzeitig. Durcheinander:

CLARISSA Ich will das alles nicht. – Ich will nicht. – Ich will nach Hause. – Was soll ich denn machen. – Ich will hier weg.

FRAU MARENZI Clarissa. Was ist denn los. Was hast du denn. Wir müssen auf die Männer warten. Hier. Sonst finden sie uns nicht. Und dann fahren wir nach Hause. Dann ist alles wieder gut. Du wirst sehen.
FRAU FISCHER Was denn. Was ist denn nicht auszuhalten. Wir müssen hier warten. Sie finden uns sonst nicht. Aber es kann nicht mehr lange dauern. Sie werden sehen. Und dann fahren wir. Dann geht es nach Hause.
Frau Marenzi hat Clarissa hingesetzt und dabei den Sandwich in der Tasche gespürt. Sie zieht ihn aus der Tasche, als wäre Clarissa ein Kindergartenkind.
FRAU MARENZI Weil du nichts gegessen hast. Das ist ja vollkommen klar. Du mußt jetzt essen. Du hast jetzt eine andere Verantwortung.
CLARISSA (sehr heftig:) Ich will nie wieder etwas essen. In meinem ganzen Leben will ich nie wieder etwas essen.
Michael kommt die Treppen hinabgelaufen.

## XVIII

Clarissa hört Michael. Springt auf. Wirft sich in seine Arme und bleibt in seinen Armen liegen.

MICHAEL Aber. Clarissa. Was ist denn.
Begrüßungsküsse.
Die älteren Männer kommen die Treppe hinab. Die Frauen gehen ihnen entgegen. Flüchtige, belanglose Begrüßungen. Sie gehen nebeneinander jeweils zu ihren Gepäckstücken. Sprechen miteinander. Offensichtlich über die Situation oben. Großartige, hinaufweisende Handbewegungen und Armgesten der Männer. Sie beschreiben halb pantomimisch den Stau, den sie oben vorgefunden haben. Möglicherweise ist das Wort »Stau« immer wieder zu verstehen.
Währenddessen:
MICHAEL Clarissa.
Clarissa schluchzt ihm etwas zu.
MICHAEL Aber mach dir doch keine Sorgen.

Clarissa murmelt ihm etwas zu.

MICHAEL Aber. Das ist doch normal. Das ist doch alles ganz normal. Glaube ich. Jedenfalls.

Clarissa murmelt ihm etwas zu.

MICHAEL (beruhigend:) Nein. Nein. Sicher nicht.

Clarissa flüstert ihm etwas zu.

MICHAEL Sicher nicht. Aber sicher. So lange waren wir aber doch gar nicht weg. Hmm? Clarissa-Maus.

Clarissa flüstert ihm wieder etwas zu.

MICHAEL Aber nein.

Clarissa flüstert ihm zu.

MICHAEL Nein. Das hast du falsch verstanden. Sicher. Das meint sie nicht. Das kann sie nicht gemeint haben.

Clarissa flüstert ihm nachdrücklich zu.

MICHAEL Nein. Das kann nicht ...

Clarissa trotzig. Flüstert wieder. Wendet sich halb ab. Michael zieht sie wieder an sich.

MICHAEL Aber, das stimmt doch nicht. Clarissa.

Clarissa nickt, an seine Schulter gelehnt.

MICHAEL Bist du ganz sicher. Stimmt das auch wirklich.

Clarissa nickt. Michael entwindet sich der Umarmung. Küßt Clarissa noch, nimmt sie dann fest an der Hand und macht zwei Schritte auf das Ehepaar Marenzi zu.

MICHAEL Sag einmal. Warum machst du das. Warum sagst du solche Sachen. Wie kommst du auf die Idee. Wie kannst du sagen, dieses Kind soll besser gar nicht auf die Welt kommen. Beschließt du jetzt alle diese Dinge?

HERR MARENZI (erschrocken, geht zu Clarissa.) Das darfst du nicht. Sie meint das nicht so. Sicher nicht. Wir freuen uns doch. Auf das Baby.

FRAU MARENZI (rechts allein.) Leopold.

HERR MARENZI (bei Michael und Clarissa.) Maria. Wie kannst du. Stell dir vor. Dir hätte jemand. Dich hätte ich sehen mögen. Ist dir überhaupt klar, was du da sagst.

FRAU MARENZI Leopold. Ich ...

FRAU FISCHER Aber. Sie hat ...

HERR FISCHER (unterbricht sie:) Misch dich da nicht ein. Das geht uns gar nichts an.

FRAU FISCHER  Aber.

HERR MARENZI  Maria. Ich weiß wirklich nicht, wie du. Kann man denn nicht ein paar Minuten weg. Muß denn immer gleich Unfrieden sein. Was ist denn los mit dir. Ist es noch nicht genug, daß die Helene aus dem Haus ist. Deinetwegen.

FRAU FISCHER  Aber. Es war doch wirklich nur. So. Wir haben einfach geredet. Wie man halt.

HERR MARENZI  Clarissa. Das ist alles nicht so gemeint. Sicher nicht.

MICHAEL  Also. Mama. Ich versteh dich nicht mehr.

HERR MARENZI  Wir sollten jetzt nicht. Wir sollten zu Hause. Darüber reden. Du wirst dich entschuldigen. Maria. So kann man nicht.

FRAU MARENZI  Ich habe doch nur. Ich habe gemeint. Ihr seid doch. Wirklich. Jung. Ganz einfach zu jung. Und mit Kindern. Dann ist das Leben doch vorbei. Dann ist doch alles anders. Irgendwie. Irgendwie ist das doch so. – Das habe ich gemeint. Sonst nichts.

MICHAEL  Aber. Du hast doch selber. Du hast doch selber Kinder. Du kannst doch nicht. Und überhaupt. Heute ist doch alles anders.

FRAU MARENZI  Ich war nur mehr unglücklich.

HERR MARENZI  Maria.

FRAU MARENZI  Ja!

HERR MARENZI  Das kannst du doch nicht sagen. So einfach. Er ist doch. Er ist doch dein Sohn. Du kannst ihm doch nicht die Schuld. Und so war es doch nicht. So siehst du es heute. Wir haben es doch. Gut gehabt.

FRAU MARENZI  Ich habe ja nicht gesagt, daß er schuld ist. Das hat doch damit nichts zu tun.

MICHAEL  Vielen Dank. Da bin ich aber froh, daß ich nicht schuld bin. Was soll das jetzt wieder heißen?

FRAU MARENZI  Frag doch deinen Vater.

HERR MARENZI  Was ist jetzt wieder. Was für ein Vorwurf. Was für ein Vorwurf kommt jetzt wieder. Ich verstehe das alles nicht mehr.

FRAU MARENZI  Das weißt du ganz genau.

HERR MARENZI  Nein. Das weiß ich nicht.

FRAU MARENZI Es ist ja auch gleichgültig. Heute. Mittlerweile ist das alles gleichgültig. Aber vergessen. Ich habe es nicht vergessen. Glaubst du, es war euch nicht anzusehen. Daß ihr. Glaubst du, so etwas vergißt man einfach. Und tut so, als ob nichts. Das kannst nur du. Ich kann das nicht. – Und das alles war nur, weil wir zu jung waren. Deshalb habe ich das gesagt. Eigentlich war das freundlich gemeint. Damit es euch nicht so geht. Damit ihr alles. Überlegt. In Ruhe. Nicht so. Übereilt. Nicht so. Irgendwie. Das ganze Leben immer so irgendwie. Und hastig. Immer nur das nächste. Und nie in Ruhe.

MICHAEL Trotzdem wirst du es uns überlassen müssen, was wir tun. Ich liebe sie. Und was mit dem Kind ist. Das überlegen wir uns selber. Das brauchen wir mit niemandem zu besprechen.

CLARISSA (erstaunt, von ihm los:) Aber. Michael. Du hast gesagt, daß du es willst.

MICHAEL Ich meine ja nur. Theoretisch. Und überhaupt. Überlegen muß man es sich schon gründlich.

CLARISSA Michael.

HERR MARENZI Laß ihn reden. Natürlich will er es. Das weiß ich doch.

HERR FISCHER Recht hat er natürlich schon. Ich meine. Man weiß ja nicht. Wie ihre Situation. Und so. Um jeden Preis. Es geht ja dann immer noch. Später.

Frau Fischer geht über die Bühne in Richtung Frau Marenzi.

HERR MARENZI So kann man das nicht. Das geht nicht. Man bekommt Kinder. Ganz einfach. Und dann sind sie da. So war das immer und so wird das bleiben. Ich weiß überhaupt nicht, wo das Problem sein soll.

MICHAEL Ich will es ja ohnehin. Ich habe auch nie etwas anderes gesagt. Aber überlegen darf man sich doch etwas. Oder?

Clarissa geht weiter weg.

HERR MARENZI Wenn man mit dem Überlegen beginnt, dann wird es eben keine Kinder mehr geben. Dann kommen eben keine Kinder mehr auf die Welt.

HERR FISCHER So eine Angelegenheit ist es aber auch wieder nicht. Ob man vorher etwas tut. Dagegen. Oder nachher.

HERR MARENZI Ich habe nie gesagt, daß es vernünftig ist, daß sie jetzt eines. Ich finde es höchst unvernünftig. Aber Kinder. Familie. Das hat ja mit Vernunft nichts zu tun.
HERR FISCHER Aber. Leisten sollte man es sich schon können.
HERR MARENZI Aber. Ich bitte Sie. Dafür sind doch wir da. Das ist doch kein Problem. Heute. So gut, wie es uns allen geht.
HERR FISCHER Man muß natürlich auch an die junge Frau denken.
MICHAEL Wir werden alles gemeinsam machen. Das können doch alle. Alle Menschen können das. Kinder auf die Welt bringen und großziehen.
FRAU FISCHER Ja. Natürlich. Denk nur an die junge Frau.
HERR FISCHER Ich bitte dich. Wir reden hier herum. Und eigentlich geht es um sie.
FRAU FISCHER Mach dich doch nicht lächerlich. Als ob es dir nicht gleichgültig wäre, wie es jemandem anderen ...
HERR FISCHER ... ah. Jetzt kommt das. Natürlich.

Clarissa allein zwischen den Männern und Frauen.

CLARISSA Ich dachte. Eigentlich dachte ich, daß man sich freut. In so einem Fall. Und sonst nichts.
MICHAEL Aber Clarissa.
CLARISSA (zu Michael:) Ich glaube, du begreifst gar nicht, um was es geht.
MICHAEL Clarissa. Was ist denn los.

Clarissa wendet sich den zwei Frauen rechts zu. Unpathetisch, feststellend.

CLARISSA Ich habe mich in meinem Leben noch nie so verlassen gefühlt. So allein.

Die beiden Frauen sehen sie an. Hilflos, freundlich. Die Männer blicken einander achselzuckend an. Michael will einen Schritt auf Clarissa zu machen. Herr Marenzi hält ihn zurück. Bedeutet ihm, sie allein zu lassen. Herr Fischer macht eine Geste: Sie-wird-sich-schon-beruhigen.

CLARISSA (zu den Frauen:) Ist das so. Alles?

Beide Frauen wieder hilflos.

FRAU FISCHER (verlegen, entschuldigend:) Ich glaube, so ist es.

CLARISSA Aber. Das kann man doch nicht aushalten. Wie soll man das aushalten. Das.
Einen Augenblick stehen die Frauen vereinzelt. Hilflos. Die Männer nahe beieinander. Auch hilflos, aber abwartend, daß sich alles wieder normalisiert.
Clarissa allein in der Mitte.

## XIX

Aus dem Lautsprecher die Ansage, daß in zwei Minuten der Zug nach Victoria auf dem Bahnsteig einfahren wird: »Through-train to Victoria. Two minutes. Two minutes. Through-train to Victoria.«
Von oben drängen sofort die Menschen von Szene I herunter. Sie gehen und drängen und hasten alle durch die Durchgänge nach hinten.
Die Touristen verharren erst kurz. Dann große Hast. Jeder ergreift sein Gepäck. Überstürzter Aufbruch, ja Flucht.
Clarissa wird von Michael weggezerrt. Alle eilen über die Brücke nach hinten. Frau Marenzi als letzte.

FRAU MARENZI (auf der Brücke Frau Fischer nachrufend:) Jetzt weiß ich gar nicht, wie Sie heißen.
Die Touristen und die Menschen drängen an der Strotterin vorbei. Plastiksäcke fallen um. Leichenteile rollen heraus. Die Menschen sind weg. Die Strotterin ordnet alles wieder. Geräusche der Züge. Laut pfeifend.
FRAU MARENZI (von ferne, schreiend:) Ihre Adresse. Sie haben mir Ihre Adresse nicht gegeben.
Züge fahren ab. Danach vollkommene Stille.
Die Strotterin wieder inmitten ihres Plastiksackhofstaats. Mit verschränkten Armen. Starrt in den Zuschauerraum. Sitzt.

**Ocean Drive.**

Die Personen:
ELIZABETH MAYNARD, Filmschauspielerin, etwas 55 bis 60 Jahre, sehr schön
LEONARD PERCEVAL, Starjournalist, um die 40 Jahre, ein kraftvoll gutaussehender Mann
YETI, 70 Jahre, er trägt Schuhe in Form von Yeti-Füßen. Er ist Graf Karl Bühl für den 2. und 3. Akt des »Schwierigen« in Abendkleidung
ARTHUR SEVERINI, Zwergenforscher, 60 Jahre. Ein dünner großer ängstlicher Mann in altmodischer Bergausrüstung
MANFREDO DE JESUS DI GAVIRIA, Rauschgifthändler, gegen 60 Jahre. In wattierter Schikleidung, mittelalterlich prachtvoll
DER STRASSENARBEITER, ein riesiger rübezahlhafter Mann unbestimmten Alters. Älplerisch gekleidet
DAS DÜNNE EHEPAAR
DAS DICKE EHEPAAR
DER ENTWICKLUNGSHELFER, ein frischer Mensch, gegen 30 Jahre
DIE JUGENDLICHEN DELINQUENTEN, eine Gruppe dunkel fremdländisch aussehender Burschen
DER BEWACHER, sieht aus wie einer der Delinquenten, ist aber mit einer automatischen Waffe ausgestattet
POZZO, einer der Delinquenten, hat aber rötliches Haar
LEIBWÄCHTERINNEN
PLÜSCHHUNDE


Die Bühne:
Ein Gletscher steil hinan. Endet in der Bergspitze rechts oben. ein Gipfelkreuz, eisverweht, weit weg. Entfernt andere Bergspitzen. Eine Idylle in Weiß und Himmelblau.

Das Paar landet auf einem schmalen Vorsprung links etwas im unteren Drittel. Ein schmaler, erst nicht auszunehmender Pfad führt von links oben Mitte nach rechts in halber Höhe und von dort wieder nach links etwa in Bühnenmitte weiter hinunter. Die Menschen verschwinden in die Tiefe oder tauchen von dort auf. Eine weitere Auftrittsmöglichkeit von rechts über die Bergflanke.

I

Bergidylle. Das Gletscherfeld liegt, eine flaumig glitzernd weiße Fläche, nach rechts zur Bergspitze hinauf.
Hubschraubergeräusche. Kommen näher und bleiben über der Bühne hängen. Eine silberglänzende Strickleiter wird heruntergelassen. Ein wenig Schnee wirbelt auf. Elizabeth Maynard klettert herunter. Die Leiter wird hinaufgezogen. An einem Seil schweben herab: ein silbriger Liegestuhl. Ein großer Sonnenschirm. Weiß mit Silbertupfen. Elizabeth Maynard nimmt alles in Empfang. Stellt den Liegestuhl und den Sonnenschirm auf. Zieht am Seil, hebt grüßend die Hand. Das Seil entschwebt. Die Hubschraubergeräusche entfernen sich. Sie lüftet probeweise den Schallschutz, den sie trägt. Nimmt ihn zögernd ab und hängt ihn über die Lehne des Liegestuhls. Läßt sich in den Liegestuhl fallen. Breitet die Arme aus. Sieht sich um. Seufzt zufrieden. Genießt die Aussicht. Sitzt.
Hubschraubergeräusche. Schneller lauter. Leonard klettert schon beim Herablassen der Strickleiter herunter. Er hat einen großen Koffer für Fotoausrüstung in der Hand. Springt ab. Eine Flasche Champagner steckt vorne in seiner Fliegerjacke. Er zieht an der Leiter. Grüßt hinauf. Der Hubschrauber dreht ab.
Elizabeth hat sofort bei den ersten Geräuschen des anderen Hubschraubers wieder den Schallschutz aufgesetzt.
Er steckt die Champagnerflasche in den Schnee und wendet sich ihr zu.

LEONARD (schreit noch in die Hubschraubergeräusche) Wunderbar. Das ist ein Treffpunkt. Es ist ja unglaublich. Hier.
Elizabeth deutet auf ihren Gehörschutz und dann hinauf.
ELIZABETH (schreiend) 65 Dezibel. 65 Dezibel höchstens. Das ist die Grenze.
Leonard steht vor ihr. Elizabeth im Liegestuhl. Sie schaut zu ihm auf. Sie warten. Lächeln einander an. Sie deutet wieder hinauf. Er deutet, daß der Hubschrauber schon weg ist. Sie

steht auf. Die beiden mustern einander. Sie geht hinter ihren Liegestuhl. Stützt sich auf die Lehne. Sie sehen einander an. Einen Augenblick ist es still.


## II

Leonhard deutet noch einmal auf ihren Gehörschutz. Sie nimmt ihn ab. Beide gleichzeitig:
LEONARD  Das ist aber –
ELIZABETH  Ihre armen –
Beide halten ein. Lächeln. Gleichzeitig:
LEONARD  Verzeihen Sie.
ELIZABETH  Bitte. Sie.
Sie halten wieder ein.
Elizabeth geht um den Liegestuhl. Läßt sich fallen.
ELIZABETH  Ist das nicht schön hier. Ist das nicht ein wunderbarer Platz. Hier. Ist das nicht. Prachtvoll. Einfach. Hinreißend. Wo findet man so einen Platz noch. – Und vollkommen sicher. Hier findet uns niemand.
LEONARD  Nein. Hier nicht. Das glaube ich auch.
ELIZABETH  Sie sollten das nicht machen. Ohne Gehörschutz. 65 Dezibel. Das ist das Maximum. Und so ein Helikopter. Weit über 100. Ihre armen Ohren.
LEONARD  Aber. Ich bitte Sie. Das müssen sie schon aushalten können. Meine armen Ohren.
ELIZABETH  Ihre armen Ohren sind ein mechanisches Instrument. Also. Es regeneriert sich nicht. Was zerstört ist, ist nicht mehr. Dann. – Man sollte schon ...
LEONARD  ... aber sicher. Sicher. Bisher ist es ja noch gutgegangen.
ELIZABETH  Ja. Bisher. Und dann. Eines Tages. Vorbei. Plötzlich. Vorbei.
LEONARD  Gut. Gut. Ich werde mich bessern.
ELIZABETH  Leonard. Ich darf doch Leonard sagen. Sie sind noch zu jung. Das ist es. Aber. Sie werden schon noch draufkommen. Daß man es nicht weiß. Nicht wissen kann. Wann

es. Man weiß ja meistens nicht einmal, wann es beginnt. Mit dem Ende.
Pause.
LEONARD Warum haben Sie eigentlich. Ich meine. Mich. Hierher.
Elizabeth setzt Riesensonnenbrillen auf und spielt dann mit ihnen. Sie schiebt die Brillen in die Haare. Schwenkt sie etc. Er steht. Stellt einmal den einen Fuß, dann den anderen auf den Koffer. Hände in die Jackentaschen, Hosentaschen etc.
ELIZABETH Ich habe. Ihre Serie über die homeless people hat mir gefallen. Und ihr Buch über Kinderprostitution. Kein Mitleid. Mitgefühl. Das hat mich. Beeindruckt. Sie haben einen sehr guten Ruf. Sie gelten als unbestechlich. In Ihrer Branche. – Und. Auf den Fotos sehen Sie. Sehr sympathisch. Und das stimmt ja auch. Wie man sieht.
LEONARD Normalerweise mache ich so etwas nicht. Ich meine. Ich bin daran interessiert. Sonst wäre ich ja nicht hier. Aber ...
ELIZABETH Sie meinen, Sie schreiben nicht auf Bestellung. Ist es das?
LEONARD Nein. Ich lasse mir in meinen Job nicht hineinreden. Nie. Das habe ich nie.
ELIZABETH Aber genau deshalb wollte ich Sie. Irgendwelche Memoiren hätte ich ja zur Not noch selbst. Das hat doch noch jede. Irgendwie. – Ich dachte, es wäre nett, einen Biographen zu haben, der kritisch ist. Der einen Abstand hat. Der einen vielleicht auch gar nicht.
LEONARD Also. Damit das klar ist. Sie wollen eine Biographie geschrieben haben. Und kritisch darf sie sein. Aber. Soweit ich mich erinnere, wollen Sie die Endfassung dann noch korrigieren. Ist das nicht ein gewisser Widerspruch.
ELIZABETH (besänftigend) Die Serie will ich sehen. Da sind die Rechte weltweit bei der Malcolm-Gruppe. Das erscheint in hundert Millionen Auflage. Das will ich sehen. Da will ich wissen, was geschrieben ist. Und die Fotoauswahl. Das Buch ist dann Ihre Sache. Da rede ich Ihnen nicht hinein.
LEONARD Dafür hätten Sie sich vielleicht doch besser irgend jemanden herbeigeholt, der. Dazu brauchen Sie mich doch nicht ...

Elizabeth springt auf. Richtet den Sonnenschirm.

ELIZABETH Die Sonne ist viel zu stark. Um diese Zeit jedenfalls noch. Wollen Sie eine Sonnencreme? Schutzfaktor 18. Mindestens. Das braucht man hier schon. (Sie sieht sich um.) Viel höher kann man nicht. Leider. Aber finden Sie es nicht. Es ist so. So unberührt. Man kann es nicht anders nennen. Unberührt. Und einsam. Als wäre man allein. Auf der Welt.

LEONARD Kommen Sie oft hierher?

ELIZABETH Viel zu selten. Viel zu selten. Es ist ja nie Zeit. Aber Sie müssen zugeben. Es lohnt sich. Es ist. Atemberaubend. Die Welt ist nur noch weiß und himmelblau. Was für ein Setting.

LEONARD (leicht ironisch) Und welchen Film wollen Sie hier machen?

ELIZABETH Aber. Mein Lieber. Das hier. Das kann man nicht. Wie wollten Sie das. Das ist. Heilig ist das. – Das kann man nicht. Wie wollten Sie das. Diese Ruhe. Diese Einsamkeit. Diese Majestät. – Es würde übrigens auch nicht kommen. Werden Sie die Sache nun übernehmen? Ich dachte eigentlich, daß alles erledigt ist. Haben Sie nicht mit Miss Eckart gesprochen?

LEONARD Nein. Ich glaube, daß war Ihr Agent in New York.

ELIZABETH Also. Wenn Sie keine Lust haben, dann plaudern wir einfach. Ich kann Ihnen einen Gemüsesaft anbieten. (Kramt in ihrem Picknickkoffer) Dieses Gemüse wird eigens für mich. Organisch. Natürlich. Es gibt auch Gemüsesandwiches. Und das Brot ist mein eigenes Rezept. – Sie können mir ja Ihre Lebensgeschichte erzählen. Bis wir wieder abgeholt werden. Ganz einfach.

LEONARD Nein. Nein. Verstehen Sie mich richtig. Interessant. Interessant fände ich es schon. Nur. Zensur. Das müssen Sie verstehen. Das kann ich nicht. – Natürlich.

ELIZABETH Ja. Ja. Aber Sie müssen meinen Standpunkt auch verstehen. Wenn Sie. Wie ich. So viele Mißverständnisse und Lügen über sich hätten lesen müssen. Wie soll man denn da noch. Vertrauen. Ich bitte Sie. Für Sie ist das einfach. Sie stehen da ja nicht drinnen. Sie sind ja nicht. Gegenstand. Und ich kann Ihnen eines sagen. Auch nach mehr als dreißig Jahren.

Man kann sich nicht daran gewöhnen. An diese Brutalität. – Sicher. Ja. Ich verdiene mein Geld mit Publicity. Und ich habe auch nichts dagegen. Schließlich. Wenn man sich darauf eingelassen hat. Ich hätte ja in Wien. Und in der Lange Gasse bleiben. Aber. Diese monströsen Verleumdungen. Das nicht. Nie wieder möchte ich das. Es ist reine Selbstverteidigung. Was ich tue. Und Sie bekommen das Material für ein Buch, in das Ihnen niemand hineinreden wird. Wollen Sie rote Rüben, Karotte oder Sauerkrautsaft. Ich kann das auch mixen.

LEONARD O.K. O.K. Wir müssen gar nicht weiterreden. Ich habe ohnehin unterschrieben. Ihr Agent sagte, daß Sie kein Wort reden. Ohne Vertrag. Und Ihre Schadenersatzforderungen sind ja Legende.

ELIZABETH Dann trinken wir jetzt auf unsere Zusammenarbeit. (Gibt ihm ein Glas mit roten Saft) Cheers! – Ich verstehe Ihren Standpunkt ja. Aber Sie müssen meinen auch.

LEONARD Cheers. (Trinkt, verzieht das Gesicht) Wollen wir nicht. Lieber. Ich meine. Es gibt auch. Ich habe eine Flasche Taittinger mit. Wäre das nicht?

ELIZABETH Ich rühre das Zeug nicht mehr an

LEONARD Es gibt auch Malossol.

ELIZABETH Das haben Sie aus dem Interview mit Barbara. Die liebe Barbara. Das ist sehr aufmerksam von Ihnen. Aber das ist ewig her. Ich trinke keinen Schluck Alkohol mehr. Und Kaviar. Mein Lieber. Die Becquerel. Kleine Strahlenkügelchen. Nein. Das kann man alles nicht mehr. Das mit der Umwelt. Natürlich.

LEONARD Mit der Aussicht haben Sie recht. Es ist beeindruckend hier. – Aber. Wenn wir einig sind, dann können wir ja. Anfangen. Mit der Arbeit.

ELIZABETH Kommen Sie. Geben Sie mir das Glas.

LEONARD Sie müssen verzeihen. Ich kann das nicht trinken.

Er leert den roten Saft in hohem Bogen in den Schnee.
Elizabeht starrt entsetzt auf den Fleck. Leonard bemerkt seinen Fauxpas erst an ihrer Reaktion.

LEONARD Oh. Sie haben recht.

Er gibt ihr das Glas und kriecht auf den Hang und schiebt Schnee über das Rot. Er zerwühlt den Schnee. Er kriecht zurück und sieht sie fragend an.

LEONARD  Das war gedankenlos. Es tut mir leid.
ELIZABETH  Ja. Lassen Sie nur.
Leonard beginnt in seinem Koffer zu suchen.

## III

Der Yeti steht unvermittelt oben am Rand des Gletschers. Er schaut in die Ferne. Ernst und gesammelt. Steht.
ELIZABETH  Ich habe mir das ganz genau ausmessen lassen. Hierher werden keine klimarelevanten Spurengase vertragen. Direkt. Jedenfalls nicht. Die Schwerindustrie und die großen Städte. Die liegen dort. Da. Wo der Wind hinweht. – Und die Atomkraftwerke sind auch dort. Und die Armeestützpunkte. – Hier ist saubere Luft. Wirklich saubere Luft. Die sauberste. – Deshalb ist auch der Schnee so weiß.
Leonard kramt in seinem Koffer. Er richtet ein Aufnahmegerät. Steckt ein Mikrofon an, das er dann in der Hand hält oder auf den Koffer legt. Sucht nach Kassetten. Legt dann eine ein.
Währenddessen:
Der Yeti reißt sich aus einer Starre und geht, eine breite Spur im Schnee nach sich ziehend, den Gletscher schräg nach rechts herunter. Er verschwindet über den rechten Rand. Gravitätisch und ernst.
Währenddessen (im Anschluß an ihren Monolog):
ELIZABETH  (vor sich hin) So einen Platz! – Das ist gar nicht mehr zu finden. Eigentlich. Das gibt es gar nicht mehr.
LEONARD  Ja. Das kann ich mir vorstellen. – Fangen wir an. Eine Bandaufzeichnung wird Sie ja nicht stören.
ELIZABETH  (verschwörerisch-freundlich) Mein Lieber. So ein Verbrechen war das auch nicht. Vorhin. Eine Gedankenlosigkeit schon. Aber das kann ja jedem ...
LEONARD  (wieder aufrecht, sieht auf sie herunter, verlegen-aggressiv) Mein Gott. Ich. Ich habe mich doch. Ich meine. Ich habe mich doch entschuldigt. (Kauert sich vor sie hin. Geht auf ihren Ton ein. Sehr charmant und entwaffnend.) Wissen Sie. Sie sind aber auch. Sie haben mich vollkommen ver-

schreckt. Wie Sie mich so angesehen. Und so dasitzen. Wie die Göttin vom Berg. Und einem vergeben. Gerade noch. Ein letztes Mal.

ELIZABETH Das kommt Ihnen nur so vor. Alles. Weil Sie noch jung sind. Jünger. Jedenfalls. Ich habe einfach. Also ich habe das Gefühl, es ist nicht mehr so viel. So viel Zeit. Man wird. Genauer. Dann. Denke ich.

LEONARD (hat sein Aufnahmegerät herausgekramt, zusammengesetzt und auf seinem Koffer aufgestellt) Ich glaube. So allein. Wie hier. Mit Ihnen. So allein war ich noch nie mit jemandem. – Obwohl. Von irgendeinem Satelliten werden wir schon registriert werden.

ELIZABETH Sie glauben auch nicht an die Abrüstung? (Sie kramt nun ihrerseits in ihrem Koffer.)

LEONARD Das mit dem Glauben. Das würde ich Dummheit nennen. Eher.

ELIZABETH Und persönlich? Glauben Sie noch jemandem? Glauben Sie einer Frau, was sie Ihnen erzählt? – Es wird Sie dann ja nicht stören, wenn ich auch. Zur Sicherheit. (Sie stellt ein identisches Aufnahmegerät neben seines.) Wir haben ja sogar die gleichen Geräte. Ist das nicht nett?

LEONARD Sehr nett. Zum Verwechseln. Mißtrauisch sind Sie ja nun ganz sicher nicht.

ELIZABETH (verträumt-kokett) Ihres könnte doch. Ausfallen. Nicht funktionieren. Auf einmal. Eine Störung. Dann kann ich Ihnen meines. Zur Sicherheit. Verstehen Sie.

LEONARD (auf seinem Koffer neben den Geräten hockend) Darf ich dann. Bei Ihnen auch?

ELIZABETH Danke. Ja. Vielen Dank.

LEONARD Wir könnten dann anfangen.

ELIZABETH (amüsiert) Aber bitte.

Sie sehen einander an. Er auf dem Koffer hockend. Sie in ihren Liegestuhl hingegossen. Bei »Wir könnten dann anfangen« steht der Yeti wieder unvermittelt an der Stelle oben am Rand des Gletschers. Bewegungslos hebt er sich gegen den blauen Himmel ab. Mindestens 7 Sekunden alle bewegungslos. Elizabeth und Leonard einander betrachtend. Der Yeti in die Ferne starrend.

ELIZABETH (amüsiert) Sie sind der, der die Fragen stellt.
LEONARD Lassen Sie mich in Ruhe zusammenfassen. Einmal. Das sind Sie also. Elizabeth Maynard. 57. Oder? Geschiedene Spalek. George Spalek. Immobilien usw. Geschiedene Birnkrant. George Birnkrant. Öl. Verwitwete Dempster. Bruce Dempster. Dempster Industries. Geschiedene Weiterhagen. Georg von Weiterhagen.
ELIZABETH Nichts.
LEONARD Geborene Meinhardt. Geboren in Wien. Die Eltern Schauspieler. Beide. Eine Schauspielerdynastie. Schulen in Wien. Erste Filmrolle mit 16. Von da an Film. Von der kindlich-unschuldig-Naiven dann Ende der 70er Jahre der Inbegriff der Verführung. Der eleganten. Versteht sich.
ELIZABETH Ich sehe. Sie haben ja doch mit Miss Eckart gesprochen.
LEONARD Sehr efficient. Ihre Miss Eckart. Und? Ist die Reihenfolge richtig so?
ELIZABETH Die liebe Miss Eckart. Sie haben ihr sogar das Geburtsjahr abgerungen. Das gelingt nicht jedem.
LEONARD Und dann. Keine Filme mehr. Praktisch. In den letzten fünfzehn Jahren. Sie waren die Jane Cowl in »Noel and Jane« und dann die Mrs. Green-Lopez in »Mirrored Exiles«. Eine passioniert-hysterische Salon-Schauspielerin vom Typ »The show must go on« und eine rabiat-sadistische Gesangslehrerin für Kontertenor. Aber sonst. Korrigieren Sie mich. Sonst diese Fernsehserien. Aber keine Filme mehr?
ELIZABETH Ja. Wissen Sie. Diese beiden Rollen. Das waren Geschichten von Besessenheiten. Die eine vom Theater. Mit diesen wunderbar altmodischen hysterischen Konvulsionen. Und alles ist so wichtig. Was es ja nie war. Oder ist. Und die andere. Ein Vampir. Sie macht aus der endgültigen Zerstörung dieser jungen Männer ein Kunstwerk. – Das waren interessante Rollen. Wirklich interessante Rollen. – Und die TV-Serien. Wissen Sie. Das ist herrlich. Man weiß irgendwann gar nicht mehr, wer man ist. Die Familie in der Serie wird irgendwie zur richtigen. Und man kann sich immer zusehen. Dabei. Jack und ich. Jack O'Connor, mein Mann in den »Falconers«. Wir überlegten schon, ob wir nicht wirklich

heiraten sollten. Zur Vereinfachung. Es ist wirklich schizophren. Aber angenehm. Mir jedenfalls. Und langweilig. Nun. Langweiliger als das Leben auch nicht.

Der Yeti geht wieder über den Gletscher nach rechts in der Mitte. Verschwindet.

LEONARD Nur. In der Wirklichkeit fallen zumindest die Proben weg.

ELIZABETH Überhaupt nicht. Beobachten Sie einmal, wie oft Sie üben müssen, bis Sie wirklich gut streiten können. Mit jemandem. Oder nett sein.

LEONARD Das mit dem O'Connor. Das ist?

ELIZABETH Nein. Nein. Der Ehevertrag. Das wäre doch. Wirklich mühsam wäre das.

LEONARD Ja. Da geht es ja um einiges. Das Wall Street Journal schätzt Ihr Vermögen auf über einige Milliarden. Etwa die Hälfte aus Ihren letzten beiden Scheidungen. Der Rest aus der Erbschaft Dempster. Die Mehrheit an der Dempster Industries. Ihre Maynard Productions machen 40 Millionen im Jahr. Geschätzt. Alles geschätzt. Sie sind keine Spielerin.

ELIZABETH Ich war noch nie in Vegas.

LEONARD Sie leben sparsam. Eigentlich. Häuser in Montana. L. A. Appartments in N. Y. und Paris. Aber. Sie haben nicht einmal eine Yacht. Warum arbeiten Sie? Um Geld kann es ja nicht gehen. Nicht dringend. Jedenfalls.

ELIZABETH Ach. Nullen verschwinden so leicht. Besonders von einem Konto.

LEONARD Sicherheit?

ELIZABETH Sicherheit?

LEONARD Was ist der Beweggrund? Beschäftigung, Langeweile, Arbeitssucht.

ELIZABETH Geld. Natürlich. Es geht doch immer um Geld.

LEONARD Ist es das, was Sie das Leben gelehrt hat. Money. Money. Money.

ELIZABETH (gibt eine kleine Musicalvorstellung) Makes the world go around. The world go around. The world go around. Money makes the world go around. The world go around. (Normal) I'd better not dance. (Singt) The blinkin' blankin' sound. (Normal) There are the most beautiful crevasses here around to fall into. (Singt) Money. Money. Money. Money. Money. The blinkin' ... Nein. Nein. Mein Leben hat mich das nicht gelehrt. Das war die Welt. Die war das. – Obwohl. Ich habe doch nie herausgefunden. Nicht wirklich jedenfalls. Was nun befriedigender ist. Ein Kontoauszug mit sechs Nullen. Oder das andere. Was meinen Sie.

LEONARD Ich?

ELIZABETH Seien Sie nicht so zurückhaltend. Ich darf schon auch etwas über Sie wissen. Sie sind ja nicht mein Therapeut. Schließlich.

LEONARD (wieder im charmanten Jungenton) Wissen Sie. Sie bringen mich in Verlegenheit. Mir fehlt der Vergleich. Ich kenn nur das andere.

Prof. Severinis Kopf taucht von unten am Bühnenrand auf. Prof. Severini kämpft sich kurzatmig und erschöpft in die Höhe. Er gelangt nach langem Aufstiegskampf an die Stelle, an der der Yeti immer verschwindet. Dort sieht er in eine Wanderkarte. Nimmt einen Kompaß, seine Uhr, den Sonnenstand und einen Höhenmesser zu Hilfe. Er bestimmt umständlich, aber exakt seinen Standort. Rammt einen ältlichen Fotoapparat mit Stativ in den Schnee. Nachdem er das alles zu Ende gebracht hat, holt er einen an seinem Rucksack befestigten Jagdsitz hervor. Faltet ihn auseinander und findet eine Stelle, an der der Sitz nicht vollkommen im Schnee versinkt. Er setzt sich. Hält mit einem Fernglas Ausschau. Das tut er bis zu seinem Treffen mit dem Yeti. Dazwischen überprüft er immer wieder umständlich seine Position.

Währenddessen:

LEONARD Sind Sie sicher, daß Sie keinen Champagner wollen?

Elizabeth schüttelt den Kopf.

LEONARD Und der Kaviar ist verbecquerellisiert.

Elizabeth nickt.

LEONARD Schade.

Leonard unruhig. Steht auf. Setzt sich wieder auf das Köfferchen. Dehnt sich. Schüttelt die Beine.

LEONARD (unvermittelt und vertraulich) Warum machen wir

das eigentlich. Of all places. Warum soll Ihre Biographie überhaupt geschrieben werden. Milliarden haben dann auch wieder viele. Und sonst.

ELIZABETH Ach. Es gab mehrere Interessenten. Ich mußte zwei unautorisierte Ausgaben verbieten lassen. Gegen die Serien in den Magazinen gibt es kaum Handhaben. Es ist doch nur logisch, es selbst zu machen. Oder?

LEONARD Nein. Nein. Jetzt seien Sie einmal ehrlich. Und spontan. Wirklich. Sonst hat es überhaupt keinen Sinn, daß ich. Hier. Ich meine. Sonst bin ich doch nichts anderes als so eine Art Troubadix für Sie. So in der Art (leiert), ein Sprecher des Weißen Hauses teilte mit ...

ELIZABETH Aber. Ich bitte Sie.

LEONARD Also. Warum wollen Sie eine Biographie haben.

ELIZABETH Bei manchen Dingen geniert mich dieses Ding da. (Sie stellt die Aufnahmegeräte ab.)

LEONARD Aber. Das ist doch sinnlos. Ich muß es doch. Sie müssen es schon sagen. Sonst kann es nämlich niemand wissen. Was nicht gesagt wird, kann niemand wissen.

ELIZABETH (schaltet die Geräte wieder ein) O.K. O.K. Ja. Ja. Fragen Sie mich noch einmal. Ich bin ja schon ...

LEONARD ... warum Sie eine Biographie haben wollen.

ELIZABETH Das ist doch ganz einfach. Um. Um in Erinnerung zu bleiben. (Schaltet die Geräte wieder aus.) – So. Jetzt habe ich ja alles zugegeben.

## IV

Man hört, wie hinter dem Gipfel ein Pfosten in den Boden geschlagen wird. Alle wenden sich dem Geräusch zu. Der Straßenarbeiter taucht an der Yeti-Auftrittsstelle auf. Er ist ein älplerisch-bärtiges Ungeheuer, ein freundlich-strahlender Rübezahl. Er trägt eine Riesenaxt und verschiedene Pfosten geschultert. Er steht da. Sieht sich um.

STRASSENARBEITER (freundlich erstaunt, heroldartig-mitteilend, als handle es sich um ein außergewöhnliches Faktum)

Heint ischt Dunnerschtag. Heint ischt Dunnerschtag. Ja. Heint ischt Dunnerschtag.

Er wendet sich direkt an das Publikum.

STRASSENARBEITER  Seid's es da. Ja. Seid's es da. Ja. Seid's es da.

Alle wenden sich ihm zu. Er läßt sich wie der Yeti unvermittelt ins Abwärtsgehen fallen. Hält nach wenigen Schritten inne. Wirft die Pfosten in den Schnee und studiert die Aufschriften.

Elizabeth geht so weit wie möglich an den Rand des kleinen Vorsprungs, auf dem sie mit Leonard sitzt.

ELIZABETH  Hallo. Hallo. Sie. Ja. Sie. Was machen Sie hier.

Der Straßenarbeiter studiert weiter die Aufschriften.

ELIZABETH  Sie. Sie. Sagen Sie. Was machen Sie denn da. Wer sind Sie. Was wollen Sie. Wer hat sie?

Der Straßenarbeiter nimmt einen Pfosten und beginnt ihn mitten am Hang in den Schnee zu treiben. Er schlägt dazu mit der stumpfen Seite der Axt auf den Pfosten. Der Pfosten ist ein Wegweiser, auf dem »Top« steht. Der Pfeil zeigt bergab. Währenddessen:

ELIZABETH  (deutlich schärfer) Sie. Wer sind Sie. Wie kommen Sie dazu, hier etwas aufzustellen. Sagen Sie.

LEONARD  (mischt sich ein) Hören Sie nicht. Hallo. Sie. Sie sind etwas gefragt worden.

ELIZABETH  Sie. Ich frage Sie etwas. Haben Sie nicht gehört. Ich habe Sie etwas gefragt.

Der Straßenarbeiter schlägt in Ruhe seinen Pfosten ein. Danach schultert er die anderen Pfosten und die Axt. Dreht sich Elizabeth und Leonard zu.

ELIZABETH  (ungeduldig-ärgerlich) Was Sie da machen. Sie. Nehmen Sie das wieder mit. Hören Sie. Dieser Berg hier gehört mir. Hier gibt es keine Wegweiser. Hier wird es nie Wegweiser geben. Wie kommen Sie überhaupt dazu. Wie sind Sie hier heraufgekommen. Was soll das. Hier ist ja. Hier ist ja eine Versammlung.

Der Straßenarbeiter steht da. Sieht sie an. Sieht den Zwergenforscher an, der ihn durch das Fernglas beobachtet. Sieht dann das Publikum an und teilt allen strahlend mit:

STRASSENARBEITER  Heint ischt Dunnerschtag. Heint ischt Dunnerschtag. Ja. Heint ischt Dunnerschtag.

Bei dem letzten Ausruf beginnt er zu gehen. Steigt ins Tal ab. Auf dem Weg, auf dem er Zwergenforscher auftauchte. Elizabeth verärgert und wütend. Leonard kennt sich nicht aus. Ist etwas amüsiert. Prof. Severini sieht dem Straßenarbeiter stumm nach. Elizabeth versucht die Aufmerksamkeit des Straßenarbeiters auf sich zu lenken. Sie kann aber von dem kleinen Plateau nicht herunter.

ELIZABETH  Sie. Sie. Hallo. Sie. Warten Sie. So hören Sie doch.

LEONARD  (fast gleichzeitig) So warten Sie doch. Hören Sie nicht. Können Sie nicht hören. Sie.

Der Straßenarbeiter steigt nach unten. Vor dem endgültigen Verschwinden, wenn gerade noch sein Kopf zu sehen ist, teilt der dem Publikum noch einmal mit:

STRASSENARBEITER  Heint ischt Dunnerschtag. Ja. Heint ischt Dunnerschtag.

## V

ELIZABETH  Ich verstehe das nicht. Was geht hier vor. Was soll das. Something strange. Isn't it. I mean. Das kann nicht sein. Das gibt es nicht. Eigentlich. Dieser Berg. Was hat dieser Mann hier gemacht. Und was macht der andere da. Das ist. Das ist ja. Eine Versammlung ist das. (Sie schaut böse den Zwergenforscher an, der sie durch sein Fernglas ansieht.) Damn. Hier stimmt nichts. Plötzlich stimmt hier nichts mehr. Dieser Berg. Dieser Gipfel. Sie haben ja keine Ahnung. Was das gekostet hat. Und was für eine Mühe. Diesen Berg gibt es eigentlich gar nicht mehr. Sollte es nicht geben. Dieser Berg ist auf keiner Landkarte mehr zu finden. Dieser Berg ist. Dieser Berg. Der ist nur für mich. Der gehört mir.

LEONARD  Was heißt das. Dieser Berg ist nur für Sie. Das gibt es doch nicht.

ELIZABETH  (ungeduldig-zornig) Mein lieber Mr. Perceval. Ich bitte Sie. Was gibt es nicht. Alles gibt es. Sei nicht so naiv. Es ist ja nur. Was das gekostet hat ...

LEONARD  Ich verstehe das immer noch nicht.

ELIZABETH  (heftig) Was gibt es hier zu verstehen. Was glauben Sie, warum Sie eine Spezialkarte bekommen mußten. Damit Sie hierherfinden. Ich verstehe das nicht. Das wird geregelt werden müssen. Wer hat hier. Miss Eckart. Unmöglich. Das kann nicht. Wer. Wer kann hier. Verrat. Das ist Verrat. Betrug. Betrügereien. Eine Verschwörung.

LEONARD  Sie meinen, dieser Berg gehört Ihnen. So wie Ihre Häuser. Oder ...

ELIZABETH  Stellen Sie sich nicht so naiv. Natürlich kaufe ich mir den einzigen Berg, der noch sauber ist. Und natürlich will ich ihn für mich haben. Alleine. Wofür hätte ich denn sonst gezahlt. Und der ganze Aufwand.


## VI

Das dünne Ehepaar taucht auf. Von unten. Elizabeth zieht Leonard hinter den Liegestuhl. Von dort aus beobachten sie die Szene. Der Zwergenforscher beobachtet weiter alles durch sein Fernglas. Das dünne Ehepaar steigt auf bis zum Wegweiser. Die beiden bleiben da stehen. Keuchen. Nehmen die Rucksäcke ab. Rast. Während sie dort stehen, wühlen sie in ihren Rucksäcken und ziehen allen möglichen Müll heraus. Getränkedosen, Verpackungen, Taschentücher. Sie werfen alles in den Schnee. Eher gedankenlos Ordnung in ihren Rucksäcken machend. Sie sprechen in einem resigniert-raunzigen Ton miteinander. Sie kramen unentwegt während des Gesprächs in den Rucksäcken.

DIE DÜNNE FRAU  Wir sind falsch. Ich sage es dir. Wir sind schon wieder falsch. Wir sind schon wieder falsch gegangen, weil du. Wir müssen hinunter. Wir wollen doch hinauf.

DER DÜNNE MANN  Wenn du vorausläufst. Da kann man doch nicht. Du läufst ja immer davon. Ich komme dir doch gar nicht nach. So schnell läufst du davon.

DIE DÜNNE FRAU   Wir wollen doch weiterkommen. Oder. Sonst kommen wir überhaupt nicht weiter. Du machst ja keinen schnellen Schritt. Keinen einzigen. Und wir haben noch drei Gipfel nicht.

DER DÜNNE MANN   Aber trotzdem. Ohne mich. Ohne mich wärst du jetzt nicht hier. Weil du nichts gewinnst. Gewonnen hast du noch nie. Glück. Das hast du nicht.

DIE DÜNNE FRAU   Ich brauche es auch nicht. Du gewinnst ja immer. Aber ohne mich. Ohne mich hättest du nur gewonnen. Hier herauf. Hier herauf wärst du nie gekommen. Du hättest den Preis nicht. Nie hättest du.

DER DÜNNE MANN   Das Wichtigste ist das Gewinnen. Den Preis kann man dann. Oder nicht. Gewinnen. Darum geht es.

DIE DÜNNE FRAU   Wir müssen hinunter, wenn wir hinauf wollen.

DER DÜNNE MANN   Wenn du mich nicht hättest. Ich glaube. Du wärst verloren. Alles bringst du durcheinander. Immer. Wenn man hinauf will, dann geht man hinauf. Und wenn man hinunter will, dann geht man hinunter. Das ist ein Naturgesetz. Das kann man nicht …

DIE DÜNNE FRAU   Da. Siehst du denn nicht. Kannst du denn nicht sehen. Du schaust nicht. Du schaust einfach nicht. Hier. Hier ist der Wegweiser, und wenn in dieser Richtung der Gipfel liegt, dann müssen wir in diese Richtung. Wir wollen doch auf den Gipfel. Sonst kommen wir ja nicht hin.

DER DÜNNE MANN   Du mußt selber einmal schauen. Einmal. Tu es. Schau einmal selber genau. Bitte. So ist hinauf. Und so ist hinunter. Und die Gipfel liegen immer oben.

DIE DÜNNE FRAU   Aber der Wegweiser.

DER DÜNNE MANN   Das gibt es nicht. Das kann es nicht geben. Unten kann kein Gipfel liegen. Sonst ist er ja keiner.

DIE DÜNNE FRAU   Wie willst du das wissen. Die, die die Wegweiser aufstellen. Die wissen es doch. Die müssen es doch wissen.

DER DÜNNE MANN   Aber die Naturgesetze. Die können die auch nicht. Die Naturgesetze.

DIE DÜNNE FRAU  Weil du nie etwas glauben willst. Immer glaubst du, du weißt alles. Ich sehe hier. Hier. Auf diesem Wegweiser, daß es hinuntergehen muß, damit wir hinaufkommen.

DER DÜNNE MANN  Alles können die auch nicht. Auch die nicht.

DIE DÜNNE FRAU  Aber. Du hast es doch selber gelesen. (Sie leiert auswendig.) »Unvergeßliche Stunden in der majestätischen Bergwelt erwarten die Gewinner. Folgen Sie den Wegweisern und Markierungen in die Höhen. Erstürmen Sie die Gipfel. Ist Ihnen das Glück besonders hold, dann sind Sie die Entdecker des Schneemenschen. Die Spuren des Yeti werden in dieser Gegend immer wieder gefunden. Jeder Bericht über den Schneemenschen oder seine Spuren macht Sie zum Besitzer einer Serie der Gold Maple Bush Goldcoins. Zur Erinnerung.«

DER DÜNNE MANN  Was soll man tun. Der Wegweiser zeigt hinunter. Wir wollen hinauf. Du wirst recht haben. Wahrscheinlich. Du hast ja meistens. Gewöhnlich hast du. Aber der Schneemensch.

Die dünne Frau hat die Rucksäcke wieder zusammengepackt und beginnt abzusteigen.

DIE DÜNNE FRAU  Sie haben ihn uns nicht versprochen. Den Yeti. (Zitiert wieder) »Ist Ihnen das Glück besonders hold, dann ...«

DER DÜNNE MANN  Das mit dem Glück. Das haben wir wieder nicht. Weil du so läufst. Das muß ihn doch vertreiben. Das vertreibt ihn doch. So wird es nichts. Mit dem Glück wird es so nichts.

DIE DÜNNE FRAU  (ruft von unten zu ihm hinauf) Unzufrieden. Nie bist du zufrieden. Wir müssen zufrieden sein. Es bleiben uns doch »unvergeßliche Stunden in der majestätischen Bergwelt«.

Der dünne Mann hat nun auch seinen Rucksack geschnürt. Er wirft noch einigen Müll weg. Beginnt den Abstieg.

## VII

Beide verschwinden nach unten. Elizabeth und Leonard sehen einander an. Verwundert.

ELIZABETH  Und was sagt man dazu.

LEONARD  Ja. Was soll man. Eigenartig. Nicht?

ELIZABETH  Meinen Sie die Leute. Oder das Preisausschreiben?

LEONARD  Diese Leute scheinen nicht zu wissen, daß dieser Berg nicht. Ich meine. Off limits scheint er ja nicht zu sein. Oder?

ELIZABETH  So wird man das nicht nennen können. Nein. Da haben Sie recht.

LEONARD  Was werden Sie machen?

ELIZABETH  Den Schuldigen finden und dann …

LEONARD  Was dann?

ELIZABETH  Ich mag es nicht, wenn man mich betrügt.

LEONARD  Wer mag das.

ELIZABETH  Ja. Aber hier gibt es keinen Grund. Ich habe niemandem etwas getan. Oder weggenommen. Ich meine. Ich habe mir ganz freundlich etwas gekauft. Ich habe meine Mühe damit gehabt. Ich habe einen hohen Preis dafür. Und ich möchte es haben. Ganz normal. Ich sehe überhaupt nicht ein, daß es jetzt Schwierigkeiten gibt. Aber ich werde es schon herausfinden. Ich habe es immer noch herausgefunden, wenn ich betrogen wurde.

LEONARD  Immer?

ELIZABETH  Immer. Und ich werde dann sehr. Früher einmal. Da habe ich es gar nicht glauben können. Daß man betrogen. Wie die Menschen einen. Aber heute. Ich schwimme ganz gut mit Haifischen. Mittlerweile.

LEONARD  Meinen Sie die Geschichte mit Ihrem ersten Mann?

ELIZABETH  Ach die. Ja. Die auch.

LEONARD  Stimmt es, daß Sie damals. Einen. – Warum wurden Sie damals in Cannes in die Klinik. War es wirklich ein Unfall. Oder haben Sie versucht.

ELIZABETH  Er hat versucht. Mir war damals die Selbstmordversion lieber, als alle erfahren zu lassen, daß mich mein eigener Mann. Ich meine. Damals glaubte ich doch noch, daß alles meine Schuld. Alles, was schiefgeht, dachte ich damals, ist meine Schuld. Mein späterer zweiter Mann hat dann alles in Ordnung gebracht. Der hat dann alles geregelt. – Und was ist das?

## VIII

Das dicke Ehepaar. Die beiden trotten an der Yeti-Auftrittsstelle über den Hang herunter. Sie halten beim Wegweiser. Sehen sich um. Beginnen eine Rast. Kramen Eßwaren aus den Rucksäcken. Setzen sich auf die Rucksäcke. Essen ununterbrochen. Sie werfen ihren Müll aggressiv und bewußter als das dünne Ehepaar weg. Sie schießen geradezu damit herum und erweitern damit den Radius der Verschmutzung.
Leonard und Elizabeth sehen die Sache skeptisch von oben an.

DER DICKE MANN  Wie in den Schweizer Alpen. Erinnerst du dich. Auf dem Kleinhorn. Ganz genauso wie auf dem Kleinhorn. Da sieht es genauso aus.

DIE DICKE FRAU  Magst du so einen Apfel. Ich kann dir noch Käse dazutun.

DER DICKE MANN  Und das Wetter. Wie in Chamonix. Der Himmel ist wie in Ägypten. Eigentlich. Kannst du dich erinnern. Da. Wo wir diesen Teppich gekauft haben. Den wir dann deiner Schwester geschenkt haben. Weißt du noch. Die sie in diesem Waisenhaus gewebt haben. Weißt du noch. Mit den Vögeln drauf.

DIE DICKE FRAU  Ein Salamibrot ist noch da. Und Kärntner Hauswürste. Schokolade haben wir nicht mehr viel. Aber Kuchen. Kuchen gibt es. Kuchen haben wir genug. Und wir sind auf dem richtigen Weg. Hier geht es zum Gipfel hinunter.

DER DICKE MANN  Warum das hier noch kein Nationalpark ist. Verstehst du das. Das hier. Das sollte schon geschützt sein.

Man sollte es doch retten. Hier. So wie es hier ist. Findest du nicht. So wie sie das in Frankreich gemacht haben. Da dürfen sie jetzt keine neuen Hotels mehr hinbauen. Irgendwo soll es einmal auch nur Landschaft geben. Und dort haben sie ja auch schon genug Hotels.

DIE DICKE FRAU  Du. Schau einmal. Da. Siehst du. Da. Das ist doch. Die Maynard. Elizabeth Maynard. Du weißt doch. Dieser Filmstar. Ich bin ganz sicher. Die, von der wir diese Bücher haben. Zum Abnehmen. Weißt du.

DER DICKE MANN  Ich glaube. Ja. Nein. Oder doch. Du hast recht. Ist das nicht toll. Immer treffen wir Filmschauspieler. Kannst du dich erinnern. In der Schweiz. Dieser Richard Burton. Und in Kenya. Da war doch diese. Diese. Na. Wie heißt sie denn. So eine große. Blonde.

Die dicke Frau steht auf. Winkt Elizabeth zu, die ironisch einmal zurückwinkt.

DIE DICKE FRAU  (zu ihrem Mann) Du. Sie hat mir gewinkt. (ruft) Frau Maynard. Hallo.

Die dicke Frau geht so nahe an den Vorsprung wie möglich.

DIE DICKE FRAU  Sie sind doch Frau Maynard. Elizabeth Maynard? Wissen Sie. Wir haben alle Ihre Diätbücher. Zu Hause. Weil wir jede Serie von Ihnen sehen. Wir haben noch keine Folge von den Falconers versäumt. Wir haben alles auf Video. Und daß Sie hier. Wissen Sie. Das wird mir niemand glauben. Was glauben Sie. Wie die alle. (Ruft ihrem Mann zu) Mach doch ein Foto. (Zu Elizabeth) Es macht Ihnen doch nichts aus. Es wird mir sonst niemand glauben. Nämlich.

Elizabeth gibt gestisch ihre Zustimmung. Resigniert. Die Frau läßt sie nicht zu Wort kommen. Der Mann reißt die ohnehin um seinen Hals baumelnde Kamera hoch. Elizabeth sofort in Fotografierpose.

DER DICKE MANN  Ich bekomme dich nicht. Nicht zusammen. Ich schneide dir den Kopf ab. Oder es sind nur die Füße von ihr drauf.

DIE DICKE FRAU  Aber dann mach doch zwei Aufnahmen. Ich klebe sie dann zusammen. (Zu Elizabeth) Das stört Sie doch nicht. Oder? Wissen Sie. Am gleichen Ort. Und daß ich es bin. Sonst glauben die es mir ja nicht.

DER DICKE MANN  Kannst du jetzt still!
Er fotografiert. Die beiden Frauen erstarren in Fotografierhaltung. Nach dem zweiten Klick bewegen sie sich schlagartig wieder.
DIE DICKE FRAU  Super. Toll. Und darf ich Sie. Ein Autogramm. (Sucht in ihren Taschen nach einem Zettel) Da. Auf diesen Prospekt. Das muß doch. Bitte. Da.
Die Übergabe des Prospekts ist schwierig. Die dicke Frau spricht, während sie sich streckt, um Elizabeth den Prospekt zu reichen, ununterbrochen weiter. Elizabeth studiert während der folgenden Suada den Prospekt.
DIE DICKE FRAU  So ein Zufall. Finden Sie nicht. Obwohl. Wissen Sie. In der Schweiz haben wir Richard Burton getroffen. Aber. Das ist schon lange her. Der ist ja jetzt schon. Aber Sie. Hier. Im ewigen Eis. Wissen Sie. Wir haben auch alle Ihre Diätbücher. Nur das letzte noch nicht. Aber ich werde es. Das hatten wir ohnehin vor. Wir versuchen ja auch jede Diät. Und bei Ihnen. Da schmeckt es einem ja richtig abzunehmen. Ein Vergnügen ist das. Wissen Sie. Das ist nicht immer so. Kann ich Ihnen sagen. Manche sind richtig grausam. Ja. Unterschreiben Sie ganz einfach irgendwo. Oder vielleicht da, wo dieser Berg. Ja. Da ist ein Bild von ihm.
ELIZABETH  Meinen Sie den Berg hier, der Rainbow Warrior heißt?
DIE DICKE FRAU  Ja. Den meine ich. Ich meine. Auf dem sind wir doch. Hier. (Zu ihrem Mann) Wir sind doch auf den Rainbow Warrior gestiegen. Heute. Oder? (Wieder zu Elizabeth) Wissen Sie. Wenn man die ganze Zeit. Hier immer hinauf. Und. Ein bißchen sehen sie doch gleich aus. Die Berge. Das sind ganz gute Sonderangebote. Wissen Sie. Wir suchen uns immer Sonderangebote. Irgendein günstiges Sonderangebot. Und dann fahren wir dahin. Da sind wir schon in die ganze Welt gekommen.
ELIZABETH  Macht es Ihnen etwas aus. Ich meine. Können Sie mir das lassen. Ich gebe Ihnen ein Autogramm auf ein Blatt. (Zu Leonard) Geben Sie mir ein Papier.
Leonard fischt ein Notizbuch aus seiner Jackenbrusttasche. Reißt ein Blatt heraus.

ELIZABETH   Ich habe nie so etwas bei mir. Und etwas zu schreiben? Ja? Danke. (Zur dicken Frau) Wie heißen Sie denn?

DIE DICKE FRAU   Sibylle. Sibylle heiße ich. Aber mein Mann ruft mich Billy. Wissen Sie. Wie ich jünger war. Da war ich. Da hat der Name.

ELIZABETH   (unterbricht sie) Also. Für Sibylle. Auf dem Rainbow Warrior. Herzlichst. Elizabeth Maynard. So. Da. Bitte.

DIE DICKE FRAU   (bei der wieder schwierigen Übernahme des Zettels) Vielen Dank. Vielen Dank. Das ist super. Meine Freundinnen. Die werden mir das gar nicht glauben. Nie glauben mir die das. Und bei den Weight Watchers schon gar nicht. Und Ihre neue Diät. Die kaufe ich mir ganz bestimmt. Und wenn Sie einmal in unsere Gegend kommen, dann schauen Sie sich das Resultat an. Sie sind jederzeit. Bei uns.

Sie geht zu ihrem Mann. Zeigt ihm das Autogramm. Aufbruch.

DIE DICKE FRAU   Vielen Dank. Vielen Dank. Auf Wiedersehen. Auf Wiedersehen. (Nun schon absteigend) Du. Die in Kenya. Das war doch die Candice Bergen. Aber die hat keine Autogramme. Die war überhaupt. Nicht einmal fotografieren hat sie sich. Da ist diese Maynard doch etwas anderes. So eine nette Person. Wirklich. Menschlich. Findest du nicht. Ein richtiger Mensch.

Sie winkt noch zurück, bis sie und ihr Mann endgültig unten verschwunden sind.

## IX

ELIZABETH   (den Prospekt betrachtend) Da haben wir es also.

LEONARD   Ja. Einsamkeit kann das hier ja nun wirklich nicht genannt werden.

ELIZABETH   Verstehen Sie denn nicht. Die Gegend hier ist einfach zweimal verkauft worden. Einmal an diese Development United und einmal an mich. Und an wen noch. Das möchte ich gar nicht wissen. Verstehen Sie?

LEONARD  Betrug. Oder?
ELIZABETH  Ich bitte Sie. Das ist kein Betrug. Das ist Erpressung. Ganz einfach kriminelle Erpressung. Irgend jemand ist dahintergekommen, daß ich hier. Und während ich einen Trust nach dem anderen für alle Arten von Sponsoring mache, damit alles funktioniert, breitet sich jemand in aller Ruhe hier aus. Ich habe diesen Berg von der Landkarte verschwinden lassen. Und jemand anderer hat ihn als Rainbow Warrior in seinen Prospekt genommen. Und läßt einen Yeti darauf herumlaufen, damit die Leute ihren Spaß haben.
LEONARD  Und was kann man da tun.
ELIZABETH  Ja. Was kann ich tun.
LEONARD  Sie meinen, Sie können wegen der Publicity. Oder. Aber. Das können Sie doch auch für sich ausnützen. Oder?
LEONARD  Mein Lieber. Von dieser Welt haben Sie nicht viel Ahnung. Oder. Auf Publicity verlasse ich mich nicht. Schlimm. Wenn ich das noch müßte. Nein. Da geht nur kaufen. Die ganze Sache übernehmen und dann auflösen. Aber zuerst muß ich herausfinden, wer. – Aber. Sagen Sie mir. Was ist denn das? (Sie starrt auf die Stelle, an der der Weg von unten heraufführt.)
LEONARD  Eine Invasion. So sieht eine Invasion aus.

## X

Der Entwicklungshelfer taucht auf. Er ist korrekt alpin gekleidet und ausgerüstet. Pickel, Seil, Steigeisen etc. Er führt die jugendlichen Delinquenten angeseilt hinter sich aufgereiht in die Höhe. Die Jugendlichen lassen sich mehr oder weniger von ihm hochschleppen. An letzter Stelle der Bewacher mit einer Maschinenpistole. Die Gruppe quält sich bis zum Wegweiser.
DER ENTWICKLUNGSHELFER  Gleich. – Sofort. – Nur kurz. – Dann. – Auf der Stelle. – In Kürze. – Dann.
Die Gruppe murrt. Langgezogenes nörgelndes »no«.
DER ENTWICKLUNGSHELFER  Gleich. – Sofort. – Dann. Nur noch. – Wenig. – Langsam. – Ja. Langsam. – Damit keiner. – So.

Vor dem Wegweiser. Die Gruppe murrt. Resignierte einzelne »no«.

DER ENTWICKLUNGSHELFER Ich verstehe das nicht.

Er beginnt eine Landkarte zu studieren und betrachtet kopfschüttelnd den Wegweiser. Die Gruppe rottet sich sofort zusammen, und alle beginnen zu rauchen. Der Entwicklungshelfer wendet sich an Prof Severini. Geht ein paar Schritte auf ihn zu und reißt dabei die Gruppe wieder auseinander und ein Stück hinter sich her.

DER ENTWICKLUNGSHELFER Entschuldigen Sie. Ja. Sie. Kennen sie sich aus. Hier? Do you know the way? Hallo.

Prof. Severini starrt ins Land. Der Entwicklungshelfer sieht sich um. Entdeckt Elizabeth und Leonard, die ihn von ihrem Vorsprung aus beobachten. Erfreut geht er auf sie zu. Die Gruppe wird wieder ein Stück mitgerissen. Der Entwicklungshelfer hakt das Seil von seinem Gürtel los. Die Gruppe rottet sich wieder um den Wegweiser zusammen. Der Bewacher abseits und völlig unbeteiligt.

DER ENTWICKLUNGSHELFER (zur Gruppe) Rasten. Eine Rast. Eine Pause. Und seht euch um. Das ist eine Aussicht. Die werdet ihr.

Er geht auf Elizabeth und Leonard zu. So nah wie möglich. Die beiden sehen skeptisch auf ihn herunter.

DER ENTWICKLUNGSHELFER Verzeihen Sie. Können Sie mir sagen, ob dieser Wegweiser hier. Ist der richtig.

ELIZABETH Wir haben diesen Wegweiser nicht aufgestellt.

DER ENTWICKLUNGSHELFER Wir wollen auf den Monte Marmot. Aber es ist schon spät. Wir haben länger gebraucht, als ich. Und wir müssen umkehren. Aber wenn es hier zum Gipfel hinuntergeht. Dann sind wir doch vollkommen falsch.

LEONARD Was sind Sie denn. Was für eine Gruppe. Meine ich.

DER ENTWICKLUNGSHELFER Das ist ein Sonderprogramm der Bruce-Dempster-Foundation. Für jugendliche Straffällige. Aber eigentlich haben sie alle nur im Bürgerkrieg. Von klein auf. Die kennen gar nichts anderes. Wir versuchen hier über Motivationsimpulse irgendwie ein Interesse. An einer Arbeit. Einer Tätigkeit. An der Natur. – Am Leben. Eigentlich. – Wir haben eine Farm. Viel Bewegung. Und Landwirtschaft. Das ist nachgewiesenermaßen ideal, um Frustration zu trainieren. Das können sie nämlich nicht. Verletzen und töten. Das ist die einzige Frustrationsbewältigungsstrategie, die sie kennen. Das kann man sich ja vorstellen. Und solche Ausflüge sollen dann eine nachhaltige Selbsterfahrung vermitteln. Leistungsgrenzen zeigen. Und Gruppengefühl. Natürlich. Daß man sich aufeinander verlassen kann. Einfach den aggressiven Allmachtsanspruch abbauen und kennenlernen, was das Selbst ist. Und was andere. Wissen Sie. Diese jungen Menschen wissen überhaupt nichts. Schönheit. Das kennen die gar nicht. Musik. Das haben die noch nie gehört. Und Liebe! Vergewaltigung ist doch die einzige Form von Nähe, die sie kennen. In so einer Situation hat die Bergwelt dann ganz einfach eine therapeutische Funktion. – Hoffen wir. Jedenfalls.

Währenddessen:
Die Gruppe raucht. Einige pinkeln in den Schnee. Sie unterhalten sich miteinander noch murmelnd mit »no«. Es formieren sich zwei Gruppen, zwischen denen Pozzo hängt. Pozzo wird am Rauchen gehindert. Der Kräftigste läßt sich von Pozzo Zigaretten und Feuerzeug aushändigen. Er gibt ihm beides erst wieder, wenn Pozzo bettelnd »no« gesagt hat. Geplänkel vorerst.

DER ENTWICKLUNGSHELFER Aber entschuldigen Sie, wenn ich über meine Arbeit. Dann gerate ich immer ins Referieren.

LEONARD Also. Ich glaube, Sie gehen am besten den Weg zurück. Dann kommen Sie rechtzeitig vor der Dunkelheit an. Haben Sie denn ein Sicherheitsproblem?

DER ENTWICKLUNGSHELFER Hier? Wir? Wieso? Wohin soll jemand hier?

LEONARD Ja. Aber offenbar ...

DER ENTWICKLUNGSHELFER Ja. Von der Polizei ist hier immer jemand dabei. Die sehen unser Programm nicht gern. Die Regierung hier. Die hält überhaupt nichts von unserer Arbeit. Aber sie müssen uns dulden. Sonst bekommen sie wiederum von unserer Regierung keine Wirtschaftshilfe. Und keine Waffen. Natürlich. Wegen der Menschenrechte.

ELIZABETH Und glauben Sie, daß das dann sinnvoll sein kann, was Sie tun? Kann das denn etwas bewirken.

DER ENTWICKLUNGSHELFER Natürlich gehört alles anders. Alles. Vom politischen System über die Wirtschaft. Wenigstens eine Bodenreform. Aber bis das in Ordnung kommt. Das ist doch nicht abzusehen. Und ob überhaupt. Und währenddessen. Die Leben dieser Menschen vergehen. Da macht man dann Kompromisse. Wegen der Zeit. Sonst ist gar nichts. Verstehen Sie? – Die Regierung muß uns lassen. Die Dempster Foundation hat genug Geld. Ideal ist das nicht. Aber ein wenig. Und mehr kann man nicht erreichen.

ELIZABETH Und warum machen Sie so etwas. Was ist Ihre Motivation dafür. Persönlich.

DER ENTWICKLUNGSHELFER Ich denke, daß wir es waren, die alles in Unordnung. Ich meine. Unsere westliche Zivilisation. Und da möchte ich ...

Währenddessen:

Pozzo beginnt sich leicht zu wehren. Er gibt die Zigaretten nicht mehr freiwillig an den Kräftigsten ab und erbettelt sie nicht zurück. Er versucht dann, die Zigaretten und das Feuerzeug zu behalten. Der Kräftigste wird handgreiflich. Die anderen lachen »no«. Der Kräftigste sagt »no« zu Pozzo, wie man es zu einem dummen kleinen Kind sagt. Pozzo beginnt nachdrücklich abwehrend »no« zu sagen. Ab »natürlich gehört alles anders« wird die Gruppe lauter, so daß der Entwicklungshelfer sehr laut sprechen muß. Das »no«-Lachen wird quälender. Der Kräftigste wird zugrifflicher. Ein allen geläufiges Quälungsritual nimmt seinen Verlauf. Der Kräftigste sagt seine »no« auffordernd, die Geschwindigkeit beschleunigend. Es gelingt Pozzo, während der Kräftigste sich endgültig an seinen Kleidern zu schaffen macht und beginnt, ihm die Hose hinunterzuziehen, sich aus dem Seil zu befreien. Er läuft blitzschnell den Hang hinauf. Die Gruppe fällt übereinander, an ihren Seilen aneinander hängend. Der Entwicklungshelfer erfaßt die Situation mit einem Blick. Er läuft Pozzo nach. Schreit »Pozzo. Pozzo. No. Pozzo. No –« und wirft sich über den Flüchtenden. Der Bewacher erschießt beide weit oben im Schnee. Die Gruppe rappelt sich auf. Sie schauen auf die beiden Leichen oben am

Hang. Der Bewacher hält sie mit seiner Maschinenpistole in Schach.

DER BEWACHER (rabiater Befehlston) No. – No.

Die Gruppe torkelt zu den Leichen. Sie durchsuchen die Taschen. Streiten um die Fundstücke. Ziehen den Leichen die Jakken aus. Nehmen die Ausrüstungsgegenstände des Entwicklungshelfers. Der Bewacher schreit sie an.

DER BEWACHER Nonononononono.

Die Gruppe schleift die beiden Leichen an den Bergrand rechts und schiebt sie über den Rand oben. Breite blutige Spuren.

DER BEWACHER (brüllend) Nononono. Nono.

Widerstrebend legen die Jugendlichen die Beutestücke an eine vom Bewacher mit der Maschinenpistole bedeutete Stelle. Die Jugendlichen nehmen Aufstellung in einer Reihe. Die Hände im Genick verschränkt.

DER BEWACHER (barsch) No.

Die Gruppe geht im Gänsemarsch den Weg zurück, den sie heraufkam. Verdrossen. Der Bewacher sammelt die Beutestücke auf und folgt der Gruppe, die Waffe im Anschlag.

Der Zwergenforscher hat der Szene gleich bei Annäherung des Entwicklungshelfers den Rücken gekehrt und nach rechts hinaus ins Tal gesehen. Er blickt immer wieder nervös auf seine Uhr.

## XI

ELIZABETH (in ihren Liegestuhl gekauert) Sie sind weg.

LEONARD (schaut der Gruppe nach, nachdem auch der Bewacher verschwunden ist) Jetzt. Da. Jetzt sind sie alle weg. Jetzt sitzt nur mehr unser Freund mit dem Fernglas da.

ELIZABETH Der schießt nicht. Glaube ich. Was sagen Sie dazu.

LEONARD Schnell geht das. Dieser Aufpasser.

ELIZABETH Ja. Schnell. Trotzdem. Ich würde ihn natürlich sofort als Leibwächter engagieren.

LEONARD Ja? Ich hätte da meine Sorgen.

ELIZABETH Er hatte sicher den Befehl. Wenn irgendeiner auch nur einen Schritt wegmacht. Dann. – Der Mann hat nach seinem Befehl gehandelt. Deshalb ist dieser Bursche ja auch so gelaufen. Wie der andere weg ist. Aber wahrscheinlich war das. Wie der Befehl. – Ich würde ihm ja intelligentere Befehle. Es kommt doch nur auf die Befehle an. Und es ist nicht einfach, jemanden zu finden, der so schnell. – Jetzt ist mir schlecht.

LEONARD Kopf auf die Knie und tief atmen. Ja. So. Eins-zwei-drei-einatmen-eins-zwei-drei-ausatmen.

Er sagt das noch lange vor sich hin. Er sitzt auf seinem Köfferchen und raucht. Trinkt aus einem Flachmann. Sie in ihren Liegestuhl gekauert.


## XII

Der Yeti taucht wieder in der Mitte des linken oberen Gletscherrands auf. Ragt gegen den blauen Himmel. Der Zwergenforscher rechts unten dreht sich um, springt sofort auf, das Fernglas auf den Yeti gerichtet. Er rafft seine Sachen zusammen und geht dem Yeti entgegen. Bergauf stapfend. Am Wegweiser »Top« bleibt der Zwergenforscher stehen und erwartet den Yeti. Der läßt sich nach einigem Starren in die Weite ins Hinuntergehen fallen. Geht auf den Zwergenforscher zu. Die Hand zum Handschütteln weit vorausgestreckt. Beim Zwergenforscher angekommen, schüttelt er ihm die Hand, schlägt die Hakken in den Yeti-Galoschen zusammen und verbeugt sich scharf und knapp. So hätte Livingstone Stanley begrüßt.

YETI Gestatten. Bühl. Sie wollten.

SEVERINI Severini. Sie erlauben. Severini. (Unsicher, verlegen. Er nestelt ein großes Mikrofon aus seinem Rucksack hervor. Umständlich.) Zuerst. Darf ich wohl. Ich meine. Bedanken.

YETI Nun. Ich bin ja da. Jetzt.

SEVERINI Ich meine. Mir ist. Sie müssen wissen. Mir ist die Exklusivität. Graf. Mir ist die Exklusivität des Augenblicks sehr wohl.

YETI  Nun. Eigentlich falle ich doch gar nicht in Ihr Gebiet. Sie sind Zwergenforscher. Wurde mir gesagt. Und ich bin ja nun nicht gerade ...

SEVERINI  Richtig. So ist es. Ich bin. Mein Fachgebiet ist die Zwergenforschung.

YETI  Da muß ich ja eine Enttäuschung sein. Eigentlich.

SEVERINI  Im Gegenteil. Im Gegenteil. Ich bin. Ich darf es Ihnen gestehen. Graf. Ich bin erleichtert. Ich bin immer erleichtert. Auf ein Studienobjekt zu treffen. Es ist. Ich. Wie soll ich sagen. Schmerzlich. – Obwohl. Einen Augenblick lang. Jedesmal. Knapp vor der Enttäuschung finde ich mich. Versucht. Das Fernglas. Von der anderen Seite. Wissen Sie. Wegen der Illusion.

YETI  Aber. Mein lieber Professor. Wie sollte ich nicht. Allzugut. Mein Lieber. Allzugut verstehe ich das. Wie denn nicht.

SEVERINI  Ich muß auch gestehen. Es war zu vermuten, daß Sie nicht. Ich meine. Aus den bisherigen Forschungsergebnissen war das mit einiger Sicherheit. Der Durchmesser der Fußspuren etc. etc. Es war mit einiger Wahrscheinlichkeit abzuleiten, daß Sie nicht. Aber. Daß ich Sie. Graf. Hier. Ich meine. Wie. Hat sich das.

YETI  Es hat halt nicht. Wissen Sie. – Die Helén hätte schon. Die Helene hätte die Strenge gehabt. Für das Leben. Für das ganze Leben. Aber ich. Wissen Sie. Ich war. Mir war das auch. Bewußt war mir das immer schon. Ich bin zu. Zu ungenau. Wissen Sie. Und der Augenblick. Diese Verführung im Moment. Man ist doch verzweifelt. Meistens. Und das hat sich. Nicht. Und es war so kostbar. Wissen Sie. Es war das Kostbarste. Diese Größe. Diese Strenge. Aber nicht zu. – Und dann dieser fatale Trieb, dem man so ausgeliefert ist. So vollkommen. Da ist nichts zu tun. Dagegen. Und deshalb bin ich weg. Diese Welt da. Die hat ja auch nicht überlebt. Zugrund ist sie gegangen. Unsere Söhne. Alle sind sie da mitgewesen. Im Zweiten Krieg. Die haben das nicht mehr verstehen können. Oder wollen. Wie das ist. Mit der Delikatesse. Sind umgekommen dabei. Alle. Wir haben nur das Beste gewollt. Aber die anderen. Die anderen waren lauter. Wir haben das Beste auch noch gekonnt. Aber. Es hat halt niemand mehr wollen. Und ohne Treue. Und Gehorsam. Gegenüber denen, die es wissen. Und wenn dann keine mehr sind, die es noch wissen. Wie kann dann die Welt. Das wird nimmer. Verstehen Sie. Ich habe es ja gewußt. Immer habe ich es gewußt. Aber. Man möchte doch. Leben. Ein bisserl hätt ich schon mögen. Aber da war der Sargdeckel schon drauf. Und dann der Drang. Nicht mehr im Zaum zu halten. Wenn sich alles aufhört, verliert man halt die Contenance. Das ist ja doch unvermeidlich. – Die Helene verwaltet Göllersdorf. Das macht sie sehr gut. Ich glaube. Sie haben einen Golfplatz da. Und solche Sachen. Und ich. Ich lebe hier. Ich hätte es ihr nicht mehr verbergen können. Es war nicht mehr zu machen. Es ist auch besser so. Ich kann hier ganz gut. So. Als Schneemensch. Das Einsame liegt mir. Da erscheine ich kurz und hinterlasse meine Spur. Und sonst denke ich, was ich will. Ich treffe niemanden. Da gibt es keine Ablenkung. Keine Versuchung. Und. Es ist ein Regierungsposten. Wissen Sie. Ich war im Herrenhaus. Abgeordneter. Da wäre es doch schwierig, bei jemandem angestellt zu sein. Aber bei der Regierung. Man muß schon zufrieden sein. Und sonst. Sonst war alles umsonst.

SEVERINI Aber das Klima. Setzt Ihnen das Klima nicht zu?

YETI Natürlich fühl ich mich ein bisserl alt. Und müd. Aber auch nicht mehr als damals. Wir waren ja im Ersten Krieg so angestrengt. Und das ist halt so geblieben. Das wird sich nicht mehr ändern lassen. Aber. Sagen Sie. Mein lieber Professor. Eigentlich hat es ja gar keinen Sinn. Unsere Konversation.

SEVERINI Ganz im Gegenteil. Ganz im Gegenteil. Lieber Graf. Es ist sogar besonders wichtig. Wissen Sie. Es geht um die Frage. Um die grundlegende Frage. Warum Sie keiner sind. Warum Sie kein Zwerg sind. Ich meine. Es wäre doch möglich. Immerhin. Irgendwie.

YETI Ah. So sehen Sie das. Dieser Standpunkt ist doch etwas neu für mich. Einigermaßen neu. Und wie kommen Sie auf die Idee, daß ich?

SEVERINI Ich gehe von folgendem aus: Wählt jemand eine besondere Form der Existenz, so stellt sich doch die Frage, warum dies getan wird und warum die jeweilige, spezifische Form gewählt wird.

YETI Sie meinen. Ich könnte ein Zwerg sein. Wenn ich mich dafür entschieden hätte. Aber. Mein lieber Professor.

SEVERINI Und die Frage ist, warum nicht. Und warum nicht anders. Anders sein. Anders sein wollen.

YETI Oder anders sein müssen. Aber das ist doch die Frage, die mich quält. Immer gequält hat. Ich habe keine Antwort gefunden. Keine gültige. Jedenfalls. Und Lebensgeschichten. Das ist doch keine Grundlage für eine wissenschaftliche Arbeit.

SEVERINI Das sehe ich ganz anders. Die verschiedenen Entscheidungskriterien lassen sich jeweils semantischen Chiffren subsumieren. Damit wieder läßt sich jede Entscheidung auf anthropologische Invarianten zurückführen. Diese dann in Beziehung zu Geschlecht, Alter, sozialer Position und Familienposition gesetzt. Und es lassen sich Muster ableiten. Anders kann historisch nichts getan werden. Wie denn sonst. Wie denn sonst wollen Sie das Leben beschreiben. Das Leben.

YETI Ja. Aber doch mit sehr fragwürdigem Material.

SEVERINI Ich habe dieser Aufgabe mein Leben geweiht.

YETI Aber muß nicht bei der Beurteilung eines solchen Unternehmens. Muß da nicht der Einsatz des Materials. Vor allem des statistischen. In der Relation zum Befrager gesehen werden. Ihre Kriterien sind doch rein subjektive. Ist das nicht einfach. Irgendwie. Der normale Versuch, dahinterzukommen. Es herauszufinden.

SEVERINI Das ist in den Gesellschaftswissenschaften unvermeidlich. Das muß so sein. Und ich leugne es ja nicht.

YETI Knapp an der Literatur. Mein lieber Professor. Knapp an der Literatur. Und diese Vermeidungen. Wie viele Zwerge waren es denn. Bisher.

SEVERINI Bis jetzt. Ja. Ich habe mich vor allem mit dem historischen Aufschluß des Materials beschäftigt. Und mit denen, die keine. Die sich nicht zum Zwerg entschieden. Wußten Sie, daß ein Sohn von Kronos ...

YETI Das heißt, er hat keinen.
SEVERINI Ja. Keinen.
YETI Noch nie?
SEVERINI Bis jetzt. Es war zu vermeiden. Bis jetzt.
YETI Diesem Problem hat er sein Leben. Und nie.
SEVERINI Nein. Nie.
YETI Wie alt ist er denn nun?
SEVERINI 62.
YETI Verheiratet? Kinder?
SEVERINI Nein.
YETI Er lebt allein. Einzig seiner Aufgabe.
SEVERINI Meine Mutter. Sie führt mir den Haushalt.
YETI Keine Kinder. Niemand wird sich an ihn erinnern. Das ist nicht einfach. Diese Vorstellung. Nicht einmal seine Forschungsarbeit wird in Erinnerung bleiben.
SEVERINI Ja. Das ist. Schwierig. Wiederholungslos zu existieren. Sich nie. Gedoppelt zu haben. Fortsetzungslos. Vielleicht sogar sinnlos. Aber dann doch. Der wahre Triumph. Des Geistes und des Willens. Widerstand.
YETI Sie sind natürlich in guter Gesellschaft. Die größten Geister wurden immer von ihren Müttern betreut. – Die Frau Mamá. Ist sie groß. Eher dominant?
SEVERINI Meine Mutter ist durchsetzungsfähig. Das schon. Ich. Ich verdanke ihr alles. Aber sie ist klein. Nein. Nein. Nicht so. Keine Zwergin. Keine echte. Jedenfalls.
YETI Aber. Dann besteht doch kein Grund für diese Hemmungen. Wenn Sie sagen, die Frau Mamá wäre nicht der Anlaß. Was für Ängste sind es denn dann. Die Sie abhalten. Was empfinden Sie denn überhaupt bei dem Gedanken. Was haben Sie gefühlt. Auf dem Weg hierher. Als Sie noch nicht sicher sein konnten, daß ich kein ...
SEVERINI Ich bin einfach erleichtert. Tief und vollkommen erleichtert. Geradezu glücklich erleichtert.
YETI Was hätten Sie getan. Was hätten Sie mich gefragt, wenn ich nun doch?
SEVERINI Ja. Das ist es ja. Wovor. Weswegen. Weshalb. Ich meine. Ich habe keine Vorstellung dafür. Es ist. Diese Stelle. Dort, wo die Vorstellung sein sollte. Diese ganz bestimmte

Vorstellung. Da ist nichts. Leer. Nichts. Es könnte alles dort sein. Alles. Auch das Schrecklichste. Verstehen Sie.

YETI Mein lieber Professor! Sie wollen ein Zwerg sein. Sie wünschen sich selbst, ein Zwerg zu sein. Aber. Das ist doch das Normalste von der Welt. Wer wollte nicht das Objekt seiner Begierde selbst sein. Ich. Mein lieber Professor. Ich. Es ist doch ganz normal, es sich einzuverleiben. Es – sich – werden. Wollen. – Wissen Sie. Ich wäre gerne eine Frau gewesen. Die Frauen. Die Frauen sind halt doch die vollständigere Rasse. Mit so einer Nonchalance sind die ganz. Sind da und haben schon alles. Müssen sich nicht anstrengen. Können alles in sich vereinigen. Aber. Mit dem Mieder anziehen allein war es dann nicht. Da kommen einem Ideen. Ich muß Ihnen gestehen. Wirklich ganz schlimme Ideen. Und wie ich dann nur mehr die Kleider von der Helén. Wissen Sie. Da bin ich gegangen. So eine vollkommene Person. Die Vollkommenste. Das hab ich ihr ersparen müssen. Das war ich ihr schon schuldig. Weil ich auf einmal nicht mehr gewußt hab. Was sonst noch. Wie eine Flut war das, die gerade noch aufgehalten war. Aber gesehen hab ich sie. Die Flut, wie sie mich wegschwemmt. Und das hätt ich nicht wollen. Wie ich der Helén versprochen hab, daß ich ihr alles. Über mich. Da hab ich ja gar nicht gewußt, was da alles. In mir. Wie hat sich das nur so lange. Verheimlicht. Verstehen Sie das? Ich hab ihr das erspart. Und mir. Ich möchte es auch nicht wissen. Ich will in diese Flut nicht. Und so bleibt es halt ein Geheimnis. Aber ich hab ja nie. Wirklich verstanden hab ich mich nie. Und so. Irgendwie bin ich der Helén dann doch treu. Auch wenn es dieses. Geheimnis. Aber wie hätte man es wissen sollen. Was kommen wird. Und daß die Dauer wider die Vollkommenheit ist. Man hat sich doch gedacht. Geglaubt hat man es, daß die Dauer die Vollkommenheit. Bis ans Lebensende. Das hat sich nicht erfüllen lassen. Aber das Schrecklichste ist, daß ich dieser Flut dankbar bin. Dieser Drohung. Ich lebe hier wieder allein. Mit der Erinnerung. Aber in Façon. Und jetzt verstehe ich die Helene erst vollkommen. Ihr war ja von Anfang an schon alles Vergangenheit.

SEVERINI Sie wollen also Ihr. Sie wollen nicht alles wissen über sich. Alles. In die Wirklichkeit ...

YETI Aber das war doch der Fehler von unseren Kindern. Keine tenue mehr. Alles ans Licht. Und was das dann war, das hat man ja gesehen.
SEVERINI Sie glauben nicht an ...
YETI ... Ich glaube an alles. Uns hat man das noch beigebracht. Glauben. Und dann nachgehen. Ohne Fragen. Das gibt es nicht mehr. So eine Ordnung, daß jedes weiß, wo es hingehört und wie es funktionieren soll. Ohne Fragen. Das gibt es ja nicht mehr. Deshalb gibt es auch nicht mehr diese Leichtigkeit im Geist. Wenn jeder sich die Welt neu ausdenken muß. Dann wird es zäh. Das muß so sein. Dann. Nein. Nein. Wir sind da noch gefolgt. Haben gewußt wofür. Das hat einen Sinn gehabt.
SEVERINI Und Sie haben nie überlegt. Als Ausweg. Ich meine. Sich dafür zu entscheiden, ein ...
YETI Für einen Zwerg wäre ich zu müde. Dazu wäre ich immer schon zu müde gewesen. Und jetzt entschuldigen Sie mich. Ich muß hier einen Stundenplan einhalten, und ich hab mich schon verspätet. Scheußlich verspätet.
Severini beginnt aufgeregt herumzunesteln.
SEVERINI Einen Augenblick. Graf. Nur einen Moment. Noch.
Der Yeti hält höflich-erstaunt inne. Severini läuft zurück und holt den Fotoapparat. Kommt zurück. Der Yeti beobachtet diese Unternehmung mit steigender Ablehnung.
SEVERINI Ein Foto. Der Anlaß. Ich meine. Ein Foto muß sein.
Der Yeti verbeugt sich wie zu Beginn. Severini baut die Kamera auf. Erwartungsvoll-erfreut stellt er sich auf, den Selbstauslöser in der Hand und erwartet, daß der Yeti sich neben ihn stellt.
YETI (eilig, angespannt-höflich) Mein lieber Professor. Es war mir ein. Und. Handküsse an die Frau Mama.
Der Yeti macht sich eilig davon. Er verschwindet wie immer nach rechts.
SEVERINI (ihm nachrufend) Aber. Ein Foto. Zur Erinnerung. Eine. Dokumentation.
Der Yeti geht davon, so schnell ihn seine Galoschen lassen. Der Professor sieht ihm nach.

SEVERINI (in sein Mikrofon) Der Befragte verweigert eine Aufnahme. Kein Foto. Ende des 231. Bandes.
Er steckt das Mikrofon ein. Schultert den Rucksack. Nimmt den Selbstauslöser in die Hand. Zögert. Drückt dann darauf. Blitz. Danach schultert der Zwergenforscher den Fotoapparat und beginnt den Abstieg. Vorsichtig klettert er bergab und verschwindet.

## XIII

Elizabeth sitzt zusammengekauert in ihrem Liegestuhl. Leonard hockt auf seinem Köfferchen. Von Zeit zu Zeit nippt er an seinem Flachmann. Elizabeth hebt den Kopf. Will zu sprechen beginnen. Ihr Blick streift die Blutflecken, und sie kauert sich wieder in den Liegestuhl zurück. Leonard offeriert ihr den Flachmann und setzt dann achselzuckend selbst an.
Hinter dem Berg tauchen die Köpfe des dünnen Mannes und des dicken Mannes auf. Sie erklimmen die Stelle, an der der Yeti stand. Sie verharren einen Augenblick keuchend. Sie führen jeder eine Dogge oder einen Dobermann aus Plüsch auf Rädern mit. Die Hunde werden knapp am Halsband geführt. Nach kurzem Schnaufen gehen die beiden Männer zum Wegweiser vor. Hinter ihnen kommen die dicke und die dünne Frau. Sie ziehen beide einen kleinen Hund auf Rädern hinter sich her. Die beiden Frauen bleiben ebenfalls auf der Kante stehen. Die Männer blicken auf den Boden. Spurensuche à la Indianerspiel.
DIE DICKE FRAU (zu ihrem Hund) Na. Burli. Komm. Ja. Komm schön. Nein geh. Wo ist er denn. Na komm. Zeig dem Frauli. Wo. Wo ist er denn.
DIE DÜNNE FRAU (zu ihrem Hund) Suchen. Parzival. Suchen. Ja. Schön suchen. Wo ist er denn. Ja. Wo ist er denn. Der Yeti. Ja. Wo denn.
DER DICKE MANN Hier irgendwo muß er sein. Ich weiß es. Ich habe ein Gefühl dafür. Für solche Sachen habe ich ein Gefühl. Meine Frau kennt das. Bei diesen Spielen auf den

Kreuzfahrten. Da finde ich immer alles. Fragen Sie meine Frau.

DER DÜNNE MANN Unser Odin wir ihn aufstöbern. Machen Sie sich keine Sorgen. Da müssen wir uns gar nicht auf ein Gefühl verlassen. Unser Odin. Der findet ihn. Odin. Na. Such. Odin. Faß.

Alle stehen beim Wegweiser. Die Männer ziehen Flachmänner heraus. Die Frauen essen zuerst Schokolade. Dann trinken sie auch aus den Flachmännern. Kichernde Altkinder.

DIE DICKE FRAU Mein Mann findet alles. Immer. Der hat so eine Spürnase. Und zusammen mit unserem Zeus. Unschlagbar. Sage ich Ihnen. Unschlagbar.

DIE DÜNNE FRAU Schon eine Schande. Ich hätte unserem Parzival die Stiefelchen. So. Wie es hier aussieht, wird er sich seine Pfoten. Verletzen kann er sich. Hier. Eine Schande. Eigentlich. Versprochen haben sie uns idyllische Stunden in der majestätischen Bergwelt.

DER DÜNNE MANN Eine Schweinerei ist das hier. Es ist unglaublich, wie die Leute. Ordnung. Das kommt alles davon, daß es keine Ordnung mehr gibt.

DER DICKE MANN Ordnung. So etwas gibt es doch gar nicht. Das gibt es doch gar nicht mehr.

DER DÜNNE MANN Dann muß man sie schaffen. Wieder. Eine Ordnung. Man muß es denen zeigen, was eine Ordnung ist.

DER DICKE MANN Aber ich bitte Sie. In einem Land wie diesem hier. Ordnung. Sie sehen doch. Wie diese Einheimischen. Von Ordnung haben die noch nie etwas gehört.

DIE DICKE FRAU Aber unser Geld nehmen. Das können sie.

DIE DÜNNE FRAU Durchgreifen. Streng durchgreifen. Man müßte streng durchgreifen. Aber das tut eben keiner mehr. Niemand tut das mehr. Mein Vater. Der konnte das noch. Gell. Parzival. (Schmusend an ihren Hund gewandt) Streng durchgreifen. Ja. Das muß man. Da würde niemand mehr hier etwas wegwerfen. Bestrafen müßte man die. Bei unserem Opi. Da hätte es das nicht gegeben. Da war noch alles in Ordnung.

DIE DICKE FRAU Also Spuren kann man hier keine. Ich kann

keine. Und du. Burli. Hmmm. (Verspielt) Mein Prommi.
Hmmm. Mein kleiner Prommi. So weit heraufgelaufen ist er.
Yeti suchen. Mein Prommilein. (Zur dünnen Frau) Eigentlich
heißt er Prometheus. Der Züchter hat ihn Prometheus ge-
nannt. Aber. Ich frage Sie. So ein langer Name für so einen
Kleinen. (Wieder mit dem Hund tändelnd) Für so ein kleines
Hundilein. Hmmmm.

DER DÜNNE MANN Der Odin wird das schon. Unser Odin hat
das doch gelernt. Der ist trainiert. Ja. Odin. Wir brauchen
nicht das Glück. Wir brauchen nur dich. Ja. Odin. – Wenn
wir nur irgend etwas hätten. Von dem Yeti. Dann könnten
wir der Fährte.

DIE DICKE FRAU Ich glaube. Ich trage unseren Burli lieber. Ja.
Mein Burli-Burli. So weit hat er heraufmüssen. Aber du
kannst doch auch riechen. Komm. Tu schön. Komm. Yeti-
Riechen. Nein. Nein. Nicht da hinauf. Das ist zu gefährlich
für mein Burlilein. Nein. Nein.

DIE DÜNNE FRAU Unserem Parzival macht das nichts aus. So
weit. Aber die Scherben. Ich bin sicher, hier sind Scherben.
Glaubt ihr eigentlich wirklich, die zahlen etwas für den Yeti.
Wieso sollen die etwas für den Yeti. Wieso sollen die?

DIE DICKE FRAU Aber was glauben Sie denn. Auf jeden Fall.
Mein Mann sagt. Auf jeden Fall. Und wir kommen ins Fernsehen. Ganz sicher.

DER DICKE MANN Aber ganz sicher. Das ist doch von wissen-
schaftlichem Interesse. Da geht es doch nicht mehr um ein
paar Golddukaten. Da wird man berühmt dafür. Wenn man
den Yeti fängt. Ja. Zeus. Berühmt.

DIE DICKE FRAU (zu ihrem Mann) Du. Die Maynard sitzt immer noch da. Hallo!

Sie winkt hinüber.

Leonard macht eine müde Handbewegung.

DIE DICKE FRAU Glaubst du. Die will auch? Ich meine. Die hat
doch schon. (Sie winkt wieder hinüber. Strahlendes Lächeln.) Hallo. Die hat doch schon alles. Ist das nicht. Ich
finde das ungerecht. Das ist doch ungerecht.

DIE DÜNNE FRAU (zu ihrem Hündchen) Parzival. Schau einmal. Da. Siehst du. Da. Das ist doch. Die Maynard. Du weißt

doch. Dieser Filmstar. Ich bin ganz sicher. Die. Von der wir diese Bücher haben. Wie man sich richtig ernährt. Organisch. Weißt du.

Die dünne Frau winkt nun Elizabeth zu. Sie hat sich aufgesetzt und starrt vor sich hin. Leonard winkt an ihrer Stelle wieder zurück. Begeisterungslos.

DIE DÜNNE FRAU (zu allen anderen) Sie hat mich gesehen. (ruft) Frau Maynard. Hallo. Hallo.

Elizabeth sinkt wieder zusammen. Die dünne Frau geht an den Vorsprung heran.

DIE DÜNNE FRAU Sie sind doch Elizabeth Maynard. Oder? Wissen Sie. Wir haben alle Ihre Bücher. Zu Hause. Weil wir jede Serie von Ihnen. Wir versäumen keine von Ihren Folgen. Und ich koche auch nach Ihren Rezepten. Und es tut uns gut. Das sehen Sie ja. Wir leben vollkommen gesund. (Ruft ihrem Mann zu) Kannst du kein Foto machen. Mach doch ein Foto. (Zu Elizabeth, die sie leer anstarrt) Es macht Ihnen doch nichts aus. Es wird mir sonst niemand glauben. Sonst.

DER DÜNNE MANN (eilig hervorgesuchte Kleinkamera) Ich bekomme dich nicht. Nicht zusammen. Ich schneide dir den Kopf ab. Oder es sind nur ihre Füße. Sie müßte aufstehen. Ich bekomme sie überhaupt nicht.

LEONARD (zur dünnen Frau) Sehen Sie denn nicht. Frau Maynard geht es nicht. Sie braucht Ruhe. Die Höhe. Die Sonne. Sie verstehen.

Die dicke Frau kommt nun mit ihrem Hund im Arm zur dünnen Frau. Die Männer suchen wieder Spuren.

DIE DICKE FRAU Aber. Mir hat sie doch ein Autogramm gegeben.

LEONARD Ja. Das ist. Aber jetzt. Könnten Sie nicht. Ich meine. Rücksicht nehmen. Seien Sie doch so nett. Sie sehen doch.

DIE DICKE FRAU Aber. Das ist doch. Mir gibt sie noch ein Autogramm. Und dann kann sie nicht einmal aufstehen. Für ein Foto. Ich bitte Sie. Das ist eine. Unhöflich. Zumindest unhöflich ist das. Was glauben Sie denn. Ich meine. Wir zahlen schließlich. Da wird man doch noch. Ein Autogramm. Ich verstehe das nicht.

DIE DÜNNE FRAU (zu ihrem Hund) Da siehst du. Parzival. Die

Frau Maynard. Die mag uns nicht. Der sind wir nicht wichtig genug.

DIE DICKE FRAU Darum geht es nicht. Ich meine. Eine Unterschrift. Das ist doch nicht zuviel verlangt. Oder. Das wird doch noch möglich sein. Schließlich. – Aber so ist das. Kaufen dürfen wir. Alles kaufen, auf dem ihr Name. Aber wenn dann einmal. Und es ist ja wirklich nur eine Unterschrift. Das geht dann nicht.

LEONARD Sehen Sie denn nicht. Frau Maynard geht es nicht gut.

DIE DICKE FRAU Ja. Glauben Sie, uns geht es immer gut. Nein. Wir lassen uns nicht abspeisen. Wir sind keine Bettler. Was glauben Sie denn. (Zur dünnen Frau) Kommen Sie. Lassen wir es. (Zu Leonard) Aber Sie werden noch hören von uns. Ich werde das. Damit komme ich in die »I love Lucy«-Show. Eine Begegnung mit einem Star. Die haben so etwas gern. Und dann bekomme ich ein Autogramm vom Schwarzenegger. Das ist ohnehin mehr wert.

Die Männer haben sich bis zu der Stelle vorgearbeitet, an der der Zwergenforscher gesessen hatte.

BEIDE MÄNNER Hier. Hier. Hier sind. Spuren. Wir haben ihn. Wir werden ihn gleich haben. (Zu den Hunden) Such. Odin. Zeus, such. Such. Ja. Suchen. Faß. Faß.

Die beiden Frauen wenden sich sofort von Leonard und Elizabeth ab. Sie laufen den Männern nach, die bereits verschwunden sind und von denen nur mehr martialische Jagdausrufe zu hören sind.

DIE FRAUEN (gleichzeitig) Komm. Parzival. Promi. Wir haben ihn. Ja. Komm. Wir müssen laufen. Komm.

DIE DICKE FRAU (zieht ihren Hund hinter sich durch den Schnee) Sie haben ihn. Wir haben ihn. Wo. Wo ist er. Wie sieht er aus. Sagt er etwas. Komm. Burli. Komm. Ganz schnell. Komm. Wir müssen Yetischauen. Yetifangen. Schnell. Komm.

Elizabeth sieht wieder auf. Leonard hält ihr wieder den Flachmann hin. Erschöpft nimmt sie ihn und trinkt einen langen Schluck. Reicht den Flachmann wortlos zurück.

## XIV

Die Paare mit den Hunden sind weggestürmt. Ihre Rufe fern. Dann einen Augenblick fast still.

ELIZABETH Ich möchte weg. Ich möchte hier nicht mehr sein. (Sie sieht auf. Leonard zugewandt.)
Wie machen Sie das. – Ich meine. – Macht Ihnen das nichts aus. – So etwas. – Ist Ihnen das gleichgültig. Einfach. – Gleichgültig. – Wie schaffen Sie das. Wie kann man das. – Das kann man nicht. Wie soll man das. Ertragen. Man kann es nicht ertragen. Das. Alles.

Leonard steht nervös auf. Geht zwei Schritte auf und ab. Soweit das auf dem Vorsprung möglich ist. Trinkt. Eine hilflose Armbewegung.
Währenddessen:
Plötzlich Hundegebell. Wenig entfernt und wütend. Die Hundebesitzer können gehört werden, wie sie die Namen ihrer Hunde immer wieder ausrufen. Elizabeth und Leonard stehen auf. Sie treten an den Rand des Vorsprungs und versuchen die Ursache des Getöses zu erspähen. Sie stehen nahe beieinander, berühren einander aber nicht. Eine Maschinengewehrsalve.
Gaviria fährt mit einem Snow-mobile von rechts auf die Bühne. Er hält etwas unter dem Wegweiser in der Mitte des Hanges. Auf den Kufen des Snow-mobiles stehen zwei Models. Eine dunkel, eine hell. Sie springen ab und gruppieren sich um Gaviria, wie es ihren Funktionen als Leibwächterinnen entspricht. Sie tragen ebenso prachtvoll-bombastische Schikleidung wie Gaviria. Automatische Waffen an den Hüften. Hinter Gaviria kommt der Bewacher der jugendlichen Delinquenten. Die Maschinenpistole im Anschlag. Er stellt sich links auf und sichert gegen Elizabeth und Leonard. Die Ehepaare mit den Hunden tauchen rechts auf. Sie bleiben in einer Reihe stehen. Die Hunde jeweils dazwischen. Das Hundegekläff hält die ganze Zeit an und wird zu einem gefährlichen Knurren. Dieses Knurren bleibt über den Chor hinaus in den Auftrittsmonolog Gavirias hinein zu hören.

DIE DÜNNE FRAU Wer ist der Mensch –

DER DÜNNE MANN Der unsere Wege hindert –

DIE DICKE FRAU Die Spur uns verwischt –
DER DICKE MANN Hier in der –
DER DÜNNE MANN Bergwelt Majestät –
DIE DICKE FRAU Versprochen uns –
DER DICKE MANN Auf die ein Recht –
ALLE Die wir bezahlt.

Gaviria steht in dem Snow-mobile auf und spricht von dort aus, wie von einer Kanzel. Er adressiert ausschließlich Elizabeth.

GAVIRIA
Die Welt ist mein. Beherrscher ich.
Der süße Lohn noch süßrer Macht
Die Welt sich selbst zum Pfand mir gibt.
Dies grausam glitzernd Ding, die Welt
Sich Schuld und Schand in Diensten nahm,
Die träufelten ihr Gift in allen Lauf
Und was für viele tausend Jahr
Geerntet von den Priestern ward,
Das ist mein Feld, da halte Ernt nun ich.
Die Schuldigen und die Geschändeten,
Die rette ich für einen kurzen Traum,
Den teuer sie entgelten mir.
Mein Gold, mein weißes bleiches Gold,
Das langes Elend nimmt zum kurzen Lohn
Und brennend kalten Schimmer zeugt,
Gedrängt in einen Augenblick ein Sein,
Kristallen klar, kein Leid, kein Glück,
Das den Betrogenen sonst immer.
Ein lustzerrissner Schmerzensschrei,
Dann tiefe Nacht und dann –
Zu Schuld und Schand die dürre Gier,
Der Schwestern der Zerstörung dritte
Gesellschaft nimmt und ewige Begleitung.
Das Geld, an dem nichts haften bleibt,
Kein Schweiß, kein Blut, ja nichts von Tränen,
Das gebe ich der Welt zurück.
Ich investiere es in höhern Sold
Der Schuld, der Schande und der Gier,
Damit nicht ohne Druck gleich eine bessre Welt.

So lenk ich das System.
Vor meinem Geld, dem andern Gott
Regierungen gezwungen sind
Kreditvermittelnd nachzugeben
Und wenn es das Kalkül verlangt,
Dann unterstütz ich nebenbei
Auch DEA und FBI.
Verkaufe Waffen denen, die mich jagen.
In diesem Krieg kämpft ich auf beiden Seiten.
Mit Drogen mache ich die Menschen krank,
Mit Geld bezahle ich die Härte und die Strenge,
Krankmacher selbst, Zutreiber mir
Und so verdien ich immer.
So bin ich Wurzel mir und Frucht,
Zuhälter meiner eignen Buhlerei.

Gaviria steigt aus seinem Snow-mobile aus. Er hält seinen Monolog mit nonchalanter Gelassenheit und vollkommen unpathetisch, als trüge er ein Marketing-Konzept vor. Er geht ein paar Schritte auf Elizabeth zu.

GAVIRIA (weiterhin ausschließlich zu Elizabeth)
Sobald ich es erfuhr,
Bin ich hierhergeeilt
Der schönsten Frau die Grüße und Willkommen ...

ELIZABETH
Ich kenn Euch nicht.
Ich weiß nicht Euren Namen.
Zwar hört ich nun von welcher Art Eure –
Beschäftigung
Doch die betrachte ich mit Abscheu ...

DIE DICKE FRAU  Da hat sie recht –
DIE DÜNNE FRAU  Das muß man sagen –
DIE DICKE FRAU  Wenn einer schon in aller Öffentlichkeit –
DIE DÜNNE FRAU  Das sind die Leute, denen unsre Kinder –
DIE DICKE FRAU  Die Schmutz und Unrat tragen weit in unsre Welt –
DIE DÜNNE FRAU  Familien zerreißen und zerstörn –
DIE DICKE FRAU  Die Schuld an unserem Unglück tragen.
ELIZABETH (zu Gaviria)

Ihr wißt, daß Ihr auf meinem Berg hier steht,
Und ich gewährte nicht Euch Zugang.
GAVIRIA Madame.
Zur Hälfte Euch, zur Hälfte mir.
Denn Ihr wart zu erreichen nicht.
Zwei Monde hat man nichts gehört von Euch.
Ich hätte längst schon ein Gespräch. –
Die Hälfte Eurer Aktien sind jetzt bei mir.
ELIZABETH Fünfzig Prozent?
Ganz sicher nicht.
Miss Eckart, Joseph Wilkins ...
GAVIRIA ... Madame
Schon jetzt seid Ihr in meiner Hand
Und diese vier Prozent. Ich bitte Euch.
Ein Anruf, in Gefahr Ihr wärt
Oder des Mister Wilkins kleine Tochter
Von der Schule nicht zurück, nie mehr.
Doch darum geht es nicht.
ELIZABETH Ach.
Es sind Menschen so wie Sie,
Die diese Welt zerstörn.
Die Leid und Angst der anderen
Zum eignen Vorteil wenden, die ...
GAVIRIA Madame.
So ist es nicht.
Ich nütze die Gegebenheiten.
Und schlecht?
Wer will mir kommen mit Moral,
Wenn Ihr, Ihr selbst vom Geld von Kriegen lebt.
Was wißt Ihr denn, was oder wie mit Eurem Geld?
Welcher Schmutz und welches Gift verbreitet wird.
Die Dempster Industries die Schafe scheren so wie wir.
Und wie ich weiß, zählt Glücksspiel auch zu Euren Quellen.
DER DÜNNE MANN Da sieht man es –
DER DICKE MANN Man hat es immer schon gewußt –
DER DÜNNE MANN Vermutet nur –
DER DICKE MANN Geahnt, doch sicher war man nicht –
DER DÜNNE MANN Daß alles so –

DER DICKE MANN Jetzt wissen wir genau –
BEIDE Daß niemandem zu traun.
ELIZABETH Ich glaube, daß es sinnlos ist
  Mit Ihnen über Anstand und Moral einen Diskurs zu führen.
  Ich sitze hier auf diesem Berg,
  Um Schönheit und die Stille zu genießen.
  Laßt mich allein, damit den Rest,
  Der von dem Tag uns blieb,
  In Ruhe und in Frieden ich auf meinem Berg verbringen
    kann.
  Mehr frag ich nicht von Euch.
GAVIRIA Madame.
  Ganz kurz nur höret meinen Plan.
  Ich sag es offen. Ich bin der Mühe leid,
  Mein Geld mit einem Abschlag eins zu zwei zu waschen.
  Maynard Productions hat in Vegas ein Casino mit Hotel,
  Die können diesen Abschlag mir ersparen.
  Ich bin es leid,
  Mit den Regierungen in stetem Kleinkrieg, Ressourcen
    einzusetzen.
  Die Dempster Industries lenken die Kautschukproduktion,
  Die Länder wieder, die das Rauschgift produzieren,
  Von diesem Rohstoff sich in hohem Ausmaß finanzieren.
  Der Kautschuk gäbe mir den rechten Griff,
  Um Ruhe wieder hier und Ordnung.
  Gesundheit in der Volkswirtschaft.
  Ich bin nicht interessiert daran,
  Daß Armut, Seuchen, Bürgerkrieg
  Die Produktion zunichte macht.
  Mir wäre lieber es,
  Wenn alle friedlich freundlich lebten,
  Meister der eigenen Bedürfnisse
  Und nicht gejagt von Staat und Polizei,
  Zur Selbsterhaltung des Systems von Schuld und Strafe
    kriminalisiert,
  Das Unglück einiger zum Unglück aller ausgeweitet.
ELIZABETH Was wollen Sie.
  Was stellen Sie sich vor.

Ich werde die Gerichte ...
GAVIRIA Madame.
Ich möchte Sie.
Sie haben Geld und öffentliche Meinung.
Ich habe Macht und Macht, sie durchzusetzen.
Gemeinsam können wir ein Vielfach sein
Von dem, was jetzt wir haben.
ELIZABETH Sie erwarten aber nicht,
daß geschmeichelt ich mich zeige.
GAVIRIA Madame.
Ihr nehmt Euch Zeit, dies gründlich zu bedenken.
Ich warte ab, erwarte Eure Nachricht,
Und gebt Ihr ein, so macht Ihr glücklich mich und stolz,
Und heißt es nein, berufe ich
Die außerordentliche Generalversammlung
in einer Woche ein.
ELIZABETH Erpressung nenn ich das.
Wißt Ihr, daß dieser Mann
Zwei Menschen hier erschossen hat.
Ganz ohne Grund. Nur so.
GAVIRIA Ganz ohne Grund?
so hört ich's nicht.
Doch ist er Euer Angestellter auch,
Ein Mitarbeiter Eurer Foundation
und ist so meiner auch.
Doch lieber als Geschäftliches
Möcht ich Euch sagen, daß ich Euch begehr.
Madame.
Wie mich der Anblick Eurer Augen.
Doch das, das sagt ich lieber Euch allein.
Ich warte im Palast-Hotel
Und darf Euch bitten, dort mein Gast zu sein.
Bringt Euren Biographen mit,
Damit er teilnimmt an der Wendung Eures Lebens
von der schönen stolzen Frau zur Königin.
(wendet sich an die Ehepaare)
Und Sie, Sie alle lad ich dazu ein.
ELIZABETH Wie könnt Ihr wagen, wie erwarten,

Ihr ein Mensch, der ohne Anstand,
Ohne Gedanken an Moral sein Ziel verfolgt.
Das Leid der Menschen kapitalisiert.
Dem kein Gefühl zu eigen.
Wie könnt Ihr denken, daß ich Euch angehört.
Schon der Gedanke, Euch der Gedanke käme.
Eine Beleidigung.

GAVIRIA Madame.
Im Haben sind wir alle gleich.
Im Tun, da laß ich Eure Regeln sein.
Doch, glaubt Euch überlegen nicht.
Ich heuchle nicht.
Doch Ihr, in Eurer schuldverstrickten,
schuldzerrissnen Welt,
In der moralisch Ihr doch auch nur halb,
Freien Lauf Euren Tragödien, dem Unglück nie entgegen,
Die Schicksale verstrickt, freudlos verpestet Eure Seelen
Zum Unglück von Geburt das Böse zögernd zwar
Und schleichend nur, jedoch wie Wundbrand
alles zieht in sich.
Ich heuchle nicht.
Ich nehme mir die Welt und sag es laut
Und hätte mir ein dämpfetrunken Weib
Oder die Formung einer Leber weisgesagt,
Mein Sohn, mein neugeborner Sohn,
Er greift nach meinem Leben vor der Zeit,
Ich hätt gezögert nicht.
Wär mir die Warnung, daß mein Sohn mein Tod,
Ich hätt sehen wollen,
Wie sein winzig Hirn die Wände meiner Kammer deckt
und wie das Schicksal so erstickt im Keim.
Und hätte meinen Vater ich am Wegkreuz hingemetzelt,
Sein Leichnam wäre blut'ge Ahnung nicht
Von Schuld, die elend Unglück nach sich zieht.
Und wäre meiner Mutter Schoß mir zu Besitz gewesen
Und meine Schwester Tochter mir und Söhne Brüder,
Den Blinden, der einhergewankt, zu mahnen mich
Und Unheil über meinem Haupt beschwört,

Den Blinden richt ich hin und knüpft ihn auf am Tor,
Und für die Meinen wärs ein Fest.
Ein Denkmal stellt ich auf den üblen Schwestern
So hilfreich mir ersonnen worden,
Und trunken von Champagner und Gelächter,
Die Sippe rund um mich zur Hochzeit mit der
Tochterschwester, stieß ich an.
So feiert ich den Sieg der Macht,
Denn mächtig nur, wer ganz dem Üblen sich verbindet,
Jedoch dem Üblen nie sich unterjocht
Und nur sein eigen Recht gesetzt,
Dem Lauf der Welt in jedem Maß entzogen.
Mein ist die Welt.
Nur wer ein Gott sich selbst,
Dem fällt der Sonnenwagen zu.

Gaviria ist wieder in sein Snow-mobile gestiegen.

GAVIRIA Madame.
Ein letztes Mal. Gebt mir Gelegenheit,
Euch meine Pläne und in aller Form
Eurer Schönheit den Tribut zu zollen.
Ich wart auf Eure Antwort, und lieber wär es mir,
Es fände sich ein Weg, der unsre Kräfte schont,
Mir Krönung wäre meines Lebens.
(Zu den Ehepaaren)
Auch Euch erwarte ich.

Gaviria fährt weg. Die beiden Models springen auf. Abzug. Der Bewacher sichert noch eine Zeit, bis er dann Gaviria nachgeht. Elizabeth wütend. Leonard erstaunt-hilflos.

DIE DICKE FRAU Geladen sind wir. Soll das sein –
DIE DÜNNE FRAU In das Palast-Hotel. Da wollt ich immer schon –
DER DICKE MANN Da sieht man es, was immer man gewußt –
DER DÜNNE MANN Geahnt, doch sichere Bestätigung –
DIE DÜNNE FRAU Und neu ist nichts –
DIE DICKE FRAU Ich wußte nicht, daß Glücksspiel in ihren Quellen mit dabei –
DIE DÜNNE FRAU Nie wieder kaufe ich ihr Buch –
DER DICKE MANN Die ohnehin sie selber nie geschrieben –

DER DÜNNE MANN Die Serien, die mag nun nie ich wieder sehen –
DIE DÜNNE FRAU Da ist mir so ein Kerl, so ein Verbrecher lieber –
DIE DICKE FRAU Der heuchelt nicht. Der sagt es gleich –
DIE DÜNNE FRAU Wenn Menschen ins Verderben, dann sind es solche, so wie sie –
DER DICKE MANN Handlanger nur von denen, die's so treiben –
DER DÜNNE MANN Ja. Keine Ordnung. Kein Verlaß –
DIE DÜNNE FRAU Aber kann man dorthin? –
DIE DICKE FRAU In das Palast-Hotel? Da muß man hin. Dort ist die große Welt. Dort sind sie alle.
DER DICKE MANN Man kann ja einmal. Wird es dann zu arg –
DIE DICKE FRAU Oder zu peinlich, dann kann man immer noch –
DER DÜNNE MANN Ich sehe keinen Grund, warum man nicht –
DIE DÜNNE FRAU Wir gehen hin. Und du. Vergiß nicht viele Fotos. Damit es alle sehen.
DIE DICKE FRAU Das müssen dann den Kindern wir erzählen. Daß wir, geladen ins Palast-Hotel, die Gäste eines Rauschgifthändlers waren, der ganz nett.
DIE DÜNNE FRAU Ein fescher Mann –
DER DICKE MANN Ein bißchen klein –
Die Frauen miteinander redend hinter Gaviria drein.
DER DÜNNE MANN Das Snow-mobile gefiel mir sehr –
DER DICKE MANN Die Damen noch viel besser –
Die beiden Männer hinter den Frauen blicken sich bedeutungsvoll an.

## XV

Der Straßenarbeiter taucht, von unten kommend, wieder auf. Sobald sein Kopf zu sehen ist, wendet er sich das erste Mal wieder direkt an das Publikum. Strahlend-verkündend.
STRASSENARBEITER Heint ischt Feiertag. Heint ischt Feiertag. Heint ischt Feiertag. Ja. Heint ischt Feiertag.
Er trägt seine Pfosten zum Wegweiser. Wieder Wendung an das Publikum.

STRASSENARBEITER Feiertag. Ja. Heint ischt Feiertag.
Er wirft die Pfosten auf den Boden. Zieht den Wegweiser aus dem Schnee. Wirft ihn zu den anderen, hebt alle auf und dreht sich dem Publikum zu.
STRASSENARBEITER Seid's es no da? Ja? Seid's es a no da. Seid's es no immer da?
Er stapft den Hang hinauf. Auf dem Bergrücken.
STRASSENARBEITER (zu Elizabeth und Leonard) Heint ischt Feiertag. Ja? Heint ischt Feiertag. Ja! Heint ischt Feiertag.
Der Straßenarbeiter verschwindet über den Gletscherrand oben.

## XVI

Elizabeth und Leonard starren dem Straßenarbeiter nach.
LEONARD Und. Stimmt es.
ELIZABETH Stimmt was?
LEONARD Das mit dem Glücksspiel.
ELIZABETH Bitte. Lassen Sie mich in Ruhe. Wenigstens. – Verstehen Sie so wenig von Geld, daß Sie. Natürlich. Sie verstehen auch nichts davon. – Glücksspiel. – Das wäre doch das wenigste. – Was ich nie verstehen werde, ist, daß die Schreihälse immer besser dastehen. Daß Gewalt immer das sicherste Mittel ist. – Sie fallen ja auch sofort darauf hinein.
Pause.
LEONARD Und wer ist dieser Wilkins?
ELIZABETH Mein Anwalt. – Und ein sehr lieber Freund.
LEONARD Sagen Sie. Haben Sie wirklich diese Diätbücher geschrieben.
Elizabeth sieht ihn nur kurz an und dann weg.
LEONARD Es hätte ja sein können. Wenn Sie wegfahren. Diese zwei Monate im Jahr.
Elizabeth sieht ihn wieder kurz an und dann weg.
LEONARD Dem »Mein ist die Welt«-Boy ist das auch aufgefallen. Oder gehen Sie auf so eine Beauty-Geschichte … obwohl …

Elizabeth sieht ihn nicht einmal mehr an. Stochert im Schnee.

LEONARD Was machen Sie dann. In diesen zwei Monaten.

ELIZABETH Sagen Sie mir lieber, wann dieser Helikopter endlich kommt.

LEONARD Seit 77 machen Sie das. Oder? – Ich meine. Sie müssen mir schon alles. Ich meine. Sonst hat es doch keinen. Sinn. Sie können nicht bestimmen, was und was nicht. In die Öffentlichkeit. Ich verstehe ja, daß ...

ELIZABETH (fauchend) Nichts verstehen Sie. Nichts. Absolut nichts. Wen interessiert denn jetzt, was ich mache. Gemacht habe. Verstehen Sie denn nicht. Es ist alles weg. Weg. Ich bin nicht mehr mein eigener Herr. Es ist alles gestohlen. Von einem Straßenräuber einfach gestohlen. Alles, was ich. Weg. Verloren. Verloren.

LEONARD Ja. Sicher. Eine feindliche Übernahme. Das weiß sogar ich ... hätte man nicht ... ich meine ... rechtzeitig ...

ELIZABETH (sarkastisch) Wenn man da ist, kann man rechtzeitig. Und wenn man nicht da ist, dann nicht. Und außerdem ist das die Absicht, daß man es nicht bemerkt. Stellen Sie sich vor.

LEONARD Und jetzt ...

Elizabeth stochert im Schnee. Pause.

ELIZABETH (bemüht-höflich) Es tut mir leid. Entschuldigen Sie. Aber. Für eine Biographie. Also. Jetzt ist Wichtigeres. Das verstehen Sie doch. Ich meine. Ihre Kosten werden selbstverständlich. Und falls es je. Dann beginnen wir noch einmal. Neu.

LEONARD Ich sehe keinen Grund. Ich meine. Jetzt ist doch erst ...

ELIZABETH Ich habe jetzt wirklich anderes zu tun, als mein Leben. Damn. Damn. Damn. Zumindest sieht es so aus, als ob Wilkins nicht verkauft hätte. Das heißt, daß ich zwischen zwei Männern stehe. Der eine hat 4 Prozent und der andere offensichtlich über 40.

LEONARD Was heißt das?

ELIZABETH Daß es eine Frage des Preises ist. Wie immer.

LEONARD So einfach kann das nicht sein. Es gibt doch auch Gerichte. Gesetze. Ich kann mir nicht vorstellen ...

Elizabeth sieht ihn mitleidig an.

ELIZABETH Sehr viel begriffen haben Sie nicht. Von der Welt.

Leonard beleidigt. Schweigt.

ELIZABETH (ein Versuch, etwas höflicher zu sein) Wann wird Ihr Helikopter kommen?

LEONARD (trotziger kleiner Bub) Gar nicht.

ELIZABETH (nachsichtig-erzieherisch) Wann der Hubschrauber kommt.

LEONARD Gar nicht. – Wir fliegen doch gemeinsam.

ELIZABETH Ja.

LEONARD Ich fliege mit Ihnen.

ELIZABETH Nein. Ich mit Ihnen.

LEONARD (weiterhin ungeduldig und beleidigt) Ich weiß nur, daß ich mit Ihnen wegfliege.

ELIZABETH (betont ruhig, wie einem kleinen Kind erklärend) Ich fliege mit Ihnen. Es ist so organisiert, daß wir gemeinsam hier weg. – Es war ja nur, daß ich unbedingt hierher wollte. Ich habe hier –

LEONARD Ich fliege mit Ihnen, und wir arbeiten zwei Tage.

ELIZABETH Nein. Ich ...

LEONARD (ärgerlich) Aber. Man erwartet Sie. Man wird Sie schon holen.

ELIZABETH Morgen. Morgen. Vielleicht. Heute nicht. – Weiß jemand, wo Sie sind?

LEONARD (spitz) Ich halte mich an Abmachungen. Miss Eckart hat ausdrücklich.

ELIZABETH Ich wollte meine Ruhe. Ich darf erst übermorgen. Ausdrücklich erst übermorgen.

LEONARD Und? Dieser Drogenboß. Der wird Sie.

ELIZABETH Der feiert.

LEONARD Man kann ja auch gehen.

ELIZABETH Am Kaviar angeseilt.

LEONARD Wir biwakieren.

ELIZABETH Erfrieren. Werden wir.

LEONARD Aber.

ELIZABETH Das scheint nun wirklich ...

LEONARD ... aber ...

ELIZABETH ... wo haben Sie den Schnaps. Was ist das überhaupt. Was Sie da haben?
LEONARD Laphroaig. Das ist ...
ELIZABETH ... ich weiß, was das ist. Geben Sie mir lieber ...
LEONARD ... aber Sie ...
ELIZABETH ... es scheint, daß es nicht viel Sinn hat, weiter gesund zu leben. Unter diesen Umständen. Cheers.
Er hat ihr den Flachmann gereicht.
LEONARD Aber.
ELIZABETH Cheers!
Trinkt.
Elizabeth gibt den Flachmann zurück. In Gedanken.
ELIZABETH (schwärmerischer Ton wie in II) Ist es nicht schön hier. Ist es nicht. Einfach. Schön. Wunderschön. So. Wie man es sich vorstellt. Immer vorgestellt hat. Und wir werden sterben. Hier.
Leonard immer noch ärgerlich. Blick auf die Uhr. Er schaltet das Tonband, von ihr unbemerkt, wieder ein.
LEONARD So schnell geht das auch wieder nicht.
ELIZABETH Nein?
LEONARD Nein. Das glaube ich nicht. Irgend jemand wird uns schon. Man wird Sie schon suchen.
ELIZABETH Glaube ich nicht.
LEONARD Aber. Ich bitte Sie. So geschehen die Dinge doch nicht.
ELIZABETH Oh ja. So geschehen die Dinge. Genau so.
LEONARD Ich bitte Sie. Für die Millionen von Menschen. Die. Die die Welt sind. Für die ist es nicht so. Die, die so vor sich hin. Die nichts anders haben. Für die ist es nicht so. Spannend.
ELIZABETH Glauben Sie?
LEONARD Bergbesitzer werden gerettet. Da mache ich mir keine Sorgen.
ELIZABETH Hören Sie auf. Ich muß auch sterben. Einmal.
LEONARD Ja. Ja. Aber bis dahin ist es noch sehr unterhaltsam.
ELIZABETH Was aber im Augenblick nicht so aussieht.
LEONARD Gnädigste. Der Unterschied ist das Leben. Und mit

Ihrem Geld. Da ist auch das Sterben eleganter. Glauben Sie mir.

ELIZABETH Geld haben ist auch nur ein Schicksal. So wie schön sein. Oder gesund.

LEONARD Ich bitte Sie.

ELIZABETH Ich kann auch nichts dafür. Ich habe es mir eben genommen. Nehmen muß man es sich. Das ist das einzige. – Ich hätte ja auch in Wien bleiben können. – Dann wäre alles anders geworden. Aber ich bin nicht dageblieben. Und ich habe es gelernt. Wie man es machen muß. Und ich kann Ihnen sagen. Einfach ist das auch nicht. Wenn man es sich nicht nimmt. Dann hat man es nicht. Und als Frau schon überhaupt nicht.

LEONARD Also. Als Frau. Da haben Sie nun doch sicherlich keine Probleme gehabt.

ELIZABETH Das glauben Sie. Ja?

LEONARD Ja. Das nehme ich schon an.

ELIZABETH Ach ja. Natürlich. Keine Probleme. Wie denn. Aber nein. Wie denn. Frauen haben es doch leicht. Die sind ein bißchen schön. Und dann heiraten sie reich. Und dann. Das Paradies. Ja. Ja. – Aber erstens habe ich nicht immer Geld gehabt. Und das Problem ist überhaupt, daß man eine ist. Eine Frau. – Spielen Sie sich nicht so auf. So rechtschaffen. Diese Welt, in der die Menschen so vor sich hin leben. Die ist doch von Euch gemacht worden. Das ist doch Eure Welt. – Ich habe mich nur gewehrt. Weil ich das Schwächersein satt gehabt. Und weil ich auch nur dieses eine Leben habe. – Und das war es jetzt ja auch.

## XVII

Von hier an verändert sich der Himmel etwa alle zwei Minuten. Es beginnt mit Rosatönen, die gegen Ende in immer spektakulärere Sonnenuntergangsstimmungen wechseln. Die Veränderungen sind als deutliches Umschalten zu erkennen. An den angegebenen Stellen ist dieses Umschalten noch betonter.

ELIZABETH Schade, daß wir nichts. Nichts miteinander. Wir könnten einander jetzt alles sagen.

LEONARD Meinen Sie, nur unter solchen Umständen kann man alles sagen?

ELIZABETH Geständnisse. Das ist doch die Situation für Geständnisse. So wird das doch gemacht. Ausweglosigkeit. Und man gesteht.

LEONARD (ironisch) Die Räume dafür sind enger. Denke ich.

ELIZABETH Enger? Enger, denken Sie. Ja? (Steht auf) Denken Sie? Diese Weite. Hier. Diese. Entferntheit. Diese Einsamkeit. Diese. – Schönheit. Dieses Blau. Dieses Glitzern. Ich denke. Das ist eng genug. – Jetzt sollte man sich auflösen können. In diese Weite. Das habe ich mir immer gewünscht. Immer habe ich mir gewünscht. Mich aufzulösen. Einfach. Auflösen. In Blau. In das Himmelblau gehen und dann. Nichts.

Elizabeth nun knapp an einem hysterischen Ausbruch. Leonard nervös-verlegen.

ELIZABETH Aber wir können hier nicht. Irgend etwas. Irgend etwas muß doch.

Sie klettert von dem Vorsprung herunter. An der Stelle, an der der Wegweiser stand. Der Himmel färbt sich rötlich.

ELIZABETH Da sind sie gegangen. Da sind die Spuren. Da geht es hinunter. Aber es geht nicht mehr. Der Abend. Die Nacht. – Aber. Man kann doch nicht so einfach. Das geht nicht. Das gibt es nicht. Das kann es nicht geben. – Ich will das nicht.

Sie läuft über die Hanglehne und zerrt die Leichen des Entwicklungshelfers über den Rand und dann die Leiche Pozzos. Sie beginnt die Leichen zu durchsuchen.

Währenddessen:

Leonard erst noch vom Vorsprung. Er klettert dann ebenfalls herunter. Bleibt aber an der Stelle des Wegweisers stehen.

LEONARD Was machen Sie denn. Was soll das. Was bringt denn das. Was tun Sie da.

ELIZABETH (beim Durchsuchen der Leichen) Vielleicht haben sie. Eine Karte. Wenigstens. Wir haben ja nicht einmal eine

Karte. Oder etwas zu essen. Und die Kleidung. Wenn sie etwas Ordentliches anhätten, dann könnten wir. Uns. Biwakieren. Aber. Es ist nichts da. Nichts. Da. Das. (Ein Schweizer Messer) Das. (Ein Büchlein, beides vom Entwicklungshelfer) Und da. (Eine Tonpfeife von Pozzo)

Elizabeth kommt von oben mit den drei Gegenständen. Leonard steht da. Sie hält ihm die Gegenstände entgegen.

LEONARD  Ein Schweizer Messer. Ein Notizbuch und eine Tonpfeife.

ELIZABETH  Die hatte das Kind. In der Hosentasche.

Sie stehen einen Augenblick und betrachten die Gegenstände, die sie vor sich hält. Leonard nimmt die Tonpfeife, sieht sie an, legt sie wieder in ihre Hände zurück. Dreht sich halb weg.

LEONARD  Das wird nun niemand erfahren. Was das für eine Geschichte war.

Sie steht weiter da, die Gegenstände in ihren Händen anstarrend.

LEONARD  Von wem er sie. – Warum er sie. –

ELIZABETH  Es ist das einzige. Sonst. Sonst hatte er nichts.

Elizabeth drückt Leonard hastig die Tonpfeife in die Hand.

ELIZABETH  Aber das Messer. Das Schweizer Messer. Das wird uns. Das kann doch alles. Lange Klinge. Doppelschneide. Zange. Schraubenzieher. Nagelfeile. Schere. – Damit muß man doch etwas. Irgend etwas. – (Sie kauert am Boden, sieht zu Leonard auf.) Kann man sich damit. Glauben Sie, daß. Diese Klinge ist nicht sehr lang. Diese Klinge ist zu kurz. Damit kann man sich nicht. – Höchstens. Durch die Augen. Glauben Sie, man kann sich durch die Augen. Ist diese Klinge lang genug. Bis ins Hirn? Aber. Wahrscheinlich verblutet man nur.

LEONARD  Mrs. Maynard. Es ist kein Grund für Panik.

ELIZABETH  Wie ist das. Beim Verbluten. Zuerst ein großer Schmerz. Dann. Tumult im Kopf. Bis er sich verliert. Und dann dieser ziehende Schmerz. Vor dem Ohnmächtig-Werden. Kennen Sie das? Das Chaos rinnt davon. Und dann ist es vorbei. Glauben Sie, Erfrieren ist angenehmer?

LEONARD  Elizabeth. Bitte.

ELIZABETH  Don't you Elizabeth me. Wie können Sie. Sie sind

ja. Sie sind. Wahrscheinlich fühlen Sie sich maßlos überlegen. Aber mir ist es gleichgültig, was Sie von mir halten. Ich will nicht sterben. Ganz einfach.

LEONARD Das wird ja auch nicht. Geduld. Wir müssen nur etwas Geduld.

ELIZABETH Geduld. Geduld. Was habe ich in meinem Leben Geduld gehabt. – (Sie beginnt das Büchlein zu untersuchen.) Vielleicht ist da etwas drin. Eine Karte. Wenn ich eine Karte finde, gehe ich los. Ich mag hier nicht warten. Ich nehme das Schweizer Messer und gehe. Sie können ja hierbleiben. Mit Ihrer Geduld.

Sie blättert das Büchlein durch. Ein Brief fällt ihr in die Hand. Sie sieht ihn an. Leonard nimmt ihn ihr aus der Hand, entfaltet ihn, liest, langsam, eine fremde Handschrift entziffernd.

LEONARD Denke ich nur an Dich – konnte ich mir nicht vorstellen – dachte ich, man lebte und die Liebe wäre eine Welt für sich, über allem, und man ginge dorthin, wie zur Sonntagsmesse – finde ich meine Liebe zu Dir am Grund aller Dinge und lebe nun in ihr und aus ihr und umfangen – und auch – aber wo bist Du – und hätten das Paradies – weiß ich, es ist schon viel, es zu kennen, es gekannt zu haben, es zu wissen – hoffe ich, daß Deine Aufgaben es wert sind, uns zu tauschen dagegen – und vielleicht liebe ja nur ich Dich und Dir ist alles – und verweht. Schreibe mir, ich bitte Dich, schreibe bald. Wie kann das alles so sein, wenn ich Dich so liebe, wie ich es mir nie möglich und weiß nicht zu atmen ohne Dich. M. Punkt.

Elizabeth steigt zu den Leichen hinauf. Beginnt Schnee über sie zu werfen. Leonard sieht ihr zu. Sie kommt wieder zurück, nimmt Leonard den Brief und die Tonpfeife aus der Hand, steigt wieder hinauf und steckt dem Entwicklungshelfer den Brief zu. Pozzo seine Pfeife. Häuft noch etwas Schnee über sie. Läuft dann herunter, wendet sich ganz kurz den Leichen zu. Dreht sich hastig weg.

ELIZABETH Wir brauchen doch nur das Messer. – Ich gehe jetzt.

## XVIII

Der Himmel einen Ton rosiger. Leonard und Elizabeth einander gegenüber.

ELIZABETH  Kommen Sie mit. Oder bleiben Sie hier.
LEONARD  Elizabeth.

Er geht auf sie zu und umarmt sie. Sie bleibt reaktionslos in seiner Umarmung stehen.

LEONARD  Es tut mir leid. Das wollte ich nicht. Wirklich.
ELIZABETH  Wenn Sie das weitermachen, fange ich zu weinen an.
LEONARD  Nein. Nein. Dazu ist kein Grund. Ich werde.

Leonard will sich losmachen von ihr, nun klammert sie sich plötzlich heftig an ihn.

ELIZABETH  Nein. Bitte. So.

Sie umarmen einander heftiger.

ELIZABETH  So. Bitte.

Sie sehen einander an. Filmkuß. Der Himmel färbt sich wieder um einen Ton rosiger. Leonard klettert eilig auf den Vorsprung. Er bringt die beiden Köfferchen und stellt sie an die Stelle, an der alle Rast hielten. Nahe beieinander. Er zieht Elizabeth, die ihm erstaunt zugesehen hat, neben sich. Die beiden sitzen nun wie zwei kleine Kinder auf den Köfferchen. Blick ins Publikum. Verlegen, Stille.

Beide zur gleichen Zeit:

LEONARD  Das.
ELIZABETH  Das.

Sie wenden sich einander zu. Lächelnd. Verlegen. Wieder zur gleichen Zeit:

LEONARD  Das habe ich mir.
ELIZABETH  Das hätte ich mir.

Beide lachen.

LEONARD  Was hättest du.
ELIZABETH  Was hast du.
LEONARD  Sag du.
ELIZABETH  Nein. Du zuerst.
LEONARD  Nein. Du.
ELIZABETH  Also. Ich hätte mir das nicht.

LEONARD  Was denn.
ELIZABETH  Vorgestellt. Ich meine, daß du. Daß wir.
LEONARD  Ich habe mir das auch nicht. Vorgestellt habe ich mir das auch nicht. Aber. Plötzlich habe ich mir das gewünscht.
ELIZABETH  Ich kann mir das nie. Ich konnte mir das nie. Vorstellen. Meine ich. Und. Dann. Ich dachte. Eigentlich.
LEONARD  Ja? Was?
ELIZABETH  Daß du mich nicht magst. Eigentlich.
LEONARD  Das wollte ich auch. Schon aus beruflichen Gründen. Wollte ich. Abstand.
Sie küssen einander.
ELIZABETH  Wenn jetzt alles so wäre, wie es sein sollte. Würden wir dann einander unsere Lebensgeschichten erzählen müssen. Und von da an weiterleben?
LEONARD  Gibt es jemanden bei dir?
Elizabeth schüttelt den Kopf.
LEONARD  Ich bin geschieden. Die Kinder leben in Boston. Ich komme da selten hin. – Aber du. Ich meine. Das gibt es nicht. Eine Frau wie du. Elizabeth. Ein Liebhaber.
Elizabeth schüttelt den Kopf.
LEONARD  Aber. Du würdest es mir sagen. Ich meine. Ich habe ja kein. Das ist ja alles richtig. Aber. Ich muß es wissen. Ich sage es gleich. Verstehst du. Wenn ich es weiß, dann macht es nicht. So viel. Sonst. Sonst. Ich weiß, daß das ein Fehler ist. Ich weiß es. Aber. Ich sage dir auch alles. Alles über mich. Frag mich. Ich sage dir alles.
Elizabeth steht entsetzt auf.
ELIZABETH  (heftig) Nein. Nichts. Nie. Nie will ich eine Geschichte hören. Nicht eine. Ich will nichts wissen. Nichts. Keine einzige Geschichte, die vor mir war. Ich kann das nicht. Ich kann das nicht ertragen. Das macht mich. Krank macht mich das.
Leonard steht auch auf und will sie wieder in die Arme nehmen.
LEONARD  Elizabeth.
Elizabeth entwindet sich und geht ein paar Schritte weg.
ELIZABETH  Ich glaube, ich habe das doch verlernt. Ich. Ich kann nicht mehr. Nett sein.

LEONARD  Aber Elizabeth.
ELIZABETH  Und lieben schon gar nicht.
LEONARD  Aber Elizabeth.
ELIZABETH  (trotzig-abweisend-hastig) Nein. Wirklich. Die längste Zeit nicht mehr.
LEONARD  Kein Mensch kann das nicht. Elizabeth. Das verlernt man nicht. Wie schwimmen.
ELIZABETH  Nein. Wirklich. Ich wollte nur mehr. – Ich wollte, daß kein Mensch sich mehr von mir erholt. Ich wollte. – Eine Brandmarke im Fleisch derer, die mich. Zerstören, die mich immer zuerst. Denen ich gut war und denen es. Ausgenützt. Nie genügt. Nie genug. Immer weniger, als ich. Eine Leere wollte ich sein, über der sie zusammenbrechen. Und weinen müssen. Bis an ihr Ende. So. Wie sie es mir beigebracht. Und jetzt habe ich es selbst nicht mehr.
LEONARD  Elizabeth. Was ist denn geschehen? Was hat ...
ELIZABETH  Ich habe nie so einen Brief bekommen.
Sie starrt ihn feindlich an.


## XIX

Bergglühen. Der Himmel beginnt sich mit flammfarbenem Abendrot zu überziehen.
ELIZABETH  Ich bin nie so geliebt worden, wie ich geliebt habe. Und ohne Kinder. Das ist wenig. Am Ende.
LEONARD  Wollten Sie. Wolltest du keine.
Elizabeth zuckt mit den Achseln. Pause.
ELIZABETH  Was macht man nun mit dem letzten Abendrot. Schaut man das an. Oder eher nicht. Wenn Sie schon so gelassen sind. Lieber Leonard. Vielleicht wissen Sie einen Zeitvertreib für die letzten Stunden. – Ich mag nicht, daß es dunkel wird. – Wir müssen. Komm. Wir tun so, als ginge es weiter. Was machen wir, wenn wir zurück sind.
LEONARD  Wir gehen ins Bett.
ELIZABETH  Aber ich habe doch schon ...
LEONARD  ... das verlernt man nicht. Und irgendwie. Irgend-

wie hast du auch. Das gibt es nicht. Das Gemüseessen kann doch nicht. Ich meine. Das kann man sich doch nicht abgewöhnen. Oder. Oder?

Elizabeth zuckt wieder mit den Achseln. Macht sich von ihm los. Sieht sich mit einer weit fliegenden Armbewegung um.

ELIZABETH Ist das nicht alles eine wilde Verschwendung. Aber. Es gab niemanden. Ich wollte niemanden. Und jetzt habe ich Angst.

LEONARD Eine Frau wie du. Elizabeth. Die Männer gieren doch nach dir.

ELIZABETH (ironisch-lasziv) Nach sich. Die Männer gieren nach sich. Da kann man auch gleich. Vor dem Spiegel. Oder vor der Videokamera. Selbst zuschauen. Ganz langsam. Das ist sehr schön. Zu sich selbst ist man ja doch immer sehr nett. In solchen Dingen. Jedenfalls.

LEONARD (wieder jungenhaft-charmant) Wir werden gemeinsam nett zu dir sein. Und so lange du willst. Wir fangen einfach an, als hätte es nichts gegeben. Vor uns. Als wären wir die einzigen und ersten, die das machen. Und dann trinken wir einen Gemüsesaft. Oder darf ich einen Wein? Und dann schlafen wir, und dann wachst du in meinen Armen auf. Und dann fangen wir ein neues Leben an und kümmern uns um nichts und niemanden. Komm. Wir müssen uns überlegen, wo wir wohnen wollen. Hast du es lieber kalt oder warm.

Sie setzen sich wieder auf die Köfferchen. Einander gegenüber.

ELIZABETH Warm. Natürlich.

LEONARD Also. Dann ... Florida. – Ich mag das nicht. Europa? Nicht sehr warm. Oder?

ELIZABETH Ich muß dann aber zuerst meine Probleme. Mit diesem Kerl da. Und das kann dauern. Ich hätte sehr viel zu tun. Die TV-Serie. Das ist wenigstens kein Problem. Da gibt es eine Rolle mit einem Autounfall. Falls ich. Oder aus dem Vertrag will. – Diese Folge werden sie jetzt. – Leonard. Tun Sie mir bitte einen Gefallen. Wenn ich jetzt vom Sinn des Lebens anfange. Dann verbieten Sie es mir. Bitte.

LEONARD Warum. Darüber muß man doch immer.

ELIZABETH Darf man nicht. – Vor allem wenn es nicht gelungen ist.

LEONARD  Was nicht gelungen.

ELIZABETH  Der Alltag. Der Alltag. Das ist doch das Allerschwerste. Wenn man den Alltag nicht in ein. In ein Paradies verwandeln kann. Dann hat man es nicht. – Verstehen Sie nicht?

LEONARD  Aber. Das kann doch niemand. Ich auch nicht. Ich meine.

ELIZABETH  Ohne einen glücklichen Alltag. Da hat man es schon verloren. Das Spiel. Ich habe es versucht. Ich habe mich wirklich bemüht.

LEONARD  Richtig leben. Das gibt es nicht. Das kann niemand. Wenn man es sich nur überlegt, hat man schon versagt. Das kann man doch nur für sich. Wahrscheinlich wolltest du immer für andere richtig. Komm. Erzähl mir, wie du lebst. Ich bin sicher, daß du das richtig machst.

ELIZABETH  Aber gar nicht. Ich arbeite so viel wie möglich. Sonst käme ich mir unwichtig vor. Ich weiß natürlich, daß das alles völlig sinnlos ist. Aber auch nicht mehr als alles sonst.

LEONARD  Das kann aber nicht alles sein.

ELIZABETH  Mehr macht man nicht.

LEONARD  Elizabeth. Du hast ein kleines Imperium. Das ...

ELIZABETH  Aber das machen doch Leute. Und Miss Eckart. Die hat das im Griff.

LEONARD  Miss Eckart.

ELIZABETH  Ja. Die liebe Miss Eckart. Sie hat eine sehr traurige Geschichte. Obwohl. Manchmal beneide ich sie darum. Es ist alles ganz klar und eindeutig. Nicht so. So durcheinander wie bei mir. Sie liebte einen Mann, den sie nur einmal im Jahr sehen konnte. Er versprach ihr, sie zu heiraten. Sobald seine Kinder groß wären. Und nach zwanzig Jahren ging er mit einer anderen fort. Sie war ihm immer treu gewesen. Aber die Frage ist doch. Hat man es nun gehabt, wenn man es gehabt hat. Oder genügt die Vorstellung davon. Ich weiß es nicht.

LEONARD  Für sie war es ja vielleicht richtig.

ELIZABETH  Ja. Richtig kann man es vielleicht machen. Glücklich ist man deshalb noch lange nicht.

LEONARD  Ach. Elizabeth. Sei nicht so traurig. Wir holen alles nach. Wir machen alles richtig. Und sind glücklich.

ELIZABETH  In einer Stunde.
LEONARD  Wenn es die richtige ist. Dann muß es reichen. Ich glaube ja nicht an deinen Alltag.
ELIZABETH  Den werden wir auch nicht haben.
LEONARD  Aber. Was machst du in diesen zwei Monaten. Ich meine ...
ELIZABETH  ... aber. Das weiß doch niemand.
LEONARD  Niemand. Das gibt es doch nicht.
ELIZABETH  Alles gibt es. Aber man kann es nicht sagen. Du würdest es ohnehin nicht glauben.
LEONARD  Ich glaube alles. Das lernt man rasch, daß alles. Aber jetzt sag schon.
ELIZABETH  Es ist egoistisch und sentimental. Außerdem.
LEONARD  Komm. Sag schon.
ELIZABETH  Warum willst du es überhaupt wissen.
LEONARD  Ich will alles über dich wissen. Das ist doch ganz einfach.
ELIZABETH  Ich geniere mich.
LEONARD  Elizabeth.
ELIZABETH  Ach. Leonard.
LEONARD  Mir kannst du es doch sagen.
ELIZABETH  Leonard.
LEONARD  Komm.
ELIZABETH  Ich sage es aber nur, weil du es ohnehin niemandem weitersagen kannst.
LEONARD  Du bist wie ein kleines Mädchen.
ELIZABETH  Ich arbeite als Kinderschwester in Mexiko. In einem Spital.
Leonard beginnt zu lachen. Versucht dann Elizabeth zu küssen, die ihn wütend abwehrt.
LEONARD  Da gehst du und. Elizabeth. Du bist göttlich.
Elizabeth schockiert unbeweglich.
LEONARD  Bitte. Sei nicht böse. Ich finde es wunderbar. Elizabeth. Ich liebe dich. Wirklich. In dich muß man sich ja verlieben. (Er lacht immer noch, versucht sich wieder zu fassen.) Nein. Allen Ernstes. Es ist hinreißend. Aber das wußte ich ja. Ach. Elizabeth. Ich meine das doch freundlich.
ELIZABETH  (starr vor sich hin) Das war mir wichtig.

LEONARD  Das weiß ich. Das weiß ich. Und ich komme mit. Elizabeth. Ich komme mit und helfe dir.
ELIZABETH  Es durfte niemand wissen.
LEONARD  Das wird ja auch niemand.
ELIZABETH  Es war ein Geheimnis.
LEONARD  Es ist jetzt unser Geheimnis.
ELIZABETH  Du bist der einzige Mensch, der das weiß.
Elizabeth wendet sich ihm hilflos fassungslos zu.
LEONARD  Wir sagen es niemandem. Keiner Menschenseele.
ELIZABETH  Leonard. Ich.
LEONARD  Es ist ja alles gut.
Kuß.

## XX

Flammendes Abendrot.
LEONARD  Komm. Du mußt nicht die ganze Zeit das Schweizer Messer umklammern.
ELIZABETH  Es ist das einzige, was wir haben.
LEONARD  Ich habe mich wirklich verliebt in dich. Weißt du das.
ELIZABETH  Ach. Leonard ...
LEONARD  Mach dir keine Sorgen. Es wird alles gut.
Geschmuse.
ELIZABETH  Es wird dunkel. Was wird dann.
Leonard blickt auf die Uhr.
LEONARD  Noch nicht gleich.
ELIZABETH  Was sollen wir machen. (Sie betrachtet das Schweizer Messer.) Alles, was wir haben gegen die Dunkelheit, ist dieses Messer. Sollen wir sie zerschneiden damit. Die Dunkelheit. Oder zerfetzen. Wenn man nur glauben könnte, was man über Erfrieren. Dann könnten wir uns. Einander in die Arme. Einschlafen. Sterben. So sollte es doch sein. Wenn es Liebe ist.
LEONARD  So sollte es sein. So ist es doch.
ELIZABETH  Wenn es Liebe ist. Wenn es wirklich Liebe. Dann wäre das Spiel doch noch gewonnen.

Leonard küßt sie.
LEONARD Das ist es auch. Dieses Spiel ist gewonnen. Und der Hubschrauber kommt in ein paar Minuten.
Elizabeth erstarrt. Versteinert. Entwindet sich dann. Wendet sich ab. Starrt zu den Leichen hinauf. Leonard sitzend, verlegen, aber fröhlich.
LEONARD Ich weiß. Ich weiß. Und ich wollte das auch gar nicht. Du hast das mißverstanden. Aber dann. Ich war so verärgert. Wie du mich behandelt hast. Und da dachte ich, daß es dir schon recht geschieht. Daß du es auch wissen sollst. Wie es sich angreift. Existieren. Aber dann. Zuerst. Glaube ich. Ganz zuerst wollte ich dich auch quälen. Aber dann nicht mehr. Und du warst so hinreißend. Und du weißt es natürlich auch. Und deshalb habe ich mich. Einfach verliebt. Elizabeth. Weil du. Ich weiß ganz genau, wie du als kleines Mädchen. Ich weiß, daß es. Aber. Wir fangen ja ein neues Leben an. Wir fliegen da jetzt weg und fangen ein neues Leben an. Elizabeth. Ich liebe dich. Wirklich. Ich glaube wirklich. Ich liebe dich.
Elizabeth dreht sich ihm langsam zu. Sie sticht ihn mit dem Schweizer Messer ins Auge. Langsam und erstaunt über das, was sie tut. Er sinkt getroffen nieder. Er schreit nicht, stöhnt, aber eher erstaunt. Bleibt liegen. Das Messer steckt in seinem Auge. Kein Blut. Elizabeth versteinert.

## XXI

Erster Nachthimmel. Türkis.
Der Yeti steht plötzlich wieder auf der Kante. Elizabeth versucht, Leonard den Hang hinaufzuziehen. Zu den anderen Leichen. Der Yeti eilt zu ihr. Verbeugt sich. Stellt sich mit leichtem Hackenzusammenschlagen vor.
YETI Gestatten. Bühl. Darf ich.
Er hilft ihr, Leonard neben die anderen Leichen zu schleifen. Elizabeth steht hilflos da. Dann holt sie sein Fotoköfferchen und stellt es zu seinen Füßen. Sie häuft Schnee über ihn. Dann

sucht sie den Brief des Entwicklungshelfers wieder hervor.
Bleibt einen Augenblick stehen und betrachtet die Toten. Sie
steckt den Brief ein und nimmt ihren Picknickkoffer auf.

YETI Darf ich Sie hinunterbringen. Gnädige Frau.

ELIZABETH Vielen Dank. Mein Helikopter muß gleich. Wird gleich.

YETI (höflich-verlegen) Es. Es ist mir schrecklich peinlich. Aber. Ich soll Sie davon unterrichten, daß es. Daß es. Ich muß Ihnen gestehen, es existiert ein Videoband. Da. Vom Gipfelkreuz. Es wird hier immer alles beobachtet. Wissen Sie.

ELIZABETH Dann wird wohl nichts anderes möglich sein.

Der Yeti nimmt ihr den Picknickkorb ab und bietet ihr den Arm an.

YETI Wissen Sie. Ich habe es nicht anders erlebt. Kein Entkommen. Zwangssituationen. Innen und außen. Von Anfang an. – Es warten alle auf Sie. Gnädige Frau.

Von ferne das Geräusch eines sich nähernden Hubschraubers.
Yeti und Elizabeth nach rechts ab.

**Elysian Park.**

Die Bühne:
Ein Hügel fällt nach vorne flach ab. Die Hügelkuppe rechts hinten. Plastikgras links und unten. Hügelkuppe und Hang sind sandbedeckt. Links sehr weit weg stehen drei Palmen. Blauer Himmel.
Etwa in der Mitte links außen ragt der riesige Betonträger einer Stadtautobahn in die Höhe. Ein zweiter Pfeiler perspektivisch versetzt nach links dahinter.
Die Fahrbahn der Autobahn begrenzt oben den Bühnenausschnitt. Hügel, Palmen und Himmel sind so eingerahmt. Die Pfeiler sind graffitiüberzogen.
Links knapp beim ersten Pfeiler steht eine Parkbank senkrecht zum Bühnenrand. Auf der Hügelschulter links eine Parkbank quer gegen den Horizont abgehoben. Rechts und links am äußersten Rand Papierkörbe. Ein Kletterturm für Kinder im Sand rechts oben.
Wenn die technischen Mittel es erlauben:
Eine Abfahrt der Autobahn führt in einer engen Schleife hinter den Palmen herunter. Die Palmen stehen trotzdem frei gegen den Himmel. Die Fahrbahn ist schräg seitlich zu sehen. Es fahren ununterbrochen Autos oben auf der Autobahn und auf der Abfahrt.

Geräusche:
Ein Endlosband mit den an- und abschwellenden Originalgeräuschen einer ständig befahrenen Autobahn wird abgespielt. Die Länge des Bandes beträgt 10 Minuten.

Licht:
Frühe Nachmittagshelle.

Projektion:
Eine 3-Minuten-Sequenz der fahrenden Autos in Endlosschleife.

Der Papageiensucher:
Vom Beginn der Aufführung an tritt jeweils alle 7 Minuten der Mann auf, dem der Papagei entflogen ist. Er geht jeweils einmal über die Bühne. Von rechts nach links und das nächste Mal von links nach rechts. Usw. Er beginnt damit am weitest vom Bühnenrand entfernten Punkt. Am besten wäre es, am Anfang wäre nur sein Kopf bei der Bühnenquerung zu sehen. Er stößt Lockrufe aus und kümmert sich nicht um die anderen Personen auf der Bühne. Im Laufe seiner Auftritte nähert er sich dem Bühnenrand vorne.

Der Ruf des Papageiensuchers (guttural-lockend:) Golliwolliolliwuhuhu.
Er bleibt bei diesem Ruf stehen und sieht sich suchend nach oben um, geht dann rasch weiter. Die anderen sind von ihm gestört. Reagieren aber nicht.
Es besteht kein dramatischer Zusammenhang zwischen Licht, Autobahngeräuschen, fahrenden Autos und Handlung. Licht, Geräusche, Projektion und Auftritte des Papageiensuchers laufen jeweils ausschließlich an sich selbst orientiert ab. Der Papageiensucher im Abstand von 7 Minuten, die Geräusche in steter Wiederholung in einer 10minütigen Sequenz, die Projektion in einer Dauer von jeweils drei Minuten. Das Licht als zwei in sich geschlossene, vollkommen gleiche Augenblicke.

Die Personen:
SALLY MEAGHAN O'CONNOR, Krankenschwester. Um die 50.
KELLY MARTINELLI, Krankenschwester. Um die 55.
NELLY SNYDER, Krankenschwester. Um die 35–40.
JOHN G. WALKER, ein sehr alter Mann in einem Rollstuhlkinderwagen.
JACK DANIELS, ein alter Mann in einem Rollstuhlkinderwagen.
TOM (JERRY) COLLINS, um die 60. In einem Rollstuhlkinderwagen.
1. POLIZIST
2. POLIZIST
SOZIALARBEITER
SOZIALARBEITERIN
AGENT
AGENTIN
MARIE, eine junge Frau um die 25.
STROTTER, um die 60.
DER PAPAGEIENSUCHER
DIE STIMME DES REGISSEURS

## I

Der Strotter steht vorne beim linken Papierkorb. Er prüft die Nähte eines Plastiksacks. Er tut dies sorgfältig, vollkommen auf diese Tätigkeit konzentriert und langsam. In der Mitte hinten taucht der erste Rollstuhlkinderwagen auf. Es dauert lange, bis die Höhe erreicht ist. Die hintere Seite des Hügels ist steil. Sally schiebt John über den Hügel. Sie schiebt ihn nach links und setzt sich auf die Bank oben. Sie richtet vorher noch die Wagendecke. Sie holt ein Strickzeug aus ihrem Handarbeitsbeutel und beginnt zu stricken.
Der zweite Rollstuhlkinderwagen taucht ebenso auf. Kelly schiebt Jack neben John. Sie richtet das Kopfkissen, beugt sich tief in den Wagen hinein, holt ein Häkelzeug aus ihrem Handarbeitsbeutel und beginnt zu häkeln.
Der dritte Rohlstuhlkinderwagen wird über den Hügel herüber geschoben. Nelly stellt ihn neben die anderen. Sie zupft die Decke zurecht, deckt Jerry sorgfältig zu, holt ein Stickzeug aus ihrem Handarbeitsbeutel und beginnt zu sticken.
Der Strotter hat ein Loch im Plastiksack gefunden. Er faltet den Sack zusammen und legt ihn in den Papierkorb zurück. Genau und vorsichtig. Er geht zum Papierkorb rechts, nimmt dort einen Plastiksack heraus und beginnt ihn zu untersuchen.
Sally strickt. Kelly häkelt. Nelly stickt.

SALLY  Und? Alles in Ordnung. Bei euch.
KELLY  Ja. Ja. Doch.
NELLY  Nein. Nichts besonderes. Eigentlich.
SALLY  Ja. Es geht so. Irgendwie. Muß es.
KELLY  Ja. Es muß.
NELLY  Muß ja. So. Irgendwie.
KELLY  Er ißt plötzlich kein Fleisch mehr.
NELLY  Nein! Warum denn nicht.
SALLY  Das ist aber mühsam.

NELLY  Das Problem gibt es wenigstens nicht. Bei uns.

KELLY  Bei euch gibt es doch ohnehin keine. Man fragt sich überhaupt. Wieso noch. Ich meine. Er könnte doch.

SALLY  Er ist so gut wie. Also. Krank jedenfalls nicht mehr. Wirklich krank. Meine ich.

NELLY  Doch. Doch. Allein die Erinnerungen.

KELLY  Bei ihm sieht man es wenigstens. Das nächste Mal möchte ich auch einen Krüppel. Einen richtigen. Nicht nur so im Kopf.

SALLY  Mir ist das gleichgültig. Man sollte sie nur so weit bringen können, daß sie schlafen. In der Nacht. Richtig schlafen. Das wäre.

KELLY  Ja. Das wäre schon viel. Doch.

NELLY  Und auf jeden Fall muß das Licht brennen.

SALLY  Nein. Dunkel darf es nicht werden.

KELLY  Dafür schlafen sie den ganzen Tag.

SALLY  Und immer das gleiche. Bei allen. Immer dasselbe.

Kelly strickt. Sally häkelt. Nelly stickt.

John setzt sich im Rollstuhlkinderwagen auf. Uralt und zittrig. Er sieht freundlich ins Publikum. Ein strahlendes Greisenbaby.

JOHN  Zink steht schlecht. Kupfer zieht an. Silber hält. Soja ist im Fallen. Getreide abstoßen.

SALLY & KELLY & NELLY  Schlafen. Schlafen. Schön schlafen soll jetzt sein.

Sie singen diese Worte als Sprechgesangschor. Weiterhin in ihre Handarbeit versunken. Danach halten sie inne. Sehen auf und in eine Weite, in der sie den ausklingenden Tönen nachhören. Mit einem kleinen Lächeln wenden sie sich wieder ihren Handarbeiten zu. John sinkt in seinen Wagen zurück. Schläft.

Der Strotter hat einen Fehler im Plastiksack gefunden. Er faltet ihn zusammen und legt ihn in den Papierkorb zurück. Er geht nach rechts durch den Sand über den Hügel davon.

## II

Sally strickt. Kelly häkelt. Nelly stickt.
Ein Babykinderwagen taucht in der Mitte auf. Marie schiebt ihn zur Bank nach links unten. Stellt den Kinderwagen oben neben der Bank ab. Alle »Kinderwagen« sind dort zwischen der oberen und der unteren Bank versammelt. Marie setzt sich. Sitzt erschöpft. Lehnt sich zurück und hält ihr Gesicht in die Sonne.
Sally strickt. Kelly häkelt. Nelly stickt.
Nelly steht auf und sieht nach Jerry. Sie holt einen bunten Katalog aus ihrem Handarbeitsbeutel, setzt sich wieder und blättert.

NELLY (liest vor:) Die Erinnerung an einen Spaziergang am Meeresstrand, zarte Blumendüfte vermischen sich in der frischen Meeresbrise mit den hellen Duftnoten des sonnenwarmen Sandes.
SALLY Und. Was soll das sein?
NELLY Djun. Oder Dün. Oder wie man das ausspricht. Von Christian Dior.
KELLY Ein Parfum?
SALLY Eine Meeresbrise riecht immer nach Salz und Fischen. Ich weiß es. Ich bin am Meer groß geworden. Und da kann sie noch so frisch sein. Von Blumen riecht man da nichts.
NELLY Das ist doch nur so gemeint.
Das Freitag-Nachmittag-Drei-Uhr-Läuten irgendeiner italienischen Pfarrkirche ist von ferne zu hören. Jack hat, mit dem ersten Glockenschlag beginnend, einen Schreianfall in seinem Wagen und beginnt um sich zu schlagen. Kelly hält ihn ebenfalls schreiend nieder. Die anderen beobachten den Vorfall nicht wirklich interessiert.
KELLY Nein. Nein. Es ist nichts. Was soll denn sein. Es geschieht nichts. Es ist ja nichts. Es ist gar nichts. Es ist überhaupt nichts. Beruhigen Sie sich. Beruhigung. Hören Sie. Hören Sie mich. Das wissen Sie doch. Sie müssen sich beruhigen. Nur beruhigen. Das ist doch sinnlos. Das ist doch vollkommen sinnlos. Das hat doch überhaupt keinen Sinn. Das ist doch alles Einbildung. Einbildung. Das ist nur Einbildung.

Das Glockenläuten hört auf. Kelly ist mit ihrem Geschrei am Ende. Jacks Anfall ist mit dem Glockenläuten ebenfalls zu Ende. Er erstarrt in katalon bizarren Verrenkungen, die sich im weiteren langsam lösen, bis er in sich zusammenbricht. Er sitzt erst wieder »normal« in seinem Rollstuhlkinderwagen, wenn Kelly schon längst weg ist.

Kelly richtet sich auf und streckt sich, legt ihre Hände stützend ins Kreuz.

Niemand hat auf den Anfall irgendwie reagiert.

KELLY So. Das ist damit erledigt.

Sie sammelt ihre Handarbeit ein. Steckt sie in den Beutel zurück. Sie richtet sich wieder auf und dehnt sich. Dann beginnt sie in aller Ruhe die Krankenschwesternuniform aufzuknöpfen, zieht sie aus, legt sie sorgfältig zusammen und in den Beutel. Sie trägt nun phantastisch gefärbte Aerobic-Kleidung zu ihren Laufschuhen. Sie setzt ein Stirnband auf und sieht nun vollends verändert und glamorous aus.

Während des Umziehens:

KELLY Vielleicht sollte ich ja nicht herfahren. Mit ihm. Hierher. – Aber. – Dann hat er überhaupt keine frische Luft mehr. Oder Sonne. – Obwohl. – Aber jetzt ist Ruhe. Mehr als einen Anfall hat er nicht. Am Nachmittag. – Da ist ein Wasser. Wenn er Durst hat. Und ich beeile mich. – Bis gleich.

Sie läuft locker über den Hügel nach hinten weg.

John setzt sich in seinem Wagen auf.

JOHN Der Nikkei-Index ist um 1,04 Promille verbessert. Neben den etwas schwächeren Bondpreisen hat ein niedriger Yen-Kurs den Aufwärtstrend gebremst. In Madrid muß man in die Bauwerte investieren und in Elektrowerte. Diese bisher vernachlässigten Papiere tendieren deutlich fester. Das sieht vielversprechend aus.

SALLY & NELLY Schlafen. Schlafen. Schön schlafen muß jetzt sein.

John fällt wieder in seinen Rollstuhlkinderwagen zurück.

Sally strickt. Nelly stickt.

## III

Sally strickt. Nelly stickt.
Nelly hat den Katalog neben sich auf der Bank liegen. Blättert darin.

NELLY (liest vor:) Opium ist der absolute Ausdruck von Weiblichkeit. Der Duft einer anspruchsvollen Frau. Welcher ihr das Tor zu Träumen öffnet. Ein starker, magischer Duft, der Schlüssel zu einer schwindelerregend sinnlichen Welt.
SALLY Du glaubst das alles ja wirklich.
NELLY Also. Ich bitte dich. Aber es klingt doch einfach toll: (Liest weiter vor:) Er will die Sinne verzaubern. Und die Frau, die sich einmal dem Opiumduft hingegeben hat, wird zu seiner ewigen Anbeterin.
SALLY Hätten sie gern.
NELLY Du bist einfach nicht romantisch.
SALLY Nein. Ich glaube nichts mehr. – Und Opium ist nur gut gegen Diarrhoe.
Nelly legt den Katalog seufzend weg und wendet sich wieder ihrer Handarbeit zu.
NELLY Eigentlich sollte ich auch etwas tun. Für mich.
Sally schaut sie von der Seite an.
NELLY Nein? Meinst du nicht? Ich habe jetzt manchmal irgendwie das Gefühl, ich kann mich selbst nicht erreichen. Meinen Körper. Meine ich.
Sally lächelt anzüglich vor sich hin.
NELLY Nein. Wirklich. Weißt du, was ich meine? Wenn ich jetzt weglaufen müßte. Ganz schnell. Weißt du. Ich glaube, ich könnte das nicht. Es ist so, als ob ich innen keinen Kern hätte, von dem aus ...
Sally kichert.
NELLY Da kannst du nur lachen. Aber ich bin nicht so hart wie du. Es ist wie. Es ist so eine. Langsame. Ach. Ich weiß nicht.
SALLY Dann wäre diese Art von Bewegung genau das richtige für dich.
NELLY Was meinst du. Ich meine. Du meinst?

SALLY Ich habe sie jedenfalls mit einem Mann gesehen. Einmal.
NELLY Aber. – Das habe ich überhaupt nicht. Ich meine. Du meinst, sie trifft jemanden. Einen. Und ...
SALLY Sie hat mit ihm geredet. Und dann sind sie weggegangen.
NELLY Also. Dann ...
Sally zuckt mit den Achseln.
NELLY Also. Was dann.
SALLY Ich glaube, du bist die letzte und einzige, die alles glaubt, was man ihr so sagt.
Sally beginnt in ihrem Handarbeitsbeutel zu kramen.
SALLY So. Für mich wird es jetzt auch Zeit. Ich gebe ihm noch die Injektion. Sicherheitshalber. Dann hast du keine Schereien.
NELLY Muß das sein. Ich mache mir mehr Sorgen, wenn du ihm das Zeug gibst.
SALLY Nein. Nein. Es kann schon nichts passieren.
Sally bereitet eine Injektion vor. Sie spritzt in die Höhe, drückt die Luft heraus und gibt John dann die Injektion.
SALLY (über John gebeugt, eine Erinnerung an die Sirenen-Gesänge:) So. Jetzt wird geschlafen. Schön geschlafen. Und lang.
Sally knöpft ihre Schwesternuniform auf, zieht sie aus und wirft sie über den Rollstuhlkinderwagen. Sie trägt darunter ein Kostüm, 40er Jahre, verführerisch-elegant. Sie setzt einen Hut auf und nimmt eine kleine Handtasche aus ihrem Beutel. Sie sucht in dem Täschchen und zählt ein Geldbündel.
Währenddessen:
NELLY Gehst du?
SALLY Ja. Heute müßte es so weit sein. Glaube ich.
NELLY Ich denke, du glaubst nichts.
SALLY In diesem Fall muß ich.
NELLY Und du meinst wirklich. Du bekommst ...
SALLY Jedenfalls ist es so ausgemacht.
NELLY Willst du nicht. Ich meine. Es ist gefährlich. Es gibt doch sicher noch andere Möglichkeiten.
SALLY Weißt du eine.

NELLY Nein. Ja. Ich meine. Eigentlich. Eigentlich ist das doch eine Sache für die Polizei. Oder?
SALLY (scharf:) Nelly. Du weißt ganz genau, wenn es diese Verordnungen gibt, dann gibt es sie, und es hilft dir nichts. Dann mußt du es alleine machen.
NELLY Aber. Ist es wirklich so wichtig? Ich meine ...
SALLY Versprechen muß man halten. Oder es ist alles aus. Und man selber gleich mit.
Sally steckt das Geldbündel in die Tasche, nimmt eine Puderdose und schminkt sich die Lippen dunkelrot. Ein letzter Blick in den Spiegel der Puderdose.
SALLY Du weißt doch, wie das ist. Oder.
Sally geht nach hinten weg. Nelly stickt. John versucht sich aufzusetzen. Er schafft es nicht und fällt zurück. Nelly sieht von ihrer Handarbeit auf, staunt kurz in die Ferne und stickt dann weiter.

## IV

Nelly stickt. Marie sitzt. Die Männer in den Rollstuhlkinderwagen dösen.

NELLY (zu Marie:) Ein schöner Tag. Oder?
Marie starrt vor sich hin.
NELLY Wir haben doch Glück mit dem Wetter. Hier.
Marie starrt vor sich hin.
NELLY Jeden Tag wirklich schönes Wetter.
Marie starrt vor sich hin.
NELLY Immer nur schönes Wetter.
Nelly stickt. Marie sitzt regungslos. John schläft. Jack sitzt still.
Jerry setzt sich auf. Nelly sieht sich um, dann auf Marie. Zuckt mit den Achseln und nickt Jerry auffordernd zu.
NELLY (dringlich zu Marie:) Mögen Sie schönes Wetter denn nicht?
Marie reagiert nicht. Nelly gibt auf. Jerry wirft die Decke zur

Seite und steigt aus dem Rollstuhlkinderwagen. Er schlendert zur Bank, auf der Nelly sitzt.
Jerry ist verstümmelt. Er hat nur ein Auge. Ein Ohr ist abgeschnitten. Gliedmaßen fehlen. Er hinkt, weil ihm die Hüfte zerschlagen wurde. Er kann aber ohne Krücken gehen. Er trägt einen Pyjama, Slippers und einen Morgenmantel.
Nelly lächelt zu ihm auf. Jerry steht und sieht auf sie hinunter.

NELLY (beruhigend:) Mach dir keine Sorgen. Es ist ihr alles vollkommen gleichgültig.

JERRY Wie oft soll ich dir noch sagen, daß du das nicht sagen sollst.

NELLY Ach. Tom. Ich meine es doch nicht so. Was stört dich denn daran. Es ist doch nur so gesagt.

JERRY Und nenne mich nicht Tom. Nenne mich nicht so. Um Tom kann man sich keine Sorgen mehr machen. Es ist gar nicht genug übrig von Tom. Es ist gar nicht genug da, um sich Sorgen darum zu machen.

NELLY Aber Tom. Du bist in Sicherheit. Du bist sicher. Hier bist du sicher.

JERRY Aber sicher.

NELLY Ja. Sicher. Sag mir doch, was dich quält.
Erzähl es mir, was es ist, was dich so ...

JERRY Erzählen!

NELLY Ja. Das hilft. Das befreit. Das erleichtert. Erzählen.

JERRY Erzählen! Es gibt von jeder »Einvernahme« ein Video. Was soll ich erzählen.
Es gibt ein Video. Da siehst du ganz genau, wie sie mir das Ohr abtrennen. Das kannst du dir anschauen. Was soll ich da noch sagen. Was soll man da noch. Erzählen.

NELLY Ich glaube, du solltest mir alles erzählen. Trotzdem. Ach Tom. Wenn ich mehr wüßte über dein. Dein Leben dort. Dann könnte ich dir helfen. Irgendwie. Doch.

JERRY Laß das. Das einzige ist Vergessen. Nun komm schon. Du weißt, wie du mir helfen kannst.

NELLY Ach Jerry. Mir ist das. Muß es sein.

JERRY Nelly?

Nelly beginnt die Uniform aufzuknöpfen. Sie knöpft sie bis zur Taille auf, schlüpft aus den Ärmeln und sitzt mit nacktem Ober-

körper da. Hilflos und verschämt. Sie beginnt wieder zu sticken und heftet ihren Blick ausschließlich auf ihre Handarbeit. Jerry hat sich beim ersten geöffneten Knopf abgewandt und geht an den Rand des Sands. Er schlendert dort auf und ab. Er sieht Nelly nicht an. Hat die Hände in die Taschen seines Morgenmantels gebohrt. Unruhig.
Nach langem gibt er sich einen Ruck und sieht Nelly an. Er steht wieder lange und sieht die halbnackte Frau an. Wendet sich langsam ab.

JERRY (sachlich-resigniert:) Mit dir geht es nicht. Weil du meine Schwester bist. Wahrscheinlich. Oder weil du sagst, daß du meine Schwester bist. Mit dir funktioniert es nicht.

## V

Das Freitag-Nachmittag-Drei-Uhr-Läuten erklingt. Jack hat sofort wieder seinen Anfall. Nelly springt auf und versucht ihn in seinen Rollstuhlkinderwagen zurückzudrängen. Jack überwältigt sie und springt schreiend aus dem Wagen. Nelly brüllt »Nein. Nein.« Jack läuft auf den Sandhügel und klettert auf den Kletterturm. Sitzt oben und schreit. Jerry muß den Anblick der halbnackten Nelly vermeiden und weicht in die Mitte aus. Kommt vor Marie zu stehen. Erst mit dem Rücken zu ihr.
Das Läuten ist schlagartig aus. Jack verstummt augenblicklich. Sitzt auf dem Klettergerät. Nelly steht halbnackt am Rand des Sands und sieht zu Jack auf. Jerry dreht sich abrupt um und findet Marie vor sich. Marie sitzt unbeweglich, zurückgelehnt mit geschlossenen Augen. John schläft.
Jerry versinkt in den Anblick von Marie.

## VI

NELLY (starr und als gäbe sie Antwort auf die Fragen in einer Gruppentherapie:) Meine Befindlichkeit heute ist wieder nicht gut. Ich habe nicht geschlafen. Ich glaube, ich schlafe nicht, damit mich diese Träume und Vorstellungen nicht überfallen können. Es sind immer die gleichen. Ich kenne sie nicht. Aber ich weiß, daß es immer die gleichen wären. Es wären sexuelle Phantasien. Ausschließlich sexuell. Ich muß das zugeben. Und ich glaube, ich kann niemandem mehr eine Hilfe sein. Obwohl ich das immer wollte.

Sie geht zur Bank zurück und beginnt wieder zu sticken. Sie kümmert sich nicht mehr um ihre Nacktheit.

JACK (gleiche Sprechhaltung:) Ich schlafe nicht. Die Anfallhäufigkeit nimmt zu. Ich höre die eine Stimme ganz deutlich. Die anderen sind verschwommen. Ich fühle mich, als könnte ich jeden Augenblick explodieren. So, als hätte ich etwas Wichtiges nicht gemacht. Ich habe das Gefühl, etwas will in mein Leben eindringen, und ich kann es nur noch mühsam zurückdrängen. Mit höchster Anstrengung.

JERRY (ebenso:) Mich schmerzt alles, was ich nicht mehr habe. Ich weiß nicht genau, wie ich heißen soll. Und ich kenne die Frau nicht, die mir plausibel machen will, daß sie meine Schwester ist. Ich glaube, daß sie dazu ausersehen ist, meine Zerstörung weiterzubetreiben. Und ich kenne den Mann, der eben gesprochen hat. Aber ich kann mich nicht erinnern.

Alle verfallen wieder in natürliche Sprechhaltung.

JACK (zu Jerry:) Kennen Sie mich? Können Sie sich an mich erinnern? Können Sie mir etwas sagen? Ich habe mein. Ich kann mich nicht so gut erinnern. Wissen Sie. Ich habe nur vage Bilder. Mehr wie Vorstellungen. Mehr so, wie es hätte sein können. Und die Stimme. Die ist immer da.

JERRY Ich weiß nur, daß ich Ihre Stimme kenne. Ich kann mich an sonst nichts erinnern. Was haben Sie denn gemacht. Früher. So.

JACK (mit allen Anzeichen der Unruhe und Verzweiflung:) Wenn ich das. Aber. Das ist es ja. Ich kann nicht. Ich kann mich nicht.

Jerry hat sich Jack zugewandt. Dreht sich nun wieder Marie zu. Sieht sie lange an. Sie öffnet die Augen. Sie sehen einander an.

Jerry wendet sich ab und geht zu Nelly.

JERRY (setzt sich neben Nelly und wiederholt eine oft erzählte Geschichte in der Hoffnung, daß sie durch die Wiederholung wahr wird:) Du warst ganz klein. Und deine Haare waren ganz hell. Und du hattest einen roten Ball mit weißen Tupfen. Mit meinem Motorrad wolltest du immer fahren.

NELLY (ebenso:) Aber sie ließen mich nicht mitfahren. Du mußtest mich im Hof herumschieben. Weil ich noch so klein war. Und als du dann nicht mehr kamst. Die Mutter konnte nie wieder Paprikahuhn kochen, weil es deine Lieblingsspeise war. Obwohl es auch Vaters Lieblingsspeise gewesen.

JERRY Paprikahuhn. Ach. Nelly.

Jerry verbirgt sein Gesicht in den Händen. Nelly starrt auf ihn hinunter. Marie sitzt regungslos. Jack auf dem Klettergerät. John schläft.

## VII

Sally kommt zurück. Sie trägt eine Aschenurne unter einem Arm. In der anderen Hand hält sie eine kleine Pistole. Sie stakt hastig auf ihren überhohen Absätzen über den Hügelrücken. Blickt sich ständig nach Verfolgern um. Sie stellt die Urne von hinten auf die Bank neben Jerry. Sie ringt um Atem. Versucht etwas zu sagen.

NELLY (zu Sally:) Er ist mein Bruder.
SALLY (atemlos:) Das ist mir leider ganz gleichgültig. Sie sind hinter mir her. Ich habe. Ich habe ihn einfach. Erschossen. Ganz schnell. Sonst. Es war ja doch eine Falle. Er hätte es mich wieder machen lassen. Und jetzt sind sie hinter mir her. Wir müssen. Ganz schnell.

Sie beginnt ihre Uniform hastig über das Kostüm überzuziehen.

SALLY Die Urne. Nelly. Steck sie in den Wagen. Hinter den Alten. Sie können gleich hier sein.

Sally wischt sich den dicken Lippenstift mit der Decke von John ab. Stopft das Hütchen hinter John. Sie ist fast schon wieder die Krankenschwester.

JERRY Worum geht es. Eigentlich.

Sally sieht ihn erstaunt an.

SALLY Und was ist denn das? Eine Auferstehung?

NELLY Aber er ist doch mein Bruder. Es darf nur niemand wissen. Sonst. Die könnten ihn finden. Immer noch.

JERRY (nonchalant, flirtativ zu Sally:) Die Geschichte vom verlorenen Bruder. Ist doch rührend. Oder?

SALLY (vollkommen tragisch:) Ich habe auch meinen Bruder gefunden.

Sie nimmt die Urne und hält sie in einer Umarmung.

SALLY Jetzt können sie nicht mehr machen mit ihm, was sie wollen.

NELLY Aber Sally. Wir. Ich dachte. Eine Liebesgeschichte. Und. Dachten wir.

SALLY Wenn ich wüßte, wann er. Sie haben mir gesagt, daß er noch. Aber ich habe kein Geld. Verstehst du. Wie hätte ich.

NELLY Aber was heißt das. Du hast ...

SALLY Einfach erschossen. Die Pistole an die Stirn. Ich weiß ja nicht, wie man zielt. Abgedrückt. Er hat noch geschwitzt. Einen Augenblick lang. Ich glaube, der hat noch geschwitzt, da war er schon tot.

NELLY Ich könnte das nicht.

Sally schaut sich wieder um.

SALLY Da sind sie. Sie kommen.

Jerry setzt sich in seinen Wagen. Nelly deckt ihn zu. Sie zieht ihr Oberteil hastig wieder an. Schließt nur einen Knopf. Sally steckt die Urne hinter John in den Wagen. Jack sitzt auf dem Klettergerät. John schläft. Sally strickt. Nelly stickt.

## VIII

Zwei Polizisten kommen auf Motorrädern in der Mitte über den Hügel. Sie bleiben stehen, steigen ab, ziehen die Handschuhe aus, nehmen die Helme ab.

1. POLIZIST  Haben Sie eine Frau hier vorbeikommen gesehen?
2. POLIZIST  Mit einer Urne.
1. POLIZIST  Sie wird gesucht.
2. POLIZIST  Mit einem Hut auf.

John versucht sich aufzusetzen und die Urne herzuzeigen. Sally drückt ihn in den Wagen nieder.

SALLY  Nein. Officer. Hier ist niemand vorbeigekommen. Aber meinen Patienten bringen Sie mir durcheinander. Das ist nicht gut für ihn.
1. POLIZIST  Tut mir leid. Schwester.
SALLY  Er ist vielleicht schon sehr alt. Aber er war immer ein wichtiger Mann. Und ist ein Staatsgast. Sozusagen.
1. POLIZIST  Dieser Mann?
SALLY  Ja. Johann Georg Altmann war ein wichtiger Mann. Nach dem Zweiten Weltkrieg. Hat die Polizei organisiert. In Argentinien. Oder so.
2. POLIZIST  Ja. Ordnung.

Er salutiert.

1. POLIZIST  Ordnung ist immer gut.

John versucht die Urne hervorzuholen. Sally drückt ihn immer wieder in den Wagen zurück. Die beiden Polizisten sehen zu. Immer wenn der 2. Polizist glaubt, John könnte ihn sehen, salutiert er.

2. POLIZIST  Dort sind sie gegen links wirklich vorgegangen. Die haben es doch dort auch versucht.

Mittlerweile:
Marie steht auf. Ruhig und selbstverständlich nimmt sie dem immer wieder salutierenden Polizisten die Pistole hinten aus dem Gürtel und hält sie ihm gegen das Genick. Die anderen begreifen langsam an der Reaktion des Polizisten, was los ist.
Der Strotter steht wieder links vorne und prüft währenddessen neuerlich die Plastiksäcke.

## IX

MARIE (während sie den Polizisten in Schach hält:) Ich hasse dem Sterben zulaufen müssen die Nacht ein Ende und immer das Rauschen die Töne der Schrecken über die nie stürzen nie zu und kommen kein Reich ist so groß die Macht über meinen und mich.

Jack steigt vom Klettergerüst und geht auf Marie zu. Er legt den Arm um Maries Schultern und nimmt ihr die Pistole weg.

JACK (sehr bestimmter Führungston:) Nachlässig. Herr Inspektor. Sehr nachlässig. Sich von einer Frau entwaffnen lassen. Ich hoffe, Sie lassen sich das eine Lehre sein. Meiner Frau ist ganz elend davon.

John versucht auf die Urne aufmerksam zu machen.

JACK Und meinem Vater tut das auch nicht gut. Officer. Sie sollten Ihren Pflichten nachkommen. Sollten Sie nicht nach einer Person fahnden. Sie sehen hier nur ältere Menschen, die etwas an der frischen Luft sein wollen. An der Sonne. Erfüllen Sie doch bitte einfach Ihre Pflicht.

Die Polizisten sind geschockt. Stehen beide hands up da. Sie lassen die Hände sinken und wenden sich Jack zu. Salutieren. Wenden sich zum Gehen.

JACK Officer. Das wird Ihnen fehlen.

Er wirft dem Polizisten die Pistole zu, sobald dieser schon wieder auf dem Motorrad sitzt. Die Polizisten fahren davon. Jack schiebt Marie unfreundlich auf die Bank.

## X

Jack steht vor Marie. Sie sitzt wieder mit zurückgelegtem Kopf und geschlossenen Augen. Er sieht auf sie hinunter.

JACK (herrisch:) Und? Was haben wir uns da gedacht? Kann man das einmal erfahren? Wahnsinn. Vollkommen wahnsinnig. Unsere Deckung. Wissen Sie, was das bedeuten kann!? Das kann heißen, daß wir für ewige Zeiten das sein müssen, was wir jetzt sind. Hier. Wenn man dann einmal in einer von diesen Mühlen drinnen ist, dann ist nichts mehr zu machen. Aber was wissen denn Sie schon.

Jerry klettert aus dem Wagen.

JERRY Was sind Sie denn, wenn Sie noch etwas werden wollen.

JACK Werden will hier niemand etwas. Haben. Es geht um Haben. Und diese junge Person hier hat überhaupt keine Ahnung. Wollen Sie denn überprüft werden? Können Sie sich das leisten? Wissen Sie denn, was gerade gefragt ist bei den Behörden? Welche Richtung gerade die richtigere ist? Und so junge Leute glauben doch immer, daß alles einfach ist. Und sind deswegen unordentlich. Dabei geht es nur, wenn es eine Ordnung gibt, daß man etwas haben kann. In Ruhe und Frieden. Aber zuerst einmal muß diese Ordnung gemacht werden. Wie auch immer.

JERRY Ich bin für Frieden und Freiheit. Mein ganzes Leben. Ich verstehe diese junge Frau. Ich hätte es genauso gemacht. An ihrer Stelle. Wenn alles in Ordnung ist, dann hat die Verzweiflung ihre beste Zeit.

John richtet sich in seinem Wagen auf.

JOHN Wie steht es mit der Neuemission von Intra-Ultra.

Fällt zurück. Sally und Nelly bleiben stumm.

JOHN Die Fichenzeichnung von Adret hat keine klaren rechtlichen Grundlagen.

Jack und Jerry schlendern zum Kletterturm und setzen sich hinauf.

JOHN Laser-Spektral kaufen. Eine solide Notierung. Es kann nicht immer spektakulär sein.

Schweigen.

JOHN Zink steht schlecht. Kupfer zieht an. Silber hält. Soja ist im Fallen. Getreide abstoßen.

Sally steht auf und kramt eine Injektion aus ihrem großen Beutel. Bereitet sie vor.

SALLY Jetzt ist es genug. Wir haben wieder einmal alles gehört. Und jetzt wird geschlafen. Was wissen denn Sie. Was können Sie denn schon wissen. Immer einen Chauffeur und nie Straßenbahnfahren und im Vatikan verstecken. Vom Leben haben Sie nicht viel gesehen. Ich glaube, Ihnen hat nicht einmal das Foltern etwas gesagt.

Sie hat ihm die Injektion gegeben. Nelly hilft ihr.

JOHN (schwächer:) Wer nichts von Pflicht weiß. So verspielt man es. Aber wir kommen wieder. Immer.

Sally und Nelly setzen sich wieder hin. Sally strickt. Nelly stickt. Marie sitzt regungslos. Jack und Jerry sitzen auf dem Kletterturm.

SALLY Macht euch nicht schmutzig.

Jack und Jerry sitzen auf dem Klettergerät und sehen in die Weite. Der Strotter hat die Plastiksäcke auch rechts kontrolliert und wieder sorgfältig zusammengelegt. Er geht am Kletterturm vorbei nach hinten. Jack und Jerry sehen ihm nach.


## XI

JERRY (nachdenklich:) Es ist vor allem ein Kleiderproblem.

Er schaut dem Strotter nach.

JACK Ja. Im Pyjama geht es nicht.

Jerry sieht immer noch dem davongehenden Strotter nach.

JACK Unter den Rock greifen. Beim Baden. Das geht immer. Irgendwie. Aber. Es ist nicht dasselbe. Ganz einfach. Obwohl. Man spürt es wenigstens. In der Hand.

Pause.

JACK Einmal muß es noch sein. Einmal. Will ich. Es. Wenigstens.

JERRY Ja. Aber es ist vor allem ein Kleiderproblem. Im Pyjama wird keine ja sagen.

Währenddessen:

Sally hat hinter dem schlafenden John die Urne hervorgeholt. Sie sitzt auf der Bank und hält die Urne umfangen. Nelly stickt. Jeder vor sich hin.

JACK Früher habe ich mir das einfach genommen. Natürlich.

NELLY In alle vier Winde? Ist das üblich. Bei euch?

JERRY Eine Hose müßte schon genügen.

SALLY Nein. Aber wir haben es so ausgemacht.

JERRY Eine Hose. Die Pyjama-Jacke als Hemd. Eine Jacke oder ein Mantel.
JACK Schuhe. Ich glaube, Schuhe sind unbedingt notwendig.
SALLY Eigentlich begraben wir unsere Toten in Särgen und pflanzen Bäume auf ihren Gräbern. Aber er. Aber er hatte diese Ideen mit Indien. Da waren wir vierzehn. Da haben wir es ausgemacht. Am besten wäre es von einem Flugzeug aus. Wer zuerst stirbt, der macht es. Für den anderen.
JERRY Schuhe sind schwierig.
NELLY Ein Kinderversprechen.
SALLY Ich habe es nie ernster gemeint als mit vierzehn.
JACK Dabei habe ich mein Leben lang nur Maßschuhe getragen.
SALLY Da wußte ich alles. Wie es ist und wie es sein soll.
NELLY Aber woher weißt du, daß er das noch immer. Ich meine. Ihr habt einander doch ewig nicht gesehen.
JERRY Man kann irgendwelche Schuhe anhaben. Hauptsache, man hat welche. Man muß nur ganz aussehen.
SALLY Ich hätte ihn nicht mehr fragen können. Dann. Oder?
NELLY Ja. Sicher. Aber. Dein Leben aufs Spiel setzen. Und mit diesem. Nein.
JACK Hüte muß man überhaupt nicht mehr haben. Das ist ganz vorbei. Früher wäre es ohne Hut unmöglich gewesen.
SALLY Wenn man aufgibt, es richtigmachen zu wollen, dann hört sich doch alles auf. Dann kann man gleich ganz aufhören.
JERRY Aber. Wie kommt man hier zu Schuhen.
NELLY Man kann es doch auch. Ich meine. Ist richtig denn immer freundlich?
JACK Ich nehme nichts von dem ein, was sie mir geben wollen. Zur Beruhigung. Sagen sie. Damit es funktioniert. Wenn.
SALLY Freundlich. Weil du es immer allen recht machen willst. Ich bitte dich. Und jetzt. Ich muß es jetzt wohl machen. Sonst ist dann noch endgültig alles umsonst.
JERRY Schnell. Schnell. Zurück. Die Clowns kommen.
JACK Nein!
JERRY Ja. Doch.

Sie klettern eilig vom Kletterturm herunter und setzen sich in die Rollstuhlkinderwagen. Sie legen sich die Plaids über die Beine und starren gelangweilt in die Luft. Sally sitzt mit der Urne in den Armen da. Nelly stickt. Marie starrt in die Weite. John schläft.

## XII

Zwei Animateure, Sozialarbeiter, ein Mann und eine Frau kommen über den Hügel. Sie haben unauffällige Zivilkleidung an, tragen dazu aber sehr komische Hüte und bunte Jacken. Sie kommen in der Mitte über den Hügel. Sie sind betont guter Laune, optimistisch und hüpfig. Sie tragen Luftballons mit sich, die sie dann an alle verteilen.

SOZIALARBEITER Hallo! Da ist ja unsere Seniorenecke wieder in voller Besetzung.
SOZIALARBEITERIN Alle sind sie da! Hallo!
SOZIALARBEITER Heute haben wir einmal etwas für unsere ältesten Freunde mitgebracht.
SOZIALARBEITERIN Ja. Eine Überraschung! (Zu den Krankenschwestern gewandt.) Und noch dazu etwas Praktisches.
SOZIALARBEITER Aber. Weil wir uns ja immer alles erst verdienen müssen, sind vorher noch ein paar kleine Fragen zu beantworten.
SOZIALARBEITERIN Nichts Schwieriges. Keine Sorge. Nein. Nein. Es ist ganz einfach. Wirklich!
SOZIALARBEITER Ja. Unsere Stadtverwaltung –
SOZIALARBEITERIN – möchte gerne wissen –
SOZIALARBEITER – weil wir ja wollen –
SOZIALARBEITERIN – daß wir uns alle so wohl wie nur möglich fühlen –
SOZIALARBEITER – und damit auch alles wirklich richtiggemacht werden kann –
SOZIALARBEITERIN – müssen wir alles mögliche wissen –
SOZIALARBEITER – zum Beispiel –
SOZIALARBEITERIN – was jeder am liebsten macht –

SOZIALARBEITER – und wo er es am liebsten macht –
Sally mit der Urne im Arm. Nelly stickt. Marie starrt vor sich hin. Die Sozialarbeiter gehen zu den Rollstuhlkinderwagen. Sie nehmen grauenhaft lustige Posen ein. Die beiden Männer Jack und Jerry spielen auf besonders widerlich gaga.
SOZIALARBEITER Dieser Opi schläft aber fest.
SOZIALARBEITERIN Da wollen wir lieber nicht.
SOZIALARBEITER Er ist aber sehr bleich.
SALLY Senile Demenz im letzten Stadium. Glaubt, er war ein großer Naziverbrecher.
SOZIALARBEITER Aber. Unsere beiden anderen Freunde –
SOZIALARBEITERIN – sicher wieder zu allen Scherzen aufgelegt –
SOZIALARBEITER – wie immer. Und ist es nicht bewundernswert –
SOZIALARBEITERIN – mit welcher Kraft und Lebensfreude –
Jerry und Jack stoßen kleine Kinderschreie aus. In Richtung Sozialarbeiterin.
JERRY & JACK Ausziehen. Ausziehen.
SOZIALARBEITER – sie uns immer noch ein Vorbild sein können –
SOZIALARBEITERIN – aber sicher sind unsere lieben Senioren schon neugierig –
JERRY & JACK Haben. Haben.
SOZIALARBEITER UND SOZIALARBEITERIN Ja. Wir haben eine wirklich schöne Überraschung, die uns allen auch das Leben erleichtern kann.
SOZIALARBEITER Die ganz einfach sehr praktisch ist.
JERRY & JACK (sehr agitiert und kindisch:) Praktisch! Praktisch! Haben! Haben!
Ausziehen! Ausziehen!
Sozialarbeiter und Sozialarbeiterin zücken Schreibblöcke. Sie tragen immer wieder Notizen ein. Sie machen viel mehr Notizen, als es die Antworten eigentlich zulassen.
SOZIALARBEITER UND SOZIALARBEITERIN Ja. Aber vorher müßt Ihr uns noch sagen –
SOZIALARBEITER Seid Ihr Bewohner dieser Stadt?
SALLY & NELLY Ja.

JERRY & JACK Ja. Ja. Jajajaja.
SOZIALARBEITERIN Und wie alt sind sie? (An die Krankenschwestern gerichtet.)
SALLY & NELLY 70.
JERRY & JACK 95. 105. 22.
Sozialarbeiter und Sozialarbeiterin sehen einander an. Mit besonders schreckenerregender Fröhlichkeit.
SOZIALARBEITER Der Beruf?
SOZIALARBEITERIN Wird wohl ...
SALLY & NELLY Pensionisten.
JERRY & JACK Aber früher waren wir Mörder. Früher. Wie wir noch gekonnt haben. Da waren wir Mörder.
Sie sagen das als Kinderchor.
SOZIALARBEITER Ja. Die eigentliche Frage haben wir ja eigentlich schon gesagt.
SOZIALARBEITERIN Wir möchten gerne wissen, was jeder am liebsten macht.
SOZIALARBEITER Und dann. Wo er es am liebsten macht.
SOZIALARBEITERIN Es geht nämlich darum. Die Freizeitqualität in unserer Stadt noch weiter zu verbessern.
SOZIALARBEITER Die Infrastruktur sozusagen mit einem Freizeitkonzept zu durchdringen.
SOZIALARBEITERIN Die Stadtqualität ganz allgemein zu erhöhen.
SOZIALARBEITER Also. Was machen Sie denn nun am liebsten.
JERRY Ficken. Ficken tu ich am liebsten. Und wenn es nicht geht. Zuschauen. Ja.
JACK Ich tu am liebsten scheißen. Das kann ich immer.
JERRY Mir hast du gesagt, ficken. Ich kann mich ganz genau erinnern. Du hast ficken gesagt.
JACK Nein. Scheißen. Ich habe immer scheißen gesagt. Ich tu halt jetzt am liebsten scheißen.
SOZIALARBEITER Und wo das alles?
JERRY & JACK Im Park. Hier. Im Park. Wo denn sonst.
JERRY (vertraulich-vermittelnd:) Also. Ganz genau. Er scheißt am liebsten. Und ich ficke am liebsten. Und am liebsten im Park.
JERRY & JACK (Kinderchor:) Bekommen wir jetzt die Überraschung?

SOZIALARBEITER Ich glaube, unsere lieben Senioren haben sich die Überraschung redlich verdient.
SOZIALARBEITERIN Aber wir geben sie lieber den lieben Betreuerinnen. Hier. Es sind speziell hygienisierte Sitzringe aus aufblasbarem Vinyl mit einem waschbaren Frotteeüberzug. Waschbar bis zu 60 Grad.
JERRY & JACK (toben in ihren Rollstuhlkinderwagen:) Wir wollen etwas zu trinken. Wir brauchen keine Sitzringe, wenn wir keinen Schnaps bekommen. Wir wollen eine Überraschung. Sagen Sie Ihrem Scheißbürgermeister, daß wir Schnaps brauchen. Die Sitzringe soll er selber für seine Hämorrhoiden. Die soll er sich. Wenn wir keinen Schnaps bekommen, können wir nicht scheißen und nicht ficken. Und was ist dann mit der Infrastruktur.
Sozialarbeiter und Sozialarbeiterin geben Sally und Nelly Päckchen. Sie machen Eintragungen in die Fragebögen. Sie geben den beiden Männern Luftballons, die diese sofort aufstechen. Sie binden einen Luftballon an Johns Wagen an. – Sie sehen sich um. Sally hält die Urne. Nelly stickt.
Währenddessen:
John richtet sich mühsam auf.
JOHN Eins. Acht. Neun. Bindestrich. Sieben. Neun. Drei. Zero. Drei. Schrägstrich. Sieben. Eins. Drei. Herrn Holub verlangen.
Die Sozialarbeiter beobachten, wie John wieder in Schlaf versinkt. Die Sozialarbeiterin bindet gleich noch einen Luftballon am Wagen fest. Sie sind ein bißchen gerührt. Es ist ihnen aber auch peinlich, und sie wollen weg.

## XIII

Die Sozialarbeiter entdecken Marie und stürzen sich mit neugeschöpfter Lebhaftigkeit auf sie.

SOZIALARBEITERIN Aber. Da ist ja noch jemand.
SOZIALARBEITER Wir müssen auch ihre Meinung hören.

SOZIALARBEITERIN Erzähl uns doch auch, was du in deiner Freizeit machst.

Marie reagiert kaum.

SOZIALARBEITERIN Weißt du. Wir machen eine Erhebung für unsere Stadtverwaltung über das Freizeitverhalten unserer Mitbürger. Verstehst du.

SOZIALARBEITER Was du so machst. Wenn du nicht gerade etwas tun mußt. Verstehst du?

MARIE Ich weiß nicht.

SOZIALARBEITERIN Wo du gerne bist. So.

SOZIALARBEITER Und was du dabei so spürst. Wie du dich fühlst.

SOZIALARBEITERIN Ob es einen Grund gibt dafür, was du da tust. Wie es ist, was du machst. Und ob es dir dabei bessergeht. Oder eher nicht so gut. Oder ob du dich so wie immer fühlst. Verstehst du?

Marie sieht sie verloren an.

SOZIALARBEITER Es würde uns bei der Entscheidungsfindung helfen.

SOZIALARBEITERIN Und du nimmst an einem wichtigen demokratischen Entscheidungsprozeß teil, bei dem du dann auch etwas zu sagen hast.

Marie sieht sie lange fragend an. Dann erzählt sie den Sozialarbeitern den folgenden Monolog in der ehrlichen Absicht, sich mitzuteilen, die Fragebogenfragen richtig zu beantworten. Für sie ist der Inhalt jedoch vollkommen normal.

MARIE (erst zögernd, dann sicherer werdend:) Die steinernen Platten die Gräber und fühle mich quellen und schwellen die Gifte mein Bauch sich blähend und platzt die Haut mein Fleisch die Knochen nicht mehr ein Brei von schwärenden Schwarten am Grund es gärt. Kugeln. Wie trübe die Augen sie schwimmen so blau auf dem Schlamm und kriechen und dringen und wühlen in mir und immer hinein und in mich und weich kein Ende nach innen kein Nichts.

SOZIALARBEITERIN Wir tragen Spazierengehen ein.

SOZIALARBEITER Dem Baby geht es gut?

MARIE Babies schlafen.

SOZIALARBEITER Ja. Wir müssen weiter.
SOZIALARBEITERIN Aber. Wir kommen wieder. Und wenn jemand etwas braucht –
SOZIALARBEITER – einen Rat –
SOZIALARBEITERIN – eine Hilfe –
SOZIALARBEITER – dann sind wir da –
SOZIALARBEITERIN – im Rahmen des Programms –
SOZIALARBEITER – das Glück ist für alle da –
SOZIALARBEITERIN – gegründet von unserem Bürgermeister und seiner Partei.
Sie hüpfen über den Hügel davon. Jerry und Jack schreien in diese Schlußproklamation immer wieder »Saufen«, »Schnaps«, »Scheißen«, »Ficken« hinein.
SALLY (zu Nelly:) Und. Was machst du am liebsten?
NELLY Was meinst du.
SALLY Und wie fühlst du dich dann. Eher besser oder eher nicht so gut.
NELLY Eher nicht mehr so wenig wunderbar wie sonst immer.
SALLY Und wo machst du das am liebsten?
NELLY Nicht im Park. Jedenfalls nicht zu oft.
Sie lachen unbändig.


## XIV

Die Männer ruhig in den Rollstuhlkinderwagen. Sally und Nelly sitzen. Sally mit der Urne im Arm. Nelly hat die Handarbeit sinken lassen. Ihr Lachen verklingt, und sie starren vor sich hin, lehnen sich dann zurück wie Marie. Jack und Jerry entspannen sich langsam aus ihrer gespielten Altenrolle und lehnen sich ebenfalls zurück. Alle sitzen so und starren ins Nichts. John schläft. Bewegungslose Stille.
Kelly kommt joggend über den Hügel von rechts heruntergelaufen. Sie ist derangiert und verschwitzt und in hysterisch guter Laune.

KELLY (keuchend und im Stand weiterlaufend:) Hallo!
Sally wendet sich ihr langsam aus ihrer Versunkenheit zu.
SALLY (anzüglich:) Und?
Kelly läuft vor Sally und Nelly im Stand. Sie macht Lockerungsübungen und streckt sich betont genußvoll. Sie spricht während dieser Übungen.
KELLY Ja. – Also. – Ich bin wieder da.
NELLY Und?
KELLY War etwas los.
NELLY War er da?
KELLY Wer?
NELLY Na. Der. Der, den du.
KELLY Aber sicher.
NELLY Und?
KELLY Was. Und.
NELLY Was sagt er.
Kelly richtet sich auf und starrt Nelly an. Sally steht auf. Die Urne im Arm.
SALLY Nelly! Was soll er schon sagen. Du bist schon ...
NELLY (ihre Handarbeit wieder aufnehmend:) Ach nichts. Daß er sie liebt. Oder so etwas.
SALLY (spöttisch:) Nelly.
NELLY (zu ihrer Handarbeit:) Und daß er sie immer lieben wird. Ich möchte einmal eine schöne Geschichte. Wenigstens sehen. Eine Geschichte. Die nicht.
KELLY (zu Sally:) Du hast ihn?
SALLY Ja. Und es ist keine Zeit.
NELLY (zu Jack und Jerry:) Wollen Männer denn keine schönen Geschichten haben? Ist es Männern wirklich so gleichgültig, wie es. Und nur Hauptsache, daß.
Jack und Jerry schauen erstaunt auf. Sehen einander an. Sie wollen gerade zu Erklärungen ansetzen.
SALLY (Kommandoton:) Master Jack kann in dieser Richtung aufpassen. Und du. Nelly. Von da kommen sie auch manchmal.
Sie stellt die Urne auf der Bank ab. Kelly schiebt auf Sallys Anweisung hin Jack den Weg über die Hügelschulter hinauf und stellt ihn mit dem Rücken zum Publikum hin.

KELLY So?
SALLY Ja. Und ihn dahin.
Nelly schiebt Jerry nach vorne. Er steht neben Marie. Sieht ins Publikum.
NELLY Du glaubst, so geht das?
Sally geht zu Jack, beugt sich zu ihm, eindringlich.
SALLY Wenn jemand kommt. Irgend jemand. Dann ruft ihr Achtung. Ja? (Zu Jerry:) Achtung rufen, wenn irgend jemand aus dieser Richtung kommt. Ganz gleichgültig wer. Ja?
Jerry nickt eifrig und starrt aufmerksam nach vorne. Erst wirft er nur kurze Seitenblicke auf Marie, bis er am Ende nur noch sie ansieht und überhaupt nicht mehr aufpaßt. Marie starrt weiter vor sich hin.
Die drei Frauen stehen um die Urne. John schläft.

## XV

Kelly zieht den Krankenschwesternkittel über. Nelly richtet ihre Uniform. Sally betrachtet die Urne und sieht sich um. Hilflos.

SALLY Es ist kein Wind.
KELLY Wind. Wozu.
SALLY Die Asche. In den Wind.
NELLY Sie hat es ihm versprochen. Wie sie vierzehn waren.
KELLY Wie hast du ihn überhaupt..
NELLY Sie hat diesen Mann. Der, der die Asche. Diesen Mann hat sie.
SALLY Sie hätten immer noch mehr Geld. Und dann hätte es vielleicht gar nicht gestimmt. Und sie haben die Leichen gar nicht. Was glaubst du, was dieser Mann mich noch ...
KELLY Aber bist du jetzt sicher, daß er es.
SALLY Ja. Das weiß ich ganz sicher. So hat es angefangen. Mit dem Erschießen. Würdest du lügen, wenn du den Revolver an der Stirn hast. Er hätte mir gern gesagt, daß alles nicht stimmt und. Du kannst mir glauben. Das ist seine Asche. Ganz sicher.

JACK  Achtung. Achtung. Achtung.
Die drei Frauen laufen zu ihm und schauen. Fehlalarm. Sie gehen wieder zur Urne.
NELLY  Warum behältst du sie nicht. Die Asche. Dann hast du ihn bei dir. Immer. Die ganze Zeit. Und verboten ist das auch nicht. Es geht doch nur ums Begraben.
KELLY  Wenn sie es versprochen hat.
SALLY  In alle vier Winde. Er würde es für mich genauso tun.
NELLY  Wenigstens ein bißchen. Irgend etwas. Es muß doch irgend etwas übrigbleiben.
SALLY  Ich weiß nicht.
KELLY  Nein. Nein. Dann finden sie es bei ihr und dann.
SALLY  Ja. Das stimmt. Man kann das nicht.
NELLY  Da. Gib es dahinein. Da.
Nelly kramt in ihrer Tasche. Holt eine Puderdose heraus. Leert den Puder in den Sand und reicht Sally die Dose.
NELLY  Da gib es hinein. Mich suchen sie nicht. Und wenn alles vorbei ist, kannst du es dir holen. Und dann hast du eine Erinnerung. Und die Pistole. Gib mir die Pistole. Du bist ja wahnsinnig, damit herumzulaufen. Bei mir sucht niemand etwas.
SALLY  Ja. Vielleicht.
KELLY  Ich würde das nicht tun.
Nelly schraubt die Urne auf. Sally nimmt sie ihr weg und leert vorsichtig etwas in die kleine Dose.
NELLY  Es sind sogar Knöchelchen drin. Schau.
Sally schnappt die Dose zu. Gibt sie Nelly.
SALLY  Gib acht. Ich. Es ist.
Nelly steckt die Dose und die Waffe in ihren Beutel. Sally nimmt die Urne, geht auf den Sand und klettert auf das Klettergerüst. Sie richtet sich auf. Balanciert. Sie greift in die Urne. Sieht sich um.
SALLY  Es ist kein Wind. Hier gibt es keinen Wind. Hier gibt es ja nie Wind. In diesem gottverdammten Land weht kein Wind.
In plötzlicher Verzweiflung kauert sie nieder.
SALLY  Wie soll ich es denn machen.
Kelly und Nelly stehen am Rand zum Sand. Einen Augenblick Hilflosigkeit. Stillstand.

Nelly zieht Kelly zu John. Nimmt seine Decke.
Läuft zu Jack und holt seine Decke. Nelly und Kelly beginnen die Decken zu schwenken und stellen so Wind her. Sally bemerkt den Lufthauch, sieht auf, richtet sich wieder auf und beginnt zögernd mit der Aschenverstreuung. Kelly und Nelly umkreisen deckenschwenkend das Klettergerät. Es gelingt. Lachend und strahlend machen Nelly und Kelly Wind. Sally verstreut in Siegerpose die Asche.
Mittlerweile:
Wenn Kelly und Nelly Wind zu machen beginnen, steht der Strotter wieder da. Links. Er überprüft wieder die Nähte eines Plastiksacks. Jerry ist in den Anblick von Marie versunken und wird des Strotters erst spät gewahr. Er erschrickt über dessen Anwesenheit, springt aus dem Rollstuhlkinderwagen und stürzt auf den Strotter. Der erschrickt seinerseits und versucht wegzulaufen. Jerry wirft sich ihm nach, umklammert seine Beine, bringt ihn zu Fall. Der Strotter stürzt, schlägt schwer mit dem Kopf auf und bleibt liegen. Jerry erschrocken über ihn gebeugt.
Die Aschenverstreuung erreicht ihren Höhepunkt und wird zur tänzerisch-pantomimischen Kulthandlung.
JACK Achtung. Achtung. Achtung.
Einen Augenblick lang erstarren alle.

## XVI

Nelly und Kelly bringen die Decken zurück. Kelly schiebt Jack an den alten Platz. Nelly zu Jerry. Jerry hilflos mit dem Strotter. Nelly sieht den Strotter kurz an, prüft, ob er noch lebt. Dann beginnt sie ganz schnell, ihm die Schuhe auszuziehen. Dann die Hosen.
Jerry zieht die Hosen und die Schuhe hastig an. Nelly schleppt den Strotter zum Kinderwagenrollstuhl und zerrt ihn hinein. Deckt ihn zu. Jerry zieht einen Plastiksack aus der Hosentasche und geht zum rechten Papierkorb. Er beginnt die Nähte des Sacks zu überprüfen.

Sally ist vom Kletterturm heruntergestiegen und versteckt die Urne wieder hinter dem schlafenden John. Nelly deckt den toten Strotter zu, läßt den Wagen nach vorne zum Publikum gewendet stehen. Sie setzt sich auf die Bank zu Sally und Kelly. Die Frauen handarbeiten wieder.
Während der Agent und die Agentin hinten den Hügel heraufkommen, wieder die beschauliche Stimmung vom Ende der Szene 1. Die beiden Agenten bleiben auf der Hügelkuppe in der Mitte stehen. Blackout. 12 Sekunden lang.

## XVII

Die Frauen und die Männer in den Rollstuhlkinderwagen und Jerry befinden sich auf Position wie zu Ende Szene 16. Die Agenten kommen jedoch wieder von ganz weit weg und kommen den Hügel herauf. Sie bleiben auf der Hügelkuppe in der Mitte stehen. Einen Augenblick Stille.
Für den Strotter sitzt eine lebensgroße Fetzenpuppe im Rollstuhlkinderwagen.

## XVIII

Der Agent ist ein großer schlanker Mann über 50. Er ist eigentlich friedfertig und möchte nur seine Pflicht erfüllen. Stellt sich heraus, daß diese Pflicht nur durch Druck, Drohung und Aggressivität erfüllt werden kann, dann tut er das. Widerwillig, aber wirkungsvoll. Die Agentin ist eine eifrige, pflichterfüllte, ehrgeizige junge Frau, die ihre Rolle besonders recht und richtig erfüllen will. Sie zwingt den Agenten, nicht weich oder nachgiebig zu sein. Der Agent räuspert sich. Sally, Kelly und Nelly stehen eher gelangweilt auf und gehen an die Seite ihrer Pflegebefohlenen. Die Agenten setzen sich auf die Bank oben. Die Agentin öffnet ihren Laptop und macht ihn arbeitsbereit. Der Agent holt ein Aktenbündel aus seinem Attachékofferchen.

Niemand ist überrascht. Niemand ist erstaunt. Diese Art von Besuchen ist man gewohnt.
Nelly deckt den toten Strotter zu und bedeckt dabei auch sein Gesicht.

NELLY (laut flüsternd zu den Agenten:) Leise. Bitte. Er schläft gerade so gut.

In der Folge bemühen sich alle, eine Zeitlang leise zu sein, verfallen aber langsam wieder in lautes Sprechen.

AGENT Mein Name ist Meiers. Das ist Detective-Sergeant Forrester. Wir sind hier. (Zur Agentin:) Wie war dieser Name?

Die Agentin tippt immer kleine Befehle in ihren Laptop, bevor sie etwas sagt oder antwortet, und liest dann vom Bildschirm ab.

AGENTIN John G. Walker.
SALLY Hier. Schläft aber.
AGENT Das hier. Das ist John G. Walker?
SALLY Ja. Das ist er.
AGENT Sie betreuen ihn?
SALLY Ja.
AGENT Und wer sind Sie?
SALLY Mein Name ist Sally Meaghan O'Connor.
AGENT (zur Agentin:) Schauen Sie nach? Frau Kollegin.
AGENTIN Bin schon dabei.
AGENT Sie sind Krankenschwester?
SALLY Ja.
AGENT Ausgebildet?
SALLY Mein Prüfungen sind alle anerkannt. Hier. In diesem Land.
AGENT (zur Agentin.) Wie schaut das aus?
SALLY Meine Papiere sind alle in Ordnung.
AGENTIN (liest vom Bildschirm ab:) Sally Meaghan O'Connor. Eingewandert ... Einbürgerungsantrag vom ... vorläufige Aufenthaltsgenehmigung ... Arbeitsgenehmigung für krankenpflegerische Hilfs, bitte, Hilfstätigkeiten bei »Victims in Distress« ... und ... da ... ja ... ein Bruder ... keine Aufenthaltsgenehmigung ... offenbar etwas mit einer dieser Gruppen zu tun ... jedenfalls gibt es Vermutungen ... kam mit ihr herüber ... ausgewiesen ... dann ...

SALLY Und was hat das alles mit Mr. Walker zu tun?

AGENT Wir wissen immer gerne ganz genau, mit wem wir es zu tun haben. Aber. Sie haben recht. Es geht um etwas ganz anderes.

Kelly und Nelly wollen sich zum Weggehen fertigmachen.

KELLY Wir gehen voraus. Sally. Du kommst dann einfach nach. Wir heben euch etwas vom Tee auf.

NELLY Wir gehen noch eine Runde.

AGENT Nein. Meine Damen. Bitte. Bleiben Sie. Wir brauchen auch Ihre Hilfe. Sie sind doch jeden Tag hier zusammen und sonst auch sehr viel. Vielleicht wissen Sie etwas, das uns helfen könnte. Sehen Sie. Wir haben ein Problem.

Nelly und Kelly bleiben. Widerwillig.

AGENT Wie Sie wissen, können wir langsam bestimmte Abschnitte unseres Jahrhunderts historisch präzis rekonstruieren. Einerseits laufen die Geheimhaltungsfristen der diversen Archive ab. Andererseits haben wir mittlerweile Zugang zu den Informationen im Osten. Das Bild wird also immer klarer. Immer mehr Puzzlesteinchen kommen an ihren richtigen Platz.

Alle sind gelangweilt.

AGENT Ich möchte Sie nicht langweilen. Aber. Nun. Es verdichten sich also bestimmte Informationen. Werden neu zusammengefügt. Sozusagen.

SALLY Und was soll Herr Walker damit zu tun haben?

KELLY Was können Sie überhaupt von so einem alten Menschen noch wollen.

NELLY Er weiß doch nicht einmal, daß er noch lebt. In dem Zustand, in dem er ist.

SALLY Und seine Papiere sind vollkommen in Ordnung. Er hat alles direkt vom Innenministerium bekommen.

AGENT Dazu komme ich ja gerade. Gerade weil Mr. Walker so alt ist, kann man doch den Schluß ziehen, daß ein langes Schicksal hinter ihm liegt. Das kann man doch. Oder?

Alle nicken brav und weiterhin desinteressiert.

AGENT Sehen Sie! Und Mister Walker hat noch dazu ein bewegtes Schicksal hinter sich. Ein politisch bewegtes. Meine ich. Und in diesem Zusammenhang hat er verschiedene, sehr verschiedene Rollen gespielt. Verstehen Sie?

Alle verstehen.
AGENT Sehen Sie. Und deshalb muß ich Sie fragen, ob Herr Walker irgend etwas geäußert hat, das so klingt, als könnte es eine Kontonummer sein. Oder ein Name. Ein Password. Ein Ort. Irgend etwas. In dieser Art. Ein Hinweis.
SALLY Hinweis worauf?
KELLY Und das mit einem uralten Mann. Lassen Sie uns doch in Frieden.
NELLY In seinem Alter.
SALLY Er kann sich doch nicht einmal erinnern, daß er gelebt hat. In seinem Alter.

## XIX

Der Agent hat bisher auf der Bank sitzend und immer wieder auf den Bildschirm des Laptops schauend mit den bei den Rollstuhlkinderwagen stehenden Frauen gesprochen. Er steht nun auf und geht hinter die Bank, stützt sich auf der Rückenlehne auf, hat weiter Sicht auf den Bildschirm, bemüht sich aber, durch sein Stehen seinen Repliken Nachdruck zu verleihen.
Die Frauen rücken unauffällig einander näher. Sie machen sich endgültig zum Weggehen bereit.

AGENT Ich verstehe Ihre Zurückhaltung. Das gehört zu Ihren Pflichten. Ich kann das gut verstehen. Aber. Es gibt auch noch andere Pflichten. Es gibt die Pflichten der Allgemeinheit gegenüber. Humanitäre Pflichten. Sie. Die Bürgerinnen dieses Staates werden wollen, müssen das besonders beachten. Unser Staat beruht darauf, daß diese Pflichten, diese humanitären Pflichten eingehalten werden. Verstehen Sie. Und Sie begehen keinen Vertrauensbruch, wenn Sie uns sagen, was der alte Mann vor sich hin sagt. Im Gegenteil. Sie würden sich einer Pflichtverletzung gegenüber der Allgemeinheit erst schuldig machen, wenn Sie uns nicht unterstützen.
SALLY Ich kann mir das nicht vorstellen.
KELLY Woher sollen wir wissen, was Sie mit dem anfangen, was wir Ihnen sagen.

NELLY Wir haben auch eine Schweigepflicht gegenüber unseren Patienten. Besonders bei »Victims in Distress«. Wie sollen wir Vertrauen bei unseren Patienten aufbauen, wenn wir alles weitersagen.

AGENTIN Eine derartige Schweigepflicht existiert natürlich nicht. »Victims in Distress« ist eine Pflege- und Betreuungseinrichtung. Schweigepflicht dagegen besteht nur im Rahmen einer von einem Arzt geleiteten Behandlung und kann auf Antrag eines Untersuchungsrichters jederzeit aufgehoben werden.

AGENT Nein. Nein. Lassen Sie. Vielleicht kann ich es Ihnen. Vielleicht verstehen Sie dann, worum es geht. Also. Es stellt sich als fast sicher heraus, daß Mister Walker in der Zeit, bevor er sich Altmann nannte und in Südamerika auftauchte, daß Mister Walker eine bedeutende Rolle im Umfeld des Dritten Reichs gespielt hat. Keine militärische. Und wir alle wissen, was das bedeutet. Jedenfalls hatte er Zugang zu bedeutenden, sagen wir einmal »Ressourcen«. Konfiszierte Vermögen. So in dieser Art etwa. Wie gesagt. Nun wissen wir nicht hundertprozentig sicher, ob dieser Mann hier, der heute John G. Walker genannt wird und vorher Altmann geheißen hat, derselbe Altmann ist, dem die Flucht mit Hilfe des Vatikans gelungen ist. Aber die Suche nach diesen »Ressourcen« muß sofort aufgenommen werden. Schließlich kann dieser Mann, wer immer er ist, jeden Augenblick seine Geheimnisse mit in das Grab nehmen.

SALLY Aber wäre es da nicht wichtiger? Ich meine. Wenn das stimmt, was Sie da sagen, dann hat er doch. Dann ist er doch. Dann ist er doch ganz einfach ein Massenmörder.

AGENTIN Für moralische Überlegungen ist die Zeit zu knapp.

AGENT Und sagen Sie mir. Wie sollte Gerechtigkeit aussehen. Bei seinem Alter. Er kann sich ja wahrscheinlich nicht einmal erinnern. Daran.

KELLY Ich glaube die ganze Geschichte nicht.

NELLY Nicht, daß so etwas nicht vorkommt. Aber hier. Bei uns. Wir arbeiten für eine karitative Organisation. Uns liegt das Glück von Menschen am Herzen. Wir tun Gutes. Verstehen Sie!

SALLY Also. Ich weiß nichts. Habt ihr etwas gehört?
KELLY Gemurmel. Irgendein Gemurmel. Wenn er unruhig ist.
NELLY Ich kann mir das alles nicht vorstellen. Sie wollen uns da nur hineinziehen.
SALLY Wir wissen nichts. Wir können nichts wissen. Und jetzt gehen wir nach Hause.

## XX

Jack richtet sich auf und versucht aufzustehen. Kelly hält ihn sofort nieder. Sally kommt ihr zu Hilfe. Kelly kramt nach der Injektion. Nelly eilt ebenfalls zu Hilfe. Jack versucht etwas zu sagen. Die Frauen verhindern das zuerst. Die beiden Agenten halten das für einen krankheitsbedingten Zwischenfall und bleiben gelangweilt bei der Bank. Der Agent setzt sich wieder.
Jack strampelt sich frei und flüchtet auf das Klettergerät. Die drei Frauen folgen ihm und umstellen das Klettergerät. Kelly mit der Injektion in Anschlag.

JACK (vom Kletterturm herunter:) Er sagt überhaupt nichts anderes. Er sagt überhaupt nur Nummern und Passwords und Anweisungen.

Die Agenten sind unsicher, was das bedeutet. Kelly gibt Sally die Injektion weiter.

JACK Ich kann Ihnen alles sagen. Alles was Sie wissen wollen. Und alles über diese Krankenschwestern hier. Und ihre Verbrechen.

Die Frauen versuchen Jack am Reden zu hindern und ihn vom Klettergerät zu zerren.

JACK Holen Sie mich hier heraus. Einen Paß. Geld. Eine unbefristete Aufenthaltsgenehmigung. Und ich sage Ihnen alles.

Die drei Frauen beginnen den Schluß von Frère Jacques zu singen. Sie singen das Glockengeläut im Kanon.

AGENT Wenn es sich um das handelt, was wir brauchen.

JACK (gegen das mittlerweile gesteigerte Glockengesinge anschreiend:) Papiere. Geld. Kleidung. Und Schuhe. Vor allem Schuhe. Ich brauche ordentliche Schuhe. Lederschuhe.

Die Frauen singen nun ganz laut. Jack wehrt sich gegen den Beginn eines Anfalls.

AGENT (die Frauen anschreiend:) Hören Sie auf. Hören Sie sofort auf. Schluß. Lassen Sie diesen Mann. Ich will mit diesem Mann sprechen. Ich verhafte Sie alle.

Er zieht seine Dienstpistole und fuchtelt hinter den Frauen damit herum.

AGENT (gegen die laut singenden Frauen anschreiend:) Ich schieße. Achtung. Wenn Sie sich nicht. Zwingen Sie mich nicht. Achtung.

Die Frauen sind halb auf den Kletterturm gestiegen und umringen dort laut singend Jack. Jack beginnt mit seinem Anfallgeschrei und schlägt um sich. Die Agentin stürzt ebenfalls mit gezückter Pistole zu der Gruppe.

Beim letzten »Achtung« des Agenten Crescendo. Jack, von den Frauen niedergehalten, bekommt von Sally die Injektion, und die Agentin schießt in die Luft. Schlagartige Stille. Einen Augenblick Erstarrung.

## XXI

Die Frauen heben Jack vorsichtig vom Kletterturm und bugsieren ihn in den Rollstuhlkinderwagen. Sie sprechen, während sie Jack dahin schaffen, in belehrendem Ton zu den beiden Agenten.

KELLY Dieser Mann leidet an agitierter arteriosklerotischer Demenz.
SALLY Aber so wird alles immer noch schlimmer.
AGENTIN Es tut mir leid.
KELLY Solche Aufregungen. Das bringt nur das Gegenteil.
AGENTIN Auf mich hat der Mann einen ziemlich normalen Eindruck gemacht.

KELLY Ziemlich normal. Na toll.
NELLY Und das alles im Park. Von Ruhe und Erholung. Weit und breit. Nichts.
SALLY (sehr ernsthaft:) Wir sind nämlich nicht zum Spaß hier. Ich glaube, Sie sollten jetzt gehen.
Agent und Agentin wieder bei der Bank. Jack im Wagen und zugedeckt. Die Frauen um ihn herum.
NELLY Ich finde, Sie haben genug Chaos gemacht. Sie sollten jetzt einfach gehen.
AGENT Jetzt hören Sie einmal zu. Ich weiß nicht, was ich zu dem sagen soll, was ich hier gesehen habe. Aber normal. Normal kann ich das nicht finden.
NELLY Und was. Bitte. Ist normal für Sie? Herumschießen in öffentlichen Parkanlagen.
AGENTIN Wir haben doch schon gesagt, daß es uns leid tut.
SALLY Und daß Sie einen alten Menschen, von dem Sie im übrigen nichts Genaues wissen, endgültig in die Demenz treiben. Und daß Sie ihm damit den letzten Rest an bewußtem Leben nehmen, das kümmert Sie wohl gar nicht.
AGENT Meine Kollegin hat doch schon gesagt, daß es uns leid tut.
SALLY Sie wollen doch nur das Geld. Wie einer lebt. Das ist euch doch vollkommen gleichgültig.
KELLY Den Eindruck habe ich auch.
AGENT Es tut uns leid. Diese Szene tut uns leid. Ich hätte es Ihnen genauer erklären sollen. Es geht wirklich darum, dieses Geld einfach zu finden und dann für humanitäre Zwecke …
KELLY (höhnisch:) Lassen Sie das. Lassen Sie das einfach. Warum gehen Sie nicht. Hier ist nichts mehr zu holen. Wir rufen Sie an, wenn der alte Mann aufwachen sollte. Versprechen kann man da natürlich nichts.
AGENT (ruhig:) Ich habe bereits dreimal gesagt, daß es uns leid tut. Aber. Es ist nun einmal nicht unsere Aufgabe, Wiegenlieder zu singen.
KELLY Sie wüßten auch keines.
AGENT Und warum nicht? Ich habe jedem meiner Kinder vorgesungen. Vor dem Einschlafen.

KELLY  Sie haben Kinder.
AGENT  Ja. Natürlich. Und ein Enkelkind.
KELLY  (zur Agentin:) Sie auch?
AGENTIN  (verlegen-fröhlich:) Nein. Noch nicht. Aber. Vielleicht.
KELLY  Ja. Natürlich.
AGENT  Was. Natürlich.
KELLY  Ich vergesse immer, daß die einen Kinder haben. Und die anderen auch.
AGENTIN  Ich weiß nicht, was Sie damit meinen könnten. Aber vielleicht sagen Sie uns einmal, wie der Mann heißt, der. Der gerade.
AGENT  Ja. Das wäre vielleicht interessant.
KELLY  Aber. Seine Papiere sind doch vollkommen in Ordnung.
AGENTIN  Sein Name.
AGENT  Wenn ohnehin alles in Ordnung ist, gibt es doch keinen Grund. Oder?

Die Frauen sehen auf Jack hinunter. Nelly sucht Blickkontakt mit Jerry. Die Agenten betrachten die Frauen.


## XXII

Der Sozialarbeiter und die Sozialarbeiterin kommen. Sie haben die Clowns-Utensilien nicht mehr an. Tragen betont untertriebene Streetworker-Kleidung. Sie sind ernst und von ihrer Mission erfüllt. Die Sozialarbeiterin trägt ein Clipboard, auf dem sie bei der Befragung notiert hat. Gegen die Agenten besteht eine deutliche Animosität. Sie treten wie alle in der Mitte auf und bleiben oben auf der Hügelschulter stehen.

SOZIALARBEITER & SOZIALARBEITERIN  (forciert-fröhlich:) Hallo. Da sind wir wieder.

Sie sehen sich um. Erkennen die Agenten als das, was sie sind.

AGENT  Hallo. Wir haben nur noch eine kurze Frage.

SOZIALARBEITER Ja. Ja. Wir haben Zeit.
AGENT Also.
KELLY Ich weiß nicht, wozu das gut sein soll. – Jack Daniels.
AGENTIN Daniels. Jack. Jack Daniels? Soll das ein Scherz sein?
KELLY Nein. Wozu denn.
Die Agenten vertiefen sich beide in den Bildschirm. Sie suchen etwas.
SALLY (plötzlich und heftig:) So! Ich gehe jetzt. Von Ruhe kann hier ja nicht mehr die Rede sein.
NELLY Wir werden uns eine neue Ecke suchen müssen. Oder?
SALLY (ironisch zu den Sozialarbeitern.) Oder habt ihr wieder eine von euren großartigen Überraschungen.
SOZIALARBEITERIN Nein. Nein. Gehen Sie nur. Wir sind wegen der jungen Frau hier.
SALLY Was wollen Sie denn von der.
NELLY Die tut doch wirklich niemandem etwas. Sie spricht ja nicht einmal.
SOZIALARBEITERIN Nein. Nein. Da handelt es sich um etwas Ernsteres. Wissen Sie eigentlich etwas über sie?
Die Frauen zucken mit den Achseln, sehen einander an. Sie stehen rechts von der Mitte am Rand des Sands hinter den Rollstuhlkinderwagen. Jerrys Wagen immer noch nach vorne zum Publikum. Sie sind im Aufbruch begriffen, beobachten aber noch die Sozialarbeiter. Abwartend. Die Agenten sind weiterhin auf ihren Bildschirm konzentriert. Marie auf der Bank links unten mit dem Kinderwagen. Die Sozialarbeiter oben auf dem Hügel. Jerry geht nervös vom rechten Papierkorb zum linken.
Die Sozialarbeiter sprechen erst zu Marie. Sie wenden sich aber immer mehr an die anderen Anwesenden. Sie versuchen Verständnis für ihre Handlungsweise zu finden, als führten sie eine Verhandlung vor Geschworenen.
SOZIALARBEITERIN Wir haben lange gezögert.
SOZIALARBEITER Es ist immer eine schwierige Entscheidung, wann ein Eingreifen notwendig wird.
SOZIALARBEITERIN Und wir haben uns dazu erst entschlossen, nachdem wir wirklich alles ganz genau.

SOZIALARBEITER Und in der Gruppensitzung wirklich ausdiskutiert haben.

SOZIALARBEITERIN Wirklich entschlossen haben wir uns dann aber eigentlich erst aufgrund einer minutiösen Analyse dessen, was sie gesagt hat. Vorhin.

SALLY Was wird das alles. Sie haben eine von diesen ärgerlichen Umfragen gemacht. Von denen ohnehin niemand weiß, wozu sie gut sein sollen.

SOZIALARBEITERIN Ich kann Ihren Einwand sehr gut verstehen.

SOZIALARBEITER Es ist immer eine Abwägung des Schadens, der entstehen könnte. Könnte. Verstehen Sie. Könnte. Sicher kann natürlich niemand sein.

SOZIALARBEITERIN Deshalb haben wir einen Experten zugezogen. Professor Chrobath ist der anerkannteste Fachmann auf dem Gebiet der psychopathologischen Textanalyse.

SOZIALARBEITER Am einfachsten ist es vielleicht, wenn ich kurz in Erinnerung rufe, was sie gesagt hat. (Er liest ab.) Die steinernen Platten die Gräber und fühle mich quellen und schwellen die Gifte mein Bauch sich blähend und platzt die Haut mein Fleisch die Knochen nicht mehr ein Brei von schwärenden Schwarten am Grund es gärt. Kugeln. Wie trübe Augen sie schwimmen so blau auf dem Schlamm und kriechen und dringen und wühlen in mir und immer hinein und in mich und weich kein Ende nach innen kein Nichts.

Er sieht sich Zustimmung heischend um. Die Agenten hören ebenfalls zu.

NELLY Ja. Und?

SOZIALARBEITERIN Ja. Dann hören Sie einmal, was der Professor dazu sagt: (Liest von ihrem Clipboard ab.) Die Auflösung des Satzzusammenhangs, vor allem die Kongruenz von Subjekt und Objekt, läßt auf eine tiefbegründete Schwächung des Selbstfocus schließen. Der formale Grammatikverlust geht einher mit einer negativen Auflösungsmetaphorik, die wiederum auf kaum noch zurückzudrängende Ängste vor endgültigem Selbstverlust hinweist, beziehungsweise auf die Aufhebung der Grenzen zwischen Innen und Außen. Conclusio: Aufgrund dieses typisch weiblichen Erscheinungsbilds

besteht jederzeit die Möglichkeit, daß die in diesem Text konstituierten schizophrenen Tendenzen sich vollkommene Wirkung verschaffen und in aggressiven Handlungen gegen andere die eigene Selbstauslöschung vollzogen wird. – Auf depravierte frühest-kindliche Beziehungsstrukturen muß geschlossen werden. Eine wahrscheinlich fehlende Mutterbindung.
SALLY Und? Was heißt das genau?
SOZIALARBEITERN (flüsternd an die Frauen gerichtet:) Das Baby. Wir fürchten für das Baby.
SOZIALARBEITER Der Satz »Babies schlafen« läßt nach Professor Chrobath das Schlimmste befürchten.
KELLY Wollen Sie ihr das Kind wegnehmen.
NELLY Ja. Aber wissen Sie denn nicht …
Die Sozialarbeiter bewegen sich vorsichtig in Richtung Marie. Marie reagiert erst, sobald die beiden vor ihr stehen.
SOZIALARBEITERIN (mitleidig:) Wie geht es dem Baby.
MARIE Babies schlafen?
SOZIALARBEITER (schlagartig, Befehl:) Du das Kind. Ich auf sie.
Marie wirft sich sofort schützend über den Kinderwagen. Die beiden Sozialarbeiter ziehen sie weg. Brutal und routiniert. Sie wehrt sich schreiend. Nelly will zu Hilfe eilen. Es entsteht ein schmutziges Handgemenge, bis Marie im Polizeigriff des Sozialarbeiters gefangen ist.
Der Agent springt auf.
AGENT Sagen Sie. Dürfen Sie das?
Der Sozialarbeiter hat die um sich schlagende Marie gebändigt und im Schwitzkasten. Die Sozialarbeiterin holt nun vorsichtig das Baby aus dem Wagen. Marie läßt sich zusammensinken.
Das Baby ist ein Bündel zusammengedrehter Plastiksäcke, die in ein Tuch gehüllt sind. Beim Aufheben löst sich das Bündel plötzlich auf, und alle Säcke fallen auseinander. Alle sind erschrocken. Die Sozialarbeiterin läßt angeekelt das Tuch fallen. Der Sozialarbeiter läßt Marie los. Das alles geschieht stumm, und nur das Keuchen der Kämpfenden ist zu hören. Einen Augenblick Starre und Entsetzen.

## XXIII

Die drei Frauen gehen entschlossen zu Marie. Sie helfen ihr, das Baby wiederherzustellen. Sie beruhigen sie. Reden ihr leise zu, zu weinen aufzuhören. Trocknen ihre Tränen. Zeigen ihr das fertige Baby. Legen es in ihren Arm. Marie hält es kurz. Lächelt und legt es in den Wagen zurück.
Die beiden Agenten und die beiden Sozialarbeiter stehen an den Rand gedrängt. Sie zucken einander verständnisvoll mit den Achseln zu. Machen Handbewegungen, die beschreiben, daß es eben so ist, it's all in the game etc. Die drei Frauen treten von der wiederhergestellten Marie zurück und sagen im Chor:
Jetzt sind wir aber wieder ganz in Ordnung.
Sie stehen und betrachten ihr Werk. Marie versinkt wieder langsam in ihre Abwesenheit.
Die Streifenpolizisten kommen auf ihren Motorrädern über den Hügel gefahren. Sie stellen die Motorräder im Sand ab. Sie nehmen die Helme ab, ziehen die Handschuhe aus. Verstauen dies alles auf den Motorrädern, ziehen Blocks und Schreibgeräte aus ihren Lederjacken.
Währenddessen:
Sofort bei Auftauchen der Polizisten gehen die drei Frauen zu ihren Handarbeitssachen. Sie beginnen Dokumente herauszusuchen. Die Agenten setzen sich wieder. Die Sozialarbeiter sehen zu. Jerry ist nun wieder beim rechten Papierkorb. Er wird weiterhin nicht zur Kenntnis genommen. Nur Nelly schaut sich manchmal nach ihm um.

## XXIV

1. POLIZIST (fröhlich:) Na. Seid ihr alle da.
2. POLIZIST Na. Was ist denn hier los.
1. POLIZIST Eine mittlere Versammlung. Was?
2. POLIZIST Ja. Alle sind da.
1. POLIZIST (zu den Sozialarbeitern:) Was will denn das Sozialamt hier?

Der Sozialarbeiter deutet mit dem Kopf auf Marie. Sagt nichts.

2. POLIZIST (erklärend:) Da ist nichts mehr zu machen. Aber harmlos. Vollkommen harmlos.

SOZIALARBEITER Sie kennen sie?

1. POLIZIST Ja. Lebt im Park. Aber harmlos. Unser Mariechen.

SOZIALARBEITERIN Und es hat nie ein Baby gegeben. Ich meine. Ein richtiges.

2. POLIZIST Ich weiß von nichts.

SOZIALARBEITERIN Hat sie. Geht sie. Ich meine. Es wäre doch normal.

1. POLIZIST Nein. Das macht doch unser Mariechen nicht. Gell. Mariechen! So was machst du nicht.

2. POLIZIST Ausweiskontrolle. Die Papiere bitte.

SOZIALARBEITER Wir sind von der Straßenfürsorge ...

2. POLIZIST Aber. Von Ihnen will ich gar nichts sehen. Sie sind nicht gemeint.

Die Polizisten beginnen die Ausweise zu kontrollieren. Sie nehmen die Ausweise, sehen der überprüften Person scharf ins Gesicht, wieder auf den Ausweis und geben ihn zurück.

Die Polizisten gehen zu den Agenten, bekommen Dienstmarken entgegengehalten, salutieren und gehen zu den Frauen. Währenddessen:

1. POLIZIST So. Was haben wir denn heute. Also.

2. POLIZIST Das ist zwar unser wöchentlicher Kurs im Dokumentenerkennen. Aber es ist keine Routine. Meine Damen.

1. POLIZIST Nein. Wir suchen eine Frau. (Beschreibung der Schauspielerin, die Sally spielt.) Größe ... Haarfarbe ... Augen ... Kleidung: graues Kostüm, Hut und rote Schuhe.

2. POLIZIST Nicht, daß wir annehmen, daß eine von euch. Wirklich nicht. Aber. Pflicht ist eben Pflicht. Ihr wißt ja, wie das ist.

Sally gibt dem Polizisten einen senfgelben und einen grauen Paß.

1. POLIZIST So. Jetzt werden wir sehen, ob wir noch alles behalten haben. (Zu Sally.) Begrenzte Aufenthaltsgenehmigung inklusive Arbeitsgenehmigung, gelb. Ja. Gut.

2. POLIZIST (scherzend zu Sally:) Und die roten Schuhe hätten wir auch schon.
1. POLIZIST Wir könnten ja auch alles in Einzelteilen suchen.
2. POLIZIST Und das Revier mit Verdächtigen vollstopfen. Ja?
1. POLIZIST Und der alte Herr. Grau ist Dienstpaß und alles o. k. Ja. In Ordnung.

Sie gehen zu Kelly. Kelly hat einen himmelblauen Paß und einen rosaroten.

1. POLIZIST Kelly Martinelli. Ansuchen um Staatsbürgerschaft, vorläufiger Aufenthalt inklusive Arbeitsgenehmigung. Rosa.
2. POLIZIST Nein. Himmelblau.
1. POLIZIST Nein. Ansuchen um Staatsbürgerschaft inklusive Arbeitsgenehmigung und vorläufiger Aufenthalt ist rosa. Da. Da schau. Himmelblau ist Flüchtlingsstatus. Hier. Flüchtlingsstatus exklusive Arbeitsgenehmigung. Da hast du es. Himmelblau.
2. POLIZIST Ich habe immer geglaubt, Himmelblau ist Flüchtlingsstatus inklusive Arbeitsgenehmigung, und Rosa ist Flüchtlingsstatus exklusive Arbeitsgenehmigung. Bist du sicher.
1. POLIZIST Todsicher. Da. Jack Daniels. Flüchtlingsstatus exklusive Arbeitsgenehmigung. Himmelblau. Und ist er nicht im Himmel damit. Alle Sozialgeschichten, und fürs Arbeiten ist er ohnehin schon zu alt.

Nelly hat einen grünen Paß und einen himmelblauen.

2. POLIZIST So. Was haben wir da. Nelly Snyder. Einmal eine Inländerin. Angenehm, etwas Grünes zu sehen. Und einmal Flüchtlingsstatus. Wie war das jetzt. Inklusive oder exklusive.
1. POLIZIST Exklusive. Stell dir einen wolkenlosen Himmel vor. Einen Himmel exklusive Wolken. Dann merkst du es dir. Vielleicht.

Der Polizist zieht die Decke vom Gesicht des toten Strotters und legt sie gleich wieder über das Gesicht zurück. Gibt Nelly die Pässe. Dann hält er plötzlich inne.

2. POLIZIST Herr Kollege!
1. POLIZIST Ja. Was ist?
2. POLIZIST Ja. Dich auch. Aber. Ich meine. (Zum Agenten:) Gut, daß Sie schon da sind.
Der Agent sieht verwundert vom Laptop auf.
AGENT Wo brennt's denn. Herr Kollege.
2. POLIZIST Da. Schauen Sie!
1. POLIZIST Ja. Der ist ja!
Der Agent kommt und zieht die Decke weg. Die tote Strotter-Fetzenpuppe liegt da.
AGENT Ja. Der ist tot.
Alle schauen den Toten an. Nelly und Jerry sehen einander in die Augen. Marie sitzt unbeteiligt. Erstarrung.

## XXV

AGENT (zu Nelly:) Tja. Was soll man dazu sagen.
Nelly starrt auf ihre Schuhe. Jerry konzentriert sich auf seine Plastiksäcke.
NELLY Das ist ein Mißverständnis. Ein Unfall.
Der Agent und die Polizisten machen sich an der Strotter-Fetzenpuppe zu schaffen.
AGENT Wir lassen besser alles so, wie es ist. – Dieser Mann. (Er meint Jack.) Dieser Mann hat doch etwas von Verbrechen gesagt.
1. POLIZIST Aber die Frau. Die. Die wir suchen. Die hat eine Urne bei sich. Eine Aschenurne. So groß. Etwa.
Der Sozialarbeiter und die Sozialarbeiterin sehen einander an. Von da an starren sie auf Sally.
Nelly will ihre Tasche nehmen. Die Tasche hängt an einem Griff des Rollstuhlkinderwagens. Die Polizisten hindern sie daran.
2. POLIZIST Sie können hier doch nicht einfach mit einem Toten herumfahren.
AGENT Gleichgültig, woran er gestorben ist. Es kann noch nicht lange her sein.
NELLY Ich denke. Ich dachte. Ich habe gedacht. Ich fahre zurück. Mit ihm. Und erledige alles. Dann.

Die beiden anderen Frauen sehen immer von Jerry auf den Strotter.
NELLY Es wäre doch einfacher. Ich meine. Der Hausarzt.
AGENT Herr Kollege. Wiederholen Sie doch einmal diese Fahndungsmeldung.
Alle starren Nelly an. Der Polizist wiederholt die Meldung.
2. POLIZIST Wir suchen eine Frau. (Beschreibung der jeweiligen Schauspielerin, die Sally spielt.) Größe ... Haarfarbe ... Augen ... Kleidung. Graues Kostüm oder Kleid. Hut. Rote Schuhe.
AGENT Ja. Das paßt ja alles. Und die Schuhe haben sie getauscht. Da. Tauschen wir einmal zurück.
Er läßt Nelly ihre Schuhe ausziehen und tauscht sie gegen Sallys rote Schuhe. Nelly sieht dieser Beschreibung natürlich überhaupt nicht ähnlich.
AGENT Na. Wer sagt's denn.
Nelly steht mit den nicht passenden Schuhen. Sie kann von da an nicht mehr normal gehen.
NELLY Ich kann das alles erklären.
1. POLIZIST Sicher. Sicher.
2. POLIZIST Erklärungen gibt es immer. Und andere auch.
NELLY (resolut:) Diese Schuhe passen mir nicht einmal. Das müssen Sie doch sehen.
AGENT Ich finde. Sie stehen Ihnen sehr gut. Snyder war der Name?
1. POLIZIST (buchstabierend:) S.N.Y.D.E.R.
Der Agent und die Polizisten stehen um den sehr großen Handarbeitsbeutel von Nelly. Die Agentin gibt den Namen in ihren Laptop ein.
AGENT Ja. Wir müssen Sie durchsuchen. Das verstehen Sie doch.
NELLY Das ist alles ein großes Mißverständnis. Verstehen Sie denn nicht. Tom. Kannst du denn nicht. Sally!
Die beiden Angesprochenen reagieren nicht.
NELLY Sie haben überhaupt kein Recht. Ich möchte einen Anwalt. So geht das alles nicht.
SOZIALARBEITERIN Sie können hier jetzt wirklich keine Durchsuchung durchführen. So geht das alles doch nicht.

SOZIALARBEITER Sie wissen doch, daß bei der ersten Einvernahme schon ein Anwalt dabeisein muß. Ich meine. Sie können sich doch an die Regeln halten. Oder.
1. POLIZIST Gibt es bei uns nicht.
2. POLIZIST Bei Gefahr im Verzug können wir alles.
1. POLIZIST Und wie wollen Sie mir erklären, daß das nicht der Fall ist. Gefahr im Verzug.
2. POLIZIST Wenn die Gefahr im Verzug ist, ist sie ja noch keine sichtbare Gefahr. Deshalb kann man sie auch nicht feststellen. Nur vermuten. Und wie soll man eine Vermutung beweisen. Ich frage Sie?
1. POLIZIST Wenn die Gefahr einmal da ist. Dann ist es doch zu spät.
NELLY Ich bin eine Bürgerin dieses Staates. Ich habe Rechte.
1. POLIZIST Dann können Sie immer noch eine Terroristin sein.
AGENTIN Herr Kollege! Herr Kollege! Ich habe da etwas Interessantes gefunden.
Der Agent geht zu ihr. Sieht auf den Bildschirm.
Die Polizisten leeren den Inhalt der Tasche auf die am Boden liegende Decke Jerrys. Nelly möchte hinstürzen. Die Schuhe hindern sie daran. Jerry nähert sich ihr und steht fast neben ihr. Sie sehen zu, wie die Polizisten die Pistole finden und den Inhalt der Puderdose. Die Polizisten grunzen erfreut bei jedem Fund und zeigen einander die Dinge. Sally trägt Nellys Schuhe und kann ebenfalls nicht gehen. Möchte weg. Kelly steht kühl und desinteressiert dabei.
Der Agent kommt zurück. Die Polizisten stehen auf.
2. POLIZIST Das ist geklärt. Das ist eindeutig.
1. POLIZIST Nicht, daß es uns leid täte um den Kerl, den sie erschossen hat. Er hat sicherlich zu den mieseren Ratten gehört. Sein Geld damit zu verdienen, daß man die Leichen von Ausgewiesenen stiehlt und aufkauft und an die Angehörigen zurückverschachert! Das ist schon eine schäbige Tour.
AGENT Ich habe dieses Gesetz nie richtig gefunden. Ausgewiesenen die letzte Ruhestätte zu verweigern. Das heißt nur, jeder Art von Korruption und Mißbrauch Tür und Tor zu öffnen. Man weiß doch, wie die meisten Ausländer an diesen Ritualen hängen.

1. POLIZIST  Die Friedhöfe sind überfüllt.
2. POLIZIST  Wir bekommen selbst schon kaum einen Platz.
1. POLIZIST  Sollen wir Inländer enterdigen, damit wir Ausländer beerdigen können?
AGENT  Aber die Situation hier. Das muß ich zugeben. Die wird mir zu komplex. (Zu Nelly:) Sie hätten uns das doch rechtzeitig signalisieren können. Frau Kollegin. Jetzt ist da kaum noch etwas zu machen. Wenn einmal so viele davon.
Der Agent ist hilflos. Er weiß nicht, wie diese Situation bewältigt werden kann. Die Polizisten sind betreten. Sally und Kelly erstaunt und wieder aufmerksam. Alle starren Nelly an. Sie starrt auf die roten Schuhe an ihren Füßen.

## XXVI

Alle plötzlich zur gleichen Zeit. Jeder wiederholt seinen Satz, bis Nelly sich aus ihrer Reverie reißt und vortritt. Sie sprechen zueinander.
SALLY  Was heißt hier Kollegin?
KELLY  Sie ist doch unsere Kollegin.
1. POLIZIST  Schöne Scheiße. Sag ich.
2. POLIZIST  Die anderen Abteilungen sind die Pest.
AGENT  Diese Sache hier ist wirklich sehr komplex.
AGENTIN  Wenn man mir alle Passwords sagen würde.
SOZIALARBEITER  Das scheint wieder so eine abgesprochene Sache zu sein.
SOZIALARBEITERIN  Und unsere Arbeit geht wieder vor die Hunde.
Währenddessen:
Wenn das Gerede losbricht, geht Jerry von Nelly weg. Er geht quer über die Bühne zum linken Papierkorb. Nelly macht einen großen Schritt nach vorne. Sie spricht zu Jerry.
NELLY  Das sieht alles anders aus als es ist. Ich kann das erklären.
AGENTIN  Ist das ratsam?
NELLY  Ich möchte das jetzt sagen.

AGENT Sie sollten das nicht machen.
AGENTIN Ihre Kollegin Kelly Martinelli ist beim MK 7. Keiner kann Ihnen da noch helfen.
Nelly nimmt die Information nicht wahr. Alle anderen starren Kelly an. Deutliches Abrücken.
NELLY Ich habe nichts Falsches gemacht. Ich habe nichts gemacht, weswegen ich nicht mehr schlafen könnte. Ich. Sie haben mich gefragt, ob ich besonders beklagenswerten Fällen helfen wollte. Damit sie wieder Lebensmut. Wenigstens Leben. – Ich wollte zuerst nicht. Wirklich nicht. Aber dann. Sie haben mir Filme gezeigt. Videos. Sie hatten ein Video von ihm, wie sie ihm. Ich konnte nicht mehr nein sagen. Und dann. Sie haben gemeint. Wenn ich so tue, als wäre ich seine Schwester. Dann wäre es einfacher für ihn. Irgendwie. Und wenn es gutgegangen wäre, hätte ich es ihm ja gesagt. Dann. Und ich sollte nur achtgeben auf ihn. Und herausfinden, ob er noch etwas weiß über die anderen im Widerstand. Damit man ihnen helfen kann. Vielleicht. – Aber. (Die Erkenntnis trifft sie wie ein Schlag.) Woher hatten die dieses Video.
Wieder reden alle zur gleichen Zeit los. Sie sprechen zueinander.
SALLY Was hat das Schicksal noch an Schrecklichkeiten bereit.
1. POLIZIST Für solche Situationen steht wieder nichts in den Dienstanweisungen.
2. POLIZIST So ist es immer, wenn Frauen dabei sind.
AGENT Da sind uns wieder alle Abteilungen zuvorgekommen.
AGENTIN Immer sind es die gleichen Schwierigkeiten mit diesen Undercover-Agenten.
SOZIALARBEITER Ich verstehe nicht, wie man so etwas tun kann.
SOZIALARBEITERIN Verquere Konzepte, wenn man sich das so anhört.
Abruptes Ende des Durcheinandergeredes. Alle starren nun Kelly an. Nach langem spricht der Agent.
AGENT Dann seid ihr uns in dieser Angelegenheit (meint John) voraus. Offenkundig.

Kelly sagt nichts.
AGENTIN (resigniert:) Dann können wir ja gleich gehen.
Kelly sagt nichts.
SALLY (zu Kelly:) Und du hast hier so einfach.
NELLY Dann war alles umsonst. Von mir.
KELLY Über euch habe ich doch nie. Darum ist es doch nicht gegangen.
SALLY Woher sollen wir das wissen.
NELLY Jeden Tag waren wir hier. Gemeinsam.
KELLY Ich habe nur gesagt, was ich gefragt worden bin.
SALLY Und wie sollen wir jetzt wissen, was irgend jemand über uns wissen kann und weiß.
KELLY Ich habe doch gesagt. Nichts über euch. Ihr müßt. Ihr müßt. Vertrauen.
SALLY Aber warum denn.
KELLY Aber. Er ist einer von denen, die sie sich aufheben. Weil man ja nie weiß, wann es wieder soweit ist. Weil sie nicht wissen, ob sie ihn nicht noch brauchen. Irgendwann. Bei einer neuen Weltlage. Und sie geben ihm alle Papiere und wollen wissen, wer ihn anruft, wer ihn besucht und was er so sagt. Und so. Mehr war es ja nicht.
SALLY Aber du hast. Du hast für die. Das hast du doch.
KELLY Ich sage dir doch. Ich habe nur über ihn. (Meint Jack.) Sonst war gar nichts gefragt.
NELLY Dann war es nicht einmal eine Liebesgeschichte.
KELLY Nein. Eine Liebesgeschichte war es nicht.
SALLY Aber wie. Kelly. Sag. Wenn du mit denen. Dann bist du doch auch eine von ihnen.
NELLY Das heißt. Kelly. Das heißt, daß. Aber. Ich habe nur versucht das Beste für ihn. Damit er sich wirklich erholen kann. Nach allem, was er durchgemacht hat. Und damit ich ihn nicht. Nicht. Ich meine. Ich wollte nur das Beste für ihn.
Kelly schweigt.
SALLY Wir waren jeden Tag hier. Zusammen. Wir haben einander geholfen. Oder erzählt. Alles. Es wäre schrecklich gewesen. Allein. Aber hier. Mit euch. War alles. Irgendwie. Erträglich war es. Warum. Kelly. Wie!
KELLY Wegen der Kinder. Sie hätten keine Schule. Oder ein

Studium. – Aber das könnt ihr ja nicht verstehen. Ihr habt ja keine.

SALLY  Du hättest es uns sagen können.

NELLY  Wir hätten uns gemeinsam. Ausgemacht. Was du ihnen sagst.

SALLY  Wir zusammen hätten.

KELLY  Wie hätte das gehen sollen. Und ich dachte. Ich habe gedacht, daß es nie.

SALLY  Irgendwie kommt so etwas doch immer heraus.

NELLY  Aber. Sie versprechen einem, daß es nie von jemandem gewußt werden muß.

SALLY  Ich habe euch immer alles gesagt.

NELLY  Es kann sich doch nicht plötzlich alles verändert haben. Auf einmal.

KELLY  Warum redest du so scheinheilig herum. Du hast selbst. Du hast doch auch. – Informiert. Oder.

NELLY  Aber. Ich habe es für ihn getan. Ich habe geglaubt. Ich war sicher. Ich habe das Richtige getan. Verstehst du. Ich wollte das Richtige tun.

KELLY  Und was glaubst du, habe ich geglaubt. Das Richtige. Man glaubt doch immer, daß es das Richtige ist, was man macht. Sonst wäre ja alles anders.

SALLY  Und mit einem Mal ist alles anders. Nichts mehr so, wie es war. Wie es nie war. Weil es nie so gewesen, wie es ausgesehen. – Wie allein man ist.

NELLY  (auf ihre roten Schuhe starrend:) Tom. Kannst du nicht etwas sagen!

Tom legt einen Plastiksack besonders sorgfältig zusammen und in den Papierkorb. John richtet sich in seinem Rollstuhlkinderwagen auf.

JOHN  Zink steht schlecht. Kupfer zieht an. Silber hält. Soja ist im Fallen. Getreide abstoßen.

Sally und Nelly beginnen automatisch das Schlaflied. Es gelingt aber nicht und zerfällt. Wird nicht zu Ende gesungen. John bleibt aufrecht sitzen und spricht. Ein freundlicher, eifriger, alter Herr. An die Polizisten gewendet.

JOHN  Officer. Ich bin froh, daß endlich jemand gekommen ist und ich einen Bericht machen kann.

Sally und Nelly versuchen wieder das Schlaflied zu singen. Kelly kommt zögernd dazu. Die Frauen können das Lied aber nicht mehr. Sally sucht verzweifelt nach der Injektion. Bereitet sie vor. Aber das alles dauert so lange, bis John fertiggesprochen hat. Dann gibt Sally ihm die Injektion.

JOHN (holt die Urne hinter sich hervor:) Sie ist die gesuchte Frau. Und ich habe selbst gehört, wie sie sich gebrüstet hat, daß sie einen Mann erschossen hat. Officer. Mit diesen Injektionen versucht sie, mich umzubringen.

John hat die Injektion bekommen und sinkt wieder in Schlaf.

2. POLIZIST Welche Frau hat er jetzt gemeint. Eigentlich?

Alle sehen einander fragend an. Die drei Krankenschwestern starren vor sich hin.

## XXVII

Nach einer winzigen Pause beginnen wieder alle zur gleichen Zeit zu sprechen. Diesmal hält jeder für sich einen Monolog. Die Texte werden so lange wiederholt, bis die Stimme des Regisseurs verklingt. Direkt an das Publikum gewandt.

AGENT Vier Jahre muß ich noch durchhalten. Vier Jahre, und dann habe ich meine Pension verdient. Ich war gut. Ich habe in meinen Verhören fast immer den Sieg davongetragen. Habe nie meinen Meister gefunden. Aber es ist mir auch gleichgültig geworden. Die Gründe interessieren mich nicht mehr. Es interessiert mich nicht mehr, warum einer glaubt, daß er lebt. Oder. Daß er leben muß.

AGENTIN Ich arbeite gerne. Ich habe eine interessante Tätigkeit. Ich komme mit vielen Menschen zusammen. Es ist sinnvoll. Ich spiele Tennis und gehe zweimal in der Woche ins Fitneß-Studio. Meine Eltern wünschen sich Enkelkinder und daß ich heirate. Die Wahrheit läßt sich nicht finden. Aber dafür sind auch die Lügen nicht vollkommen.

SOZIALARBEITER Meine Yogaübungen habe ich um 20 Minuten verlängert. Jeden Tag. Ich versuche, in den Gruppengesprächen meine dominante Art zu unterdrücken. Ich frage alle um ihre Meinung, obwohl ich weiß, daß mir das gleichgültig ist. Ich möchte meinen Frieden machen. Ich wollte, ich könnte Frieden finden und ihn verteilen, wie man Milchpulver verteilt.

SOZIALARBEITERIN Mein Mann möchte nicht, daß ich diese Arbeit mache. Daß ich irgendeine Arbeit mache. Ich bringe die Trostlosigkeit ins Haus. Und die Hilflosigkeit. Er will, daß ich sein Sonnenschein bin. So, wie ich es früher war. Aber da habe ich geglaubt, daß ich etwas tun kann. Aber ich kann doch nicht, weil nichts zu tun ist, gleich gar nichts tun.

1. POLIZIST Zuerst sieht es immer so aus, als wäre es klar. Und dann ist es gleich nicht mehr klar. Und wie soll man die richtigen Entscheidungen treffen. Deswegen habe ich Autounfälle am liebsten. Da gibt es Spuren. Die kann man messen. Und meiner Frau kann ich es erzählen. Und es bleibt keine Frage offen.

2. POLIZIST Ich habe meinen Beruf ergriffen, weil ich stark bin und weil ich gedacht habe, ich werde einmal jemanden beschützen. Ich habe mir gedacht, ich werde es so machen wie die im Film. Ich werde alle retten und gegen die negativen Elemente vorgehen. Ich bin stark. Ich gehe gegen die negativen Elemente in unserer Gesellschaft vor. Aber ich habe noch niemanden gerettet.

Wenn die vielstimmig-chorische Sprechhaltung aller etabliert ist und eine gestische Insistenz sichtbar wird, drängt sich die Stimme des Regisseurs über Lautsprecher vor.

Der Regisseur spricht in genau dem sanften Reportageton, in dem Papstfeiern und Papstmessen von Radio Vatikan übertragen werden. Diese Reportagen beschreiben und erläutern dem Fernsehpublikum alle Vorgänge, die ohnehin sichtbar sind. Erklären und deuten mit kleinen Anekdoten. Der Ton ist leise, als flüstere der Reporter (immer selbst ein Geistlicher) in Anwesenheit des Papstes.

Die Frauen stehen erst starr und machen dann jeweils das, was der Regisseur beschreibt. Immer einen Augenblick später, als verlangte der Regisseur es erst dann von ihnen.

DIE STIMME DES REGISSEURS Hier sind wir nun an dem Punkt

angelangt, an dem die Tragödie wieder ins einzelne zurückkippt. Sich ins Private auflöst. Jeder kehrt in seine private Person zurück. In die Person, die die Folgen der Tragödien austragen muß. Sally hat alles verloren. Ihre Freundinnen. Ihren Bruder. Nicht einmal seine Asche bleibt ihr. Der Platz im Park. Sie wird die Folgen ihrer Mordtat tragen müssen. Sie ist wie versteinert. Sie begreift erst nur, wieviel sie wird begreifen müssen, wenn ihr alles klarwerden wird. Jetzt drückt die Last dieses ersten Wissens sie nieder. Sie nimmt die Urne und kauert sich nieder. Die Urne im Arm. Zu ihrem Trost, und damit sie ganz klein ist und das Schicksal sie vielleicht übersieht. Für Kelly wird sich nicht so viel verändern. Zuerst. Alle wissen jetzt alles über sie. Das ist auch eine Erleichterung. Sie macht sich an Jack zu schaffen. Sie wollte, daß alles so schnell wie möglich wieder wie normal ist. Deshalb fühlt sie seinen Puls. Knöpft seinen Pyjama am Hals sorgfältig zu. Hüllt ihn besser in seine Decke. Das gehört zu ihrem Beruf. Das kann sie. Das ist eine Welt, in die sie immer geflüchtet ist. Wenn alles zuviel war, dann hat Kelly sich freiwillig zum Nachtdienst gemeldet. Damit alles so normal wie möglich bleiben konnte. Nelly hat nun doch Tom um Hilfe gebeten. Ihr Stolz hätte ihr das eigentlich verboten. Aber in den nächsten Augenblicken kann alles verloren sein. Sie hat Angst. Wegen des Toten. Die Freundinnen sind verloren. Sonst hätte sie das alles mit ihnen besprechen können. Aber das merkt sie noch nicht so sehr. Jetzt steht sie da und wartet. Daß Tom zu ihr kommt. Und sie tröstet. Sie ist starr vor Angst, daß er nicht kommt. Und mit jeder Sekunde, die er nicht kommt, weiß sie um eine Sekunde mehr, daß er nicht kommen wird. Daß er ihr nicht einmal helfen wird. Sie starrt auf den Boden und sieht sich um.
Die Stimme wird ausgeblendet.
Die Monologe versickern. Alle stehen da wie erstaunt, daß es sie gibt.

## XXVIII

Ruckartiger Rückfall in die Rollen.

1. POLIZIST Ich sehe nur eine Möglichkeit.
2. POLIZIST Alle ab. Ins Revier.
1. POLIZIST Das ist mir alles zu undurchsichtig.
2. POLIZIST Das ist eine Sache für die Experten.
AGENT Ja. Das scheint mir auch die beste Lösung.

Aufbruch. Der 1. Polizist zieht mit Sally ab. Er schiebt sein Motorrad neben ihr. Der 2. Polizist geht mit Kelly ebenso. Die Agentin klappt ihren Laptop zu und geht hinter Kelly. Der Agent macht aus dem Tascheninhalt Nellys auf der Decke ein Bündel. Legt es auf den Toten. Niemand spricht.

AGENT (wendet sich an die Sozialarbeiterin:) Könnten Sie?

Er will, daß sie den toten Mann schiebt. Sie versteht nicht gleich. Der Sozialarbeiter springt ein. Sie gehen mit dem Rollstuhlkinderwagen mit dem Strotter-Dummy.

Nelly bleibt so lange wie möglich stehen. Der Agent fordert sie auf zu gehen.

NELLY (sieht sich um:) Haben wir auch nichts. – Vergessen. Meine ich.

Der Agent bedeutet ihr zu gehen. Sie sieht sich noch einmal um. Sagt dann in Richtung Jerry.

NELLY Aber ich werde sicher nie mehr hierherkommen können. – Wahrscheinlich.

Jerry reagiert nicht. Er ist vollkommen auf die Plastiksacküberprüfung konzentriert. Nelly stakelt mühselig in den roten Schuhen vor dem Agenten. Auf dem Hügel oben dreht sie sich noch einmal um.

NELLY Ich.

Jerry sieht nicht auf. Alle über den Hügel davon. Marie sitzt.

## XXIX

Jerry steht. Wenn alle weg sind, geht er zum rechten Papierkorb und beginnt von neuem mit der Plastiksacküberprüfung.
Jerry spricht zur reaktionslosen Marie, wendet sich aber meist an den Papierkorb.

JERRY Marie ist ein schöner Name.
Pause.
Wissen Sie. Ich würde von niemandem mehr etwas erwarten.
Pause.
Es ist ein großes Feuer in mir. Marie. Das hoch auflodern möchte.
Pause.
Wir lernen es ganz einfach. Andere haben das auch. Warum wir nicht.
Pause.
Marie. Ich.
Marie steht langsam auf. Jerry geht vom Papierkorb weg und steht vor Marie. Sie sehen einander an.
JERRY Ich.
Marie ist verwirrt und nervös.
JERRY Marie.
MARIE (fast flüsternd:) Man darf nicht mit fremden Männern sprechen. Es ist verboten.
Pause.
Aber. Da. Sie können es haben.
Sie holt vorsichtig und zart das »Baby« aus dem Kinderwagen. Hält es.
JERRY Aber. Ich bin doch nicht fremd. Ich bin kein fremder Mann. Seit einem Jahr komme ich jeden Tag hierher.
MARIE Ich schenke es dir.
Sie legt ihm vorsichtig das »Baby« in den Arm.
JERRY Marie. Ich habe gemeint, daß wir. Ob wir. Gemeinsam.
MARIE Ich muß jetzt gehen. Ich darf nicht bleiben. Ich muß mir einen anderen Platz suchen. In einem anderen Park. Vielleicht.

Sie fährt mit dem Kinderwagen davon. Jerry steht mit dem Bündel im Arm.
JERRY (schreit:) Marie. Oder sagen Sie mir, wie Sie heißen.
Läuft ihr ein Stück nach.
MARIE (im Gehen, dreht sich um. An derselben Stelle wie Nelly:) Nicht so laut. Es wacht auf.
Sie geht. Er sieht ihr nach.

## XXX

Jerry wirft das Bündel zu Boden. Die Plastiksäcke fallen auseinander. Jerry steht still. Starrt auf die Plastiksäcke. Sieht sich um. Er geht ein paar Schritte weg. Geht zurück. Will wieder weg. Kniet dann doch nieder und sammelt die Plastiksäcke auf, formt ein loses Bündel, wickelt es in das Tuch und legt es auf die Bank. Er setzt sich daneben. Dahin, wo Marie gesessen. Er lehnt den Kopf zurück, schließt die Augen. Sitzt still. Eine Hand liegt auf dem Bündel. Schützend.
Jerry setzt sich langsam auf. Er nimmt das »Baby« auseinander, überprüft die Nähte der Plastiksäcke, legt die Säcke sorgfältig zusammen, macht einen Stoß aus ihnen. Er hält das Tuch zögernd in der Hand. Er steht auf, geht zum Papierkorb rechts, legt die Plastiksäcke hinein. In alldem bewegt er sich wie der Strotter, vollkommen auf diese Plastiksackbeschäftigung konzentriert. Er geht rechts über den Hügel durch den Sand nach hinten. Im Weggehen schlingt er sich das Tuch, in das die Plastiksäcke gehüllt wurden, als Halstuch um.

**Tolmezzo.
Eine symphonische Dichtung.**

Die Personen:
MANON GREEFF, etwa 75 Jahre
LINDA KUH, ihre Tochter, 40 Jahre
PROFESSOR KARL KROBATH, 60 Jahre
GRETL KROBATH, seine Frau, 50 Jahre
LUISE SOHLBERG, 20 Jahre
ALBERT STOLL, Geschäftsmann, 55 Jahre
ADRIAN LAMBERT, Chefredakteur, 35 Jahre
SPIDERMAN
VIER BARBIE PUPPEN
VIER KEN PUPPEN
DIE DREI ALTEN SÄNGERKNABEN
DIE DONNERNDE MÄNNERSTIMME AUS DEM FENSTER
DIE GRANTIGE FRAUENSTIMME AUS DEM FENSTER

Die Bühne:
Ein kleiner Platz. Eine Straße führt von links hinten nach rechts vorne. Der Platz fällt leicht nach vorne ab. Die Straße führt nach links hinten abwärts.
Eine schräg den Straßenverlauf begleitende Fassade. Gründerzeit. Karyatiden. Portalwuchtende Atlanten. Säulen, Übergroß. Verzogen.
Breite Glasschwingtüren in dem überschwenglich historisierenden Portal sind der Eingang zu einem Kaffeehaus. Hohe Fenster machen es möglich zu sehen, was im Kaffeehaus geschieht.
Im Kaffeehaus Säulen. Bemalt. Anklang an das historische Café Central. Zum Eingang Stufen hinauf.
Vor dem Kaffeehaus stehen Tischchen und Stühle. Bäumchen in Blumentöpfen. Schanigarten.
Ein Baumstamm in der linken Hälfte der Bühne. Baumkrone kann angedeutet sein. Es kann jedoch nie der ganze Baum zu sehen sein.
Links die Ecke eines Barockpalais.

## I

Idylle.
Bezauberndes sanftes Licht.
Die ganze Szene hindurch Walzermusik. Es sind die süßesten Stellen der bekanntesten Wiener Walzer zu verführerischer Filmmusik zusammengeschnitten.

Währenddessen:
Manons Stimme vom Band. Erzählend. Sicher. Sorgfältiges Deutsch.

MANON Hier. Hier waren wir immer. Jeden Nachmittag. Nach der Schule. Die Mamá war schon nur mehr krank. Und dann ist sie ja auch gestorben. Und der Vater. Der mußte da schon. Dieser Sängerin. War nur noch auf Reisen. Dann. Und meine Brüder. Und ich. Wir waren hier. Und der Heß. Der Schnabl. Und der Malcher. Und die Lizzi Bodenstedt. Jeden Tag. Jeden Tag waren wir hier. Da hinten sind wir gesessen. Da. Und laut waren wir. Jung. Halt. Und da vorne. Da ist immer dieser Dr. Walter gesessen. Der die Lizzi immer angestarrt hat. Und ihr Blumensträuße geschickt. Aufgedrängt. Weil sie so schön war. Waren wir alle. Jung. Und schön. Unverletzlich. Irgendwie.

Text und Musikstimmung brechen jäh ab. Manon steht an der Ecke des Palais.

## II

Nächtliche Straße.
Von links unten kommen Krobath, Stoll und Lambert. Sie haben sich beieinander eingehängt. Sie singen und tanzen »I'm singing in the rain«. Ernsthaft. Sie führen eine kleine Tanznummer vor. Mit dem Ernst und dem Ehrgeiz einer kleinen Betrunkenheit.

Sie führen ihre Nummer der stehenden Manon vor. Schwenken dann zum Eingang des Kaffeehauses zurück. Tänzeln und singen, bis sie vor der Tür stehen.

Sie stehen still. Abrupt. Sehen einander an.
STOLL Zu.
LAMBERT Unbedingt.
KROBATH Die Ziege.
STOLL Geschlossen.
KROBATH Die Hormone.
LAMBERT Unbedingt.
KROBATH Es sind eben die Hormone.
STOLL Abgesperrt.
LAMBERT Ausgesperrt.
STOLL (zu Manon:) Sie müssen entschuldigen. Gnädige Frau.
LAMBERT (wendet sich ebenfalls Manon zu:) Ja. Sie müssen uns verzeihen. Gnädige Frau. Aber. Das ist.
KROBATH (setzt sich an eines der Tischchen:) Das sind die Schicksalsschläge. Die wahren. Wissen Sie.
LAMBERT Wir verdursten. Wie in der Wüste. Hier. V-e-r-d-u-r-s-t-e-n. Hiiiiier.
MANON (spöttisch:) Ja. Das scheint mir auch so. Daß das. Daß Sie das sind. Die Schicksalsschläge. – Ich fühle mit Ihnen.
STOLL Sie sind eine kluge Frau. Ich bewundere Sie. Darf ich. (Großartig.) Darf ich Ihnen die Hände küssen. (Küßt ihr übertrieben zeremoniell die Hand. Führt sie zu einem Tischchen.) Ich verehre Frauen, die verstehen.
LAMBERT Trotzdem. Ein Rausch. Einen Rausch. Woher sollen wir jetzt einen Rausch. (Zu Manon:) Entschuldigen Sie. Gnädige Frau. Aber. Sie werden verstehen. Es muß einem schon ziemlich sinnlos vorkommen. Wenn man mit einem Cafetier befreundet ist. Und dann. Nichts zu trinken. Kein Rausch. Nichts. Finden Sie nicht?
KROBATH Mit so einer Feststellung kann ich gar nichts anfangen. Mein Lieber. – Ich habe doch schon gesagt. Es sind die Hormone. Wäre die Gretl nicht im Wechsel. Wäre sie noch. So. Wie früher. Und es wäre offen.

STOLL Ja. Früher. Früher. Da war die Gretl noch. Aber. Du auch.
LAMBERT Ich verstehe diese Ausrede überhaupt nicht. Was haben die Hormone mit dem Schlüssel zu tun. Eigentlich. Hast du denn keinen Schlüssel? Zu deinem eigenen Kaffeehaus. – Du läßt dich. So etwas ist Kastration. Den Schlüssel wegnehmen.
STOLL Sag einmal. Du hast doch.
KROBATH Schlüssel. – Schlüssel? – Schlüssel!
Er beginnt in seinen Taschen zu suchen. Stoll und Lambert fallen über ihn her. Durchsuchen seine Taschen. Stülpen die Taschen nach außen. Krobath kichert und schreit. Stoll und Lambert grunzen und schnüffeln an Krobath.
Stoll findet den Schlüssel. Führt einen Indianertanz unter Indianergeheul auf. Ruft immer wieder:
STOLL Ins Paradies. Ins Paradies. Wir können jetzt ins Paradies.
DIE DONNERNDE MÄNNERSTIMME AUS DEM FENSTER
Ruhe! Kann da keine Ruhe sein!
DIE GRANTIGE FRAUENSTIMME AUS DEM FENSTER
Gusch! Tschusch! Nazi!

Alle drei Männer tanzen den Indianertanz mit dem Schlüssel. Vor der Tür des Kaffeehauses. Auf Zehenspitzen. Lautlos. Unterdrücktes Kichern. Sie sperren auf.


III


Die drei Männer stürzen ins Kaffeehaus. Licht geht an. Sie schenken Getränke ein.
Spiderman klettert am Baumstamm herunter.
Von rechts oben kommt Linda gelaufen. Läuft auf den Platz. Sieht sich um. Sieht ihre Mutter.

Spiderman und Linda gleichzeitig.

SPIDERMAN (Sing-Sang:)
Kommt der Morgen
Ohne Sorgen
Meine Puppe
In der Suppe
Kocht
Beim Schpeidermän.

Glücklich ist
Wer vergißt
Meine Puppe
In der Suppe
Schwimmt
Beim Schpeidermän.

LINDA Mom! Mom! What are you doing. I was looking for you. All over the place. You should be in bed. You should be sleeping. You should not walk around. It's night. It's dark. It's dangerous.
Spiderman sieht Linda. Läuft zu ihr. Nimmt sie an den Händen und tanzt einen kleinen Kindertanz mit ihr.
SPIDERMAN You woman. You woman. You nice woman. I like woman not from here. You believe in god? Tell me. I must know. I must know.
Linda reißt sich los von ihm. Lambert kommt an die Tür.
LAMBERT He. Schpeidermän. Laß die Damen in Ruh. Hörst du.
Spiderman läuft im Stand. Ruft von da an bis zum Ende der Szene in regelmäßigen Abständen zum Rhythmus seines Laufens:
SPIDERMAN An die Arbeit. Eins zwei fertig. Hand ab.
Er setzt jedesmal einen anderen Körperteil für Hand ein. In folgender Reihenfolge: Hand. Fuß. Brust. Ohren. Nase. Kopf. Arm. Bein. Und in der Mitte durch. Mit jedem Körperteil gerät er in größere Begeisterung.
Lambert sieht Linda. Geht zu ihr.
LAMBERT Der Schpeidermän ist nicht. Ich meine. Er tut nichts.

LINDA  Mom. Could we leave here. I think this is all rather obnoxious.
LAMBERT  O. You are not from here. Please. Don't bother. This guy is harmless. Completely harmless. I mean. He is just a nut case. Nothing else. Really.
LINDA  How nice.
LAMBERT  Really. But. My name is Lambert. Adrian Lambert. And I am sorry if you were. Were. Incommodated.
LINDA  It's nothing. We are going back. I just want to fetch my mother.
LAMBERT  Pleased to meet you. Are you a tourist.
LINDA  No. We are here on business. – But. You must think us really impolite. I am Linda. Linda Kuh. And this is my mother. Mrs. Greeff.
Lambert verbeugt sich. Küßt die Hände der Frauen.
LAMBERT  Enchanté. Enchanté. I am here on business too. But of course. Not really decent. I mean. To drink so much. But. You should understand. I don't do that normally. I am celebrating today. I became editor in chief. You understand. Today. I am now the youngest editor in chief ever. But. The responsibility. And. How long can one stay the youngest. You see. I thought I have to get drunk.
Stoll kommt aus dem Kaffeehaus.
STOLL  Bei den Schülerzeitungen sind sie noch jünger. Spiel dich nicht so auf. Und stell mich den Damen vor.
LAMBERT  Ob man das verantworten kann. This is Mr. Albert Stoll. The bad guy in town. Miss Kuh. Meet Mr. Ali Stoll.
STOLL  Sind Sie denn verwandt mit dem Autor? Ich liebe ihn.
Linda versteht nicht.
LAMBERT  And the mother. Mrs. – Mrs.?
MANON  Greef. Greeff. Aber das ist ja nicht so wichtig.
STOLL  Aha. Die Mamá ist Wienerin. Aber. Das sieht man doch sofort.
LINDA  Mom. Please. Let's get back.
MANON  Yes. Buttercup. Only. I can't sleep.
LAMBERT  A. Der jet lag. Das kenne ich.
Krobath bringt ein Tablett mit Weinflasche, Gläsern und

Aschenbecher. Krobath schenkt Wein ein. Verteilt Gläser an alle. Auch an Spiderman.
Währenddessen:
KROBATH Jetzt geht niemand. Es ist spät. Wir alle können nicht schlafen. Wir müssen hierbleiben. Müssen etwas tun zur Entnachtung der Nacht. Einen Rausch. Wir brauchen einen Rausch. Dem allem zu entkommen. Der Verzweiflung des Nicht-Rausches die Sensibilität der Trunkenheit eine Waffe entgegen! Auf die Schlaflosigkeit. Auf die Rettung in den Rausch. Auf die Befreiung in die Sinnlosigkeit. Prost!
Alle prosten einander zu. Lambert macht sich an Linda heran. Stoll hofiert Manon. Spiderman tanzt gymnastisch um die Gruppe herum. Partystimmung.
DIE GRANTIGE FRAUENSTIMME AUS DEM FENSTER Gusch! Tschusch! Nazi!
DIE DONNERNDE MÄNNERSTIMME AUS DEM FENSTER Ruhe. Kann da nicht eine Ruhe sein. Endlich!
Die Gesellschaft ist einen Augenblick still. Dann lachen alle und stoßen wieder an. Leises Geplauder.

## IV

Duftige Sommernacht.
Die Tischgesellschaft leise plaudernd und trinkend.
Die Barbies kommen von rechts oben. Sie tänzeln in die Mitte des Platzes. Sehen sich um. Wollen nach links unten weitergehen. Da stehen die Kens. Die Barbies kichern. Tänzeln in Richtung der Kens. Die versperren lächelnd den Weg. Die Barbies zucken mit den Achseln. Drehen um. Gehen betont lässig zu einem der hinteren Tischchen. Setzen sich. Stecken kichernd die Köpfe zusammen.
Wenn die Barbies kichern, gehen die Kens los. Marschieren. Nehmen Sessel. Stellen sie in einer Reihe auf. Setzen sich rittlings und starren die Barbies an. Lächelnd.
Währenddessen:
Manon erzählt den folgenden Text dem Publikum. Die Perso-

nen rund um sie beachten sie weiter nicht. Eine alte Frau erzählt ohne Zusammenhang eine der Geschichten aus ihrem Leben. Die anderen reden miteinander. Leise. Oder starren vor sich hin.

MANON Hubert Habich. Er wollte mich heiraten. Vorher. Wie ich dann die Visa hatte, hat er mich noch zum Zug gebracht. Ich hätte nicht mehr das Geld für die Straßenbahn gehabt. Sein Daimler stand vor der Tür. Hakenkreuzfahnen an beiden Seiten. Wir haben nichts gesprochen. Ich habe ihn dann gefragt, ob er Geld hätte. Unsere Konten waren ja alle geschlossen. Er gab mir Geld. Er hat dann jemand anderen geheiratet. Habe ich gehört. Und ist gestorben. Hat sich zu Tode getrunken. Noch bevor es aus war.

## V

Gretl Krobath kommt von links seitlich. Sie ist ärgerlich. Sie geht und nimmt Krobath das Glas aus der Hand. Schüttet den Inhalt in einen der Blumentöpfe. Geht in das Kaffeehaus. Macht mehr Licht an. Dreht Musik auf. Walzer oder Wagner. Sie beginnt einen ganz normalen Kaffeehausbetrieb. Fragt die Kens, was sie trinken wollen, und bringt ihnen Getränke. Kassiert gleich.
Die Barbies werden von der Musik angelockt. Sie gehen in das Kaffeehaus. Verschwinden zuerst. Dann sieht man sie hinter den Fenstern das Kaffeehaus besichtigen. Konsultieren immer wieder einen Führer.

Währenddessen:
LAMBERT (zu Linda:) Is this your first time in Vienna?
LINDA Yes. This is my first time.
LAMBERT And. Do you like it?
LINDA I don't know. Should I?
STOLL (zu Manon:) Wissen Sie. Eigentlich. Eigentlich bin ich ja ein Krimineller. Wirklich. Eigentlich muß ich das zugeben.

Verstehen Sie. Aber. Ich habe eine Schwäche für die Leute mit der Kultur. Mit diesem. Na. Sie wissen, was ich meine. Das, was man hat. Haben muß. Einfach so. Und ich habe das Gefühl. Nein. Wirklich. Widersprechen Sie mir nicht. Ich denke, daß Sie so eine sind. So eine Person. Eine, die es hat. Und es nie bekommen hat müssen. Prost.

MANON Glauben Sie an Wiedergeburt?

STOLL Sehen Sie. Sie haben es sofort getroffen. Nein. Gnädige Frau. Nein. Ich glaube auch daran nicht.

MANON Ich auch nicht. Leider.

STOLL Meine Gnädigste. In Sie. In Sie muß man sich ja verlieben.

Spiderman springt auf einen Sessel.

SPIDERMAN Die Zeit. Die Zeit. Ein Wundenmeer.
Das Blut. Das Blut. Ein Morgenrot.
Morgen. Sorgen. Blut tut gut.

STOLL (Kasernenhofton:) Schpeidermän. Gusch.

Spiderman setzt sich.

Gretl Krobath setzt sich mit einem Glas zu Manon an den Tisch.

STOLL Das. Meine Gnädigste. Das ist eine andere Bewundernswerte. Sie managt alles. Ihr Mann ist das Genie. Und sie macht den Rest. Ein schweres Schicksal. Gretl. Oder?

GRETL Prost. Ali. Was für Schweinereien hast du heute wieder gemacht. (Zu Manon:) Wissen Sie. Er ist nämlich Waffenhändler.

STOLL Gretl. Werd nicht grauslich. (Zu Manon:) Sie hat es schwer. Er trinkt. Und sein großes Werk. Ja. Das wird am Ende dann. Was? Krobath. Krobath. Professore. Der Rausch ist wirklicher als die Philosophie daran. Das ist halt das Problem mit dem Geistigen. – Da bin ich gerne ein Mann der Wirtschaft.

MANON Ein Rausch wäre ja vielleicht auch nicht so. So. Lukrativ?

Krobath springt unvermittelt auf. Stößt den Sessel dabei um. Vorlesung.

KROBATH Das, was einmal die Voraussetzung für unsere Befreiung gewesen. Das Konjunktivische. Die Möglichkeit, sich

ein Anderes zu imaginieren. Die Möglichkeit der Möglichkeit. Also. Diese Form ist es nun, die uns die Freiheit kosten wird. Kostet. Wir werden von einer Grammatik beherrscht, die im Konjunktiv die Möglichkeit der Realimagination besitzt, die aber, durch die Formverarmung, indikativisch ausgedrückt wird. Damit indikativ geworden. Die Absicht des Ausdrucks von der Form des Ausdrucks. Abgetrennt. Entfremdet. Die Möglichkeit zur Realität degradiert keine Möglichkeit mehr. Die durch den Indikativ hergestellte Versprechung auf ein real mögliches Ganzes eine Lüge durch das Begraben des Konjunktivs im Indikativ. An dieser Lüge werden wir viel schrecklicher zugrunde gehen, als je an einer Versprechung von Religion. Wir müssen. – Prost.
Krobath setzt sich unvermittelt.

GRETL (zu Manon:) Er ist impotent. Seit wir hier sind. Wissen Sie.

Die Kens stehen an den Fensterscheiben und sehen den besichtigenden Barbies zu.

## VI

Luise Sohlberg kommt von links hinten unten gelaufen. Sie stürzt auf den Platz. Dreht sich um sich selbst. Sieht die Gesellschaft. Läuft vor sie hin. Atemlos. Strahlend.

KROBATH Luise. Strahl nicht so. Ich kann kein Glück vertragen.
STOLL Der Gönner verdient das nicht.
LAMBERT Aber zu beneiden.
Die drei Männer lachen.
KROBATH Luise Sohlberg. Die letzte Lilie des Waldes.
LUISE Du sagst das doch nur, weil du neidig bist. Weil du nicht mehr.
DIE DREI MÄNNER Na. Na. Na. Wir wollen schon bitten.
GRETL Aber. Sie hat doch recht. Obwohl. Der Gönner. Luise.

Guter ist der auch keiner. (Wendet sich Manon zu. Erzählt ihr etwas.)

LUISE Das ist mir alles gleich. Das sind alles alte Geschichten. Ihr sagt das doch nur, weil ihr nicht sehen könnt, daß jemand. Verliebt. Liebe. Glück. Glücklich. Glücklich könnt ihr ja niemanden mehr sehen. Das macht euch doch gleich nervös.

KROBATH Luise. (Sentimental:) Luise. Schau. Es ist so: Ich liebe in dir alle jungen Frauen. Die Möglichkeit der Liebe. Allgemein. Verstehst du. Es geht um die Liebe immer nur ganz allgemein. Der Gegenstand ist gleichgültig. Vollkommen unbedeutend. Aber ich möchte nicht, daß du mit dem Gönner. Verstehst du.

STOLL Luise. Wir alle. Hier. Wir mögen dich. Verstehst du. Wir nehmen Anteil.

LAMBERT Uns ist das nicht gleichgültig. Was mit dir geschieht. (Zu Linda:) She is in love with a married man. And we don't want to have her unhappy.

LINDA But. If it is her decision.

LAMBERT A. You don't know the guy. He is a real seducer.

LUISE Ihr seid alle häßlich zynische Oldies. Und du, Adi. Du bist sowieso ein Mädchenhändler. Ihr seid alle nur neidig.

Die Kens gehen in das Kaffeehaus. Gehen den Barbies nach.
Luise nimmt übermütig Spiderman an der Hand. Sie singt »Neidig. Neidig.« Sie tanzen einen Kinderreigen dazu. Ein Alarm geht los. Weit entfernt.

DIE GRANTIGE FRAUENSTIMME AUS DEM FENSTER
Mörder. Mörder. Alle seids ihr Mörder.

Luise singt ihr »Neidig. Neidig«. gegen diese Stimme an. Lauter. Tanzt wilder. Läßt sich dann erschöpft lachend in einen Sessel fallen. Spiderman läuft nach links unten davon. Singt »Neidig« allein weiter.
Der Alarm läuft. Sirenen. Aber alles weit entfernt. Gedämpft. Die Gesellschaft lacht perlend auf. Das Kaffeehaus steht leer.

## VII

Stille.
Alle sitzen ein wenig versunken da.

Alle zur gleichen Zeit:
ALLE Ja. Dann werden wir.
LINDA Yes. We'd better.
Alle lachen. Stehen auf. Unschlüssig.

Von links vorne kommen die drei Alten Sängerknaben. Sie sind drei Strotter in Matrosenanzügen und den dazugehörenden Matrosenmützen. Alles ist schäbig. Unvollständig. Versoffen. Zusammengestoppelt. Sie legen ihre Matrosenmützen auf den Boden. Stellen sich auf. Sie singen playback das Knabenterzett aus der Zauberflöte.
Die Tischgesellschaft läßt sich vorsingen. Man nimmt wieder Platz. Am Ende tosender Applaus vom Band. Bravo-Rufe. Mehrere Sekunden lang. Die Gesellschaft applaudiert dem Applaus.
Einer der Sängerknaben sammelt ab. Alle nesteln ihre Geldbörsen hervor. Geben Geld. Die drei Alten Sängerknaben ziehen nach links unten ab.

## VIII

STOLL Ach. Ich mag ihn.
MANON Wenn es das nicht gäbe. Man müßte vollkommen. Einfach gar nichts. In manchen Augenblicken. Gar nichts mehr. Dann.
KROBATH Zirkusmusik. Das ist alles Zirkusmusik. Und das wird auch nichts anderes mehr. Zirkusmusik für touristische Vermassung. Sentimentalisierungsvehikel. Die Angriffsfanfaren der Touristenbesatzungsmacht. Aber. Wenn es so weitergeht. Dann sind wir ohnehin bald nicht einmal mehr ein Museum.

LAMBERT Das ist doch schon wieder dein verkniffener ideologischer Standpunkt. Das Produkt Mozart bleibt doch immer auch Mozart. Und keine Kugel kann daran etwas ändern. Das ist doch auch ein Sieg.

KROBATH Alles, was von uns übrigbleiben wird, ist die Dokumentation in Fremdenverkehrsprospekten.

LAMBERT (zu Linda:) You know. We are talking about those little chocolate balls. Filled with. With. Mein Gott. Was heißt denn Marzipan.

MANON Wir bevorzugen Ildefonso.

LINDA I think that these Mozartkugeln are too big. Too big to put into the mouth and too small to bite into. They are so. So. Inbetween.

KROBATH Die werden auch hergestellt, um den Mund zu stopfen.

GRETL Ich sehe gar nicht ein, warum du dich so aufregst. Schließlich lebst du fast nur von den Touristen.

KROBATH Das ist auch sehr konsequent von mir. In einer Atmosphäre der Geistesverachtung kann ich mich nur dem Intoxikationsgewerbe anschließen. Das ist die einzige Form der Entfremdung, die für mich. – Soll ich vielleicht irgend so einem Minister in den Arsch kriechen, damit ich in irgend so einen Dreiervorschlag. Dazu müßte ich. Da mache ich mir lieber meinen eigenen Rausch. Und bin aktiv tätig. Im Rahmen des Untergangs dieser Kultur. Soll ich nur zuschaun?

GRETL Ich mag sie ja auch nicht. Mir geht das alles nicht ab. Das süße Zeug. Ich mag auch diese Mehlspeisen nicht. Das einzige, was mir fehlt. So. In Griechenland. Nach drei Wochen Moussaka. Und Bauernsalat. Also dann. Da hätte ich manchmal gern einen Knödel. Einen Semmelknödel. Das ist schon etwas.

MANON Das Brot. Das ist das Schwierigste. Sich vorstellen. Daß man nun sein Leben lang. Nie wieder. Ein Wiener Brot. Oder ein Kipferl.

STOLL Warum man immer dieses Schluchzen in der Kehle kriegt. Wenn diese Buben so singen. So.

LUISE Ali. Du hast doch kein Herz!

STOLL Nein. Wirklich. Das. Das rührt mich.

KROBATH Weil du ein unreflektierter sentimentaler Trottel bist.
LAMBERT Nein. Krobath. Gib einmal zu, daß etwas daran ist.
KROBATH A. Eure symphonischen Gefühle. Noch einen Wagner drauf. Und ein bisserl Liszt. Und Hurra!
STOLL Nein. Bitte. Keine Vorträge mehr. Wir schließen jetzt die Krobathsche Erwachsenenbildungsanstalt. Und überhaupt. Keine Nina. Heute?
LAMBERT Verzeih. Gretl. Aber.
GRETL Nein. Nein. Geht nur ins Puff. (Geht zu Krobath. Nimmt ihm die Brieftasche ab.) Aber nicht mit dem Geld. Für das ich. Herumgerannt.
KROBATH Ich mache mindestens so viel...
GRETL ... den Weineinkauf. Ja. Der funktioniert.
LAMBERT Gnädigste. Linda. Really. I could not know. I mean. When this evening started. Could I know I shall meet. Someone. Like you. Really.
LINDA O. Please. Don't bother.
LAMBERT Nein. Wirklich. Ich bringe Sie zum Hotel. Selbstverständlich. I bring you to the hotel back. Gretl. Was wir hier. Das. Alles. Auf meine Rechnung. Ich komme dann morgen. Und mach das.
STOLL (zu Manon:) Sehen Sie. So spielt das Leben.
MANON Ja. Sie werden allein zu Nina gehen müssen. Aber. Das wird Ihnen doch nicht schwerfallen.
STOLL Meine Gnädigste. Ich muß Ihnen etwas gestehen. Wir sind Opfer. Sie und ich. Wir sind Opfer einer völlig falschen Zeiteinteilung. Wenn Sie. Meine Gnädigste. Wenn Sie um 10 Jahre jünger. Und ich 10 Jahre älter. Ich würde Sie. Wir wären das ideale Paar. Ideal. Und ich würde.

Die Gesellschaft bleibt ruhig in sich versunken müde sitzen. Manon alleine. Zum Publikum.

MANON Am Tag unserer Scheidung hat er aufgehört. Er hat nie wieder einen Tropfen angerührt. Aber er kam nie wieder zurecht. Linda war dann auf einer Schule. Weiter weg. Und er kam zu mir. Und wir lebten wieder zusammen. Aber es ging nicht mehr. Er lebte dann in Untermietzimmern. Nicht schlecht. Aber. Er schaffte nichts mehr. Er war dann Vertreter. Dann sagten sie, daß er TB hatte und gaben ihm eine Medizin. An der starb er in drei Tagen.

LUISE (gähnend:) Ali. Daß du immer erst nach Mitternacht ein Herz hast.

KROBATH Womit wir wieder beim Konjunktiv angelangt sind. Bravo! (Zu Gretl:) Bring mich nach Hause.

MANON Ich glaube. Wir sollten. Alle. Jetzt. Es ist schon viel zu spät.

STOLL Waren Sie jetzt schon drinnen. Im Kaffeehaus. Eigentlich. Kommen Sie. Sie müssen es sich ansehen. Es ist noch alles so wie früher. Es hat sich überhaupt nichts verändert.

## IX

Manon steht zögernd. Stoll führt sie am Arm in Richtung Kaffeehaus. Die anderen sehen zu. Das Kaffeehaus liegt dunkel.
Die Türen zum Kaffeehaus springen auf. Licht.
Die Kens tanzen auf den Tischen zum zweiten Thema der Symphonie in G-Dur Nr. 100 von Joseph Haydn einen slawischen Männertanz. (In diesem Thema ist der Radetzkymarsch vorweggenommen.) Sie halten Schnapsgläser in die Luft. Die Musik kommt aus dem Kaffeehaus.
Die Barbies stehen in der Tür. Sie haben keine Busen mehr. Glatzen. Keine Schuhe. Sie stehen einen Augenblick. Als wäre noch etwas zu überlegen. Oder als erinnerten sie sich, etwas liegengelassen zu haben. Dann kreuzen sie die Arme vor der Brust. Gehen gesenkten Kopfs nach hinten links ab. Große feuchte Flecken auf den Röcken hinten.
Die Tischgesellschaft halb sitzend. Halb stehend. Manon weicht zurück. Sehen den Barbies nach. Sehen einander an. Dunkel. Nur das Kaffeehaus glüht von innen. Die Männer tanzen. Die Musik geht weiter.
Vollkommenes Black. Sehr kurz.
Die Musik geht weiter. Es wird immer nur eine kurze Schleife des Radetzkymarsch-Themas wiederholt.

## X

Die Musik blendet scharf in Walzerklänge.
Die Bühne ist leer. Das Kaffeehaus ist matt erleuchtet. Als brennten ewige Lichter drinnen. Sommernacht. Vor dem Gewitter. Wetterleuchten. Aber weit weg.
Lindas Stimme vom Band. Sie liest den Wilhelm-Busch-Text mühselig. Mit starkem Akzent. Kindlich.

LINDA
  Ha! Da sieht er voller Freude
  Max und Moritz im Getreide.
  Rabs!! – In seinen großen Sack
  Schaufelt er das Lumpenpack.
  Max und Moritz wird es schwüle,
  Denn nun geht es nach der Mühle.
  »Meister Müller, he, heran!
  Mahl' er das, so schnell er kann!«
  »Her damit!« Und in den Trichter
  Schüttelt er die Bösewichter.
  Rickeracke! Rickeracke!
  Geht die Mühle mit Geknacke.
  Hier kann man sie noch erblicken
  Feingeschroten und in Stücken.
  Doch sogleich verzehrt sie
  Meister Müllers Federvieh.

Manon steht links an der Ecke des Palais.


## XI

Die Schwüle steigt. Das Wetterleuchten nimmt zu. Keine Musik.
Von links hinten unten kommen Krobath, Stoll und Lambert. Sie haben sich beieinander eingehängt. Sie singen und tanzen »Dann geh ich ins Maxim«. Ernsthaft. Sie führen eine Tanz-

nummer vor. Vollkommen synchron. Sie betreiben das mit dem Ernst und dem Ehrgeiz einer mittleren Betrunkenheit.
Sie führen ihre Nummer Manon vor. Schwenken dann zum Eingang des Kaffeehauses zurück. Tänzeln und singen, bis sie vor der Tür stehen.

Sie unterbrechen jäh.
STOLL Scheiße.
LAMBERT Unbedingt.
KROBATH Die Brunszbuttn.
LAMBERT Herr. Professor. Ich mag Ihnen da gar nicht widersprechen.
STOLL So eine Scheiße. Karl. Nichts als Rederei. Die du da abziehst. Du bist nichts als eine einzige große Rederei.
LAMBERT Nur die Schiffe können nicht schwimmen. Sozusagen...
KROBATH Adi. Noch so ein Scherz...
LAMBERT ... und? Was?
KROBATH Und? Was? – Und ich spiel nicht mehr mit. Kein Ringelspiel mehr. Dann kannst du es dir allein machen.
STOLL Mach dir keine Sorgen. Das braucht der Karl genauso wie du.
KROBATH Du halt dich da raus. Du verstehst sowieso nichts.
STOLL Ja. Dazu bin ich eben zu normal. Unsereiner ist da einfach. Zu einfach. Vielleicht. Aber. – Ihr könntet es doch gleich miteinander machen. Eigentlich.
KROBATH Diese Form der Communio. Diese Form von rauschhaftem Eros. Eros. Ja. Da. Wo der Gegenstand sich aufhebt. Und ins Allgemeine transformiert. – Aber. Dazu fehlt es dir. Ali. Dazu fehlt dir Einsicht. Erkenntnis. Heißt das Zauberwort.
LAMBERT So ein harmloses Vergnügen.
KROBATH Ein bisserl Hurentauschen. Du meine Güte.
LAMBERT Wirklich. Ali. Gegen deine Geschichten. Gegen das, was du so...
KROBATH Wir sind nämlich...
LAMBERT ... durch und durch...
KROBATH ... mündige und...

KROBATH & LAMBERT erwachsene Menschen.
Krobath und Lambert stehen weiterhin eingehängt. Auf den Stufen zum Kaffeehaus. Zwei ehrliche Unschuldslämmer. Die beiden summen die »Jou-Jou. Lou-Lou. Fru-Fru.« – Zeile aus »Da geh ich ins Maxim.« Immer wieder.

Währenddessen:
Stoll geht zu den Tischen. Setzt sich. Manon bleibt stehen. Er spricht zu Manon.
STOLL Sie tauschen Huren. Währenddessen. Stellen Sie sich das vor. Einer schreit. »Wechsel« schreit einer. Und dann rennen sie von ihrer zu der vom anderen. So wie sie sind. Da. Kreischen. Wie die Affen. Das ganze Haus muß das mit anhören.
Verstehen Sie so etwas. Ich meine. Ich bin auch. Kein. Jedenfalls. Aber. Das?
Stoll starrt in sein Glas. Die beiden anderen schunkeln und tänzeln auf den Stufen zum Kaffeehaus. Verloren.
MANON (zum Publikum:) Nach dem Ersten Krieg. Da gab es ja nichts zu essen. Meine Mutter hat uns da nach Böhmen gebracht. Alle. Weil es dort nicht ganz so schlecht sein sollte. Sie hat ihren ganzen Schmuck verkauft. Aber wir haben zu essen gehabt. Ein gewisser Baron Bocksberg war mit. Ich weiß nicht warum. Er war wohl verwundet und in einem schlechten Zustand. Er hat also mitgegessen. Achtunddreißig. Wie wir die Pässe gebraucht haben. Da bin ich auf das Amt gegangen. Und der Leiter des Paßamts war ein gewisser Baron Bocksberg. Wir haben dann unsere Pässe in 24 Stunden gehabt.
STOLL (wendet sich vertraulich an Manon:) Ich brauche das. Eine gewisse Ordnung. Verstehen Sie. In den Grunddingen. Jedenfalls. – Also. Wenn ich. – Dann bleibe ich. – Dabei. – Mir kommt das auch kindisch vor. – Irgendwie. Jedenfalls.
Manon hört ihn gar nicht. Lehnt müde an der Mauer des Palais.
STOLL (jammernd zu Krobath:) Können wir nicht endlich etwas haben.
Lambert und Krobath summen und tänzeln.

STOLL (laut:) Du, Professor. Jetzt tu endlich etwas. – Ruf halt die Gretl an. Oder soll ich. Adi. Du könntest doch auch. Du bist gerade am besten. Mit der Gretl.

STOLL (zu Manon:) Ich besorge uns jetzt etwas. – Was wollen Sie denn trinken?

MANON Danke. Ich sollte. Ich bin nur. Ich konnte nur nicht schlafen.

STOLL Gnädigste. Wer kann das schon. Sagen Sie. Was?

MANON Nein. Wirklich. Das ist sehr nett. Aber.

STOLL Nein. Nein. Darauf muß ich bestehen. Aber. Lassen Sie mich raten. Sherry. Sherry ist zu zahm für Sie. Oder? Den Wein hier. Trinken Sie nie einen Veltliner. Den kann man nicht. Wirklich. – Ha. Bourbon. Sie sind der Bourbon-Typ. Mondän. Aber auch praktisch. Stimmt's? Ich sehe Sie vor mir. Vor zwanzig Jahren. Im Oak Room?

MANON Nein. Los Angeles.

STOLL Noch besser. Im Beverly Hilton. Warten Sie. Warten Sie nur. Wir werden das gleich haben.

Stoll geht zu Krobath.

STOLL Krobath. Den Schlüssel.

KROBATH (trotzig:) Den hat die Gretl. Das weißt du doch.

STOLL Du hast einen eigenen.

KROBATH Hat sie mir weggenommen. Das weißt du doch.

STOLL Hat sie. Und du hast schon längst einen nachgemacht.

KROBATH Habe ich nicht. Das weißt du doch.

STOLL Hast du doch.

KROBATH Habe ich nicht.

LAMBERT Laß mir den Professor ganz.

STOLL Den Schlüssel.

LAMBERT Gehen wir doch gleich zur Nina.

STOLL Den Schlüssel.

LAMBERT Wozu willst du ihn denn? Du kannst doch überall saufen. Hier. Rundherum. Komm.

STOLL Ich will aber hier. Und jetzt. Mit dieser Dame. Jetzt. Gleich. Sofort. Zwei Bourbon on the rocks.

KROBATH (weinerlich:) Jetzt laß mich doch. Du weißt doch. Wie es ist. Bei mir. Mit den Schlüsseln.

STOLL Karl. Du weißt, was ich in der Tasche habe. Ja?
KROBATH (grantig:) Ja.
STOLL Dann erinnerst du dich daran. Ja? Gut. Dann wirst du mir jetzt ja den Schlüssel geben.
LAMBERT Gehts. Hörts auf. Das ist ja fad.
STOLL Du schleich dich. Den Schlüssel.
LAMBERT Gib ihn ihm. Er läßt uns jetzt sowieso nicht aus. Jetzt müssen wir wieder büßen. Weil wir studiert haben.
STOLL Du büßt jetzt. Und er. Weil ihr Bubis seid. Außer ein bisserl saufen. Und ein bisserl Hurentauschen. Und ein paar Reden schwingen. Abenteuer. Richtige Abenteuer. Das kennt ihr nicht. – Ihr geht ja nicht einmal auf die Jagd.


## XII

Stoll an den Baum gelehnt. Krobath und Lambert beim Portal. Manon vor der Mauer des Palais.

STOLL Also.
Krobath geht ein paar Schritte auf ihn zu.
STOLL Dann müssen wir es anders machen.
KROBATH Hör einmal. Ich finde...
STOLL Außentasche. Dreh sie um.
Krobath steht regunglos.
STOLL (geduldig:) Außentasche. Umdrehen. Nach außen.
LAMBERT Das sind sie ja. Außen. Meine ich. Wenn sie. Sonst wären sie ja keine. Außentaschen.
STOLL Außentaschen.
Krobath dreht seine Taschen um. Es fallen alle möglichen Gegenstände heraus.
STOLL Brusttaschen.
Krobath dreht die Brusttaschen um. Es fallen weitere Gegenstände heraus.
STOLL Innentaschen.
Krobath dreht die Innentaschen nach außen. Es fallen Gegenstände heraus.

STOLL Hosentaschen.
Krobath dreht die Hosentaschen nach außen. Es fallen Gegenstände heraus.
STOLL Gesäßtaschen.
Krobath dreht die Gesäßtaschen um. Es fallen Gegenstände heraus.
STOLL So. Ist das alles. Hast du Taschen im Hemd. Zeig her.
Krobath reißt sein Sakko auseinander.
STOLL Gut. Und du Adi. Du nimmst jetzt den Schlüssel. Und sperrst auf.
Krobath steht inmitten seiner Habseligkeiten. Vollkommen still. Lambert sucht widerwillig den Schlüssel. Findet ihn. Sperrt auf.
Währenddessen:
Ab Stolls Befehl »Außentaschen« beginnt Manon mit ihrer Erzählung. Sie richtet sich wieder ans Publikum. Ihre Erzählung wird von Stolls Befehlen quasi durchbohrt.

MANON Die Lizzi Bodenstedt. Wir haben uns gekannt, seit ich mich erinnern kann. Wir waren immer zusammen. Haben alles zusammen gemacht. Schon unsere Mütter waren Freundinnen. Die Lizzi war blond. Und groß. Für damals. Jedenfalls. Sie hat mir immer geholfen. Wie ich zur Tante Berti geschickt worden bin. Den ganzen Winter lang. Da ist sie zu mir gekommen. Und geblieben. Ganz lang. Wir haben keinen Paß für sie bekommen. Es war kein Paß zu haben. Es war diese Sache mit den Steuern. Man mußte Steuern zahlen. Die Kontos waren aber gesperrt. Also hatte man kein Geld für die Steuern. Es war nichts zu machen. Der Dr. Walter. Der. Der immer da vorne gesessen ist. Der hätte sie geheiratet. Sofort hätte er das. Verehrt hat er sie ja immer schon. Aber sie. Sie wollte nicht. Sie hat gelacht. Sie war bei den ersten. Obwohl. Sie war nur. Es war nur ihre Mutter. Eigentlich.

## XIII

Das Gewitter geht entfernt nieder. Begleitet den Ausbruch Krobaths. Er deklamiert schaurig dröhnend verzweifelt.

KROBATH
Vivitur ex rapto: non hospes ab hospite tutus,
Non socer a genero, fratrum quoque gratia rara est.
Inminet exitio vir conjugis, illa mariti;
Lurida terribiles miscent aconita novercae;
Filius ante diem patrios inquirit in annos.
Victa iacet pietas, et virgo caede madentes,
Ultima caelestum, terras astraea reliquit.
Stoll hat ein gefülltes Glas geholt.
STOLL Was du brauchst. Das ist ein Schnaps.
DIE GRANTIGE FRAUENSTIMME AUS DEM FENSTER
Polizei. Ich rufe sofort die Polizei. Da soll die Polizei kommen. Polizei. Ruhestörung. Hören Sie.

Spiderman klettert vom Baum herunter. Von rechts oben kommt Linda gelaufen. Läuft auf den Platz. Stößt mit Spiderman zusammen.

Spiderman und Linda gleichzeitig:
LINDA Mom. Mom! What are you doing. I'm looking for you. All over the place. You should be in bed. You should be sleeping. You should not walk around. It's night. It's dark. It's dangerous.
SPIDERMAN (trällert oder deklamiert:)
Und als er's wieder heraußer zog,
Das Messer von Blut so rot:
Ach Gott in dem siebenten Himmel!
Das Mägdelein war mäuseleintot.
LAMBERT He. Schpeidermän. Laß die Damen in Ruh.
Spiderman läuft im Stand und macht gymnastische Übungen. Ruft in regelmäßigen Abständen:
SPIDERMAN An die Arbeit. Eins zwei fertig. Und. Hand ab.
Er setzt jedesmal einen anderen Körperteil für Hand ein. In fol-

gender Reihenfolge: Hand. Fuß. Busen rechts. Busen links. Eier eins. Schwanz zwei. Ohren. Nase. Augen eins. Augen zwei.
Mit jedem Körperteil gerät er in größere Begeisterung.
Lambert sieht Linda. Geht zu ihr. Krobath sitzt auf den Stufen.
LAMBERT Gestatten. Lambert. Adrian Lambert.
Linda ignoriert ihn. Sieht sich um.
LAMBERT Hallo!
Linda sieht ihn skeptisch an. Nimmt ihre Mutter an der Hand. Führt sie zu einem Tisch. Sie setzen sich.
LAMBERT Schöne Frau. Zu dieser Stunde. Eine schöne Frau. Und läuft herum. Allein. Frei. Womöglich. Oder?
Linda spricht leise auf ihre Mutter ein.
LAMBERT Sie spricht nicht mit mir.
STOLL Streng dich halt an. Warum sollte sie.
LAMBERT Warum sollte sie nicht. So schlimm ist es doch nicht. Mit mir.
STOLL Jede weiß halt noch nichts von dir.
LAMBERT Sagen Sie mir. Meine Schönste. Wie kann ich Sie.
STOLL Du lieber Himmel. Wer soll auf so was. Nein. Wirklich.
LAMBERT Ich schaff das schon. Ali. Mach dir nur keine Sorgen. – Gehen wir es einmal rational an. Ich habe ein Problem. Ich möchte eine Frau verführen. Kennenlernen. Einmal. Sie weiß nichts von mir. Also muß ich ihr etwas über mich erzählen. Kommunikation. Mit einem Wort.

Linda spricht mit ihrer Mutter.
Von hier an sprechen Spiderman und Lambert gleichzeitig. Spiderman ahmt Lambert nach. Er geht immer hinter ihm. Macht die gleichen Gesten. Tonfall.

LAMBERT Also. Am besten. Ich erzähle Ihnen, wer ich bin. Dann wissen Sie, mit wem Sie es. So haben wir es jedenfalls gelernt. Information baut Angst ab. Ja. Verhindert. Angst. Also. Ich komme aus Niederösterreich. Das ist das Land rund um Wien. Und da. Also. Volksschule. Gymnasium. Katholische Erziehung. Ministrant. Das ist wichtig. Ich war

nämlich sehr religiös. Und auf dem besten Weg. Bis ein Priester. Ich habe diesen Mann unglaublich verehrt. Bis dieser Mann mich vor die Wahl stellte. Gott. Oder die Frauen. Wegen der Sünde. Ich habe mich für die Sünde entschieden. Heute bin ich liberal. Natürlich. Und. Wie gesagt. Der jüngste Chefredakteur des Landes. Meine Mama lebt noch. Sonst habe ich keine Verwandten. Ich lebe allein. Und gehe gern Skifahren. Und. Ja. Alles andere. Das sehen Sie vor sich.
SPIDERMAN Ein zweiter Herd. Ein zweiter Herd. Das wäre schon eine Hilfe. Noch einmal vier Töpfe. Was glauben Sie. Wie lange es dauert. Eigentlich. Die Größe. Die Größe ist ja nicht so wichtig. Die ist fast gleichgültig. Es hat ja schließlich jede. Zwei Arme. Zwei Beine. Der Kopf. Der geht auf einmal. Die Beine nie. Die Arme manchmal. Der Rumpf. Wenn man den Rumpf beugen könnte. Ganz. Dann. Aber. Mit einem zweiten Herd. Ein zweiter Herd. Das wäre. Nur noch die halbe Zeit. Verstehen Sie. Ich bin ein Regelmäßiger. Ich meine. Ich tue es regelmäßig. Es ist nicht so, daß da etwas aufsteigt. Oder. Anbrandet. Ich bin da ordentlich. Ich weiß auch ohne Kalender, wann. Das hat alles seinen Gang. Das hat alles seine Ordnung. Bei mir. Das ist überschaubar. Davor muß ich keine Angst haben. Nur ein zweiter Herd. Das wäre. Erholung. Halt. Dazwischen. Verstehen Sie. Aber. Sie werden die Gasleitungen nicht verstärken. Das Gaswerk wird mir keinen zweiten Gasherd genehmigen. Da. Da wo ich wohne. In meinem Gemeindebau.

Spiderman läuft nach unten links ab.
Lambert hat sich hingesetzt und strahlt Linda an.


## XIV

Manon und Linda sitzen. Lambert sitzt grinsend vor den beiden. Stoll schlendert in das Kaffeehaus und holt sich etwas zu trinken. Bringt Krobath noch ein Glas Schnaps. Krobath sitzt auf den Stufen.

LINDA (zu Manon:) What are these guys talking about.
MANON Buttercup. They want your attention.
LINDA That's great. One drunk. One nut case. I'm impressed.
LAMBERT Madam. You speak English. But that changes everything. I didn't know. You look. In a way you could be from here.
LINDA I don't take that as a compliment.
LAMBERT But you should. You should. There are very beautiful girls here too. Aren't the Viennese women famous all over the world.
LINDA I wouldn't know about that.
MANON There is an Austrian way to be pretty.
LINDA And? Did it help you?
LAMBERT O. So you are Austrian. Madam. I saw it at once. Now. Please. Look at your mother. Don't you see what a beautiful woman she was.
LINDA Is. She is. This is becoming more and more ridiculous. I want you to come back to the hotel.
LAMBERT No. No. You misunderstand everything. Let me tell you something about me. I want you to get to know me.
STOLL Sag. Adi. Merkst du nicht. Wann du nicht. Ich meine. Du kommst ja da wirklich nicht sehr gut an.
LAMBERT Do you want something to drink. Please. Your mother is such good company. Why don't you stay too. In a way you even belong here.
LINDA How dare you. I am American. I am not in the least connected with this. This. Sorry. Mother.
LAMBERT Now. Now. You see. This does you no good. I get you a glass. (Er läuft ganz schnell und holt ein Glas.) So. Here. I just wanted to tell you. I just wanted to tell you...

Spiderman klettert vom Baum herunter. Er ahmt wieder Lambert nach. Beide gleichzeitig.

LAMBERT I was born in the Tyrol. You know. The land of mountains and snow. I went to school there in a little hamlet. Later I was sent to a convent to make my matura. To finish high school. My mother was very poor. My father died in an avalanche. But my mother worked so very hard. With the help of the monks and the church. The catholic church I could study. And now I am the youngest editor in chief in our country. I live alone. But I visit my mother as often als possible.

SPIDERMAN Denn Übelstand und Liebe sind immer im Krieg gegeneinander. Die Schönheit aber seiner Farben muß schon die Lebensweise des Gottes unter Blüten zeigen. Denn in einem blütenlosen oder abgeblühten Leib oder Seele oder was es sonst ist, setzt Eros sich nicht; wo aber ein blumiger und duftiger Ort ist, da setzt er sich und bleibt. Über die Schönheit des Gottes nun reicht schon dieses wohl hin, wie auch vieles noch zurückbleibt; von seiner Tugend aber ist hiernächst zu sagen, zuerst das größte, daß Eros nie weder beleidigt noch beleidigt wird, weder Gott und von Gott, noch Menschen und von Menschen.

Spiderman hat gedankenversunken seinen Monolog beendet. Lambert sitzt schon wieder neben Linda. Linda ist das alles peinlich. Krobath geht in das Kaffeehaus. Stoll sitzt neben Manon. Manon nimmt sofort auf, wo Spiderman endet. Spiderman geht nach links hinten ab.

MANON Mein Mann. Der Vater von Linda. Er war Ire. In seiner Familie mußte der Jüngste Priester werden. Er flüchtete vor den letzten Weihen und wollte Schauspieler werden. Er hat auch gespielt. Dann hat ihm sein Vater geschrieben, daß er kein Geld mehr schicken wird. So. That was that. Ich war Kellnerin. Damals. In der Nacht. Gegenüber von seiner Fabrik. Er hat da immer seinen Kaffee getrunken. Und dann meldete er sich und mußte weg. Er rief mich an und fragte mich, ob ich seine Frau werden wollte. Also fuhr ich nach Wichita. Weil er da war. Und eine Woche später sollten wir heiraten. An dem Wochenende habe ich gemerkt. Er war Alkoholiker. Er sollte gleich nach der Hochzeit nach Europa. In den Krieg. Da konnte ich nichts mehr machen. Und wir haben geheiratet.

Ungefähr ab »That was that« beginnt Stoll laut zu schreien:

STOLL (immer wieder:) Krobath. Bring uns etwas zu trinken. Krobath. Verkriech dich nicht.

(Ab.) »Er sollte gleich nach der Hochzeit...«

DIE DONNERNDE MÄNNERSTIMME AUS DEM FENSTER
   Ja. Kruzitürken. Das ist nächtliche Ruhestörung. Könnt's eure Goschn nicht halten. Erschossen. Erschossen gehört das Gsindl.

## XV

Die Türen zum Kaffeehaus werden geöffnet. Das Kaffeehaus ist rosig hell erleuchtet. Es funkelt wie ein Juwel. Alle sehen hin. – Krobath steht im Portal. Er hat sein Sakko ausgezogen. Eine große grüne Schürze umgebunden. Er hält ein Glas Rotwein in die Höhe.

KROBATH Revanche.
STOLL Geh. Professor. Wozu denn.
KROBATH Satisfaktion.
STOLL Nein. Karl. Nicht schon wieder. Praterwiese. Vier Uhr früh. Die Pferde schnauben im Morgendunst. Karli! Es war doch gut, daß der Schlüssel.
KROBATH Stoll.
STOLL (zu Manon:) Er ist beleidigt. – Aber. Heute legst du mich nicht hinein. Das kann ich dir sagen.
Krobath stellt einen Sessel in das Portal. Profil zu den Zuschauern. Stoll setzt sich hin.
LAMBERT (zu Linda:) They are playing a game. Sort of.
LINDA What game. Isn't rather late for fooling around.
MANON Take it easy. It's late in the night. And everybody had too much. Already. It's a kind of theatre. Nothing is serious. Never was. Here. You don't understand.
LINDA I am not entertained. Do we have to suffer this.
LAMBERT This is like in the middle ages. How did they call that.
MANON Turnier.
LAMBERT Tournament. Yes.
STOLL Halt. Zuerst der Einsatz. Was ist der Einsatz?
KROBATH Eine Locke von dir. Wenn du es nicht weißt. Eine Locke von mir. Wenn du es weißt.

STOLL  Nein. Nicht die Haare.
KROBATH  Geld nicht. Geld ist keine Strafe für dich.
STOLL  Ein praktischer Vorschlag. Was wäre damit. Deine Sachen werden dir aufgehoben?
KROBATH  Apportiert. Zwischen den Zähnen apportiert.
STOLL  Adi. Das machst du für mich.
LAMBERT  Ich denke nicht daran.
STOLL  O ja. Ein Tausender? Fünftausend. Oder du wirst nicht mitgenommen.
LAMBERT  Leere Versprechungen.
STOLL  Adrian.
LAMBERT  (zu Linda:) You must excuse me. I have to play in this play. Game. – Schau halt, daß du es. Erraten. Du könntest es doch erraten. Wenigstens.
KROBATH  Ruhe. Wir fangen an. Wir fangen nun an.

Die Barbies kommen von rechts oben. Kichernd. Sie gehen neugierig zum Portal. Unter den strafenden Blicken Krobaths stellen sie sich bei den Stufen auf. Als wohnten sie einer Messe bei.
Krobath steht im Portal. Simultanbühne.
Er kostet den Rotwein. Mit allen Attitüden des Weinkenners. Langsam. Zeremoniell. Schmatzend. Zungenschlagend. Er überreicht Stoll das Glas. Feierlich. Schmatzt noch einmal nach. Stoll übernimmt das Glas. Kostet ebenso umständlich. Beide lassen den Geschmack bei zurückgelegten Köpfen wirken.

STOLL  Frankreich.
Krobath nickt. Lambert steht ministrantlich bei.
STOLL  Rund. – Abgerundet. Würde ich sagen. Ja. Feurig. – 1988. Würde ich sagen. Also. – Ich sage. Ein Saint-Georges-Saint-Emilion. Vielleicht ein Montagne-Saint-Emilion. Sicher kein Parsue-Saint-Emilion. Na. Was sagst du?
Krobath geht feierlich zu einem Tischchen. Holt eine Flasche. Bringt sie Stoll. Stoll sieht sie an.
STOLL  Scheiße.
Stoll holt einen 5000-Schilling-Schein aus der Tasche. Gibt ihn Lambert. Lambert sieht auf die Flasche.

LAMBERT  Mein Gott. Einen Lalande-de-Pomerol. Den hättest du aber schon kennen können.
Lambert steckt den Geldschein ein.
LAMBERT  Aber. Bellen muß ich nicht. Oder?

Krobath steht mit verschränkten Armen da. Stoll sitzt wieder auf dem Sessel. Lambert kriecht auf allen vieren zu den Habseligkeiten Krobaths am Fuß der Stufen. Nimmt einen Taschenkalender zwischen die Zähne. Kriecht zu Krobath hinauf und apportiert den Taschenkalender. Er verliert den Kalender immer wieder. Krobath weist ihn mit kleinen Tritten an, die Sache zu Ende zu bringen. Lambert kniet kichernd auf den Stufen. Die Barbies behandeln ihn als Hündchen und scharen sich um ihn. Streicheln ihn. Quietschen »Hundi. Hundi.« Lambert beginnt dankbar zu jaulen.

KROBATH  (streng:) Weiter.

Die Kens stehen unten links.
Krobath geht wieder zu dem Tischchen. Holt ein anderes Glas.
Gleiches Verfahren wie oben.
Die Kens rücken näher und stehen auf der anderen Seite der Stufen.

STOLL  Der ist sehr südlich.
Krobath nickt.
STOLL  Aber. Kein Franzose.
Krobath nickt.
STOLL  Also. Die Farbe. – Edelstes Rubin. – Aromatisch. Das Bukett. Unglaublich aromatisch. – Irgendwie. – Weit weg. Also. Nichts. Was man so. Immer. – Also. Ein Exote. Ich sage. Ich sage. Also. Ich sage. Das ist ein Portugiese. Und zwar. – Ein Dâo. Ja. Ein Dâo. Dafür spricht der unglaublich milde, aber aromatische, ja geradezu samtige...
KROBATH  Das ist ein Giró. Verstehst du. Ein Sizilianer. Ein Sizilianer. Wie kannst du den mit einem Portugiesen. Die haben ja nicht einmal. Nicht einmal.

Krobath hat die Flasche gebracht. Stoll ärgert sich stumm. Zückt sofort den 5000-Schilling-Schein. Steckt ihn Lambert in die Tasche. Beleidigt. Lambert beginnt mit dem Apportieren. Spielt zuerst noch Hündchen bei den Barbies. Die Kens locken ihn mit »Doggie. Doggie.«-Rufen. Lambert kümmert sich nicht darum und versucht ein Taschentuch zu apportieren. Die Kens beginnen ihn zuerst spielerisch, nach und nach schmerzhafter zu mißhandeln. Reißen ihn an den Haaren. Treten ihn in die Rippen. Immer unter süßlichen »Doggie. Doggie.«-Rufen.


## XVI

Gretl steht links. Alle erstarren sofort. Die Kens balgen sich noch mit Lambert herum. Der gibt sein Hund-Sein sofort auf. Steht auf und geht, sich die verletzten Stellen reibend, zu Linda. Krobath steht beim Tischchen wie der Pfarrer, der bei der Messe unterbrochen wurde. Stoll wetzt auf seinem Sessel.
Gretl steht vor Krobaths Habseligkeiten, starrt alle der Reihe nach böse an.

Die Barbies verlieren das Interesse. Plaudernd.
1. BARBIE Wißt ihr, wen ich heute gesehen habe?
2. BARBIE Woher sollen wir das wissen.
3. BARBIE Wie konntest du jemanden sehen?
4. BARBIE Wir waren doch die ganze Zeit zusammen.
1. BARBIE Nein. Ich habe Laurie gesehen. In der Hotelhalle.
2. BARBIE Ach die. Die, die zu Dr. Rich geht?
3. BARBIE Und. Was sagt sie zu den neuen Implantaten?
4. BARBIE Ist sie zufrieden? Sind sie wirklich weicher?
1. BARBIE Sie schwört darauf. Sie hat sie mir gezeigt.
2. BARBIE Das hätte ich auch gerne gesehen.
3. BARBIE Kann sie sie noch verändern? Oder sind sie fix?
4. BARBIE Es verträgt ja nicht jede ein Ventil.
Die Barbies gehen in das Kaffeehaus. Sehen sich drinnen um. – Führen offensichtlich diesen Dialog weiter.

Gretl hypnotisiert noch immer die zwei Männer auf den Stufen. Krobath und Lambert beginnen zur gleichen Zeit zu sprechen. Kinder, die ihre Ausrede vorbringen.

KROBATH Hallo. Gretl. – Ich wollte dich anrufen. Aber. Dann wollte ich dich wieder lieber nicht. Stören. Du arbeitest ja genug. Ich rechne das alles hier mit dir ab. Wirklich. Du kannst es abziehen. Wirklich. Mach das bei der Monatsabrechnung. Vergiß es nicht.
LAMBERT (kläglich:) Hallo. Gretl. Verstehst du. Gretl. Schau nicht so. Ich meine. Wenn wir gewußt hätten. Dann. Wirklich, wirklich nicht. Ich habe dem Karl auch gesagt. Ruf sie an. Habe ich gesagt. Ruf sie an. Mißverständnisse. Es gibt so schnell Mißverständnisse.
STOLL Hallo. Gretl. Ich verstehe dich. Wirklich. Aber. Du mußt verstehen. Wir haben hier Gäste aus Übersee. Darf ich dir vorstellen. Eine ehemalige Wienerin. Und ihre Tochter. Die schaun sich an, wie es geworden ist. Lambert. Du könntest doch. Der jungen Dame. Zeig ihr doch. Den Steffel.
LINDA Mom. Why don't we go home?
LAMBERT No. No. He is right. We now make a walk. And I show you Vienna by night. Really. It is a pleasure.
LINDA Mamá.
MANON Why don't you go? I sit here and wait till you are back. Really. I wait.
LINDA But you should sleep.
MANON But I can't. So what.
LAMBERT Come. Let's go. And you tell me all about you.
Sie gehen nach links hinten weg. Linda zögernd.
GRETL Ordnung. Ja?!
Krobath beginnt aufzuräumen. Stoll hebt die Habseligkeiten Krobaths auf.
GRETL (zu Manon:) Sie sind also Wienerin.
MANON Jetzt komme ich aus Los Angeles.
GRETL Ich verstehe.
Pause.
Die Kens sehen den beiden Männern beim Aufräumen zu.

MANON Ich wollte. Einmal wollte ich es halt wieder.
GRETL Ja. Doch. Ja.
MANON Aber.
GRETL Man weiß doch nie, wie man es machen soll. Letzten Endes. – Selbstverletzungen. Oder? Man ist ja nicht einmal nachher gescheiter.
MANON Sie sind?
GRETL Ja. Ich bin die Frau von ihm. Er war Professor für Philosophie. In Deutschland. Keine große Universität. Aber. Doch. Und dann die Professur. Hier. Eine Zusage. Und wir haben sofort hierher müssen. Und dann hat ein anderer den Posten. Und wir. Wir wissen nicht einmal, was wir falsch gemacht haben.
MANON Aber so etwas kann es doch gar nicht geben.
GRETL Ich kenne ganz ähnliche Fälle. Ein Professor für Kinderpsychiatrie. Der ist es dann auch nicht geworden. Das ist hier so.
MANON Das kann ich gar nicht glauben.
GRETL Das muß man ja auch nicht. Wenn es schon passiert ist.

Stoll und Krobath haben alles in Ordnung gebracht. Die Kens gehen in das Kaffeehaus und schließen die Türen. Stoll und Krobath kommen zum Tisch.


## XVII

Das Licht im Kaffeehaus wird grell.
Lambert und Linda gehen von links unten nach links vorne. Sie schlendern. Lambert spricht auf Linda ein. Man versteht sie nicht. Linda winkt ihrer Mutter zu.
Manon und Gretl sitzen an einem Tisch. Stoll und Krobath an einem anderen. Alle sprechen beiläufig vor sich hin.

STOLL Ja. So ist es.
KROBATH Weißt e wie's is.
STOLL Also. Karl.

KROBATH  Nein. Ich kann nichts mehr lustig finden.
STOLL  Karl. Reiß dich zusammen.
KROBATH  Nein. Ich sehe keine Möglichkeit. Die Probleme. Mit meinen Mitteln. Damit ist nichts mehr zu machen.
STOLL  Karl. Trink noch einen Schnaps.
MANON  (zum Publikum:) Wir sind im Orientexpreß nach Paris. Dinner im Speisewagen. Und dann haben wir gewartet, was passiert.
KROBATH  Alles zu mühsam. Alles falsch. Wenn du denkst. In ein paar Jahren wird die Medizin so weit sein. Dann wird die Lebensdauer auch 400 Jahre sein. Da kommt man mit dem Begriff Metaphysik nicht mehr weit.
STOLL  400 Jahre. Toll. Stell dir vor. 400 Jahre.
KROBATH  Aber. Ich sage dir doch. Stell dir das ethische Dilemma vor. Weißt du, was das heißt?
MANON  (zum Publikum:) Unsere Ausweise waren ja komplett illegal. Wir hatten diese Steuern doch nicht bezahlt. Hätten wir ja nicht können. Ich habe dem Schaffner gezeigt, daß ich Geld habe.
STOLL  400 Jahre. Da muß ich dabeisein.
KROBATH  Das bedeutet mit Sicherheit nur noch autoritäre Regimes. Privilegierung. Auslese. Mittelalter. Praktisch. Euthanasie. Und das alles. Nur die Macht über das Mittel entscheidet. Gewalt. Nur noch Gewalt.
STOLL  400 Jahre. Da muß ich dazugehören. Denkst du. Man kann dann 400 Jahre lang. Immer, das ist ja. Ein Märchen. Ist das.
MANON  (zum Publikum:) Der Schaffner hat dann gesagt, daß es nicht gestattet war, Geld aus dem Land. Und daß, wenn man es findet, wir festgehalten und zurückgeschickt würden. Mit Sicherheit. Da habe ich es ihm gegeben.
KROBATH  Ja. Dann kannst du 400 Jahre lang immer ans Sterben denken.
STOLL  400 Jahre? Da lebst du eine Ewigkeit. Da vergißt du das.
KROBATH  Da denkst du nur mehr daran, wie du dein Mittel kriegst. Wie ein Junkie. Erpreßbar. Sonst nichts.
MANON  (zum Publikum:) Wie wir dann in Paris waren, ist der Schaffner gekommen. Er hat mir das Geld zurückgebracht.

Ich habe ihm dann gesagt, er soll es behalten. Und so vielen Leuten wie möglich helfen. Es war das Geld vom Hubert Habich.

STOLL Dann muß man zurückerpressen. Es werden auch nur Menschen sein. Gegen Menschen kann man immer etwas tun.

Linda und Lambert gehen von links vorne am Bühnenrand nach rechts oben. Die Frauen sitzen sinnend. Die Männer trinken. Alle rauchen.

LAMBERT We were nearly caught by the Turkish. But we managed. With the help of the polish army. You know. The Habsburgs. They never won battles. And I think that the Empress Sissi was right always to go away.

LINDA Yes. I'd do the same. Though I don't think her poems are too hot. I mean. They are average. Witty. Yes. But nonetheless average. Aren't they?

LAMBERT A. You know about her. But of course. Your mother would have told you.

Sie gehen ab.

Spiderman klettert vom Baum herunter.
Luise kommt von links unten.
Die beiden laufen aufeinander zu. Fassen einander an der Hand und sagen einander das Lied vor. Müssen immer mehr lachen dabei.

LUISE & SPIDERMAN
  Auf des Berges Gipfel saß er dreißig Jahre lang,
  Seines Nabels Zipfel maß er dreißig Jahre lang.

  Dich erforsch ich, alles Lebens Brenn- und Knotenpunkt.
  Ach, mit anderem vergebens der Gelehrte prunkt.

  Eine Kette eines Nabels zieht sich durch die Welt
  Schon seit Kains Zeit und Abels, bis sie eins zerfällt.

  Und ich bin von diesem großen Nabel abgezwickt,
  Drum, ihr Augen, unverdrossen nabelwärts geblickt.

Und so saß er, eine Leiche, eines Morgens da,
Nach dem Nabel noch das bleiche, stille Antlitz sah.

Luise setzt sich lachend vor Vergnügen zu Gretl.
GRETL Was ist denn das.
LUISE Das haben sie in seiner Studentenverbindung gesungen. Sagt er.
KROBATH Ich kann das nicht sehen. Ich kann kein Glück mehr sehen.
STOLL Wir haben dich gewarnt.
LUISE (lachend:) Das sagst du nur, weil du das nicht mehr kannst.
STOLL Der Gönner ist kein Guter. Frag die Gretl.
Luise steht auf. Breitet die Arme aus. Inbrünstig.
LUISE Wenn ich ihn seh,
Denk ich an ihn,
Die Sonne dem Mond
Den Himmel die Welt
Den Sternen und
ich mittendrin.

## XVIII

Linda und Lambert kommen von rechts vorne.
Die zwei Alten Sängerknaben kommen von links vorne.

Im Kaffeehaus wird wild getanzt.

Linda und Lambert setzen sich. Die Sängerknaben legen ihre Matrosenmützen auf den Boden. Sie singen playback das Duett Marschallin/Octavian. Applaus vom Band. Bravorufe. Die Tischgesellschaft applaudiert dem Applaus. Alle suchen nach Geld für die Musiker. Einer der Sängerknaben geht absammeln.
Linda, Lambert, Gretl und Manon sitzen an einem Tisch. Krobath, Stoll und Luise an einem anderen. Spiderman gleich nach dem Duett links hinten ab. Hüpfend.

MANON  Ach. Musik. Ist sie nicht ein Gottesgeschenk.
KROBATH  Zirkusmusik.
LINDA  Well. What theatre would you suggest?
STOLL  (zu Luise:) Der Gönner ist kein Guter. Frag die Gretl.
GRETL  Ja. Also. Wo soll man denn hingehen? Ich habe ja keine Zeit. Ich kenne mich da nicht so aus. Burgtheater. Denke ich.
KROBATH  Bauerntheater. Das Burgtheater ist das größte Bauerntheater der Welt.
STOLL  (zu Luise:) Du weißt ja, wie das endet bei ihm.
LAMBERT  Ja. Das Burgtheater ist nicht das, was es sein könnte.
KROBATH  Das deutsche Theater war einmal ein Instrument der Aufklärung. Eine Stätte des Geistes. Des Geistes – Sentimentales Geschluder! Heute herrscht doch nur noch sentimentales Geschluder. – Lebenshilfe. Plumpe Selbstlebenshilfeversuche von Schauspielern. Und Regisseuren.
LUISE  Was geht dich das eigentlich alles an.
GRETL  Scheiden läßt er sich nicht. Auch wegen dir nicht. Das mußt du schon wissen.
LAMBERT  Das Akademietheater ist für die Experimente da. Mehr. Wie schon der Name sagt.
Spiderman kommt den Baumstamm herunter.
SPIDERMAN  In der Oper kriegen wir heuer noch die Tosca. Es dirigiert der Domingo. Es singt der Pavarotti. Nein. Der Carreras. Oder. Nein. Ja. So ist es.
MANON  Gehen Sie nicht ins Sprechtheater.
SPIDERMAN  Ich gehe doch nicht ins Burgtheater ...
KROBATH  (kräht:) Bauerntheater.
SPIDERMAN  Also. Ich gehe da nicht hin, wenn da einer im Rollstuhl sitzt. Auf der Bühne.
STOLL  Ich bin ja immer gern in der Josefstadt.
KROBATH  Fast noch schlimmeres Bauerntheater.
LAMBERT  Richtig stolz. Verstehen Sie. Richtig stolz können wir hier ohnehin nur auf die Hydraulik sein. Deshalb war Freudiana auch das wichtigste Musiktheaterereignis der letzten Zeit.
LUISE  Ich verstehe nicht, was ihr gegen den Albert habt.

STOLL Weißt du eigentlich, wann du weißt, wann es aus ist?
KROBATH Am Anfang kann er es. Das weiß jede. Ziemlich jede. Hier.
GRETL Ich gehe ja auch nicht mehr. Seit dem Prinzen von Homburg nicht mehr. Es war zwar aktuell. Aber die Kostüme. Die waren aus dem 3. Reich. Ich gehe da nicht mehr hin. Klassiker müssen klassisch bleiben. Die Kinder lernen in der Schule die Theorie. Und das Burgtheater...
KROBATH Bauerntheater.
GRETL ... Das Burgtheater hat den Auftrag, Stücke so zu präsentieren, wie sie ursprünglich gemeint waren. Eigentlich. Interessant. Wie zeitgemäß...
KROBATH Bauerntheater. Meine Liebe. Totales Bauerntheater.
LAMBERT Nein. Das finde ich auch. Wie brisant die sind. Die Aussagen.
LUISE Ich verstehe euch nicht. Ich liebe ihn. Was ist daran interessant, ob er sich scheiden läßt. Oder nicht. Das ist mir doch gleich. Ich bin jung. Und ich liebe ihn. Versteht ihr. Versteht ihr denn nicht. Nein. Das versteht ihr nicht. Aber es ist wunderbar. Und ich liebe euch auch. Alle. Sogar dich. Spiderman.
SPIDERMAN Ich gehe nur in die Oper. Aber. Das ist auch nicht mehr, was es war. Der Ton wird da doch manchmal nur noch 11 Sekunden gehalten. 15. 15 Sekunden. Das sollte schon möglich sein. In einem Haus von Weltrang. Es geht auch da nur mit Gewalt. Die Studer ist 5 Minuten ausgebuht worden. Und dann hat sie wirklich wunderbar gesungen.
STOLL (zu Luise:) Du weißt ja, woran du merkst, daß er die Nächste. Schon. Der Herr Gönner.
KROBATH Wir sind nicht einmal ein Museum. Mehr.
LUISE Von dir weiß man auch alles.
STOLL So.
GRETL Wir haben auch immer sehr nette Musicals. Hier. Wirklich. Nett.
STOLL Luise. Du mußt noch sehr viel lernen.
LUISE Warst du überhaupt einmal verliebt? Einmal. In deinem Leben.

STOLL Das weiß ich nicht. Aber dafür. Ich mache so etwas nicht. Weißt. Denn am Ende ...
GRETL Laß das Kind in Ruh.
LUISE Nein. Nein. Ich möchte es wissen. Er soll es mir sagen. Ich kann das aushalten.
LAMBERT Das Burgtheater ist halt eine der wirklich großen Bühnen im deutschen Sprachraum.
LINDA German?
KROBATH Bauerntheater.
LUISE Also?
STOLL Wirklich. Mach mich nachher nicht verantwortlich.
LUISE Nein. Trau dich doch.
STOLL Wenn du eine Schweinchenmaske aufsetzen mußt. Beim. Beim. Dann weißt du, daß es. Weil er denkt, daß jede Frau letzten Endes eines ist. Ein Schweinchen. Und er sagt. Es hat noch jede mitgemacht. Aus Liebe. Natürlich. Sagt er. Oder. Gretl?

Luise sitzt starr. Dann stürzt sie sich unvermittelt auf Stoll. Schreiend. Trommelt mit den Fäusten auf ihn ein. Gretl und Spiderman halten sie zurück. Zerren sie weg. Setzen sich mit ihr auf die Stufen. Reden auf sie ein.
Stoll zündet sich eine Zigarette an. Schlendert auf und ab. Hält Manon einen Vortrag.

STOLL Wissen sie. Eigentlich. Eigentlich sind wir hier alle. Schweine. Verbrecher.
KROBATH Ach. Die Dostojewskij-Phase.
STOLL Ja. Ja. Schweine. Aber. Was sonst. Ich frage Sie. Hier. Hier ist ja nichts mehr. War ja schon längst nichts mehr. War wahrscheinlich nie etwas. Und wenn es nur aus der Erinnerung. Und wenn die Erinnerung nur aus Lügen. Das ist halt nichts. Und wenn man dann nicht zu denen, die Angst haben. Wenn man nicht so viel Angst hat. Wie die meisten. Dann muß man ein Schwein werden. Da gibt es keinen anderen Weg.
KROBATH Ein Masochist. Ein typischer Masochist. Und bringt deshalb andere um.

MANON Wir gehen jetzt besser. Linda. Let's go.
Alle beginnen mit dem Aufbruch.
ALLE Ja. Dann.

Die Türen zum Kaffeehaus gehen auf. Die Barbies kommen
heraus. Sie sind unversehrt. Vergnügt. Schnappen ihre Handtaschen zu. Gehen kichernd nach rechts oben ab. Im Kaffeehaus sind die Kens malerisch an die Säulen gebunden.
Hl. Sebastiane. Blutüberströmt.
Die Gesellschaft macht einen Schritt zum Eingang. Alle erstarren. Dann eilen alle unter »Gute Nacht«- und »Bye-bye«-Rufen
in die Richtung ihrer Auftritte davon. Die Bühne ist sofort leergefegt.
Das Kaffeehaus mit den Hl. Sebastianen wird mit Licht noch
herausgehoben. Sieht aus wie ein wertvolles Tafelbild. Walzermusik weht melancholisch süß herein. Oder eine Schubert-Messe. Das Licht vergeht langsam.

## XIX

Wenn das Black erreicht ist, setzt der Güterzuglärm ein.
Ton:
Schleife. Güterzüge werden verschoben. Anschwellend näher.
Sich entfernend. Quietschend. Sie fahren rund um das Publikum. Vor und zurück.
Lindas Stimme vom Band. Sie liest wieder mühsam deutsch
vor. An manchen Stellen kann man Manon hören, wie sie die
Aussprache verbessert. Eine Deutschübung.

LINDA Ich versichere euch, ich bin kein Patriot, und wenn ich
  an jenem Tag geweint habe, so geschah –
MANON G-e-sch-a-h. G-e-sch-a-h. The a is long.
LINDA So geschah es wegen des kleinen Mädchens. Es war
  schon gegen Abend, und ein kleines deutsches Mädchen,
  welches ich vorher unter den. Den –
MANON Auswanderern. Exiles. Auswanderern. Emigrants.

LINDA Welches ich vorher schon unter den Auswanderern bemerkt, stand allein am Strand, wie versunken in Gedanken und schaute hinaus ins weite Meer. Die Kleine mocht wohl acht Jahre alt sein, trug zwei niedlich geflochtene Haarzöpfchen, ein schwäbisch kurzes Röckchen von wohlgestreiftem Flanell, hatte ein bleiches kränkelndes Gesichtchen –
MANON Ein kleines Gesicht. Ein Gesichtchen. A tiny face.
LINDA Groß ernsthafte Augen, und mit weich besorgter zugleich neugieriger Stimme fragte sie mich, ob das das Weltmeer sei. – Bis tief in die Nacht stand ich am Meer und weinte.

## XX

Die Beleuchtung macht den Platz vor dem Kaffeehaus zum Innenraum. Das Licht im Kaffeehaus beschreibt einen Außenraum. Häßlich. Als ginge ein schwefelgelber Morgen auf.
Die Frauen stehen. Die Barbies hinten. Gretl, Manon, Luise, Linda vorne. Sie sehen ins Publikum. Die Erzählung beginnt klar und verständlich. Verwebt sich zu einem chorischen Geraune.

MANON Ich war neunzehn. Und ich war verliebt. Alles war so durcheinander. Da bin ich mit ihm weggefahren. Ich dachte, meine Eltern waren ohnehin beide weg. Aber sie ließen mich mit der Polizei suchen. Mein Vater. Jedenfalls. Die fanden uns in einem Hotel in Zell am See. Um Mitternacht wurden wir verhaftet. Aus dem Bett heraus. Und wir kamen ins Gefängnis. Sie ließen mich nicht anziehen. Ich hatte nur so etwas Dünnes an. Sie ließen mich so durch die Hotelhalle gehen. Ihm haben sie gesagt, daß sie es ja verstünden. Und daß die Eltern diese Anzeige. Aber. Ob er auch wüßte. Daß ich. Und er sollte es geschickter machen. Er kam ins Gefängnis. Ich wurde dann zu einer Tante gebracht. Meine Mutter starb dann. Sie wollte mich nicht mehr sehen. Und ich wollte meinen Vater nie mehr sehen. Und dann war ja auch gleich alles aus.

LUISE UND GRETL (gleichzeitig:) Hier. Hier waren wir immer. Jeden Nachmittag. Nach der Schule. Die Mamá war schon nur mehr krank. Und dann ist sie ja auch gestorben. Und der Vater. Der mußte da schon. Dieser Sängerin. War nur noch auf Reisen. Dann. Und meine Brüder und ich. Wir waren hier. Und der Heß. Der Schnabl. Und der Malcher. Und die Lizzi Bodenstedt. Da waren wir. Jeden Tag. Da hinten sind wir gesessen. Laut sind wir gewesen. Da. Jung. Halt. Da vorne. Da ist immer dieser Dr. Walter gesessen. Der die Lizzi immer angestarrt hat. Und ihr Blumensträuße geschickt. Aufgedrängt. Weil sie so schön war. Waren wir alle. Jung. Und schön. Unverletzlich. Irgendwie.

Linda setzt ein bei »Und dann ist sie ja auch gestorben«

LINDA Hubert Habich. He wanted to marry me. Before all that. When I had the visa, he accompanied me to the station. I didn't have a dime. His Daimler was waiting. Swastikas on both fenders. We didn't talk. I asked him then to give me money. Our accounts were closed already. And he gave me the money. A lot. He married someone else. And I heard he drunk himself to death. Even before everything was over.

Die Barbies setzen ein bei »When I had the visa«.
Gleichzeitig.

1. BARBIE Am Tag unserer Scheidung hat er aufgehört. Er hat nie wieder einen Tropfen angerührt. Aber er kam nie wieder zurecht. Linda ging dann in eine Schule. Weiter weg. Und er kam zu mir.

2. BARBIE Und wir lebten wieder zusammen. Aber es ging nicht mehr. Er lebte dann in Untermietzimmern. Aber. Er schaffte nichts mehr. Er war Vertreter. Dann sagten sie, daß er TB hatte, und gaben ihm eine Medizin. An der starb er nach drei Tagen.

3. BARBIE Nach dem Ersten Krieg. Da gab es ja nichts zu essen. Meine Mutter brachte uns alle nach Böhmen. Sie hat dann ihren ganzen Schmuck verkauft. Aber wir haben zu essen gehabt. Ein gewisser Baron Bocksberg war mit. Er war wohl verwundet und in einem schlechten Zustand.

4. BARBIE Er hat also mitgegessen. Achtunddreißig. Wie wir die Pässe gebraucht haben. Da bin ich auf das Amt gegangen.

Und der Leiter des Paßamts war ein gewisser Baron Bocksberg. Wir haben dann unsere Pässe in 24 Stunden gehabt.
Während gerade alle noch sprechen, schneidet die grantige Frauenstimme den Chor ab.

DIE GRANTIGE FRAUENSTIMME (aus dem Lautsprecher:) Ruhe. Kann da keine Ruhe sein.

## XXI

Die Frauen nehmen jede einen Sessel und setzen sich in eine Reihe links schräg der Mitte zu nach hinten. Warten. Rauchen.
Die Tür zum Kaffeehaus wird aufgerissen. Der Eingang wird hell bestrahlt. Showbeleuchtung. Lambert kommt mit Mikrofon in der Hand hereingelaufen. Showmasterauftritt. Flankiert von den Kens. Wenn möglich mit deutschen Schäferhunden. Lambert bezieht das Publikum in seine Conférence ein. Die Frauen sind die Kandidatinnen. Stampfend rhythmische Discoklänge.
Die Szene wird rasend schnell gespielt. Lambert redet wie ein Wasserfall. Die Kens schieben dauernd Frauen über die Bühne. Diese gegen Ende sich noch steigernde Unruhe wird immer von Lamberts Redefluß gebündelt.

LAMBERT (atemlos fröhlich:) Meine Damen und Herren. Ich begrüße Sie. (Applaus vom Band.) Danke. Danke. Ich begrüße Sie herzlich bei diesem Durchgang zur Wahl der Miss Soldierbride. Sie alle wissen ja, wie es geht. Sie haben zwei Knöpfe zur Verfügung. Einer ist die Nummer Eins. Einer ist die Nummer Zwei. Sie drücken auf die Ziffer der Kandidatin ihrer Wahl. Und schon ist alles entschieden. Wir wollen uns. Nun. Meine Damen und Herren. Wir alle kennen die verheerende Wirkung weiblicher Augen. Des weiblichen Blicks. Die Verführungskraft. Sozusagen. Wir wollen hier aber nicht die Seele bewerten. Hier geht es um die Schönheit. (Rüder Applaus vom Band.) Aussehen. Nicht Ansehen. Sozusagen.

Also. Damit es keine Beeinflussung gibt. Meine Damen und Herren. Damit also alles mit rechten Dingen zugeht, wollen wir den Blick ausschalten. Und. Meine Assistenten. Darf ich Ihnen meine Assistenten. (Applaus vom Band.) Meine Assistenten werden den Kandidatinnen die Augen verbinden.

Die Kens ziehen jeder Frau eine Binde über die Augen.

LAMBERT So. Ja. Dann können wir ja auch beginnen. Ja. Unsere ersten Kandidatinnen. Luise Sohlberg. Und Barbie Eins. (Rüde Zustimmung vom Band.) Ich darf bitten. Ja. Also. Luise Sohlberg hat die Nummer Eins. Barbie Eins hat die Nummer Zwei. Aber das interessiert Sie ja gar nicht. Sie müssen nur hinsehen. Und Ihre Entscheidung treffen.

Zwei Kens führen Luise und Barbie Eins zu den Stufen. Gehen einen Kreis mit ihnen. Führen sie vor. Stellen sie dann unter die Atlanten.

LAMBERT Ja. Wir wollen sie auch genau sehen. (Applaus vom Band.) Alles andere können wir uns vorstellen. Ja. So. Ja. Sie sehen alles. (Pfiffe.) Ich brauche gar nichts dazu sagen. Fangen wir an. Machen wir gleich den ersten Versuch. Wenn ich sage »Jetzt«, dann drücken Sie auf die Nummer Ihrer Kandidatin. Ja. Also. Jetzt.

Ganz kurze Stille. Dann beginnen die Augen des Atlanten über Barbie rot zu blinken. Die anderen grün.

LAMBERT Bravo. Bravo. (Gebrüll und Applaus vom Band.) Barbie Eins hat gewonnen. Ich gratuliere. Hierher. Ja. Und Luise Sohlberg. Luise Sohlberg zurück. Bis zum nächsten Durchgang. Danke vielmals. Und nun. Manon Greeff und Barbie Zwei. Bitte. (Buh-Rufe mit Applaus gemischt vom Band.) Bitte. Meine Herren. Ja. Auch hier. Der Geschmack entscheidet. Meine Herren. Denken Sie nicht einseitig. Manon hat die Nummer Eins. (Buh-Rufe vom Band.) Und Barbie Zwei hat die Zwei. (Applaus und Pfiffe vom Band.) Wir können gleich beginnen. Wenn ich »Jetzt« sage, dann drücken Sie auf den Knopf der Kandidatin Ihrer Wahl. Ja. Jetzt. Ja. Wir warten. Wir sind gespannt. Ja. Barbie Zwei. (Applaus vom Band.) Wir gratulieren. Manon. Das nächste Mal gibt es die nächste Chance. Und weiter. Gretl Krobath gegen Barbie Drei. Sie sehen. Meine Herren. Alle Typen. Jedes Alter. Jeder Gusto. Wir kennen keine Grenzen. Ja. Gretl Krobath hat die Nummer Eins. Barbie Drei hat die Nummer Zwei. Sie kennen das Spiel. Ich muß es Ihnen nicht erklären. Wenn ich »Jetzt« sage, dann drücken Sie auf den Knopf der Kandidatin Ihrer Wahl. Und ich sage. Jetzt. Und. Ja. Ja. (Applaus und Pfiffe vom Band.) Jawoll. Barbie Drei. Unseren Glückwunsch. Wir sind begeistert. Ja. Hierhin. Und. Gretl Krobath bleibt im Rennen. Und noch einen Durchgang. Meine Herren. Keine Müdigkeit. Nein. Wir wollen etwas erreichen. Linda Kuh gegen Barbie Vier. Eine ausgeglichene Paarung. (Applaus.) Meine Herren. Was meinen Sie? Finden Sie nicht auch? Linda. Hierher. Nummer Eins. Das ist Linda. Barbie Vier hat Nummer Zwei. Ja, wir wollen gleich beginnen. Die Spannung ist ja ohnehin unerträglich. Also. Sie kennen die Regeln. Wenn ich »Jetzt« sage, dann drücken Sie auf den Knopf der Kandidatin Ihrer Wahl. Meine Herren. Und. Wie wird es ausgehen? Und ich sage es. »Jetzt«. Ja. Meine Herren. Ja. Barbie Vier. Wir freuen uns. (Tumultuöser Applaus.) Linda bleibt uns erhalten. Für die nächste Runde. Ich darf mich bedanken. Meine Herren. Daß sie sich für diese Jury zur Verfügung gehalten haben. Vielen Dank. Und. Auf Wiedersehen. Bis morgen. Ciao. Ba Ba. Servus. Und. Auf Wiedersehen.

Immer wieder Pfiffe und Applaus vom Band. Am Ende Riesenapplaus. Die Barbies stehen rechts in einer Reihe. Die Kens führen sie ab. Sie wurden für eine abendliche Massenvergewaltigung ausgesucht. Dementsprechend sträuben sie sich und werden gewaltsam hinausbugsiert. Der Ton muß den Zuschauerraum einschließen.
Lambert verbeugt sich. Läuft dann federnd hinaus. Licht vom Eingang weg. Zurück auf Szene XX. Die Frauen sitzen stumm. Die Augen verbunden. Die Barbies sind weggebracht.

## XXII

Die Frauen sitzen.
Spiderman klettert vom Baum herunter. Er hat einen großen Brief in der Hand.

SPIDERMAN (flüsternd:) Linda.
Linda wendet sich ihm zu. Manon nimmt ihre Binde ab. Geht zu Linda.
MANON Was wollen Sie von meiner Tochter.
SPIDERMAN Ich habe einen Brief. An sie.
MANON Von wem? Well. Buttercup. Let's get rid of this.
Sie nimmt Linda die Binde ab. Sie sind weg. Alle.
Die anderen nehmen ihre Binden ab.
SPIDERMAN Ich habe einen Brief. Aber ich darf ihn nur vorlesen. Ich muß ihn zurückbringen. Die Gefahr ist zu groß. Verrat. Verräter. Überall.
MANON Von wem soll denn der Brief sein?
SPIDERMAN Na. Er. (Ahmt Lambert nach.) Ja. Meine Herren. Sie kennen die Regeln. Wenn ich »Jetzt« sage, dann drücken Sie auf den Knopf.
MANON Ach ja. Linda. This guy has a letter for you. From this Showmaster-editor-in-chief.
LINDA So I gather. But. Isn't that rather pathetic.
SPIDERMAN Ich kann ihn aber nur vorlesen.
MANON Ja. Dann tun Sie es.
Spiderman sucht sich eine Stelle, an der ihm niemand in den Brief hineinsehen kann. Stellt sich in Positur. Liest mit Inbrunst vor.
SPIDERMAN Linda. Ich weiß, wie schwierig es ist. Aber Sie müssen meine Lage verstehen. Diese Zeiten fordern auch von mir einen Tribut. Ich habe mich diesem Ruf nicht entziehen können. Jetzt aber bin ich glücklich über die Möglichkeiten, die sich mir dadurch eröffnen. Ich kann Ihnen meine Hilfe anbieten. Ich darf Sie daher aufs dringendste ersuchen, diese Hilfe nicht abzulehnen. Ich weiß, es kommt überraschend. Aber in diesen Zeiten ist keine Zeit für konventionelle Umwege. Deshalb möchte ich Ihnen meine Hand

antragen. Ich muß es so plump ausdrücken, und ich flehe Sie an, nehmen Sie an. Seien Sie versichert, daß es keinerlei Verpflichtungen für Sie daraus gibt. Mir geht es um Ihre Errettung aus Ihrer Lage, für die es keine andere Möglichkeit gibt. Geben Sie dem Überbringer dieser Nachricht Ihre Entscheidung bekannt. Und bedenken Sie die Ausweglosigkeit Ihrer Lage. In Verehrung Ihr Adrian Lambert.

LINDA I can't follow. This is too complicated for me.

MANON The ling and the short of this is, he wants to marry you. To save you. Or so he proposes.

Linda bekommt einen hysterischen Lachanfall. Wird plötzlich ernst. Ärgerlich.

LINDA The fool. How he dares to think i'd go without you.

MANON Perhaps this is the only solution. Salvation.

LINDA So then there won't be a solution. Or a salvation.

MANON You should go. You must. You know.

LINDA I won't.

MANON Linda. Think it over. And I have the right to say that. Ich habe dich geboren. Dann darf ich auch wollen, daß du nicht.

LINDA Mom.

SPIDERMAN Soll ich ja sagen.

LINDA (mühsames Deutsch:) Die Antwort heißt nein. Ich bin nicht kaufen.

MANON Linda.

Die Frauen umarmen einander. Sie bleiben so stehen. Spiderman läuft nach links hinten ab.

SPIDERMAN (ruft immer wieder:) Rucke di gu. Rucke di gu. Blut ist im Schuh. Der Schuh ist zu klein. Die rechte Braut ist nicht daheim.


## XXIII

Manon und Linda umarmen einander.
Von links hinten kommen Stoll und Krobath. Sie haben sich beieinander eingehängt. Sie singen »I'm singing in the rain.«

Tanzen dazu. Sie führen eine kleine Tanznummer vor den sitzenden Frauen vor. Tänzeln zur Tür des Kaffeehauses.

STOLL (weiter singend:) Das wird wohl noch geschlossen sein.
KROBATH (ebenso:) Und wird noch lang so bleibn.
Sie tanzen und summen noch ein wenig vor sich hin. Krobath bricht jäh ab. Geht zu Gretl. Setzt sich neben sie. Stoll setzt sich auf die Stufen.
KROBATH Gretl. Es ist nichts zu machen.
Gretl schweigt.
KROBATH Ich weiß. Es war bisher schon nicht viel zu machen. Aber hier. Hier ist es eine Spur. Ultimativer.
Gretl schweigt.
KROBATH Du willst nichts sagen. Zu mir. Mehr.
Gretl schweigt.
KROBATH Du hast ja recht.
Krobath versinkt plötzlich in jämmerliches stummes Schluchzen.
Gretl springt auf. Geht auf und ab. Beinahe schreiend.
GRETL Ich kann es nicht. Ich kann es nicht. Wie soll man das ertragen? Auch hier nicht. Und jetzt nicht. Du hast nicht. Wenn wir. Bis jetzt. Wenn wir es bis jetzt. Wenigstens. Gehabt hätten. Wenn wir es bis jetzt wenigstens gehabt hätten. – Ach. Ich weiß nicht. – Wir haben es vertan. Ich auch. Ja. Ich auch. Ich hätte nicht. Es muß ja niemand. Ich habe dich. Längst nicht mehr. Ich hätte weg. Längst hätte ich. Ich habe es auch vertan. Ich hätte gewußt. Was zu tun. Wie es. Und ich habe es auch nicht. Und jetzt ist es zu spät. Und wir haben kein glückliches Leben gehabt. Und so ist. Wir haben gerade noch die Erinnerung an. An damals. Aber vielleicht gibt es ja auch gar nicht mehr. Wir haben es vertan. Und wie soll man das ertragen.
Gretl geht lange auf und ab. Nach langem steht Krobath auf.
KROBATH Gretl. Ich.
Gretl geht weiter. Krobath hilflos.
GRETL Ich auch.
Sie wirft sich in seine Arme. Stehen in Umarmung.

## XXIV

STOLL Na. Luise. Dein Gönner holt dich da nicht heraus. Was?
LUISE Du weißt genau...
STOLL Alles. Alles weiß ich. Meine Liebe.
LUISE Und woher. Hier weiß keiner etwas. Keiner kann hier etwas wissen.
STOLL Jeder hier weiß irgend etwas. Ein bißchen weiß jeder hier. Ich weiß nur eine Spur mehr. Noch.
LUISE Red nicht so herum. Oder. Bist du jetzt auch noch ein Spitzel. Spionierst du uns aus?
STOLL Nein. Nein. Ich verfolge nur meine eigenen Interessen. Andere habe ich nicht im Auge.
LUISE Ich habe mich auch schon gewundert. Daß du hier bist.
STOLL Kannst du dir nicht vorstellen. Warum.
LUISE Ich möchte nicht. Ich möchte es mir nicht vorstellen.
STOLL Hast du gar keine Angst?
Luise schweigt.
STOLL Keine Vorstellungen? Wie das? Alles.
Luise schweigt.
STOLL Möchtest du da nicht heraus?
Luise schweigt.
STOLL Ich verlange nicht viel. Eigentlich.
Luise schweigt.
STOLL Der Gönner muß ein toller Mann gewesen sein.
Luise schweigt.
STOLL Luise. Ich weiß einen Ausweg.
Luise schweigt.
STOLL Ich weiß. Der Gönner war ein Mann von Welt. Und ich bin ein Prolet. Aber. Was Bessers als mich. Das wird sich schwer finden. Jetzt.
Luise schweigt.
STOLL Luise. Sag was. Du hast. Wirklich. Du hast mir immer schon.
LUISE (glühender Zorn:) Sagen. Sagen. Was soll ich sagen? Dafür reicht die Sprache nicht.

STOLL  Dein letztes Wort.

Luise lehnt sich mit dem Gesicht zur Wand an das Palais. Verbirgt ihr Gesicht.

STOLL  Na. Eine Chance hast du gehabt. Das wirst du nicht bestreiten können. Ich könnte dich hier und jetzt. Aber. Ich bin ein Gentleman. Ciao. Luise. Ich nehme dich nur freiwillig. Und offensichtlich bin ich dir ja zuwider.

Er schlendert nach links hinten. Die Paare stehen in Umarmung. Luise an die Wand gelehnt.


## XXV

Von links vorne kommt der Alte Sängerknabe. Er legt seine Mütze hin. Singt playback das Terzett der 3 Knaben aus der Zauberflöte. Er bemüht sich, alle drei Stimmen zu »singen«. Während des vorangehenden Rezitativs setzen sich alle in die Sitzordnung der Szene VII. Spiderman kommt den Baumstamm herunter. Setzt sich dazu. Die Gesellschaft läßt sich vorsingen. Das Licht ebenfalls Szene VII. Am Ende applaudiert die Gesellschaft. Der Sängerknabe sammelt ab. Alle nesteln ihr Geld hervor. Werfen Münzen in die Mütze. Der Alte Sängerknabe geht nach links ab.


## XXVI

STOLL  Ach. Ich mag ihn.
MANON  Wenn es das nicht gäbe. Man müßte vollkommen. Einfach gar nichts. In manchen Augenblicken. Gar nichts mehr. Dann.
KROBATH  Zirkusmusik.
LAMBERT  Gib nicht so an.
KROBATH  Wir sind ja schon nicht einmal mehr ein Museum.
GRETL  Ich sehe eigentlich nicht ein, warum du dich so aufregst. Schließlich lebst du fast nur von den Touristen.

KROBATH Das ist auch sehr konsequent von mir. Ich bin wenigstens aktiv tätig. Für den Untergang dieser Kultur.
LINDA Mom. I think I could go to sleep now.
STOLL Warum man immer dieses Schluchzen in der Kehle kriegt. Wenn diese Buben so singen. So. Irgendwie. So.
LUISE Ali. Du hast doch kein Herz. Wie willst du denn so etwas spüren?
STOLL Wart nur Luise. Dich krieg ich schon auch noch.
LAMBERT I bring you to the hotel back.
KROBATH Weil du ein sentimentales Schwein bist.
GRETL Geht nur ins Puff. Aber nicht mit dem Geld. Für das ich. Herumgerannt.
LAMBERT Gretl. Was wir hier. Das. Alles. Auf meine Rechnung. Ich komme dann morgen.
STOLL Sehen Sie. So spielt das Leben.
MANON Ja. Sie werden allein zu Nina gehen müssen. Aber. Das wird Ihnen doch nicht schwerfallen.
STOLL Meine Gnädigste. Ich muß Ihnen ein Geständnis machen. Wir sind Opfer. Wir beide. Sie und ich. Wir sind Opfer einer völlig falschen Zeitrechnung. Wir sind einander eigentlich. Wenn Sie um 10 Jahre jünger. Und ich um 10 Jahre älter. Wir wären. Füreinander. Wir wären füreinander bestimmt. Das weiß ich.
MANON Ich denke. Wir gehen jetzt alle nach Hause.
STOLL Ja. Aber Gnädigste. Waren Sie jetzt schon drinnen? Im Kaffeehaus. Waren Sie? Überhaupt! Kommen Sie. Sie müssen es sich ansehen. Da müssen Sie hinein. Sie werden sehen. Es ist wieder alles so wie früher. Es hat sich überhaupt nichts verändert.

## XXVII

Manon zögert. Stoll führt sie in Richtung Kaffeehaus. Die anderen sehen zu. Womöglich leicht gerührt. Die Türen zum erst noch dunklen Kaffeehaus springen auf. Licht.
Die Barbies sind hochschwanger. Sie sind als Debütantinnen

für den Opernball angezogen. Weißes großes Abendkleid. Krönchen. Sträußchen. Die Kens tragen Fracks. Paarweise schweben sie aus dem Kaffeehaus. Ganz langsam ziehen sie in Richtung links hinten. Entfernt die Eröffnungsquadrille.
Sehr kurz sind alle starr. Dann suchen alle unter »Gute Nacht«-Ausrufen das Weite. In Richtung ihrer Auftritte. Im Nu ist der Platz leergefegt.
Die Barbie/Ken-Paare ziehen immer noch langsam nach hinten. In die Quadrilleklänge mischen sich die Güterzüge.
Manon ist als einzige zurückgeblieben.

MANON Hier? Hier waren wir immer? Jeden Nachmittag? So lange her. So viel. Und nicht zu Ende. Ich bin froh, daß ich alt bin. Und wenn einem alles zugestoßen ist. Dann muß man keine Angst mehr haben. Wenigstens.

Die Güterzüge fahren. Die Barbie/Kens verschwinden langsam. Manon geht. Nach rechts oben.

DIE GRANTIGE FRAUENSTIMME AUS DEM FENSTER
Gusch. Tschusch. Nazi.

Black.

**Bagnacavallo.**

Die Bühne:
Eine Sackgasse.
Rechts und links die verwahrlosten Fenstermauern von hohen Häusern. Sie bilden nach hinten die Sackgasse. Eine Mauer schließt die Sackgasse ab. In der Hauswand oberhalb der Mauer rechts ein einziges Fenster. Von diesem Fenster kann man auf die Mauer steigen. Die Mauer ist breit. Man kann auf ihr spazierengehen.
Rechts vorne ein Verkehrszeichen Sackgasse. Links an der Wand des Hauses nach vorne ein Bankomat. Beleuchtet. Ein kleines Juwel in der sonst tristen Umgebung.
In der linken Feuermauer ist ganz unten ein großes, breites Kellerfenster.
Die Mauern sind rissig. Mistkübel stehen herum. Rechts ist ein Basketballkorb montiert. Alles ist verkommen. Vernachlässigt. Verlassen. Ein Abbruchviertel. Eine einsame Peitschenleuchte beleuchtet die Straße.
Hinter der Mauer zwischen den Hauswänden der Himmel. Der Himmel spiegelt das Lichtermeer einer großen Stadt.
Es ist etwa drei Uhr am Morgen. Dunkel. Nach der Son-et-Lumière-Vorführung mit eigener Lichtstimmung beginnt die Sonne links aufzugehen, bis am Ende eine helle Morgenstimmung entstanden ist. Spektakuläre Himmelsfärbungen.

Das regelmäßig wiederkehrende ready made:
Hinter dem Kellerfenster sind schlagartig wilde Lichteffekte in allen Farben zu sehen. Gleichzeitig sehr laute Heavy-metal-sounds. Töne und Licht enden abrupt. Eine hysterisch-befehlende Männerstimme schreit: »Schneller.«
Musik und Licht setzen wieder ein. Rasend schnell, tosend laut. Die Musik endet mit einem sehr hohen E-Gitarrenton. Das Licht pulsiert dazu. Plötzliches Ende. Dieser Spuk dauert nur kurz.
Das Stück beginnt mit dieser Sequenz. Von da an wiederholt sie

sich alle 12 Minuten. Ohne Zusammenhang mit dem sonstigen Geschehen.

Die Personen, die diesen Ort kennen, warten, bis der Lärm wieder vorbei ist, oder versuchen, ihn zu überschreien. Anitra tanzt jeweils dazu.

Alle Personen, die das erste Mal an diesem Ort sind, reagieren irritiert und sind gestört.


Die Personen:

GENOFEVA FALMIERI GESCHIEDENE Frau von Vittorio F. Etwa 55 bis 60 Jahre alt.

MELISANDE DELNORD um die 20.

ANITRA dunkelhäutige oder asiatische Person. Gegen 30 Jahre alt. Ihre Aussprache ist korrekt deutsch. Sie verwendet im Ersten Teil eine eigene Grammatik.

VITTORIO FALMIERI geschiedener Mann von Genofeva. Gegen 60.

ROMEO DELSUD 30 bis 35 Jahre alt.

DIE SIAMESISCHEN CLOWNS TICK & TRICK Das linke Bein von Tick ist mit dem rechten Bein von Trick bis etwa zur Hüfte verwachsen.

ZWEI POLIZISTEN

REPORTER

KAMERAMANN

HERR SELLNER um die 50. Fremdenführer. Schmierig.

EINE REISEGRUPPE VOM MARS.

I

Das Fenster über der Mauer ist offen. Genofeva sieht aus dem Fenster. Raucht.
Das Stück beginnt mit dem Licht- und Musikgeorgle hinter dem Kellerfenster. Dann Schüsse hinter der Mauer. Die zwei Polizisten erklettern von hinten die Mauer. Die Polizisten gehören zu einer Antiterror-Einheit und sind kampfmäßig ausgerüstet. Sie geben einander Feuerschutz. Laufen nach rechts. Immer wieder geben sie Schüsse nach hinten ab.
Romeo springt von hinten auf die Mauer. Kauert. Blickt zu Genofeva. Sie weist mit ihrer Zigarette die Richtung, in die die Polizisten gelaufen sind. Romeo springt mit einem Kampfschrei von der Mauer und läuft den Polizisten nach. Er hält keine Vorsichtsmaßnahmen ein. Die Polizisten flüchten. Man hört Schüsse von der Ferne.


II

Genofeva steigt aus dem Fenster auf die Mauer hinaus. Sie steht einen Augenblick. Zündet sich eine neue Zigarette an. Beginnt auf der Mauer auf und ab zu gehen. Sie spricht die Verfluchung als Litanei und eher nebenbei. Sie sagt das jeden Tag. Seit mehr als dreißig Jahren. Melisande sitzt links auf dem Boden. Mistkübel verdecken sie.

GENOFEVA ... ab hac ora, ab hoc die, ab hac nocte ... tere, contenere, confringe, et trade morti Vittorii Falmieri, et trade Plutoni, praeposito mortuorum, et si forte contempserit, paritatur febris, frigus, tortionis, palloris, sudares, horribilationis meridianas, interdiana, serdianas, nocturnas, ab hac ora, ab hoc die, ab hac nocte, ede, ede, tacy, tacy.

## III

Die beiden Frauen führen den folgenden Dialog, als tauschten sie Kochrezepte aus. Genofeva setzt sich auf das Fensterbrett. Melisande bleibt erst zwischen den Mistkübeln sitzen.

MELISANDE (nach einer Pause:) Was heißt das. Genau. Meine ich.
GENOFEVA Daß es ihm schlechtgehen soll. Elend.
MELISANDE Sterben?
GENOFEVA Mindestens. – Aber. Ich meine ihn selbst gar nicht mehr so. Eigentlich. – Heute meine ich mehr alles. Irgendwie. Alle. Eigentlich.
MELISANDE Kann man das gegen jeden?
GENOFEVA Ja. Sicher.
MELISANDE Mehrere?
GENOFEVA Aber. Sicher.
MELISANDE Gegen viele?
GENOFEVA Aber. Ganz sicher. Man setzt die Mehrzahl ein. Das ist doch ganz einfach.
MELISANDE Und dann wirkt es.
GENOFEVA Man muß es wollen. Richtig. Verstehen Sie.
MELISANDE Können Sie. Ich meine. Könnten Sie. Für mich.
GENOFEVA Das muß jede selbst.
MELISANDE Dann möchte ich es lernen.
GENOFEVA Ich kann das aber nur ...
MELISANDE Könnten Sie es mir. Aufschreiben?
GENOFEVA Nein. Ich schreibe und lese nicht mehr. – Ich kann das nur sagen.
MELISANDE Ja. So. – Aber ich könnte mitschreiben. Oder.
GENOFEVA Ja. Das müßte gehen.

Melisande sucht nach Papier und Bleistift. Sieht dafür auch in den Mistkübeln nach. Schreibt es dann auf den Rand einer Zeitung.

MELISANDE So. Jetzt geht es. Bitte.
GENOFEVA Ja. Wenn Sie wirklich wollen. Also: Ab hac ora. – Ab hoc die. – Ab hac nocte. – Ja? Tere. – Contenere. – Confringe. – Et trade. – Morti Vittorii Falmieri. – Das ist mein

Mann gewesen. Da müssen Sie einsetzen, wen Sie wollen. Ja? Et trade Plutoni. – Praeposito mortuorum. – Et si. – Forte. – Contempserit. – Wenn man es so langsam sagt, wird es ganz. Irgendwie kommt es einem komisch vor. Aber. Irgendwie. – Partiatur febris. – Frigus. – Tortionis. – Palloris. – Sudares. – Horribilationis meridianas. – Er war nicht da. Verstehen Sie. Das Kind ist. Und er war nicht da. Es war tot. Dann. – Ja. Interdianas. – Serdinas. – Nocturnas. – Ich habe es nicht einmal. Können Sie sich das vorstellen. Überhaupt nicht. – Der Schluß heißt dann: ab hac ora, ab hoc die. – Ja? – Ab hac nocte. – Ede. – Ede. – Tacy. – Tacy. Ja? Haben Sie das. Das war es.

MELISANDE Ja. Ja. Danke. Ich glaube, ich habe es.

GENOFEVA Und. Wen willst du. Damit.

MELISANDE Die. – Die alle.

GENOFEVA Du mußt es einsetzen. In den Satz »et trade morti«.

MELISANDE Gegen alle. Und besonders gegen die Delsuds.

GENOFEVA Ja. Dann mußt du einsetzen »et trade morti omnium et omnium Delsud«.

MELISANDE Und. Wann. Wann sagt man es am besten.

GENOFEVA Ist es denn so schrecklich.

MELISANDE Wann.

GENOFEVA (sachlich:)
Wenn die Nacht noch und dunkel,
Wenn die Zeit und nicht reicht,
Die Kraft es zu warten ein Ende
den Morgen zu grüßen dann nie.

Genofeva steigt durch das Fenster in ihr Zimmer zurück. Melisande steht.


## IV


Melisande steht und liest den Zauberspruch. Murmelt vor sich hin.
Anitra schlendert von links heran. Sie trägt phantastisch glit-

zernde Hurenkleidung und schwenkt ein Grace-Kelly-Täschchen. Sie zündet sich eine Zigarette an. Sie biegt in die Sackgasse ein.

ANITRA (ruft zu Genofevas Fenster hinauf)
  Hallo. Huuu. Genofeva-Mäuschen.
Dann sieht Anitra Melisande. Sie geht rasch auf sie zu, packt mit einer Hand Melisandes lange Haare und zwingt sie in eine gebückte Haltung vor sich nieder. Sie hält Melisande brutal nieder. Raucht gelassen weiter. Melisande bleibt stumm. Genofeva ist am Fenster aufgetaucht.
ANITRA Der Konkurrenz. Der Konkurrenz immer schlimmer werden.
GENOFEVA Das ist nicht so eine. Laß sie los.
Anitra zieht Melisande an den Haaren hoch. Sieht sie genau an. Drück sie wieder nieder.
ANITRA Sie schön sein. Der Mann sie haben wollen. Der Konkurrenz. Wie du heißen.
GENOFEVA Aber. Laß das. Ich sage dir. Du täuscht dich. Sie braucht höchstens Hilfe.
ANITRA (ungerührt:) Alle der Hilfe brauchen.
GENOFEVA Anitra. Was willst du denn. Laß sie in Ruhe. Sie hat sich doch nur hierher verirrt.
ANITRA Alle sein verirren. Der Name. Ich will der Name.
GENOFEVA (scharf:) Laß das jetzt.
Romeo kommt von rechts herangeschlendert.
ROMEO Guten Morgen. Meine Damen. Anitra! Wie steht es denn heute.
Anitra wirft ihm sofort ihr Täschchen zu. Er durchsucht es. Er ist unzufrieden. Wirft es zurück, nachdem er Geld herausgenommen hat. Anitra hält Melisande nieder. Romeo geht zum Bankomaten. Beginnt Geld abzuheben.
ROMEO Sehr zufriedenstellend ist das nicht. Mein Zuckertittchen.
Antira zieht Melisande in Richtung Romeos. Führt sie ihm vor.
ANITRA (vorwurfsvoll:) Sie schuld sein. Sie schön sein? Ja? Du deine Arbeit nicht machen. Sie der Konkurrenz.

Romeo sieht nicht hin. Er beendet das Geld-Abheben, so daß
Anitra seinen Geheimcode beim Eintasten nicht mitlesen kann.
Anitra stößt Melisande weg. Melisande kriecht zurück. Zwischen
die Mistkübel.
Romeo stopft das Geld in seine Gesäßtasche.

ROMEO (zu Anitra:) Also. Was ist los. Mein kleines Zuckermöschen.

ANITRA Der Konkurrenz. Da!

GENOFEVA Laß das arme Kind. Sie hat sich hierher verirrt.
Man muß ihr helfen. Sie muß nach Hause.

ANITRA Sie der Konkurrenz sein. Sie traurig und alle sie helfen.
Ich auch traurig sein. Aber ich niemand helfen.

ROMEO Aber. Mein Zuckernippelchen. Du bist doch nicht
traurig. Mein Zuckerärschchen. Dazu bist du viel zu geil.

Er tändelt beziehungsvoll mit ihr herum. Hält Anitra umfangen.
Sie gehen zu Melisande.

ANITRA Sie nicht einmal weinen wollen.

ROMEO (als spräche er mit einem trotzigen Kind:) Nein? Nicht
einmal anschauen dürfen wir sie? Wir dürfen sie gar nicht
sehen. Nein. Nicht einmal ein ganz kleines bißchen?

Genofeva steigt auf die Mauer. Geht nach links. Steht oberhalb
von Melisande.

GENOFEVA Geht ihr nur. Ich kümmere mich um sie.

ROMEO Aber. Ich will sie sehen. Ich möchte ihr Gesicht sehen.

GENOFEVA Geht. Anitra! Laßt uns hier in Frieden.

ROMEO (verspielt:) Anitra. Ich will sie aber sehen.

Anitra zieht Melisande wieder gelassen-brutal an den Haaren
hoch. Melisande steht mit geschlossenen Augen da.

ANITRA (schmollend:) Ich nicht dein Hausmädchen sein.

Romeo sieht Melisande an. Wendet sich ab. Anitra läßt Melisande
los. Melisande bricht zusammen und bleibt zwischen den
Mistkübeln liegen. Ein Bündel. Genofeva hilflos auf der Mauer.
Anitra trotzig rauchend. Romeo denkt nach.

## V

Wie auf Kommando: Genofeva läuft zu ihrem Fenster. Steht dort. Anitra stellt sich neben den Bankomaten. Romeo verschwindet über die Mauer.
Einen Augenblick Stille. Dann hört man die Schritte der Polizisten von rechts. Lange bevor die Polizisten auftreten. Sie gehen dann in die Sackgasse. Beginnen eine gründliche Kontrolle.
Gerade wenn Genofeva vom Strahl einer starken Suchlampe getroffen und durchaus respektvoll gegrüßt wird, Tumult von links. Die siamesischen Clowns purzeln auf die Bühne.
Die siamesischen Clowns sind weiße Clowns. Sie behindern und beschimpfen einander. Die Polizisten sehen sich das Spektakel einigermaßen skeptisch an. Sie sehen ihnen zu und machen mit ihrer Kontrolle nicht weiter.

TICK  Mamenchisaurus!
TRICK  Selber ein Scheiß-Brachiosaurus.
TICK  Arschlahmer Iguanodon.
TRICK  Stinkender, nachtblinder Leaellyuasaurus, du!
TICK  Schwanzloser Maiasaurus.
TRICK  Der Tyranno soll dich holen.
TICK  Du Ausgeburt einer schweinsspitzohrigen Spalte.
TRICK  Ja. Ja. Du Goldkind. Entsprungen der Liebe einer wasserlassenden Vase zum Ringelstengel einer Gänseblume.
TICK  Kettensägen wären das Richtige für dich.
TRICK  Ja. Und dann aus goldenen Stricknadeln ein Gerüst. Wie sonst. Mein Lieber. Wie sonst könnten so elegant die Furze aus meiner schwärenden Schwarte schweben.

Alle sehen den streitenden Clowns zu. Die Clowns entdecken die Polizisten. Sie sind sofort ein Herz und eine Seele. Herzerweichend.

TICK & TRICK  Maresciallo! Maresciallo! Wir suchen unseren Hund. Wir suchen unser Hündchen.
TICK  (weinend:) Unser kleines, süßes Hündchen. Es ist verloren.
TRICK  Entführt. Womöglich entführt. Was sollen wir denn nur tun.

TICK  Ohne unser Hündchen können wir nicht leben.
TRICK  Und arbeiten schon gar nicht. Unser Wuffilein.
TICK  Unser Hundilein.
TICK & TRICK  (tragisch-anklagend:)
Was sollen wir denn nur tun.
1. POLIZIST  Lassen Sie die Scherze.
2. POLIZIST  Sie haben doch gar keinen Hund. Ich habe Sie noch nie mit Hund gesehen.
TICK  (reuig:) Sie bleiben immer nur so kurz.
TRICK  (traurig:) Wir machen etwas falsch. Ganz sicher machen wir etwas falsch. Können Sie uns einen Rat geben, wie wir es richtigmachen können? Wir lieben sie doch so.
Die Clowns klettern auf Mistkübel. Sie machen einen großen Auftritt daraus, bis sie endlich auf den Kübeln sitzen. Sie fallen hin. Sie zerren aneinander. Taumeln herum. Sie reden atemlos, aber sachlich anklagend und schnell.
TRICK  Wir wissen, daß Hunde nichts zählen. Bei Ihnen.
TICK  Aber es ist das einzige. Wir haben sonst nichts.
TRICK  Nur unsere Hundeliebe.
TICK  Oder. Wollen Sie lieber einen Witz hören.
TRICK  Ja. Sollen wir Ihnen vielleicht einen Witz erzählen.
TICK  Wir finden Witze ja nicht komisch.
TRICK  Aber manche Leute sind grausam genug.
TICK  Die lachen über alles. Über alles lachen die.
TRICK  Und dann müssen wir. Natürlich.
TICK  Dann machen wir es.
TRICK  Dafür finden Sie unser Hündchen.
TICK  Wir erzählen Ihnen einen Witz. Und Sie finden ein Hündchen für uns.
TRICK  Unser Hündchen.
1. POLIZIST  Wie sieht dieser Köter denn aus. Überhaupt.
TICK  (strahlend:) Sie sind immer klein und weiß.
TRICK  Ja. Am liebsten haben wir weiße. Kleine.
TICK  So klein wie möglich.
Die beiden Polizisten sehen einander an. Kopfschüttelnd. Wollen gehen.
TICK  (hysterisch-schnell und laut:)
Noch einen Witz!

TRICK (ebenso:) Wieso sind Sie denn überhaupt da.
TICK Brigadiere. Einen kleinen. Ganz schnell.
TRICK Haben Sie Ihre Runde geändert.
TICK Also. Es kommt ein Mann ...
TRICK ... ist denn nirgends mehr Sicherheit ...
TICK ... nein. Es kommt eine Frau ...
TRICK ... verfolgt es uns überallhin. Das Verbrechen ...
TICK ... also. Kommen ein Mann und eine Frau ...
TRICK ... in unserer Situation ist es wichtig, die Gefahren rechtzeitig ...
TICK ... o. k. Sie kommen doch nicht ...

Tick bricht in unbändiges, obszönes Gelächter aus. Trick schreit laut um Hilfe.

1. POLIZIST (brüllt:) Nichts ist.
2. POLIZIST (beruhigend:) Noch ist nichts.
1. POLIZIST Im Gegenteil.
2. POLIZIST Wenn Sie es wirklich genau wissen wollen. Noch heute morgen wird hier alles geschliffen.
1. POLIZIST Und neu aufgebaut. Ordentlich. Dann gibt es hier auch wieder eine Sicherheit.
2. POLIZIST Machen Sie sich keine Sorgen. Gehen Sie alle nach Hause.
1. POLIZIST In ein paar Stunden ist hier alles vorbei. Und dieser Schandfleck hier. Den gibt es dann nicht mehr.
2. POLIZIST Dann haben wir die Sache hier im Griff.
1. POLIZIST Und Ihrem Hund kann nichts mehr passieren.
1. & 2. POLIZIST Gute Nacht. Allerseits.

## VI

Alle warten, bis die Schritte der Polizisten verklungen sind. Dann alle gleichzeitig:

GENOFEVA Was. Was hat er gemeint. Was hat er gemeint. Was kann er gemeint haben. Das kann er nicht gemeint haben. Er kann so etwas nicht gemeint haben.

ANITRA  Der Polizist meine Arbeit behindern wollen. Wenn der Polizist in Uniform er immer meine Arbeit behindern wollen.
TICK  (kreischend:) Gute Nacht. Allerseits. Gute Nacht. Allerseits. Gute Nacht. Allerseits. Gute Nacht. Allerseits.
TRICK  (heulend:) Abreißen! Wegreißen! Niederreißen! Alles abreißen. Alles wegreißen. Alles niederreißen. Sie reißen alles ab. Ich hasse die DelNords. Ich hasse alle reichen Leute. Immer nehmen sie uns alles weg.
Alle stehen und sitzen resigniert.
Plötzlich hat Anitra einen Wutausbruch. Sie brüllt und zischt ihren Text. Sie stampft während dieser Weltanklage auf und ab. Gegen Ende fokussiert ihr Zorn sich auf Melisande. Sie stürzt sich auf sie und beginnt auf sie einzutreten und zu trampeln. Die anderen sehen erstaunt und interessiert zu.
ANITRA  Kein Paß. Kein Ausweis. Keine Aufenthaltsgenehmigung. Immer der Hausmädchen. Der Sklavenarbeit. Der Frau faul. Der Mann geil. Der Kind auch schon geil. Und immer. Der Mann schlafen will. Immer. Schnell. Ficki-ficki. Und der Wäsche waschen. Und der Geschirr. Und der Boden. Und der Wand. Und der Klo. Und wenn. Endlich der Arbeit besser bezahlen. Dann der Konkurrenz. Und alles wegreißen. Und alles wegnehmen. Und die nicht einmal sagen wie heißen. Wie heißen. Der Name haben. Ja. Wie der Name. Der Name. Ich der Name haben wollen.
Romeo steht auf der Mauer.
ROMEO  Anitra.
ANITRA  (weiter kreischend:) Der Name. Ich der Name wissen wollen. Sie alles kaputtmachen werden. Sie. Sie.
Romeo springt von der Mauer. Hält Anitra von Melisande ab.
ROMEO  (kalt:) Melisande. Sie heißt Melisande.
ANITRA  (in höchster Wut:) A. Der Herr der Name wissen. Schon? Ja?
ROMEO  Ja. Und hör auf sie zu treten.
Anitra kreischt und beginnt auf Romeo einzudreschen. Romeo nimmt sie in Polizeigriff. Er hält ein Butterfly gegen ihre Kehle. Routiniert.

ROMEO Nun. Mein Zuckermösenmäuschen. Nur keine Aufregung. Habe ich dich nicht gerettet? Was wärest du ohne deinen Romeo. Nun. Mein Zuckerschleckerchen. Sag es. Alle wollen es hören.

ANITRA (leiert auswendig:)
Ohne meinen Romeo wäre ich immer noch die unterbezahlte Haushaltshilfe, die es umsonst mit dem Hausherrn machen müßte und dafür von der Hausfrau geschlagen werden würde. Oder umgekehrt. Oder beides. Oder alles.

ROMEO Und? Was bist du jetzt? Ja? Komm! Sag es uns!

ANITRA (wieder folgsam herunterleiernd:)
Jetzt bin ich die Königin der Nacht und zahle sehr viel Steuern. Deshalb bin ich auch ein Mitglied der Gesellschaft und Romeo ist mein Held und ich liebe ihn mehr als alle anderen und mache alles für ihn.

ROMEO Alles?

ANITRA Alles.

ROMEO Na. Siehst du. Mein Zuckernabelpünktchen

GENOFEVA Melisande? Sie heißt wirklich Melisande?

ROMEO Ja. Melisande. Und es ist eine sehr komplizierte Geschichte. (Zu den Clowns:) Und ihr? Ihr Halbaffen. – Laßt mich einmal.

Er läßt Anitra los. Die Clowns springen von den Kübeln. Romeo hebt einen Kübeldeckel. Er spießt mit dem Messer die zerrissenen Leichenstücke eines kleinen weißen Hundes auf und wirft sie den Clowns vor die Füße.

ROMEO Gott. Seid ihr Säue. Habt ihr wieder. Euch graust auch vor gar nichts. Ich dachte es mir ja gleich. Wie ich euch so herumquatschen höre.

TICK Aber. Es ist doch ohnehin alles in Plastik gewickelt.

ROMEO Seid froh, daß ich jetzt keine Zeit für euch habe.

## VII

Romeo nimmt sein Handy. Die Clowns starren auf die Leichenfetzen. Erst betreten. Dann verfallen sie in einen Kicherkrampf. Sie müssen das Lachen aber wegen Romeo unterdrücken. Sie

winden sich in lautlosem Gelächter und beginnen dann, mit den Leichenteilen in den Basketballkorb zu werfen. Lautlose Lachkrämpfe.
Romeo am Telefon.

ROMEO Ja. Hallo. Ja. Ich bin es. – Ja. – Ja. Ich will ihn sprechen. – Ja. Unbedingt. – Ja. Ich warte. – Nein. Ganz sicher. – Ja? – Ja? – Hallo. Ja. Ich bin es. Und es ist dringend. – Nein. – Sicher. – Das kann ich auf mich nehmen. – Ja? – Ja! – Ja. – Ja. Also. – Nein. Folgendes: Sie werden mit dem Niederreißen der Mauer beginnen. – Ja. – Jetzt. Gleich. Dann. – Ja. Das dachte ich auch. Es ist jedenfalls der Anfang. – Ich kann das nicht so sehen. Hier. Vor Ort. Da sieht das dann doch anders aus. – Erstens ist es einer der Transportwege. Mit wirklich guter Deckung. – Ja. Man konnte hier sogar ein Zwischenlager einrichten. – Ja. Sicher. Aber viel wichtiger finde ich, daß, wenn wir die Mauer nicht verteidigen, wir einfach einen Verlust an Glaubwürdigkeit erleiden werden. Es ist unruhig genug. – Ja. Aber Gewalt bedeutet es in jedem Fall. – Ist es da nicht klüger, gleich konzentriert und präzise vorzugehen? Eine klare und eindeutige und harte Aktion. – Ja. Das ist ganz sicherlich organisierbar. – Ja. Aber. – Ja? – Ja. Ja. Aber ich habe ... – Ja. Nein. Bitte. Einen Augenblick. Ich habe Melisande DelNord gefunden. – Ja. – Ja. – Sie sitzt hier. – An der Mauer. Ja. Ja. – Das denke ich auch. Ich weiß nichts Genaues. Es ist gerade erst geschehen. – Ja. Das sollte unsere Position doch ... – Ja. Ja. – Das kann ich. – Ja. Das werde ich. – Ja. Das will ich. Ja. – Ich warte. Ja. Danke.

Zur gleichen Zeit:
Anitra steht an die Mauer gelehnt. Genofeva oben. Beide rauchen. Sie sprechen vor sich hin. Sachlich. Fast desinteressiert. Sie machen lange Pausen zwischen den Repliken.
ANITRA Du schon haben?
GENOFEVA Ja. Habe ich. Und. Bei dir?
ANITRA Alle normal.
GENOFEVA Warum bist du denn heute so wütend?
ANITRA Ich der Meer vermissen.
GENOFEVA Aber. Das ist doch kein Grund.

ANITRA  Der Meer für alles am Grund.

GENOFEVA  Ach. Anitra.

ANITRA  Du nicht an der Meer leben wissen.

GENOFEVA  Bist du denn so unglücklich. Ja. Natürlich bist du so unglücklich. Natürlich.

ANITRA  Ich nichts erinnern wollen. Nur der Meer.

GENOFEVA  Ach. Anitra. Du wirst dich doch noch an etwas anderes erinnern können.

ANITRA  Nur der Meer.

GENOFEVA  Ja. Es ist schwierig. Aber alle haben es schwer. Das hilft dir nichts. Natürlich. Aber.

ANITRA  Ich der Lust haben alle töten. Alle. Und dann in der Meer.

GENOFEVA  Du darfst dir nie selbst etwas antun. Das ist genau das, was die wollen, daß du tust. Ich weiß es.

GENOFEVA  Ich in der Meer schwimmen. Ich nicht ich böse. Ich.

GENOFEVA  Weißt du etwas Neues von zu Hause.

ANITRA  Alles gut. Alles sehr gut. Da. Ja?

Anitra kramt in ihrem Täschchen. Reicht Genofeva eine Fotografie.

ANITRA  Der Vater tot werden.

GENOFEVA  Dein Vater ist gestorben. Das tut mir aber leid. Das tut mir sehr leid.

ANITRA  Ja. Traurig.

GENOFEVA  (das Foto betrachtend:) Die sind ja schon wieder gewachsen. Das ist ja unglaublich. Und so hübsch. Sie werden immer hübscher. Sie werden dir immer ähnlicher.

ANITRA  Und mein Vater sie nicht verkaufen können. Jetzt.

## VIII

Romeo steckt das Handy weg. Er stellt sich vor den Clowns und den Frauen auf. Rednerhaltung. Räuspert sich. Die Clowns beruhigen sich schlagartig und setzen sich brav und blutbefleckt auf den Boden.

ROMEO  Meine Lieben. Ich frage euch. Kann es sein. Kann es sein, daß ich mich irre? Ich frage euch. Ist es denn nicht so, daß die DelSuds hier schon gelebt haben, da waren die DelNords noch Höhlenbewohner. Ist es nicht so. Ich frage. Daß wir. Die DelSuds diesen Landstrich zu dem gemacht haben, was er ist. Und. Frage ich. Haben wir DelSuds nicht immer gottesfürchtig von unserer Hände Arbeit gelebt. Wir. Die DelSuds. Wir waren immer nur einfache Bauern. Aber. So frage ich. Haben wir deshalb keine Ehre. Müssen wir es uns gefallen lassen. Nachdem die DelNords das Land und die Politik an sich gerissen haben. Müssen wir es uns gefallen lassen. Nachdem die DelNords bestimmen, wer Arbeit, wer Wohnung haben kann. Was unseren Kindern in der Schule beigebracht wird. Welche Sprache wir sprechen. Müssen wir es nach dem allen uns gefallen lassen, daß wir zu Bütteln dieser gottlosen Rasse gemacht werden. Und müssen wir uns zu allem auch noch unserer Ehre berauben lassen. Sollen wir uns alles nehmen lassen und den Rest noch nachliefern? Unser Geld ist nicht mehr unser Geld. Unsere Häuser sind nicht mehr unsere Häuser. Unsere Sprache ist nicht mehr unsere Sprache. Unsere Frauen sind nicht mehr unsere Frauen. Unser Land ist nicht mehr unser Land. Unseren Gott haben sie verhöhnt. Was sollen wir noch alles hinnehmen. Ich sage euch. Das Maß ist voll. Wir können nicht weiter zusehen, wie die DelNords auch noch unsere Ehre, das letzte, was uns zu verteidigen geblieben, daß die DelNords auch noch unsere Ehre mit ihren maßgeschneiderten Schuhen zertreten. Es muß eine Antwort auf die Provokationen gegeben werden. Sie war längst fällig. Und unser Langmut Legende. Längst. Und haben sie nicht gelacht. Die DelNords. Aber. Dieses Gelächter werden wir ersticken. Mit bluttriefenden Schwämmen werden wir das satte Grinsen von ihren Gesichtern wischen. Jetzt. Sofort. Denn im Krieg, wie in der Liebe, darf es kein Zaudern geben.

Die Clowns geraten im Lauf der Rede in zustimmende Begeisterung. Sie geben immer deutlicher pantomimisch ihre Zustimmung und brechen am Ende in frenetischen Applaus und Zurufe aus. Genofeva drückt ihre Skepsis deutlich in Körperhaltungen aus. Anitra bewundert Romeo. Aber nicht sehr aufmerksam.

Tick & Trick stellen sich Romeo gegenüber auf. Gleiche Haltung wie er. Chorisch.

TICK & TRICK
Wie die Wölfe mit Begier
Stürzen auf ein Büffelthier,
Das feurigen Auges und brüllend vor Zorn
Mit stampfenden Hufen und blutigem Horn
In die Lüfte schleudert oder zertritt,
Was zuerst ihm zum Sterben entgegenschritt;
So stürzen wir fort den Sturm zu wagen,
So werden die ersten zurückgeschlagen,
So manche Brust, von Erz umzittert,
Man hier zerstückt, wie Glas zersplittert:
Vom Schuß getroffen, daß das Land
Erbebte, drauf sich keiner wand.
Sie liegen in Reihn, so wie sie starben,
Wie am Abend ruhn des Schnitters Garben,
Wenn auf edlem Felde sein Werk vollbracht:
So stürzen die ersten in der Schlacht.

GENOFEVA So ein Scheiß!

ROMEO Genofeva. Du bist ja eine kluge Frau. Aber. Genofeva. Davon verstehst du nichts. – Tick. Trick. Wir werden auf zwei Ebenen vorgehen. Ihr bereitet Aktion »Michelangelo« vor. Wenn wir das Zeichen bekommen. Dann geht es los. Genofeva! Anitra! Ich überlasse euch Melisande. Vertraue sie euch an. Behütet sie. Wir werden sie brauchen. – Zuerst sollte sie etwas zu essen bekommen. Und zu trinken. Genofeva?

Genofeva läuft und holt aus ihrem Zimmer Wasser und Kekse. Reicht das Romeo hinunter.

## IX

Romeo beginnt Melisande zu beleben.

ROMEO Essen. Man muß essen. Und trinken. Melisande. Komm. Melisande. Es ist alles in Ordnung. Komm.

Romeo sagt das immer wieder. Immer eindringlicher und am Ende zärtlich. Melisande reagiert apathisch auf seine Versuche und beginnt erst nach und nach, sich überhaupt zu bewegen. Die beiden kauern links an der Mauer in der Sackgasse. Melisande in Romeos Armen.

Anitra geht wütend rauchend auf und ab. Stellt sich dann wieder links an den Bankomaten.

Die Clowns sitzen in den Leichenteilen und sehen Romeo zu.

Nach Romeos erstem »Es ist alles in Ordnung« kommt Falmieri von rechts. Er geht rasch zur Mitte und sieht zu Genofeva hinauf. Sie sitzt auf ihrem Fensterbrett.

FALMIERI Genofeva?
GENOFEVA Ja?
FALMIERI Genofeva!
GENOFEVA Vittorio?
FALMIERI Genofeva. Ich bin es.
GENOFEVA Vittorio. Aber.
FALMIERI Genofeva. Ich habe. Ich weiß. Aber. Ich. Es ist. Ich mußte.
GENOFEVA Vittorio. Ich habe dich gebeten. Vittorio.
FALMIERI Genofeva. Ich mußte kommen. Ich mußte. Du bist in Gefahr. Ich bin nur durch Zufall. Ich meine. Ich wußte nicht, daß du immer noch hier. Und daß.
GENOFEVA Wir haben doch.
FALMIERI Ich kann nicht zulassen. Genofeva. Ich kann nicht. Sie wollen dich holen. Morgen. Heute. Früh. Hier wird alles saniert. Und du bist die einzige, die noch. Das kann ich doch nicht. Das kann ich doch nicht zulassen.
GENOFEVA Vittorio. Wir haben vereinbart ...
FALMIERI ... man will dich mit der Polizei holen und dann in eine Anstalt. Eine Anstalt. Genofeva. Du hast auf nichts reagiert. Keinen Brief. Keine Verständigung. Kein Gerichtstermin. Auf nichts hast du geantwortet. Das ist krank. Genofeva.
GENOFEVA Aber. Du weißt doch. Ich schreibe und lese nichts mehr.
FALMIERI Genofeva. Nach dreißig Jahren. Das ist doch.
GENOFEVA Vittorio. Du hast es damals nicht begreifen wollen. Du tust es heute nicht. Warum belästigst du mich.

FALMIERI Genofeva. Ich habe dich geliebt. Ich habe dich wirklich geliebt. Aber. Du. Du bist. Du hast. Du bist zu grausam.

GENOFEVA Ich bin in Trauer.

FALMIERI Aber dein Leben kann doch nicht nur aus Trauer bestanden haben. Am Ende. Dann.

GENOFEVA Wenn ich nur ohnmächtig sein kann, dann will ich es ganz sein.

FALMIERI Genofeva. Das ist krank. Genofeva. Das ist wirklich krank. Ich war auch traurig darüber. Ich bin immer noch traurig darüber. Aber sich so daran zu klammern. Das ist krank. Genofeva. Krank.

GENOFEVA Wie soll es sonst in Erinnerung bleiben. Nur bis zu dem Tag, an dem ich sterbe, wird es in Erinnerung bleiben.

FALMIERI Genofeva: Es hat nicht eine Sekunde gelebt. Es war. Nie. Genofeva. Die Realität.

GENOFEVA Du bist ein Mann. Was kannst du wissen. Und. Was mußt du schon wissen.

FALMIERI Warum hast du mich nicht. Ich meine. Es war nichts zu machen. Damals. Das weißt du doch. Manchmal denke ich, du wolltest mich gar nicht. Du hast mich nicht geholt, damit du mir nachher Vorwürfe machen kannst.

GENOFEVA (kühl:) Du hast den einen Augenblick versäumt. Versäumt. Verstehst du. Es gab diesen einen Augenblick. Da hätte ich dich. Gebraucht hätte ich dich. Da. Und in diesem Augenblick hattest du eine Sitzung. Ganz normal. Alles.

FALMIERI Wie hätte ich das denn wissen wollen. Findest du das nicht unfair. Man kann doch nicht die ganze Zeit neben dir darauf lauern. Wann der richtige Augenblick ist. So ist das richtige Leben nicht. Weißt du. Da gibt es auch noch anderes zu tun.

GENOFEVA Ja. Ja. Das Leben ist nicht so. Das ist das Leben in deiner Welt. In der macht ihr es doch so. Daß es nicht anders geht. Und. – Euer Leben. Das geht ja dann auch weiter.

FALMIERI Kommst du jetzt von da oben herunter? Ich bitte dich. Komm. Und ich bringe dich weg. Du unterschätzt, was dir geschehen kann.

GENOFEVA Ich will nicht. Das weißt du doch. Das weißt du seit all den Jahren. Warum sollte es jetzt anders sein.

FALMIERI  Genofeva. Bitte.

GENOFEVA  Laß mich. Und ich möchte auch nicht, daß du dir Sorgen machst. Meinetwegen. Ich will das nicht.

FALMIERI  Ich kann es nicht ertragen. Dich. So. Du warst einmal meine Frau.

GENOFEVA  Das waren ja nun einige. – Vittorio. Laß mich. Ich will nicht, daß du etwas von mir willst.

FALMIERI  Genofeva! Komm mit mir. Es ist so. Würdelos ist es. Was geschehen kann. Ich möchte das nicht. Genofeva. Daß man. Dich. Mit dir.

GENOFEVA  Ich gebe acht. Vittorio.

FALMIERI  Genofeva. Bitte.

GENOFEVA  Ich verspreche dir. Ich gebe acht.

FALMIERI  Du kommst nicht?

GENOFEVA  Vittorio. Nein.

FALMIERI  Ist das dein letztes Wort!

Schweigen

FALMIERI  Genofeva. Du hättest mich. Für dich. Sorgen lassen. Wenigstens. Ach. Hol's der Teufel.

Falmieri ab.


## X

Anitra macht einen müden Versuch, Falmieri anzusprechen. Das Handy Romeos beginnt zu schrillen. Romeo pfeift Anitra zu sich. Weist sie an, sich um Melisande zu kümmern. Nimmt Haltung an. Die Clowns ebenso.

ROMEO  Michelangelo. Aktion Michelangelo. – Mamma! – Si! Si! Ma certo. – Certo. Mamma! – Si! Ma! Mamma! Non ho tempo! Mamma. – Si! Certo. – Certo. Son il tuo figliuolo. Mamma. Sempre. – Si. Mamma. – Ciao! Ciao! – Ciao. Mamma. Ciao.

Romeo schickt ein Küßchen. Steckt das Handy wieder weg.

GENOFEVA  Was. Was wird jetzt geschehen.

ROMEO  Wir warten.

Anitra steht über Melisande. Sie sagt Melisande ihre Sinnsprüche naiv-triumphierend vor. Melisande reagiert nicht und nimmt nichts. Anitra beginnt die Kekse selbst zu knabbern.

ANITRA Wer nicht ißt, soll auch nicht trinken.

GENOFEVA Ja. Aber. Worauf?

TICK & TRICK (Chorhaltung. Eifrig:)
Es zischt!
Gruft, Altar, Beute, Gotteshaus,
Der Sieger und ihr Widerstand,
Was todt, was lebend sich befand,
Auf wirbelt es in wildem Brand,
Bis donnernd es verlischt!
Gesprengt die Stadt – die Mauern platt –
Die Flut, die weit zurücke prallt,
Der Berg, der unzersprengt zwar, knallt
Als wolle rings die Erde beben.

Romeo unterbricht sie.

ROMEO Schluß. Schluß. – Wir warten auf das Signal.

GENOFEVA Signal?

ANITRA (zu Melisande:) Was Ihr nicht thut mit Lust, gedeiht euch nicht.

ROMEO Ja. Wir werden ein Zeichen bekommen. Und dann…

GENOFEVA … wird alles zerstört.

ANITRA (zu Melisande:) Der Baum des Wissens ist nicht der Baum des Lebens.

ROMEO Genofeva. Siehst du einen anderen Ausweg. Es ist seit Jahren klar. Es mußte zu dieser Auseinandersetzung kommen. – Ich bin erleichtert. Eigentlich. Jetzt ist es soweit. Das ist der Augenblick. Jetzt.

ANITRA (zu Melisande:) Vernunft und Wissenschaft, des Menschen allerhöchste Kraft.

TICK & TRICK (Chorhaltung. Altklug:)
Zum Himmel gleich Raketen fliegen
Die Dinge, die am Strande liegen:
Manch schlanken Mann erhob der Stoß
Und stürzt ihn eine Spanne groß
Verschrumpft, versengt zur Erde wieder.

TICK Aber. Das kann ja nicht stimmen.

TRICK (weiter deklamierend:) Nur Kohle streuten seine Glieder.
TICK Zerrissen. Es zerreißt einen dabei.
TRICK (anklagend:) Er tut nicht mehr mit!
Tick & Trick beginnen wieder unter Saurierbeschimpfungen eine Balgerei.
ANITRA (zu Melisande:) Alles Bittre, zum süßen Tranke wird's der Lippe des Weisen.
GENOFEVA Dann muß ich weg von hier. Nun. Am Ende. Ich habe immer hier gelebt. Beim Großvater. Und später. Ich habe hier Ballspielen gelernt. Und. Wenn Mond war. Ich saß immer hier. Bis der Großvater. Der Großvater wollte nicht, daß ich den Mond sehe.
ROMEO Schluß. Schluß. Hört auf. Sofort. Genofeva! Wenn alles vorbei ist. Dann kannst du sicher wieder hierher. Wir führen diesen Krieg doch, damit sich nichts ändert.
GENOFEVA Romeo. Du verstehst auch nichts. Wenn ich einmal hier weg bin. Dann.
ROMEO Aber. Das ist doch sentimental. Entweder du willst da wohnen. Oder nicht. Das ist doch ganz einfach.
GENOFEVA Aber. Romeo. Wenn es mir weggenommen worden ist. Kann ich es doch höchstens zurückbekommen. Das ist doch logisch. Oder? Das ist doch etwas ganz anderes. Dann.
ROMEO Das Leben ist nicht so wie in deinen Gedichten.
GENOFEVA Du hast nichts zu verlieren. Du weißt gar nicht, was das heißt. Etwas verlieren können.
ROMEO Genofeva. Was weißt du eigentlich, wie die Leute leben. Die müssen daran denken, wie das im nächten Augenblick ist. Es ist ein Privileg, sich eine Vergangenheit leisten zu können.
ANITRA (zu Melisande:) Bei viel Weisheit ist viel Unmut, und wer Kenntnis mehret, mehret Schmerz.
GENOFEVA Deshalb kann man doch nicht gleich alles ruinieren. Aber. Ich weiß schon. Männer geben sich mit wenig zufrieden.
Tick & Trick nehmen bei »ruinieren« wieder Chorhaltung an.
TICK & TRICK Nur Kohlen streuten seine Glieder
Und einen Aschenregen nieder.

ROMEO  Genofeva. Ich bitte dich. (Zu Tick & Trick:) Ja. So ist das. Wir gehen vorwärts. Ganz einfach. Wir marschieren.
GENOFEVA  Und die vielen Menschen, die.
ROMEO  Schicksal. Genofeva. Schicksal. Das was du dir erspart hast. – War dein Mann nicht auch ein DelNord.
TICK & TRICK
Ihr müßtet ihre Mütter fragen,
die einst, da noch an ihrer Brust
die theuren Kleinen schlummernd lagen,
in holder Mutterliebe Lust,
Nicht ahnten, daß von solchen Tagen
Einst würd ihr zarter Leib erschlagen.
ANITRA  (zu Melisande:) Ein gelehrter Kopf redet auch nach dem Tod.

## XI

Das Handy Romeos schrillt.

ROMEO  Ja. – Ja. – Ja. – Ja. – Ja. – Ja. – Ich denke schon. – Ja. Sicher. – Ja. – Zwo. Zwo. Eins. Zwo. Acht. Eins. Drei. – Ja. Habe ich. Ja. o. k.
GENOFEVA  Was ist denn nun los.
Romeo ist aufgeregt und jubilant-erwartungsvoll.
ROMEO  Alles. Alles. Tick! Trick! Es geht los. Hopp. Hopp. Genofeva! Ich lasse dir Melisande. Ich komme gleich wieder. Und dann wird Melisande uns helfen.
GENOFEVA  Laß sie doch. Was hat sie denn mit dem allem zu tun.
ROMEO  Melisande wird uns helfen. Melisande wird uns retten. Melisande? Einen Anruf. Einen winzigen Anruf wirst du machen. Für uns. Melisande. Für mich.
Romeo führt Melisande dabei in die Mitte. Er dreht sie spielerisch und ausgelassen um sich selbst.
ROMEO  Melisande. Melisande. Melisande.
Den folgenden Text beginnt Romeo beruhigend. Wie einem

kleinen Kind gegenüber. Geradezu väterlich. Nach und nach steigert er sich in den Text, wie in eine Arie. Es handelt sich um eine emotionale Selbstentzündung an Sprache.
Währenddessen:
Die Clowns ziehen ebenfalls Handys heraus. Sie wählen Nummern. Man hört sie »Michelangelo. Aktion Michelangelo« murmeln. Dann wählen sie eine neue Nummer. Etc.

ROMEO
Melisande, Melisande.
Vergessen vergessen.
Der Blumen gedenken,
Die rosig sich ranken
In rührender Reinheit.
Die Vögel belauschen,
Wie schwebend sie schaukeln
Auf schwirrenden Schwingen.
Den Morgen ergrüßen,
Der lachend und leicht
Und weitend und wiegend
Die strahlende Last
Das Helle das Hehre
Das Klare sich klären,
Den Himmel besteigend
Dich trägt
In das Weiter,
Das Immer,
Das Nie.

Vergessen vergessen.
Laß der Liebe Umarmung
Das Vergessen ersticken,
Was war ein Gewesen,
Verwesen verweht.
Die Gezeiten der Liebe
Die Träume zu glätten
Und nicht mehr berührt
von dem, was gewesen
Im Lichte der Liebe
Nur noch ein Gleißen des Glanzes.

Genofeva steht bei ihrem Fenster. Sie spricht eindringlich auf Melisande ein.

GENOFEVA

  Mit Schweigen lügst du.
  Mit Vergessen betrügst du.
  Wirst gefällt von der Hand,
  Der dein stummes Beugen
  Das Recht gibt zu sagen,
  Du hättest das alles gewollt.

Anitra stellt sich vor Melisande auf. Sie teilt ihr etwas Wichtiges mit. Schlicht.

ANITRA Tany chelen n' söv. Či chičeelee davt gež aav eež chojor chuucheddee zachisan ium. Bi ium chudaldaž ava gež chot ruu javsan.

Melisande wendet sich stumm und verwirrt jedem zu. Sie hört sich jeweils an, was ihr gesagt wird, und nähert sich der sie ansprechenden Person.

Romeo reißt die Situation wieder an sich. Er springt in seinem Sprach- und Machtrausch in der Erwartung des Kampfs auf die Mauer. Von dort deklamiert er mit herzzerbrechender Einfachheit sein Minnelied.

ROMEO

  Melisande.
  Ich deiner
  du meiner
  so lang
  so bang
  der Liebe geharret.

Er springt von der Mauer. Schließt Melisande in seine Arme.

TICK & TRICK Bravo. Bravo. Bravissimo. Da capo. Da capo.
Die Clowns benehmen sich wie Cheerleader.

## XII

Das Fernsehteam kommt gelaufen. Reporter und Kameramann von rechts. Zielstrebig auf Romeo zu. Romeo schiebt Melisande Anitra zu. Sportinterview.

REPORTER Romeo. Es ist soweit. Was ist das für ein Gefühl.
ROMEO Ja. Also. Wir haben uns gut vorbereitet. Es wird schwierig werden.
REPORTER Wie steht es mit der Ausrüstung. In letzter Zeit gab es ja Gerüchte, daß es mit dem Sponsoring und dem Nachschub Probleme gibt.
ROMEO Das sind Gerüchte. Sponsoring ist, wie Sie wissen, nicht unser Problem. Wir sind in der Lage, alle Mittel aufzubringen.
REPORTER Wie steht es aber mit der Moral. In der Mannschaft. Es hat geheißen, daß es Meinungsverschiedenheiten. Jedenfalls verschiedene Auffassungen gegeben hat.
ROMEO Bei einer so wichtigen Auseinandersetzung müssen immer alle Aspekte gegeneinander abgewogen werden. Da muß es sogar abweichende Meinungen geben, um das ganze Spektrum zu sehen.
REPORTER Und. Jetzt?
ROMEO Jetzt ist die Entscheidung gefallen. Jetzt stehen alle hinter der Entscheidung. Ohne Ausnahme.
REPORTER Was ist zum Gegner zu sagen?
ROMEO Also. Es wäre sicherlich ein Fehler, unseren Gegner zu unterschätzen. Aber. Unser Trainingsprogramm ist durchgezogen. Die Vorbereitung stimmt. Die Ausrüstung stimmt. Wir haben alle Fragen bezüglich des Nachschubs nun endgültig gelöst. Wir haben unsere Reichweite verstärkt. Und wir sind kampferprobt. Ich glaube, die Praxis ist unser größter Vorteil.
REPORTER Du meinst also, ihr habt gute Chancen.
ROMEO Wir haben die besten Chancen. Jetzt liegt es an uns, sie zu nützen.
REPORTER Romeo. Für dich persönlich. Was bedeutet das alles für dich persönlich.

ROMEO Ja. Also. Es wird Vertrauen in uns gesetzt. Und das werden wir. Dem werden wir gerecht werden. Und dann. Es ist eine Chance. Wie gesagt. Es ist eine Chance, diese Entscheidung herbeizuführen. Ein für allemal. Herbeizuführen. So eine Chance kommt nie wieder. Wir werden unseren Mann schon stellen.
REPORTER Welche Taktik ist denn nun vorgesehen?
ROMEO Wir haben uns ganz bestimmte, genau eingegrenzte Ziele gesetzt. Der Stand unserer Ausrüstung garantiert uns, hier vollkommen sauber vorzugehen.
REPORTER Das heißt?
ROMEO Das heißt, daß niemand, der nicht in die Szenerie direkt gehört, davon nicht betroffen sein wird. Also. Mit nichts wird rechnen müssen.
REPORTER Das kann garantiert werden.
ROMEO (besonders charmant:) Wenn sich alle an die Anweisungen halten, die erlassen werden, dann ist es praktisch unmöglich, daß etwas geschieht.
REPORTER Mit einem Wort: eine total konzentrierte und saubere Auseinandersetzung. Kann man das so sagen.
ROMEO Total konzentriert. Und sauber. Jawohl. Ja. Garantiert.
REPORTER Wir danken für das Interview. (Zur Kamera gerichtet:) Das war Holger Stone für die I.C.C.C.N.Y. breakfast news.
Fernsehteam nach rechts wieder ab.

## XIII

Lichtwechsel. Zu Beginn dunkel. Auf ein Zeichen hin steigen Romeo, Melisande, Anitra und die Clowns auf die Mauer. Sie sitzen auf der Mauer. Genofeva auf ihrem Fensterbrett.
Langsam steigt eine betörende Lichtstimmung auf. Unwirklich. Verwandelt den Ort in eine bezaubernde romantische Szenerie. Bunte Glühbirnen sind an Ketten ausgespannt. Walzerklänge fluten. Gartenstühle stehen zur Mauer hingewandt. Ein verzauberndes Sommerfest auf einer Burgruine.

Herr Sellner führt die Reisegruppe »Bagnacavallo by night« von links herein. Er trägt einen Lampion vor sich her.
Die Reisegruppe sind Grüne Männchen vom Mars. Sie stecken in giftgrünen Trikot-Raumanzügen. Haben Antennen auf dem Kopf. Lange, zugespitzte Ohren und seltsame Geräte umgeschnallt. Sie flüstern miteinander.

HERR SELLNER (spricht mit starkem deutschen Akzent:) Ladies. And gentlemen. Now. Here. Here we will see the »Son et Lumière« you have in your program. If you allow. First I will make a short explanation. But. Please. Sit down. Yes. You know. We do the »Son et Lumière« at this place. Because. You know. Wissen Sie. Von hier hat der Ursprung begonnen.

Lichtwechsel. Der Himmel über der Mauer ist nun die Projektionsfläche. Musik barock zirpend. Sellner spricht mit Mikrophon über die Tonanlage im Zuschauerraum. Ebenso die Musik. Damit wird der gesamte Zuschauerraum in die Son-et-Lumière-Show einbezogen.

SELLNER But. Let's begin with the begin. Dieser Planet ist ungefähr so alt wie der Ihre.

Projektion:
Erde vom Weltall aus fotografiert. Blau und schön.

SELLNER Die letzten 100 000 Jahre wurde dieser Planet vom sogenannten homo sapiens sapiens beherrscht.

Projektion:
»David« von Michelangelo.

SELLNER Neun Zehntel dieser Zeit haben diese Menschen als Jäger und Sammler zugebracht.

Projektion:
He-Man oder Schwarzenegger als Terminator. Dann sofort Marilyn Monroe als nacktes Pin-up.

SELLNER Die letzte Zeit war zivilisierter. Es war aber immer noch die Sprache der Gewalt, die herrschte.

Projektion:
Hochzeitsfoto von Barbie und Ken.

SELLNER Letzten Endes war der Konflikt unvermeidlich. Da war nichts zu machen. Gegen die Destruktion war die Zeit zu kurz.

Projektion:
Heiliger Sebastian.
SELLNER  Hier. An diesem Ort.
Projektion:
Tageslichtaufnahme des Bühnenbilds. Trostlos.
SELLNER  Dieser Ort steht in einer Reihe mit ähnlichen historischen Schauplätzen. Wie Verona. Oder. Mayerling.
Projektion:
Kronprinz Rudolf auf dem Totenbett.
Mary Vetsera.
Der Fiaker Bratfisch.
Die Gräfin Larisch.
Musik. Wechselt an dieser Stelle vom barocken Begleiten zu beschwingter Walzermusik.
SELLNER  Also. Damals herrschte hier die Familie der DelNords im Norden.
Projektion:
Hollywood-Villa mit Swimmingpool. Aus der Luft aufgenommen.
SELLNER  Im Süden die Familie der DelSuds.
Projektion:
Dasselbe Foto noch einmal.
SELLNER  Die DelNords hatten eine Tochter. Melisande.
Projektion:
Bewerbungsfoto der Schauspielerin, die Melisande spielt.
SELLNER  Die DelSuds hatten einen Sohn. Romeo.
Projektion:
Foto des Romeo-Darstellers.
SELLNER  Es gibt viele verschiedene Versionen über das, was damals geschah. Man weiß jedoch ziemlich sicher nur, daß die DelSuds Melisande, die Tochter der DelNords, entführten.
Projektion:
Foto, wie Melisande in einen Wagen gezerrt wird.
Wie sie gefesselt dasitzt.
SELLNER  Die DelSuds verlangten eine Riesensumme und politische Zugeständnisse für die Freilassung Melisandes. Das Geld war natürlich für die Aufrüstung der DelSuds gegen die DelNords notwendig.

Projektion:
Geldkoffer.
Waffenarsenale.

SELLNER Es wurde auch gezahlt. Aber Melisande kam nicht zurück. Hier beginnt nun der Streit der Historiker. Gelehrte verschiedener historischer Schulen vertreten da sehr unterschiedliche Meinungen.

Projektion:
Männersitzung.

SELLNER Man weiß noch sicher, daß Melisande, knapp bevor die Ereignisse ihren Lauf nahmen, mit ihrem Vater am Telefon sprach. Es gibt ein Tonband von diesem Gespräch.

Licht auf Melisande und Romeo. Die Mauer fungiert als Bühne.

MELISANDE braves Kind: Neununddreißig Neununddreißig Elf.

Romeo tippt die Nummer in das Handy. Gibt es Melisande.

MELISANDE Pápa. Ja? Papá. Sie beginnt zu weinen. – Nein. Papá! – Ja. Papá. – Da wo die Straße nach Sabbioneta von der nach Mantua abzweigt. – Ja. Papá. – Ja. Papá. – Ja. Papá. Ich bin da. – Ja. Papá. – Ja. Pápa. Ja.

Melisande gibt das Handy an Romeo zurück. Steht auf. Sieht sich um. Verloren. Schluchzend.

MELISANDE Dann muß ich dorthin. Jetzt. Dann muß ich. – Aber warum. Ich wollte. Warum habe ich das jetzt tun müssen?

Romeo nimmt sie in die Arme. Filmkuß.

ROMEO Weil du mich liebst. Natürlich.

Licht weg. Sellner in einem Lichtkegel.

SELLNER Die Frage ist also. Haben Melisande und Romeo sich ineinander verliebt. Während Melisandes Gefangenschaft bei den DelSuds. Oder schon vorher. Vielleicht. War das ganze überhaupt ein abgekartetes Spiel?

Sellner wird nun vollends zum Conférencier in einem drittklassigen Etablissement. Die Geilheit an der Angelegenheit bleibt aber ausschließlich bei ihm. Die Schauspieler erledigen ihre »Darstellung« kühl und ohne den geringsten Anschein von Lust. Die Mars-Männchen applaudieren nur, wenn Sellner sie

mehr oder weniger dazu zwingt. Sellner weiter im Lichtkegel.
SELLNER An dieser Stelle, meine Damen und Herren, ist es für Sie vielleicht interessant, etwas dazu zu sagen. Wie das ist bei den Menschen. Eigentlich.
Projektion:
Venus und Amor.
SELLNER Also. Der Mensch. Wir. Sind anders gebaut.
Projektion:
Geschlechtsteile von Mann und Frau aus einem historischen anatomischen Atlas.
SELLNER Der Mensch wird also in Mann und Frau eingeteilt. Und da geht es darum. Also. Wissen sie. Wie der Dichter das so nennt. Es muß das Schlüsselchen ins Schloß. Hinein. Also. Sozusagen.
Licht auf Romeo und Melisande auf der Mauer.
SELLNER Also. Unser junges Liebespaar wird uns nun zeigen, was da alles so möglich ist. Ja. So ist es recht. Wir wollen schließlich. Also. Die Sache etwas genauer.
Romeo und Melisande legen ihre Kleider ab. Rasch und ordentlich. Sie legen sie sorgfältig hin. Sie haben beide deutlich erkennbar fleischfarbene Trikots an. Auf die Trikots können die Geschlechtsmerkmale noch einmal aufgemalt sein. Melisande läßt noch eine Bluse an.
SELLNER Nein. Evelyn. Wir verstehen ja, daß das alles. Sie müssen wissen. Die beiden sind wirklich ein Liebespaar. Im wirklichen Leben. Sozusagen. Aber. Hier geht es ja um ein wissenschaftliches Interesse unserer Besucher. Evelyn Klein. Bitte. Evelyn Klein hat nämlich einen besonders schönen Busen. Und Sie werden gleich begreifen, warum das wichtig ist. Ja. So ist das. Da müssen wir Frau Klein doch belohnen. Applaus. Für Evelyn. Bravo. Also.
Melisande hat ihre Bluse auch ausgezogen. Sie steht mit Romeo auf der Mauer, als begännen sie sofort einen Sportwettkampf.
SELLNER Also. Unser Liebespaar wird uns zeigen. Wie das geht. Sie müssen nicht glauben, daß das. Nein. Nein. Das ist nicht eintönig. Also. Das kann sehr. Also. Wie gesagt. Das kann man sehr verschieden machen. Das mit dem Schlüssel

ins Schloß. Am einfachsten ist es in der Missionarsstellung. Das ist so eine Art. Ja. Also. Grundstellung.
Melisande legt sich auf die Mauer. Romeo auf sie. Sie liegen.
SELLNER Also. Die richtige Sache. Das kann etwas lebhafter sein. A-n-i-m-i-e-r-t-e-r. Ja. Gut. Also. Das Ganze geht auch anders herum.
Melisande und Romeo stehen nach jedem Mal auf und machen eine Verbeugung.
Melisande legte sich auf den Bauch. Romeo liegt auf ihr.
SELLNER Ja. So. Ja. Ja. Vielen Dank. Ja. Das geht in allen Lagen. Und Stellungen. Wie man so schön sagt.
Sellner versucht verzweifelt, das Paar zu einem verlockenderen Verhalten zu animieren. Es gelingt nicht, und Sellner muß langsam den Schluß suchen.
Melisande kniet. Romeo hinter ihr. Verbeugung. Melisande steht. Romeo hinter ihr. Verbeugung.
SELLNER Ja. Bitte. Das ganze kann viel. Viel. Also. Ja. Und dann geht es auch noch ganz anders herum.
Romeo legt sich auf den Rücken. Melisande sitzt auf ihm.
SELLNER Ja. So ist es. Ich hoffe, daß das nicht. Ich meine. Ihr habt euch doch hoffentlich nicht gestritten. Ich meine. Also. Ja. Jetzt hat sich unser junges Liebespaar aber einen ordentlichen Applaus verdient. Ja. Übrigens. Meine Damen und Herren. Fotografieren. Also fotografieren. Das ist erlaubt. Wenn Sie fotografieren wollen. Oder Videoaufnahmen. Dann müssen Sie es nur sagen. Wir können alles wiederholen. Das ist überhaupt kein Problem. Das ist interessant. Für Sie, meine Damen und Herren. Teilnehmende Feldforschung. Wie die Wissenschaftler das nennen würden. Aber einmal wirklich unterhaltsam. Die Wissenschaft. Finden Sie nicht. Also. Das. Das müssen Sie wirklich wissen. Das. Was Sie da gesehen haben. Das ist wirklich wichtig für die Menschen. Das war. Ja vielleicht doch das Wichtigste. Sie können die Geschichte unseres Planeten eigentlich nicht wirklich verstehen, wenn Sie das nicht verstanden haben. Und das ist ja auch nicht schwer. (Lacht schmierig. Peinliche Stille.)
Romeo und Melisande stehen gelangweilt und scheu auf der Mauer. Sellner nimmt noch einen letzten Anlauf auf eine Erotik.

SELLNER Sie müssen auch wissen. Melisande ist eine besonders schöne. Ein besonders schönes Exemplar. Eine Frau. Sehen Sie. Ja. Schauen Sie genau. Das ist interessant. Sie hat w-u-n-d-e-r-s-c-h-ö-n-e Brüste. Zusammen mit ihren langen Haaren. Das ist schon eine Konstellation, einen Mann. In Aufregung. Na. Sie verstehen. (Verfällt schlagartig in einen sachlichen Ton.) Also. Sie haben das jetzt gesehen. You understand. Everything. Now. So. Let's go on. Yes? We've lost a lot of time. Already. Also. Gehen wir zurück. Zu unserer Geschichte. Also. Die erste Theorie haben wir gehört. Die lautet, daß Romeo und Melisande das ganze angezettelt haben. Weil sie sich ineinander verliebt haben und nicht anders zusammenkommen hätten können. Eine andere Möglichkeit ist die, daß sich eine eifersüchtige Geliebte Romeos gerächt hat. Und Melisande niedergestreckt hat.

Licht auf Anitra. Melisande und Romeo ziehen sich mittlerweile wieder an.

Anitra singt die Arie der Donna Elvira »A, fuggi il traditor« Akt 1, Nr. 8 oder das Rezitativ »In quest forma dunque« aus »Don Giovanni« von W. A. Mozart.

SELLNER Und? Welche Rolle spielte eine Verwandte der Del-Nords, der Melisande zugelaufen war?

Genofeva steht plötzlich als Marienerscheinung da. Sie trägt ein weites weißes Kleid, wie eine Wallfahrtsmadonna. Sie kann das Jesuskind auf dem Arm tragen. Sie kann das brennende Herz auf ihrer Brust tragen. Oder das mit Schwertern durchbohrte Herz der Schmerzensreichen. Hinter ihr wölbt sich ein Lichterbogen. In den Regenbogenfarben. Mildes fließendes Licht umgibt sie. Engelschöre erklingen, während sie spricht. Die Marienerscheinung muß in vollkommen naiv kitschiger Pracht inszeniert werden. Genofeva spricht zum Publikum.

GENOFEVA (ernst, mütterlich, feierlicher, heiliger Ernst, milde:) Mein Kind. Habe keine Angst. Habe keine Angst mehr. Hier mußt du keine Angst mehr haben. Du mußt die Angst vergessen. Melisande. Mein Kind. Wir sind Frauen. Frauen sind fremd. Auf die, die fremd sind, wartete das Schrecklichste. Sei gewiß, daß dir das Schrecklichste widerfahren wird. Und gib die Angst auf. Und die Hoffnung. Hege keine Sehnsucht. Dann wirst du stark sein. Und leben. Mein Kind.

Dunkel.

SELLNER  Oder hatten Gefolgsleute der DelSuds ihre Hände im Spiel.

Licht auf Tick & Trick. Die beiden singen und tanzen »Dann geh ich ins Maxim« aus der »Lustigen Witwe«.

Dunkel.

SELLNER  Was auch geschah immer. Melisande wurde auf der Mauer tot gefunden. Ins Herz getroffen. Erschossen.

Projektion:

Foto von der erschossenen Melisande. So, wie sie später daliegen wird.

SELLNER  Zwar hatte sie ihren Vater angerufen. Darüber gibt es eine Bandaufzeichnung. Und der Vater hoffte sehnlichst, sein Kind in die Arme schließen zu können.

Projektion:

Der Papst segnet ein Kind.

SELLNER  Tatsächlich aber wurde der Vater in einen Hinterhalt gelockt. Und von da an nahm die Katastrophe endgültig ihren Ausgang.

Projektion:

Tortenschlachten. In rascher Folge.

Musik. Beethovensymphonierauschen oder Liszt.

SELLNER  Die dunklen Zeiten kehrten zurück.

Projektion:

Dias in rascher Folge oder Filme oder Computeranimation von Dinosaurierkämpfen.

SELLNER  Es gab kein Halten. Der Brand breitet sich weltweit aus.

Projektion:

Krieg der Sterne. Filmplakat.

SELLNER  Bis zum endgültigen Ende.

Projektion:

Ein Skorpion im Wüstensand.

Musik crescendo. Wechselt wieder auf beschwingten Walzer.

Projektion:

Wieder Foto der Erde aus dem Weltall.

Licht vom Anfang dieser Szene wieder an. Die Schauspieler stehen auf der Mauer. Sie singen alle zur Melodie von »Freude, schöner Götterfunken«. Es holpert ein wenig.

CHOR
> Schicksal. Sorte. Ach. Destino.
> Wie ein Stein ins Wasser fällt.
> Bis ans ferne Ufer reichend
> Wellen wirft bis still sich schließt.
> Dunkle Decke nicht Erinnerung,
> Weiß der Ort zu sagen nichts,
> Stumm erstarrt der tote Stein
> Und keine Spur des Lebens bleibt.
> Nehmen wir die Botschaft mit:
> Zerschellen ist auch unser Los.
> Schicksal. Sorte. Ach. Destino.
> Wie ein Stein ins Wasser fällt.

Die Schauspieler applaudieren den Mars-Männchen. die Mars-Männchen applaudieren höflich zurück. Das geht einige Male hin und her. Bis Sellner unterbricht.

SELLNER Nun. Das Weitere wissen Sie. Erst die freundschaftliche Übernahme durch Marsaussiedler hat zu einem neuen Leben geführt. Das Programm »Bagnacavallo da nuovo« gehört schließlich zu diesem großen – und man muß schon sagen großartigen – Wiederaufbauprogramm. Wir sind am Ende unserer Darstellungen hier. Wir danken und hoffen, Sie bald wieder in unserem Fremdenverkehrsparadies Die Erde begrüßen zu können. Danke. Danke. Vielen Dank. Ich möchte noch einmal darauf hinweisen. Sollten Sie irgendwelche Aufnahmen machen wollen. Wir können Ihnen jede Szene dieser Show wiederholen. – Gibt es. Nein. Kein Interesse. Ja. Dann. Noch einmal. Danke.

Aufbruch. Sellner applaudiert seinerseits den Marsbewohnern. Die applaudieren zurück. Die Schauspieler winken. Sellner mit dem Lampion voran. Nach links.

SELLNER Now we leave this charming place. And I show you. Of course it is a reconstruction. We don't have so many well preserved ruins like here. Also. Wir besichtigen nämlich ein rekonstruiertes Puff. Eine weit zurückliegende Unterhaltungsform. Heute kennt man so etwas natürlich gar nicht mehr.

Reisegruppe mit Sellner vor sich hinredend ab. Nach links. Die Schauspieler sitzen auf der Mauer. Lichtstimmung bleibt stehen. Einen Augenblick Idylle.

## XIV

Black out.
Granaten- und Bombenexplosion. Sehr nahe.
Dann die allererste Stufe des Sonnenaufgangs von links.
Während des Blackouts verschwinden Romeo und die Clowns von der Mauer.
Die Frauen dicht beisammen. Kauern auf der Mauer.
Pause.

GENOFEVA (trocken:) Der Morgen.
Pause.
ANITRA (spöttisch:) Der Morgen.
Pause.
MELISANDE (verzweifelt:) Der Morgen.
Pause.
Schüsse von rechts. Romeo kommt gelaufen. Er geht in Deckung. Schießt mit einer automatischen Handfeuerwaffe nach rechts. Ein Schrei. Romeo läuft nach rechts zurück. Hält dabei Deckung ein. Ein Revolverschuß. Ein Schrei. Romeo kommt zurück. Den Revolver in der Hand. Steht unten und sieht zu den Frauen hinauf.
GENOFEVA Und?
ROMEO Ja. Was meinst du. – Mit dieser Abwertung tun sie uns nichts Gutes. Wirklich nicht.
ANITRA Abwertung? Abwertung. Was heißt das?
ROMEO Daß dein Geld nichts mehr wert ist. Mein ...
Romeo muß sich erschöpft hinsetzen.
GENOFEVA Fehlt dir etwas. Ist dir ...
ROMEO (erklärend-hastig:) Wenn es schneller gegangen wäre. Verstehst du. Wirklich schnell. Dann ...
GENOFEVA Brauchst du etwas.
ANITRA Alles weg. Alles? Einfach so? (Plötzlich auf Romeo wutentbrannt einkreischend:) Einfach so? Und was soll ich jetzt machen? Kannst du mir das sagen? Dafür habe ich diese Schwänze in mich hineinstecken lassen? Daß du in deinem blöden Krieg alles kaputtmachst? Ja? Diese dicken Schwänze? Diese dünnen Schwänze? Die dünnen? Die kur-

zen? Diese Prügelschwänze? Ja? Diese schiefen? Die schweinchenrosaroten? Die blaßgraubeigen? Und die, die immer so hin und her wackeln? Und die mit den Pickeln drauf? Ja? Die. Die haben das jetzt alles umsonst gehabt? Gratis? Umsonst? Ja? Ich habe kein Geld mehr? Kein Sparbuch? Kein Kapitalsparbuch? Die Aktien? Nichts? Die Anleihen? Nichts? Die Zero-Bonds? Die Optionen? Die Futures? Die Fichen? Nichts? Nichts? Nichts? Und das alles nur wegen deinem Krieg? Weil du zu diesen gottesfürchtigen Bauern gehörst und ihr die Herrschaft der Maßschuh-Unterdrücker abschütteln müßt? Ja? Deswegen habe ich jetzt nichts mehr? Nur weil du ein bißchen Krieg spielen mußt. Weil du nichts weißt. Weil du überhaupt nichts weißt. Du. Du.

Anitra in einem unbändigen Wutanfall. Sie bekommt kaum Luft vor wütender Ohnmacht. Romeo steht müde auf. Klettert beschwerlich zur zeternden Anitra auf die Mauer.

ROMEO Anitra. Das ist doch alles ganz gleichgültig. Wir. Wir sind noch da. Wir sind alle noch da. Uns ist nichts passiert.

Anitra springt von der Mauer und beginnt auf den Bankomaten einzuschlagen. Sie schreit dabei die Schimpfworte Romeo zu.

ANITRA Gachaj! – Jal! – Jaltan! – Chučirchijlech! – Chajagdach! – Begs! – Jrgačin – Chulgajč – Odoj tachan!

Romeo hört sich müde seine Beschimpfung an. Versucht sie zu beruhigen. Geduldig. Anitra tobt weiter.

ROMEO Anitra. Das ist doch nicht meine Schuld. Das machen doch die DelNords. Schrei die an. Bitte.

Romeo wendet sich an Genofeva. Sehr ernst und eindringlich.

ROMEO Genofeva. – Anitra! Sei still! – Ich muß zurück. Ich lasse dir Melisande. Sobald ich kann, komme ich. Ich werde Melisande heiraten. Als Friedensapell. Ich organisiere jemanden, der uns trauen kann. – Halt den Mund. Anitra. – Und das Fernsehen. Damit es wirklich alle. Bis dahin lasse ich sie dir hier. Vielleicht läßt sich alles noch.

Romeo wendet sich an Melisande. Treuherzig und charmant. Von umwerfender Offenheit.

ROMEO Melisande. – Anitra! Wenn du nicht sofort. – Melisande. Ich habe nichts, was ich dir. – Ich habe nur das. Ein seltsames Verlobungsgeschenk. Aber. Da. Nimm das bitte. Für jetzt. (Überreicht ihr seinen Revolver.) – Es. Ist. Ich meine. – Auch zu deinem Schutz. Kannst du. Kannst du damit. Ich meine. Kannst du? – Da. Schau. Da sind die Patronen drinnen. Er ist voll. Geladen. Und du mußt ihn so halten. Ja. So. Siehst du. Und so stehen. Ja. So. Siehst du. Ja. Am besten mit beiden Händen. Du bist zart. Ja. Die eine hält die andere. Damit du ruhiger. Ja. So.

Romeo gibt Melisande eine Unterrichtsstunde im Revolverschießen. Er steht hinter ihr und führt ihre Hand und stellt sie in die richtige Schießposition. Sinnlich. Verführerisch. Dann stellt er sich Melisande gegenüber. Nimmt beide Hände. Pathetisch.

ROMEO Melisande. Meine schöne Melisande. Es liegt jetzt an uns. Wir müssen die Welt retten. Melisande. Warte auf mich.

Er küßt sie vorsichtig auf die Stirn. Melisande nimmt alles apathisch und verwundert, aber sehr graziös hin.

ROMEO Ciao!

Schwingt sich von der Mauer. Nach hinten. Ab.

## XV

Bombenexplosion.
Der Sonnenaufgang schreitet voran. Der Himmel beginnt sich stärker zu färben.
Die Clowns kommen von rechts. Sie zerren eine Leiche hinter sich her. Die Leichen sind Fetzenpuppen. Sie sind mit einem ekelhaften roten Material gefüllt, das aus den Wunden der Leichen herausrinnt. Sie zerren die Leichen bis unter die Mauer. Lassen sie dort liegen.

TICK & TRICK Ladies!
TICK Ihr laßt es euch gutgehen. Was?

TRICK Andere Menschen. Die Normalen. Die müssen sich um ihre Lebensmittelkarten anstellen.
GENOFEVA Ich habe eure Scherze nie gemocht.
STICK Wir scherzen nie.
TRICK Das kennen wir gar nicht.
TICK Man ist doch kein Clown, um zu scherzen.
TRICK Man ist doch ein Clown. Ein Clown ist man, damit man es in Ruhe sein kann.
GENOFEVA Was denn?
TICK & TRICK Pervers.
TICK Pervers. Natürlich.
TRICK Von Grund auf. Pervers.
GENOFEVA Na. Dann müßt ihr ja jetzt sehr viel Spaß haben.
TICK Ich frage Sie. Meine Damen. Ich frage Sie. Wie kann man ...
TRICK ... im Krieg pervers sein ...
TICK ... richtig pervers ...
TRICK ... wirklich pervers ...
TICK & TRICK ... kann man im Krieg nicht sein.
Die Clowns gehen nach rechts.
GENOFEVA Melisande.
Anitra hat einen hysterischen Lachanfall. Sie schlägt auf den Bankomaten ein.
ANITRA Arschloch. Arschgeige. Arschgeier.
GENOFEVA Anitra. Melisande. Wir müssen hinein. Kommt. Kinder. Das. Das hat ja keinen Sinn. Es kommt der nächste Alarm. Und dann.
ANITRA Der nächste Alarm. Bitte.
Sie stellt sich mit ausgebreiteten Armen in die Mitte.
GENOFEVA Schluß. Schluß. Komm hier herauf. Sofort. Was denkst du denn.
ANITRA Ich möchte sterben.
GENOFEVA Du wirst schon an die Reihe kommen. Melisande. Komm. Bitte.
MELISANDE Ich möchte auch sterben.
GENOFEVA So. Ich sage euch jetzt. Ich nicht. Ich will nicht. Seid ihr denn wahnsinnig. Weil euch irgendwelche Kerle etwas weggenommen haben? Dann gleich ganz weg. Ja? Verschwinden. Einfach verschwinden. Ja? Ohne mich.

ANITRA  Du. Du sagst das? Du? Du hast doch selbst. Selbst nicht. Ich meine. Du hast doch überhaupt nicht. Was weißt denn du.
GENOFEVA  Was. Was habe ich nicht.
ANITRA  Gelebt. Was hast du schon gelebt. Auf deiner Mauer. Da. Heilige Genofeva. Genofeva. Die Heilige.
GENOFEVA  Sagt dein reizender Romeo. Weil man nur lebt, wenn man fickt und scheißt. Ich. Meine Liebe. Ich hatte eben auch noch etwas anderes vor. Es gibt schließlich noch etwas anderes, als nur einfach irgendwie leben. Und jetzt. Komm da herauf. Und wir gehen da alle hinein.
Anitra klettert schmollend auf die Mauer.
MELISANDE  Ich kann nicht.
GENOFEVA  Was kannst du nicht.
MELISANDE  Hinein. Ich kann nicht hinein.
ANITRA  Was heißt das.
MELISANDE  Ich kann nicht.
ANITRA  Wir müssen. Sie hat recht.
MELISANDE  Laßt mich. Bitte. Laßt mich.
ANITRA  (trocken:) Was haben sie nur mit dir gemacht.
Melisande birgt ihr Gesicht.
GENOFEVA  Gut. Gehen wir nicht hinein. – Aber. – Essen. Essen wenigstens sollten wir. – Aber. Was.


## XVI

Bomben schlagen ein. Nicht weit weg. Geschützfeuer. Wieder wird der Himmel färbiger. Heller.
Die Clowns kommen. Sie zerren jeder eine Leiche nach. Werfen sie über die erste Leiche. Durchsuchen die Taschen.

GENOFEVA  Ihr zwei. Ihr wißt sicher. Wie kommt man zu Essen.
TICK & TRICK  Wir.
GENOFEVA  Oder. Ruft Romeo an. Schließlich hungert ja seine Braut.

TICK Das kleine Bräutchen.
TRICK Die holde Braut.
TICK Die kennt das doch.
TRICK Kein Essen.
TICK Kein Trinken.
TRICK Kein Licht.
TICK Keine Wärme.
TRICK Kein Mensch.
TICK Aber Dunkelheit.
TRICK Im Überfluß. Dunkelheit im Überfluß.
TICK Und Enge.
TRICK Und drogenschwerer Schlaf.
TICK Und. Wer weiß ...
TRICK ... was in diesem Schlaf ...
TICK ... so alles ...
TRICK ... mit einem ...
TICK ... geschehen kann.
GENOFEVA Schluß jetzt. Eure dreckigen Phantasien. Wir wollen wissen, wie man etwas zu essen haben kann. Und wo. Wie ist das. Mit dem Anstellen.
TICK Was habt ihr denn?
GENOFEVA Was sollen wir. – A. Ihr meint. – Tauschobjekte?
TICK Ja. So kann man das nennen.
TRICK Tauschobjekte. Tauschobjekte. Viele schöne Tauschobjekte.
TIXK Aber. Aber. Aber. Aber. – Es gibt noch andere Dinge.
TRICK Was habt ihr denn.
GENOFEVA Eine Perlenkette.
Die Clowns lehnen ab.
GENOFEVA Meinen Verlobungsring. Ein Smaragd.
Die Clowns lehnen ab.
GENOFEVA Eine Dresden Schäferin. Von meinem Großvater.
Die Clowns lehnen heftig ab.
GENOFEVA Sonst. Ich habe nur Kram. Alles zusammen. Vielleicht?
Die Clowns lehnen ab.
TICK Wie gesagt. Es gibt noch andere Dinge.
TRICK Anitra hat so etwas. Zum Beispiel. Du auch. Genofeva. Aber ...

TICK ... wir wollen doch nicht reife Frauen. Zu so etwas.
TRICK Obwohl. Vielleicht.
TICK Also. Anitra hat so etwas.
TRICK Ja. Die reizende Anitra. Die betörende Anitra.
TICK Sie trägt es ohnehin nur spazieren.
TRICK Zwischen ihren hinreißenden Beinchen.
GENOFEVA Ich habe noch eine Krawattennadel. Mit Perle. Und Brillanten.
TICK Das klingt ja alles sehr schön.
TRICK Aber. Wir haben schon sehr viel. Was wir brauchen. Das haben wir jedenfalls.
TICK Nur. Das kann man immer. Das da.
TRICK Brauchen.
TICK Gebrauchen.
TRICK Und so wunderbar mißbrauchen.
TICK (triumphierend:) Und verbraucht sich trotzdem nicht!
Sie lachen. Erfreut, als hätten sie gerade den Stein der Weisen gefunden. Die Frauen starren sie an. Pause. Dann klettert Anitra hinunter.
GENOFEVA Anitra! Laß das. Komm zurück.
Melisande hysterisch-schluchzend. Zückt ungeschickt die Pistole.
MELISANDE Nein. Nicht. Bitte. Nicht.
GENOFEVA Anitra. Anitra. Komm sofort zurück.
Anitra tänzelt auf die Clowns zu.
Melisande und Genofeva immer wieder:
MELISANDE Nein. Nein. Bitte. Nein. Bitte. Bitte.
GENOFEVA Anitra. Anitra. Ich flehe dich an.
Anitra tanzt vor den Clowns. Die Clowns ihr nach. Kommen in ihrer Uneinigkeit, in welche Richtung, in groteskes Taumeln.
ANITRA (lasziv:) Ja. Ja. So ist das. Ja. Und. Wer kommt als erster dran. Du. Oder. Du. Du. Oder. Du. Ja? Wer. Wer wird es nun sein. Der erste. Und was wird besser sein. Der erste zu sein. Oder der zweite. Was ist heißer. Nun? Wollt ihr mir das denn nicht sagen? Was meinst du. Oder. Du. Oder. Du. Oder. Du. Oder. Du.
TICK Ich. Ich.
TRICK Nein. Ich.

Sie taumeln unter Ich-Ausrufen hinter Anitra her. Anitra tanzt aufreizend. Die Clowns geifern nach ihr. Anitra läuft plötzlich hinter die beiden. Stößt sie nach vorne. Setzt sich auf das zusammengewachsene Bein. Die Clowns hilflos. Winden sich unter ihr. Anitra durchsucht die Taschen der Clowns. Sie findet zwei Packungen Brot und Kekse. Nimmt das an sich.

ANITRA (unendlich wütend:) Eigentlich. Eigentlich sollte man euch. Fertig. Endgültig fertigmachen. Du weißt, was das heißt. Ja. Das Dingelchen ab. Ja? Schnipp. Schnapp. Wäret ihr dann nicht fertig? Meine Lieben? Ein für allemal? Wirklich fertig? Ja. –

Anitra springt von den Clowns. Schnell wieder auf die Mauer. Triumphierend. Die Beute in der Hand.

ANITRA Es ist mir nur zu dreckig. Euch anzugreifen. Das ist mir zu dreckig.

Die Clowns schlagen aufeinander ein. Sie rollen und taumeln nach rechts davon. Beschimpfen einander wieder kreischend mit den Sauriernamen.


## XVII

Granaten schlagen ein. Raketengeschosse ploppen in der Ferne.
Der Morgenhimmel wird zarter und heller.
Anitra hält ihre Beute triumphierend hoch. Sie singt »Essen. Wir haben Essen.« Immer wieder. Tanzt einen kleinen Siegestanz. Genofeva klatscht lachend Beifall. Melisande wieder apathisch. Anitra hält ein. Atemlos. Vergnügt.

GENOFEVA Anitra. Das hast du wunderbar gemacht.
ANITRA Aber jetzt. Jetzt haben wir etwas.
GENOFEVA Ja. Jetzt haben wir etwas. Und dann machen wir es gleich ordentlich. Dann ordentlich.

Sie klettert in das Zimmer. Ruft während der folgenden Handlung immer wieder:

GENOFEVA Einen Augenblick. Es dauert nur. Einen Augenblick.

Sie holt ein großes Tischtuch. Breitet es auf der Mauer aus. Klettert wieder hinein. Bringt Teller. Kristallgläser. Einen Krug Wasser. Deckt einen provisorischen Tisch. Anitra steht erst nach Süden starrend. Mit dem Rücken zum Publikum. Sie setzt sich dann neben Melisande. Reicht Genofeva die Beute. Genofeva teilt alles in 3 Teile. Legt diese auf die Teller. Jede bekommt einen Teller. Sie sitzen auf der Mauer. Die Beine baumeln nach vorne. Anitra. Dann Melisande. Das Tischtuch. Dann Genofeva. Alle drei halten den Teller. Sie sehen das Brot an.

GENOFEVA Vielen Dank. Anitra.

ANITRA Genofeva. Es war mir ein Vergnügen. Wirklich.

GENOFEVA Melisande. Komm. Du mußt jetzt einmal etwas essen.

Melisande starrt unglücklich auf ihren Teller.

ANITRA Ich esse deines auch. Wenn du es gar nicht willst. Aber. Warum willst du denn nichts essen.

Melisande schaut unglücklich.

GENOFEFA Versuch es doch wenigstens.

MELISANDE Ich glaube. Ich kann nicht mehr.

GENOFEVA Was heißt das. Du kannst nicht.

MELISANDE Ich kann nicht.

ANITRA Was meinst du. Du willst nicht. Oder du bist nicht fähig.

MELISANDE Kann. Nicht. Weiß nicht.

GENOFEVA Meinst du, du weißt nicht wie? Wie man?

ANITRA Aber. – Ja. Doch! Es läßt sich alles. Verlernen.

GENOFEVA Also. Melisande. Schau. Komm. Schau. Ja? Also. Du brichst das Brot. So. Brichst dir ein Stückchen ab. Führst es zum Mund. Steckst es in den Mund. Kaust es. Und läßt es dir schmecken.

ANITRA (führt genau vor, was zu tun ist:) Schau. So. Du nimmst das Brot. Brichst dir ein Stückchen ab. Führst es zum Mund. Steckst es in den Mund. Du kaust das Brot. Du schluckst das Brot. Du verdaust das Brot. Du scheißt das Brot. Das ist doch ganz einfach. So. Jetzt du.

Melisande wie ein kleines Kind, das etwas neu gelernt und ein bißchen stolz darauf ist. Sich nicht richtig traut und zögert.

MELISANDE Du nimmst das Brot. Du brichst dir ein Stückchen

ab. Führst das Brot zum Mund. Steckst es in den Mund. Kaust das Brot. Läßt es dir schmecken. – Du. Du verdaust das Brot. – Du. Du. Du scheißt das Brot. Nein. Es geht nicht.

GENOFEVA O ja. Komm. Ich füttere dich. Schau. Wir nehmen das Brot. Brechen ein Stückchen ab. Führen es zum Mund. Stecken das Brot in den Mund. So. Kauen es. Kauen. Ja. Schmeckt es? Ja? So. Ja. So ist das.

Melisande sitzt. Kaut ein Stückchen Brot. Die beiden anderen beobachten sie ängstlich. Beide sind erleichtert.

GENOFEVA Und jetzt trinkst du einen Schluck Wasser. Da.

Die Clowns kommen von rechts. Sie zerren jeder zwei Leichen nach.

TICK (zu Melisande:) Das würde ich nicht trinken.

TRICK Vergiftet. (Triumphierend:) Das ganze Wasser hier ist vergiftet worden.

TICK Sterbewasser.

TRICK Sinkwasser.

TICK Feine Familie.

TRICK Aus der du kommst.

Die Clowns werfen die Leichen auf die anderen. Durchsuchen die Taschen. Dann ab. Nach rechts. Melisande hält das Glas.

GENOFEVA Kann das sein?

ANITRA Ich glaube alles. Alles ist möglich. Immer.

GENOFEVA Ja. Aber.

MELISANDE (steht auf:) Das kann ich doch nicht glauben. Daß. Meine. Daß meine. Familie. Mein Vater. Das kann ich doch nicht glauben.

Anitra und Genofeva rufen entsetzt:

Nicht. Trink es nicht. Trink es nicht.

Melisande faßt Mut. Dann trinkt sie das Glas leer. Bevor die anderen eingreifen können. Sie steht. Alle warten. Lange. Es geschieht nichts. Dann brechen die drei Frauen in erleichterthysterisches Gelächter aus. Alle drei kindisch vergnügt. Melisande geradezu von fiebriger Euphorie. Immer wilder.

Melisande beginnt den Kanon. Die anderen setzen jeweils nach »Ich nehme das Brot« ein. Jeweils dazu passende Gestik.

Ich nehme das Brot. Ich breche das Brot. Führe das Brot zum

Mund. Stecke das Brot in den Mund. Ich kaue das Brot. Ich schlucke das Brot. Verdaue das Brot. Ich scheiße das Brot. Du nimmst das Brot. Du brichst das Brot. Führst es zum Mund. Steckst das Brot in den Mund. Du kaust das Brot. Du schluckst das Brot. Verdaust das Brot. Du scheißt das Brot.

Ein Kanon soll sich langsam und geordnet herstellen. Dann beginnen die Frauen schneller zu sprechen. Oder das Wort »Brot« besonders zu betonen. Oder zu dehnen. Bis ein glückliches Chaos unter Gelächter entstanden ist. Dann Chor.

Wir nehmen das Brot. Wir brechen das Brot. Führen das Brot zum Mund. Stecken das Brot in den Mund. Wir kauen das Brot. Wir schlucken das Brot. Verdauen das Brot. Wir scheißen das Brot. Aber wir lassen es uns schmecken.

Genofeva verteilt Gläser mit Wasser. Alle drei sind in aufgelöst erhobener Stimmung. Melisande am meisten so. Trinken einander zu.

CHOR Wir trinken das Wasser.
ANITRA (jubilant:) Ich trinke einen Schluck Wasser. Und wärs mein letzter. Ich liebe euch. Ich liebe dich. Ich liebe mich.

Eine schreckliche Explosion. Ganz nahe. Die drei Frauen mit erhobenen Gläsern. Erstarrt.


## XVIII

Die Clowns schleppen wieder zwei Leichen heran. Übelgelaunt. Einander stoßend. Sie finden auch bei diesen Leichen nichts in den Taschen. Die Frauen ernüchtert auf der Mauer.

TICK Scheißjob.
TRICK Selber Scheißjob.
TICK Kannst du mir sagen. Wozu?
TRICK Du bist zu blöd. Für alles bist du zu blöd.
TICK Du weißt es selber nicht.
TRICK Ich weiß nicht? Ich weiß nicht?

TICK  Du weißt nicht, wozu wir diese Kadaver hierher.
TRICK  Und das kannst du dir nicht vorstellen. Nein?
TICK  Es gibt doch überall Leichenhaufen.
TRICK  Das genau ist die Frage.
TICK  Stinken. Und die. Die sind ja überhaupt schon ausgeräumt.
TRICK  Ja. Und? Wie sieht das aus?
TICK  Erbärmlich. Besonders erbärmlich.
TRICK  Und. Wozu kann man das brauchen.
TICK  Zum Wegschauen. Das ist ja sogar mir.
TRICK  (bricht in ein Freudentänzchen aus, Tick wird mitgerissen.) Ja. Ja. Er hat es. Er hat es begriffen. Begriffen. Er hat es wirklich und wahrhaftig begriffen.
TICK  Laß den Scheiß. Du sollst den Scheiß lassen. Was habe ich denn schon wieder begriffen. Ohne es in die Hand zu kriegen. Ha?
TRICK  Na. Was ist denn das? So erbärmlich. Stell es dir doch jetzt einmal klein und in einem Rahmen vor. Mußt du dann noch wegschauen? Nein! Siehst du. Und ist es dann erbärmlich? Nein. Es ist interessant. Jawoll. Das ist fürs Fernsehen. Wir machen hier einen schönen Leichenhaufen für das Fernsehen. Capisci?
TICK  (brutal-drohend:) Eines Tages!
TRICK  Und mein Leichengift dann in deinen Adern. Prost. (Kichert.)

Die Clowns ab. Nach rechts.
Genofeva schreckt auf. Sie beginnt das Geschirr hineinzutragen. Legt dann das Tischtuch zusammen. Anitra springt auf. Nimmt ihr das Tuch aus der Hand.

ANITRA  Das brauchen wir für Melisande.

Legt Melisande das Tuch um die Schultern.

ANITRA  Eine Krone. Wir brauchen eine Brautkrone. Oder? Sie ist doch eine Braut.
GENOFEVA  Ich weiß nicht.
ANITRA  (zu Melisande:) Bist du eine Braut. Oder nicht.
GENOFEVA  Laß sie doch. Du kennst doch den Romeo.
ANITRA  Das meint er ernst. Ich kenne ihn. Diesmal meint er es ernst. Willst du ihn. Überhaupt.

Melisande schweigt. Wieder betrübt.

GENOFEVA Du mußt dir das schon überlegen. Mein Kind. Zwingen kann dich niemand. Schließlich. Und wenn du nicht ...

MELISANDE (traurig:) Er hat schon recht. Wahrscheinlich.

GENOFEVA Niemand muß so etwas tun. Wenn er nicht will. Schon gar nicht.

MELISANDE Wollen. Es ist doch gar keine Zeit mehr. Es ist doch zu spät.

ANITRA Bist du überhaupt eine Jungfrau. Der Romeo ist da heikel-altmodisch. Er hat mir immer gesagt. Wenn ich einmal heirate. Hat er gesagt. Wenn ich einmal heirate, muß sie eine Jungfrau sein.

GENOFEVA Romeo! Ein Zuhälter! Ein Dealer! Ein Raufer! Und eine Jungfrau. Ich bitte dich. Eine Jungfrau! Wozu?

ANITRA Er möchte eben der einzige sein.

GENOFEVA Damit sie nicht draufkommt, was es eigentlich wirklich alles gibt. Meine Güte. Und das alles am Ende des zwanzigsten Jahrhunderts.

ANITRA Jedenfalls. Bist du nun eine. Oder nicht.

Melisande birgt ihr Gesicht.

ANITRA Man sieht den Dingen besser in die Augen.

GENOFEVA Wenn Frieden wäre, könnten wir es ihr einoperieren lassen.

ANITRA Dazu wäre auch keine Zeit mehr.

GENOFEVA Wahrscheinlich muß sie froh sein, daß sie nicht auch noch beschnitten werden muß.

ANITRA (ernsthaft-abwägend:) Ja. Das ist ein Glück. Denn dann. Als beschnittene Frau kannst du nicht einmal eine Hure werden. – Also. Was ist. Vielleicht können wir dir helfen.

GENOFEVA Wie willst du denn das.

ANITRA Ich. Ich wüßte es schon. Wenn sie gar nichts weiß.

GENOFEVA Jetzt übertreibst du aber.

ANITRA Aber. Nein. Sie muß ihn ablenken. Auffressen mit Küssen. Die eine Hand muß sie feucht machen. Und unter den Po. Er darf natürlich nichts sehen. So finster wie möglich. Am besten sie weint. Das regt sie ohnehin auf. Das wol-

len sie sehen. Da schaut er nirgends anders hin. Dann muß
sie schauen, daß sein Schwanz in die Hand. Daß er das Gefühl hat. Das ist es. So. Ganz eng. Und schwierig. Mit der
anderen Hand schneidet sie sich. Oder sticht sich. In die
Scheide. Es muß halt bluten. Oder Theaterblut. In einem
Säckchen. Drinnen. Das ist dann dramatischer. Und dann
schreit sie. Und befreit sich. Und. Hallo! Alles ist da.
GENOFEVA (kann sich vor Lachen nicht halten:) Dazu muß sie
aber mindestens so viel Übung haben. Wie du.
ANITRA Aber es müßte gehen. Bei ihr. Bei ihr erwartet es nie-
mand. Bei mir erwartet jeder einen Betrug. Da ginge es nicht
so einfach. Also. Was ist. Melisande.
MELISANDE (kalt:) Aber. Ich weiß es ja nicht.
ANITRA Was heißt. Du weißt nicht.
MELISANDE Sie haben mir immer etwas gegeben. Ich war fast
immer betäubt.
ANITRA Hat es nicht. Ich meine. Ein stechender Schmerz. Da.
Weiter unten. Als sonst. Ein anderer Ausfluß. Ein anderer
Geruch. Man riecht es gleich. Eigentlich. Spuren auf dem
Leintuch. Schmerzen in den Hüften. Vom Spreizen.
MELISANDE (irritiert:) Nein. Ich weiß es nicht. Sie haben mich
da liegenlassen. Sie haben mir nicht einmal etwas gegeben.
Wenn. Wenn die Tage. – Ich weiß es einfach nicht. Sie haben
nie geredet. Es hat. Nie. Es hat nie jemand. Geredet. Mit
mir.
ANITRA Romeo. Natürlich. Romeo müßte es eigentlich wissen.
Natürlich. Es ist sicher nichts geschehen. Romeo muß es ja
wissen.
MELISANDE Romeo?
GENOFEVA Was sollen wir denn nun als Brautkrone nehmen.
MELISANDE Romeo.
ANITRA Ja. Romeo. Die haben dich doch. Ich meine. Er ist ein
DelSud. Keiner mehr als er. Da kann man nichts machen.
Aber. Es macht doch ohnehin nichts. Wenn er dich jetzt hei-
ratet.
Melisande zieht das Tischtuch über den Kopf. Sitzt zusammen-
gekauert zwischen den beiden Frauen.

## XIX

Bombeneinschläge in allen Entfernungen. Bomber überfliegen den Schauplatz. Die Geräusche entfernen sich. Schußsalven. Dann vereinzelte Schüsse. Die Clowns zerren wieder zwei Leichen von rechs herein. Werfen sie auf den Leichenhaufen an der Mauer.
Die Clowns wieder Chorhaltung. Pathetisch.

TICK & TRICK
    An Melisande.
    Alle Hoffnung liegt bei ihr,
    Daß durch die Bande dieser Hochzeit
    Befreiung aus dem Elend,
    Damit der Welten Lauf
    Nicht in den Abgrund.
    Herrin sie nun bald.
    Den Vater trauernd,
    Den Zorn der Brüder zu beschwichtigen.
    An ihr es nun gelegen.
    Heil Herrin. Sei Glück der Weg zum Ziel
    Und Segen deine Botschaft.
    Das Fernsehteam ist auf dem Weg hierher,
    Damit die Botschaft von Befriedung
    Und Befreiung sogleich in jedes Heim
    Den Frieden siegen lasse.

## XX

Vereinzelte Schüsse. Fast schon Morgen.
Melisande unter dem Tischtuch.
Anitra sieht auf die Uhr.

ANITRA (zu Genofeva:) Hast du heute. Überhaupt?
GENOFEVA (schreckt auf:) Nein. Nein. Das habe ich. Total.
ANITRA Was machst du jetzt.

GENOFEVA Ja. Das ist blöd. Was heißt das jetzt.
Melisande springt plötzlich auf. Sie beginnt agitiert hin und her zu gehen. Die beiden anderen Frauen werden so an den Rand gedrängt. Sie stehen rechts und links. Erst etwas erstaunt. Dann besorgt.
MELISANDE Ich halte es nicht aus. Ich halte es nicht mehr aus. Ich kann es nicht mehr aushalten. Das kann man nicht aushalten. Niemand kann das. Ich kann nicht. Ich halte es nicht. Das geht nicht. Das kann so nicht gehen. Es ist. Unerträglich. Ich kann einfach nicht mehr. Es geht nicht.
Sie sagt diesen Text tonlos. Aus der steten Wiederholung stellt sich der Wahrheitsgehalt der Sätze immer deutlicher dar. Es entsteht kein Selbstmitleid. Die Sätze beschreiben nur die Unausweichlichkeit ihrer Situation. Sie kapituliert nicht vor der Erkenntnis dieser Sätze. Sie begibt sich, eine letzte Pflichterfüllung, in die Wirklichkeit dieser Sätze.
Währenddessen:
Die beiden Frauen versuchen immer wieder, Melisande aus ihrer Litanei herauszureißen.
GENOFEVA Melisande. Was ist denn.
ANITRA Meine Güte.
GENOFEVA Melisande. Komm. Wir gehen.
ANITRA Ja. Wir laufen weg. Hier. Hier ist ja nun alles kaputt.
GENOFEVA Gemeinsam. Wir müßten es gemeinsam schaffen. Irgendwie.
ANITRA Melisande. Laß dich nicht. Die sind das nicht wert.
GENOFEVA Irgendein Leben bringen wir auch fertig. Mehr war es hier ja auch nicht.
GENOFEVA Wir wollen dir helfen. Melisande.
ANITRA Melisande. Es ist alles nicht so schlimm. So schlimm. Ist es nie.
GENOFEVA Man hält alles aus. Irgendwie hält man alles aus.
ANITRA Schrei. Schrei es dir von der Seele.
GENOFEVA Ja. Du mußt weinen. Wahrscheinlich hast du noch nicht geweint.
ANITRA Schlag ihn. Wenn er auftaucht. Schlag ihn.
GENOFEVA Du hast ja recht. Mein Kind. Du hast ja recht. Aber. Einzeln. Es ist nichts auszurichten.

ANITRA Wenn du dich zu sehr dagegenstemmst. Man wird abgebrochen.
Wenn Melisande mittels der Wiederholung des Texts den Bogen ihrer Verzweiflung ausführlich beschrieben hat und bei einer kalten, klaren Gewißheit angelangt ist. Geradezu in einer Gefühlslosigkeit, dann hebt sie die Waffe. Erschießt sich. Bricht auf der Mauer zusammen. Der Schuß eine direkte Fortsetzung der Litanei. Alle erstarrt.

## XXI

Romeo kommt. Mit ihm das Fernsehen. Er deutet dem Kameramann, wo er auf der Mauer aufgenommen werden will. Die Clowns kommen mit noch ein paar Leichenfetzenpuppen. Sie bleiben stehen. Warten auf Anweisungen. Romeo ist Beherrscher der Situation. Flüstert mit dem Reporter. Nickt dem Kameramann zu. Weist die Clowns an, wohin mit den Leichen. Klettert dann auf die Mauer. Anitra und Genofeva sehen gelähmt zu.
Romeo steht vor Melisande. Er beugt sich über sie. Stellt fest, ob sie wirklich tot ist. Nimmt dann den Revolver an sich. Holt seine Erkennungsmarke am Kettchen hervor und legt sie Melisande auf die Brust.
Er steht einen Augenblick. Sieht auf Melisande. Strafft sich dann. Geht über den Leichenhaufen von der Mauer herunter. Ausdruckslos.
Das Fernsehteam ist verwirrt. Die Clowns haben sich rechts an die Mauer gesetzt. Sie sehen zu. Der Kameramann nimmt die Leichen auf.

REPORTER Was sagst du nun. Zu dieser Situation. Damit habt ihr nicht gerechnet.
ROMEO Nun. Man weiß natürlich. Bevor man. Bevor es beginnt. Da weiß man natürlich. Daß es einen Sieger geben muß. Also. Daß nur einer der Sieger sein kann.
REPORTER Was war nun die Ursache. Eigentlich.

ROMEO Ja. Wir haben sicherlich unser Bestes gegeben. Wir sind. Also. Ich meine. Wir sind eine kompakte Mannschaft. Aber. Wie Sie wissen. Es gibt Tage. Da ist das Beste eben nicht gut genug. Wenn das Schicksal nicht will. Da hat keiner eine Chance. Dann. Das ist Schicksal.

REPORTER Wie soll es nun weitergehen.

ROMEO Ja. Die erste Runde ist einmal nicht an uns gegangen. Aber noch. Es ist ja noch nicht alles vorbei. Im Gegenteil. Diese Entwicklung hat uns gezeigt, daß wir. Also. Wir werden die Ereignisse hier genau analysieren. Und. Unsere Taktik. Dementsprechend ausrichten. Ich glaube, niemand kann sagen, daß wir nicht ehrenvoll. Wie gesagt. Wir werden weiterkämpfen. Und irgendwann werden wir das Glück auf unsere Seite. Zwingen. Das kann gar nicht anders sein. Und dann ...

Das Handy von Romeo schrillt.

ROMEO (zum Reporter:) Entschuldigen Sie. – Pronto. Ja. Mamma. Si! Certo. Mamma. Non preoccuparti. Certo. No! Ciao. Ciao. Si. Ciao.

Steckt das Handy weg.

REPORTER Eine Frage noch ...

Romeo sieht zu Melisande hinauf. Ein Arm von Melisande hängt über den Rand. Er schiebt ihn vorsichtig auf die Mauer hinauf. Geht dann nach links. Starrt den Bankomaten an. Alle verunsichert. Romeo steht lange. Das Fernsehteam nimmt auf. Romeo beginnt wieder Geld abzuheben. Er konzentriert sich auf diesen Vorgang. Am Schluß hält er ein Geldbündelchen in die Höhe.

REPORTER Wie es weitergehen wird. Jetzt. Konkret.

ROMEO Hier möchte ich einmal beweisen, welches Vertrauen ich in unsere Währung habe. Weiterhin.

REPORTER Welche Bewirtschaftungsmaßnahmen sind denn noch zu erwarten. In der nächsten Zeit. Die Wasserfrage ist ja zum Beispiel weiterhin ungeklärt. Und wird ja auch weiterhin ungeklärt bleiben. Oder?

Romeo lächelt plötzlich strahlend. Stellt sich vor die Kamera. Eine Botschaft an das Volk. Von einem aus dem Volk.

ROMEO Wir werden weitermachen. Wie bisher. Wir stehen auf

seiten der Schwachen. Alles, was wir wollen, ist, daß alle in Frieden und Freiheit zusammenleben können. Und in Sicherheit. Dafür werden wir kämpfen. Dafür kämpfen wir.
REPORTER Danke.
Das Fernsehteam macht noch Nahaufnahmen von den Leichen und von Melisande. Sie brechen dann auf. Romeo links. Sieht zu. Spielt mit dem Revolver. Die Clowns sitzen da. Die Frauen stehen. Das Fernsehteam umständlich ab.


## XXII

Kaum ist das Fernsehteam weg, beginnen alle in höchsten Tönen einander ihre Repliken zuzuschreien. Alle Spannung wird in sich immer mehr steigerndem Aufeinandereinbrüllen aufgelöst. Falmieri kommt von rechts. Alle gleichzeitig.

ROMEO (eiskalt:) Was ist geschehen. Was in aller Welt ist euch eingefallen. Ich habe sie euch gelassen, damit ihr achtgebt. Auf sie. Achtgebt. Und jetzt. Das. Das? Was glaubt ihr eigentlich. Kriegsgericht. Ihr gehört alle vor ein Kriegsgericht.
GENOFEVA Vittorio. Was machst du hier. Ich habe dir doch gesagt, du sollst nicht mehr.
ROMEO Du sollst mir sagen, was geschehen ist.
FALMIERI Du sollst jetzt da herunterkommen.
ROMEO Anitra. Du kannst gleich herkommen. Warst wohl ein bißchen eifersüchtig.
GENOFEVA Romeo. Wenn du glaubst. Wir. Das kann doch nicht dein Ernst sein.
ANITRA Mir hängst du nichts an. Ihr habt sie doch entführt. Was habt ihr denn gemacht mit ihr. Daß sie so.
FALMIERI Du kannst jeden Augenblick abgeholt werden. Du mußt nicht glauben, weil ein Krieg läuft, vergessen sie, dich abzuholen. Rechne nicht damit. Kannst du denn nicht vernünftig werden.
ROMEO Es muß doch etwas geschehen sein. Ohne Grund erschießt sich doch niemand. Oder habt ihr. Habt ihr? Was? Ohne Grund tut sich doch niemand etwas zuleide.

ANITRA Das habt schon ihr getan. Ihr alle. Sag doch schon. Was ist mit ihr geschehen. Sie konnte nicht einmal mehr essen.

GENOFEVA Sie hat sich ja nicht einmal an etwas erinnern können. Sie hat sich gar nicht getraut, sich an etwas zu erinnern. Und nach Hause hat sie sich auch nicht getraut. Weil sie überhaupt gar nicht gewußt hat, was mit ihr geschehen ist. Was ihr mit ihr gemacht habt. Überhaupt.

FALMIERI Genofeva: Ich hole dich jetzt. Du weißt nicht, was los ist. Rundherum. Warum nimmst du denn keine Vernunft an. Gerade jetzt holen sie Leute wie dich. Gerade jetzt können sie das alles machen. Wen interessiert denn schon, was geschieht. In so einer Zeit.

ROMEO Ich will endlich wissen. Was hier los war. Was war hier los. Was war hier los. Was ist denn geschehen.

ANITRA Das was du gemacht hast. Das ist geschehen. Frag deine Sklaven. Frag sie.

Crescendo.

GENOFEVA Ruhe! Still! Seid still! (Langsam Ruhe.) Hier ist. Es gibt keinen Grund herumzuschreien. Sie. Sie hätte Grund dazu. Aber die werden. – (Ironisch:) Schon gut, daß sie dann schweigen. Wenn es am meisten zu sagen gäbe. – Anitra. Ich gehe weg. Von hier. Ich will mit dem allem nichts mehr. Gehst du mit. Schlimmer kann es nicht sein. Komm. Wir gehen. Gehen wir zu deinen Kindern. Irgend etwas wird schon sein. – Und Sterben ist nicht schwierig. Man sieht es alle Tage. Komm.

Anitra nimmt das Tischtuch Melisande aus der Hand. Die Frauen bahren Melisande auf der Mauer auf. Legen das Tischtuch über sie. Stehen einen Augenblick. Reichen einander über der Leiche die Hand. Sie springen von der Mauer. Hand in Hand. Nach hinten. Sind hinter der Mauer verschwunden.

## XXIII

ROMEO Machen Sie sich keine Sorgen. Sie kommen nicht weit.

FALMIERI Von mir wollte sie nicht gerettet werden. Von mir. Jedenfalls nicht.

ROMEO Nein. Aber. Sie war immer eine sehr selbständige Person.

FALMIERI Es ist nicht einfach zu begreifen. Daß. Jemand. Keine. Keine Hilfe annehmen will. Von einem. Obwohl man das Beste will. Das Beste.

ROMEO Ich verstehe nichts mehr. Ich nicht. Ich frage mich auch. Warum. Weshalb.

FALMIERI Ich habe sie sehr geliebt. Bis sie dann so. Ich meine. Nicht. Ich meine. Es hat schon andere. Aber. Wie sie dann so. So. Unerbittlich geworden ist. Nicht mehr wiederzuerkennen. Aber. Wissen Sie. Weil sich jemand verändert. Deswegen hört man nicht auf, die Person zu lieben. Seltsam.

ROMEO Ich habe jetzt überhaupt keine Gelegenheit. Ich meine. Ich habe Melisande gar nicht kennengelernt. Richtig. So. Eigentlich.

FALMIERI Ich hätte doch gedacht, sie kommt mit. Bei dem Chaos. Das jetzt. Sie hat sich früher immer sehr gefürchtet. Ängstlich. Richtig ängstlich war sie. Immer.

ROMEO Ja. – Wissen Sie. Ich. – Daß sie einfach weg ist. Nicht mehr erreichbar. Und. – Es war nicht nur politisch. Wissen Sie. Ich habe ja auch die Fotos gesehen. In den Zeitungen. – Ich habe mit den Entführungen nichts zu tun. Ich bin strikt militärischer Flügel. Wissen Sie. Aber. Irgendwie. Dieses Mädchen. In dieser Situation. – Ich meine. Das läuft sehr korrekt ab. Da gibt es nichts. – Aber. Ich weiß nicht. Ich hätte sie doch trösten können. Ich meine. Warum hat sie mich nicht. Ich hätte es doch versuchen können. Alles wieder gut. Es hätte doch alles wieder gut. Werden. Aber. Das hat sie nicht mehr gewollt.

FALMIERI Offensichtlich. Ja. Sie haben recht. Ich glaube, Sie haben recht.

Falmieri hastig nach rechts ab.

Romeo einen Augenblick verloren. Dann schrillt das Handy wieder. Romeo klettert auf die Mauer. Steht und möchte Melisande ansehen. Getraut sich nicht, das Tuch zu heben. Er legt rasch sein Handy als Opfergabe nieder. Von nun an schrillt das Handy bis zum Ende immer wieder. Romeo verschwindet hinter der Mauer.

## XXIV

Die Clowns rappeln sich auf. Gelangweilt wollen sie nach rechts. Die Polizisten stehen vor ihnen. Treiben sie zurück. Gezückte Pistolen.

1. POLIZIST Da haben wir Kundschaft.
2. POLIZIST Ja. Die reizenden hilflosen Burschen.
1. POLIZIST Ein kleiner Spaziergang ist da doch das Richtige.
2. POLIZIST In solchen Zeiten dürfen so schutzlose Leutchen nicht so allein herumlaufen.
1. POLIZIST Sie sind ja verloren ...
2. POLIZIST ... wie zwei verlaufene Hündchen.
1. POLIZIST Ich würde gerne nach rechts gehen.
2. POLIZIST Und wir beide sollten nach links.

Die Polizisten haben lachend jeder einen Clown im Polizeigriff. Sadistisch kichernd zerren sie in verschiedene Richtungen. Die Clowns packen jeweils den anderen Polizisten an den Haaren. Geschrei. Aus der sadistischen Spielerei wird Ernst. Die Clowns schlagen die Köpfe der Polizisten gegeneinander. Schüsse. Geknäuel. Sie fallen in den Leichenberg. Die Clowns haben Messer. Schreie. Schüsse. Stöhnen. Die Polizisten liegen als Leichen auf den Leichen. Die Clowns kriechen weg. Die zusammengewachsenen Beine sind schrecklich verletzt.

TICK (von Trick wegstemmend:) Du Schwein. Du hättest mich fast getroffen.
TRICK (ebenfalls wegzerrend:) Wenn du stirbst. Du Hund. Ich will damit nichts zu tun haben.

TICK  Du kannst allein verrecken.
TRICK  Mich nimmst du nicht mit.
Ein gräßlich reißendes Geräusch. Die Clowns sind voneinander getrennt. Die Beine bluten schrecklich. Sie liegen. Bluten. Wimmern.

## XXV

Eine Frau in Morgenmantel und in Hausschuhen (Lockenwickler?) führt ihr kleines, weißes Hündchen (echt!) Gassi. Sie kommt von links. Das echte Hündchen schnuppert an allem. Das Geräusch eines Querschlägers. Die Frau bricht zusammen. Erschossen. Lautlos. Sie hält die Leine immer noch fest.

TRICK  Du.
TICK  Was.
TRICK  Da. Schau. Du ...
TICK  ... ja. Das ist was Feines.
Sie kriechen. Schmerzhaft. Erbärmlich. Setzen sich auf. Haben das Hündchen an der Leine zwischen sich. Lachen. Einen Augenblick kindlich. Glücklich.
TRICK  Hast du dir schon klargemacht ...
TICK  ... die unendlichen vielen Möglichkeiten ...
TRICK  ... unter den neuen Umständen ...
TICK  ... wie viele Variationen ...
TRICK  ... sich uns eröffnen ...
TICK  ... das ist doch eigentlich ein Grund ...
TRICK  ... sich des Lebens zu freuen ...
TICK  ... und wer hätte das gedacht ...
TRICK  ... daß es so schnell wieder ...
TICK  ... aufwärts gehen wird.
Die Clowns rappeln sich auf. Sie gehen nebeneinander. Sie gehen wie vor der Trennung der Beine. Sie staksen kichernd hinaus. Man weiß, daß das kleine Hündchen nichts Gutes zu erwarten hat. Ab. Nach links.

**Dentro.**

Die Bühne:
Eine metallene Fläche, die aufgerichtet werden kann. Dann eine Wand bildet und nur einen schmalen Raum vorne freigibt.
Eine Tür in der Mitte dieser Wand.
Käfige hängen von der Decke.
Vorne links, gleich neben der Tür steht ein Webstuhl. Ein großes weißes Leinentuch ist zur Hälfte gewebt.
Beim Webstuhl: Kindermöbel. Ein Tischchen. Drei Kindersesselchen. Ein Schaukelpferd. Ein Sopran-Xylophon. Ein Alt-Xylophon. Ein Triangel. Instrumente eines Kinder-Orff-Orchesters.


Die Personen:
LEAR, König von Britannien
GONERIL  
REGAN  } Lears Töchter  
CORDELIA
GEIST DER MUTTER
EDGAR, Glosters Sohn
EDMUND, Glosters Bastard
DREI KLEINE MÄDCHEN
MÄNNER und FRAUEN

## I

Die Metallwand ist umgelegt. Die Käfige bilden eine enge Gasse in der Mitte nach weit hinten. In den Käfigen sitzen heruntergekommene Jammergestalten. Männer und Frauen.
Vorne links, nahe der Mitte steht ein Webstuhl. Ein großes weißes Leinentuch ist zur Hälfte gewebt.
Beim Webstuhl: Kindermöbel. Ein Tischchen. Drei Kindersesselchen. Ein Schaukelpferd. Ein Sopran-Xylophon. Ein Triangel. Instrumente eines Kinder-Orff-Orchesters.
Es ist fahl.
Ton: Hubschrauber landen. Ohrenbetäubender Lärm. Jähe Stille. Aus dem Lautsprecher die Stimme Lears. Immer wieder.
Lear: Wir kommen in friedlicher Mission. Mit uns kommt Frieden und Wohlstand. Frieden und Wohlstand.
Die Deklaration ist einmal klar zu verstehen. Dann beginnen die Menschen in den Käfigen mit ihren Eßgeschirren den Rhythmus erst leicht zu akzentuieren. Beim dritten Mal sprechen sie mit. Bei der 5. oder 6. Wiederholung schreien sie aufs obszönste mit. Schlagen gegen die Gitterstäbe. Entblößen sich. Schreien im Chor gegen die Deklaration an. Schreien im Chor »Frieden und Wohlstand«. Immer wieder. Aufruhr.

## II

Während des größten Getöses kommen Goneril, Regan und Cordelia. Von hinten durch die Gasse nach vorne. Zwischen den Käfigen. Sie gehen schnell. Gesenkten Kopfs. Sie tragen Pestüberwürfe. Helle Umhänge mit Kapuzen, die auch das Gesicht verdecken und Löcher für die Augen haben. Sie tragen Gebetbücher und Rosenkränze. Sie werden aus den Käfigen mit Kot beworfen. Angepfiffen. Mit den »Frieden und Wohlstand«-Chören bespieen.

Die Frauen versammeln sich vorne. Beim Webstuhl. Sie nehmen die Visierkapuzen ab. Goneril und Regan sind hochschwanger. Nur in dieser Szene.

Die Menschen in den Käfigen beruhigen sich. Kauern sich wieder hin.

Das Licht definiert vorne eine kleine Kammer. Im ersten blassen Morgenlicht.

CORDELIA Diese Kälte beißt. So kalt.
GONERIL Wie spät mag es sein. Jetzt?
REGAN Ich denke. Es geht auf fünf.
CORDELIA Hat es schon geschlagen. Der Morgen ist schon da.
REGAN Ja. Die Predigt war lang.
Ein Trompetenstoß und Schüsse.
REGAN Was soll denn das nun wieder.
GONERIL Der König wacht die Nacht durch, zecht vollauf,
 Hält Schmaus und taumelt den geräusch'gen Walzer;
 Und wie er Züge Rheinweins niedergießt,
 Verkünden schmetternd Pauken und Trompeten
 Den ausgebrachten Trunk.
REGAN Ja. Das brauchen sie.
CORDELIA Ich hasse es. Ich habe Angst. Wenn. Die. So.
GONERIL Nun freilich ja.
 Auch meines Dünkens (bin ich eingeboren
 Und erzogen schon) ist's ein Gebrauch,
 Wovon der Bruch mehr ehrt als die Befolgung.
REGAN Dies schwindelköpf'ge Zechen macht verrufen
 Bei andern Völkern uns in Ost und West;
 Man heißt uns Säufer, hängt an unsern Namen
 Ein schmutzig Beiwort; und führwahr, er nimmt
 Von unseren Taten, noch so groß verrichtet
 Den Kern und Ausbund unsres Wertes weg.
GONERIL Wenn wir schon dabei sind. Cordelia.
REGAN Ja. Cordelia.
GONERIL Die Mutter lebte ja nun nicht lange genug.
REGAN Konnte nicht. Leben. Lang genug.

GONERIL  So werden wir. Wir darüber reden. Müssen.
REGAN  Du verstehst.
GONERIL  Es gibt. – Zwei Wege stehen dir offen.
REGAN  Du gehorchst.
GONERIL  Oder er.
REGAN  Das wichtigste ist. Daß du. Ja. Das Wichtigste.
GONERIL  Bekomm so lang wie möglich keine Kinder. Erstens bleibst du schön. Und er muß warten. Daß du Kinder. Söhne. Jedenfalls.
REGAN  Auf der anderen Seite, darfst du auch nicht zu lange. Ich meine. Und wenn du nicht. Ich meine. Mit ihm. Dann. – Sie suchen sich eine andere. Ganz schnell suchen sie sich eine andere.
GONERIL  Hast du überhaupt schon. Ich meine. Bist du. Überhaupt?
REGAN  Sie ist dreizehn. Da ist man schon.
GONERIL  Hat jemand mit dir geredet. Eigentlich? Eines von den alten Weibern. Vielleicht?
CORDELIA  Nein? Warum.
GONERIL  Du weißt nichts. Wirklich? Du weißt nicht. Was ein Mann ist. Weißt du nicht? Was ein Mann macht. Weißt du nicht?
REGAN  Gib es zu. Sie reden die ganze Zeit. Das ist ganz normal.
CORDELIA  Ja. Natürlich reden sie. Aber. Ich höre da nicht hin. Es ist doch verboten.
REGAN  Machst du nie, was verboten ist. Es ist doch. Spannend. Meistens. Jedenfalls.
CORDELIA  Ich soll doch nichts Verbotenes tun. Oder?
GONERIL  Nein. Gut. Du bist also ein braves Kind. Geworden.
REGAN  Das warst du nämlich nicht. Früher. Wie du kleiner warst.
GONERIL  Und außerdem. Gedanken. Du hast sicher Gedanken, die du nicht haben dürftest. Gib es zu. Und bereust du auch, daß du früher. So laut. Und wild. Und neugierig. Und gelogen. Hast du. Du hast gelogen. Früher. Und heute genauso.

Cordelia schweigt. Verstockt.

REGAN Nein. Sie bereut nicht. Sie hat immer noch diesen Widerspruch in sich.

GONERIL Ja. Dann können wir ihr nicht helfen. Komm. Regan. Wir müssen zu unseren Männern.

REGAN Wahrscheinlich weiß sie schon. Alles. Glaubt sie. Jedenfalls. Sie weiß es eben noch nicht besser.

GONERIL Aber. Das Leben. Das wird es ihr schon.

REGAN Sie will es eben nicht einfacher haben.

GONERIL Nein. Sie will nicht. Das arme Kind.

REGAN Das arme Mädchen. Wenn ich denke. Was mir. Alles. Wenn ich nicht. Aber wir hatten noch die Mutter.

Sie machen sich bereit zu gehen. Setzen ihre Visierkapuzen auf. Cordelia wütend und ängstlich.

CORDELIA Also. Gut. Ich bereue. (Auffahrend:) Ich war ein Kind. Noch.

REGAN Gerade als Kind hat man die Aufgabe. Brav und fromm. Brav und fromm muß man sein.

GONERIL Also gut. Weil du ja doch unsere Schwester bist. Komm. Regan. Sie ist unsere Schwester. Und das bleibt sie.

REGAN Gut. Barmherzigkeit ist uns aufgetragen. Wir wollen nicht so sein.

GONERIL Aber. Cordelia. Zuerst. Zuerst mußt du schwören. Daß du nie. Nie. Nie. Irgend jemandem etwas sagst. Niemandem. Keinem. Verstehst du.

REGAN Wenn du es weitersagst, verliert es sofort seine Wirkung. Und das Unglück ist nicht mehr abzulenken. Von dir.

GONERIL Schwörst du?

REGAN Schwörst du?

CORDELIA Ich schwöre.

GONERIL Also. Du weißt, daß es diese Krankheit gibt.

REGAN Die du nur von einem Mann. Du weißt schon.

GONERIL Du mußt immer schauen, ob er Pusteln am Haarkranz. Pickel am Leib. Oder Gummen. Besonders da unten. Wo alles ist. Aber. Immer kann man es nicht sehen.

REGAN Deshalb mußt du noch einmal schwören, daß du niemandem.

GONERIL Schwörst du. Dann sag ich dir ein Mittel dagegen. Gegen die Krankheit. Aber es wirkt nur. Wenn du schweigst.
CORDELIA Ich schwöre. Ich schwöre.
Goneril holt einen großen silberglänzenden Fisch aus ihrem Umhang. Sie hält ihn mit beiden Händen vor sich hin.
GONERIL (langsam und feierlich:)
Hollerseim und Spinnensaft.
Dieser Fisch Erleichtrung schafft.
Stoß ihn tief zwischen die Beine.
Krankheit nicht und Seuche keine.
Gesund die Brut und voller Kraft,
Dir dein Liebster nie erschlafft.
Cordelia ist angeekelt. Will den Fisch nicht nehmen.
GONERIL Wir lassen ihn hier. (Legt ihn auf den Tisch.) Mach es rasch. Und wenn wir wiederkommen, wollen wir sein Maul blutig sehen.
REGAN Es ist nicht angenehm. Aber. Besser du machst es selber. Dann gehörst du niemandem.
GONERIL Wir könnten es dir. Aber so ist es doch. Freundlicher. Oder?
REGAN (beschwichtigend) Wenn du es gemacht hast. Du weißt. Dann. Wenn du. Also. Du kannst es dann. Mit. Mit jedem, den du willst. Kannst du es machen. Dann.
GONERIL Wir gehen. Du hast verstanden. Ja?
Goneril legt den Fisch auf das Tischchen. Regan umarmt Cordelia flüchtig. Beide gehen nach hinten ab. Prozession. Die Menschen in den Käfigen wieder unruhig. Rütteln an den Käfigen. Betteln.

## III

Cordelia allein.
Sie sagt den Zauberspruch vor sich hin. Sie geht um den Fisch. Versucht ihn anzugreifen. Ekelt sich. Kann sich nicht überwinden.

Die Menschen in den Käfigen skandieren den Spruch. Flüstern ihn. Schreien. Kreischen. Gellend. Höhnisch. Greinend. Verzweifelt. Heulend.

Vor dieser Klangkulisse kann Cordelia sich zu keiner Handlung aufraffen. Unschlüssig hört sie dem Gesang und Geschrei zu. Verbirgt ihre Ohren. Faßt Mut. Haltung. Bricht wieder verzweifelt zusammen. Liegt weinend über dem Schaukelpferd. Sie entschließt sich. Springt auf.

## IV

Ein Lichtstrahl von rechts oben. Cordelia erstarrt. Von oben kommt in einem Käfig eine überirdische Erscheinung heruntergeschwebt. Cordelia in verwunderter Trance.

Der Geist ihrer Mutter erscheint. Sie ist in dem golden glänzenden Käfig von gleißendem Licht umgeben. Ihr Kleid ist juwelenübersät. Lichter und Geblinke auf dem Kostüm versetzen die Marienerscheinung etwas in Richtung Hollywood.

Die Mutter steigt aus dem Käfig. Sie geht an den Webstuhl und flicht ein purpurnes Band oben ein. Währenddessen singt sie playback zum Doris-Day-Song »When I was just a little girl« (Che sera, sera).

Cordelia setzt sich auf ein Kindersesselchen und staunt. Das »Che sera, sera« beruhigt sie. Sie singt mit.

Die Mutter hat das Band eingeflochten. Das Lied zu Ende gesungen. Sie geht zum Käfig zurück. Sie gibt Cordelia beim Vorbeigehen das Weberschiffchen. Lächelt. Abwesend. Vor dem Käfig dreht sie sich noch um. Plötzlich ist sie keine Erscheinung mehr. Schmerzerfüllt. Nach Worten ringend. Cordelia möchte zu ihr. Wird mit einer erschrockenen Geste abgewehrt. Der Abstand zwischen den Frauen wird schmerzlich bewußt.

DER GEIST DER MUTTER Du mußt wissen. Es gibt keinen Schmerz, den nicht schon eine vor dir gespürt hätte. Und trotzdem. Es beginnt alles wieder bei dir. Alles. Immer. Wieder.

Sie geht. Entschwebt. Cordelia sieht ihr nach. Von Verzweif-

lung und Einsamkeit neuerlich überwältigt, wirft sie sich über das Schaukelpferd.
CORDELIA Mama. Ich. Ich.
Die Menschen in den Käfigen schluchzen.


## V

Türen schlagen. Schritte sind zu hören. Cordelia ist verwirrt. Springt auf. Sieht den Fisch. Ringt ihre Arme in Verzweiflung. Schritte kommen näher. »Cordelia« wird von allen Seiten geflüstert. Sie steht einen Augenblick unschlüssig. Dann sticht sie sich schnell entschlossen in den Handballen. Mit dem spitzen Ende des Weberschiffchens. Blut fließt. Der Fisch liegt in einer Blutlache.


## VI

Wieder fahler Morgen.
Edgar läuft durch die Gasse zwischen den Käfigen zu Cordelia.
EDGAR Cordelia. Cordelia.
Cordelia stellt sich so, daß er den Fisch auf dem Tisch nicht sehen kann.
EDGAR Cordelia.
Er steht vor ihr. Hilflose, scheue Liebe. Möchte sie umarmen. Sie weist ihn zurück. Lächelt. Verlegen.
EDGAR Cordelia.
Nach langem Getändel und Abwehren ihrerseits, umarmt sie ihn doch. Er sieht über ihre Schulter. Läßt sie fahren. Reißt sich los. Entsetzt.
EDGAR Cordelia!
CORDELIA Ach. Die Schwestern.
EDGAR Cordelia.
CORDELIA Edgar.

EDGAR Cordelia. – Warum. – Jetzt. Jetzt kann dich keiner. Mehr.
CORDELIA Edgar. Ich.
EDGAR Heiraten. Es kann dich keiner mehr heiraten.
CORDELIA Aber. Edgar. Ich habe nichts. Ich habe nicht ...
EDGAR ... Cordelia. Ich habe dich geliebt. Ich. Ich weiß nicht. Ich. Ich.
CORDELIA Edgar. Laß dir erklären. Schau. Ich habe mich hier. Schau. Hier habe ich mich gestochen. Siehst du?
EDGAR Ich. Ich weiß nicht. Ich weiß nicht, was ich denken soll. Cordelia. Ich. Ich muß nachdenken. Darüber. – Cordelia!
Er läuft davon. Gellendes Gelächter folgt ihm aus den Käfigen.
CORDELIA Edgar. Ich. Edgar.


## VII

Regan kommt gelaufen. Von hinten. Sie trägt eine Tasse und einen Apfel. In Spalten zerteilt.
Cordelia steht erstarrt.
REGAN Willst du eine Tasse Tee. Du hast noch nichts.
Regan sieht nach dem Fisch.
REGAN Ach. Cordelia. Ich wollte dir nur sagen, du sollst nicht. Und jetzt hast du es doch gemacht. Ich dachte, du würdest nicht. Ach. Cordelia. Hat dir niemand gesagt, daß ...
CORDELIA (hart:) Ich habe nichts gemacht. Und niemand hat mir etwas gesagt.
REGAN Ach. Ja. Na gut. – Du hast sicher noch kein Frühstück gehabt. Und wir müssen bald. (schatzhaft, anbiederisch) Kontrolliert er immer noch das Haushaltsbuch.
CORDELIA Ja.
REGAN Jeder Penny?
CORDELIA Ja.
REGAN Mittwoch. Morgens.
CORDELIA Ja.
REGAN (ahmt Lear nach:) Und! Meine Liebe. Meine liebe

Cordelia! Wie stellst du dir das vor. Du glaubst also, wir haben es so. Einfach. So! Ja? Du glaubst, ich kann Geld scheißen. Ja? Ja! Ich arbeite mich zu Tode. Rackere mich ab. Habe keine Ruhe. Tag und Nacht. Die Sorgen. Was glaubst du, was das für Sorgen sind. Die Qualen. Die Entscheidungen. Die Kämpfe. Du glaubst, das läuft so von alleine. König sein. Ja? Das fliegt einem zu. Da muß man keinen Finger rühren. Ja? Und die werte Frau Tochter kann nicht einmal eins und eins zusammenzählen. Und das Geld fliegt nur so beim Fenster hinaus. Fließt. Davon. Wie ein Wasserfall. Wozu bezahle ich eigentlich alle diese Lehrer. Wenn sie dir nichts beibringen. Da. Da! Wieviel ist denn nun 37 und 42. Na. Sag schon. Aber dazu bist du einfach. Zu blöde bist du. Das hast du von deiner Mutter. Du kannst nicht einmal 37 und 42 zusammenzählen. – Vielleicht sollten wir es mit Hieben versuchen. Vielleicht lernst du es, wenn du 37 Schläge mit 42 Prügel zusammenzählen mußt. Ja? Was meinst du dazu. – Und das soll mein Kind sein. Wenn ich nicht jeden Schritt eurer Mutter wüßte. Ganz genau. Ich hätte meinen Verdacht. Das kann ich dir sagen. – Es ist eine Schande, daß man Kinder von so dummen Weibern bekommen muß. Na. Ist es nicht so!

CORDELIA Ja. – Aber ich mache es wirklich falsch. Ich mache alles falsch. Ich kann nicht rechnen. Wirklich nicht. Wenn er mich fragt, dann ist. Es ist. Nur Nebel im Kopf. Er hat recht. Ich kann es nicht.

REGAN Das wird von uns verlangt. Das ist so abgemacht. Wir müssen es falsch machen. Sonst machen wir es nicht richtig. Denk immer daran. Das ist so. – Man gewöhnt sich daran. Wirklich.

Regan trinkt den Tee.

REGAN Da. Iß wenigstens den Apfel. Man muß etwas im Magen haben. Sonst. – Eigentlich ist er für Vater. Aber der. Das war wieder eine ganz schön wilde Nacht. Goneril hat sicher nichts dagegen, wenn du ihn ißt. Der Vater kann noch nichts. Behalten. (kichert)

## VIII

Regan geht.
Sie drückt Cordelia das Tellerchen mit dem zerteilten Apfel in die Hand. Während sie an den Käfigen vorbeigeht, intonieren die Menschen in den Käfigen wieder den »Freiheit und Wohlstand«-Chor. Laut und fordernd.
Cordelia geht in die Käfig-Gasse und verteilt die Apfelstückchen. Gierig werden sie ihr aus der Hand gerissen. Nach mehr verlangt. Tumult.
Cordelia kehrt zufrieden über ihre guten Werke in ihr Kämmerchen aus Licht zurück. Draußen wird getobt.

## IX

Das Gift im Apfel beginnt zu wirken.
Die Menschen in den Käfigen sterben unter schrecklichen Qualen. Stöhnend und schreiend.
Cordelia geht auf und ab. Singt vor sich hin. Sich ablenkend vom Tumult.
CORDELIA (singt:)
> Geht ein Garten den Apfel zu werfen ein Stamm
> den Schatten ruht den Molchen die Moose
> und Bärte hängen das Klingen und Klirren
> die Feuer hell flackern. Geier das letzte
> die Knochen befreit.

Das Geschrei wird lauter. Verzweifelter.
Cordelia hält sich die Ohren zu.
CORDELIA (laut und schnell sprechend:)
> Geht ein Garten durch Rote und Gelbe und
> Weiße auch wiegen und fliehen im Hauch den
> Bach murmeln und glucksen. Den Stand in
> meiner Hand nehm ich mit. Halt mich fest
> die Erde sich nicht umstülpen kann.

Gegen das markerschütternde Geschrei muß Cordelia anschreien. Sie hält sich die Ohren zu.

CORDELIA  Geht ein Garten das Vöglein zu singen
ins Blau steigen und Wolken jagen die
Pferde die Sonne rast nach Mittag im
Wald und dunkel kein Kuchen zu finden
und Honig nicht.
Alle sind tot. Stille. Cordelia schreit am Anfang noch mit zugehaltenen Ohren. Stellt dann fest, daß es still ist. Flüstert.
CORDELIA  Geht ein Garten zu finden den Liebsten
wandern durch Weiten und gegen Mittag
dann dehnt sich so lange kein Schatten
die Hand auszustrecken und trinken kein Ball.


## X

Die Menschen in den Käfigen liegen tot.
Edmund kommt durch die Gasse nach vorne. Er sieht Cordelia zu.
Cordelia spricht vor sich hin. Still. Wirr. Wahnsinnig. Ein einsames Kind. Alle Traurigkeit.
CORDELIA  Geht ein Garten die Wände zu drücken das
Blau es liegt so schwer auf der Brust die
Wolken nicht warten die Zeit nicht zu
hüten der Apfel warten hätte gesollt.
EDMUND  Herrenbesuch. Schöne Cordelia. Herrenbesuch.
Cordelia blickt auf. Verschreckt. Sucht wieder den Fisch zu verdecken. Edmund geht auf sie zu. Um den Fisch zu verbergen setzt sie sich auf ihn.
Edmund kniet vor sie hin. Betrachtet sie lange.
EDMUND  Mein Bruder war hier. Cordelia?
Cordelia sitzt und schweigt. Schlägt die Augen nieder.
EDMUND  Hab keine Angst. Kleine Cordelia. Ich werde nichts
verraten. Aber du weißt! Du weißt, daß ich es weiß.
Er beginnt sie abzutasten. Er untersucht sie wie ein etwas zärtlicherer Pferdehändler. Nimmt sie so vollständig in Besitz. Cordelia kann nicht aufstehen. Darf nicht schreien. Muß zitternd alles über sich ergehen lassen. Sie wimmert erst. Erstarrt vollends bei der Untersuchung ihrer Brüste und Schenkel.

Edmund sagt den Zauberspruch einerseits als Begleitung zu seiner Tätigkeit. Andererseits als Auftrag an ein kleines Kind, ruhig zu sein. Er wiederholt Zeilen. Wohl auch, um sie ihr einzuprägen.

EDMUND
> Afternschweiß und Leberschmiere.
> Nimm der Gifte alle viere:
> Witwenbrunze.
> Jungfernblut.
> Kinderaugen.
> Mausetote.
> Frauenhaare.
> Feuerrote.
> Geh zur Mitternacht,
> Wenn der Mond nicht wacht,
> An des Wegkreuz Mitte.
> Sag dem, der da, deine Bitte.
> Dem, der ohne Schatten lacht.
> Dreh dich um.
> Mach deinen Buckel krumm.
> Laß dir von dem Schattenlosen
> Deine und noch sonstwas kosen.
> Und in Tagen sechs und einem
> Kannst um deinen Gatten weinen.

Edmund kommt bei »Laß dir von dem Schattenlosen« zum Höhepunkt. Nebenbei. Routiniert genießerisch.

Cordelia sinkt ohnmächtig zurück.

EDMUND Merk dir das. Kleine Cordelia. Und dann. Cordelia. (Schüttelt sie wach.) Dann machen wir es richtig. Hörst du. (Plötzlich leidenschaftlich) Ich liebe dich. Cordelia. Ich muß dich haben. Heirate. Cordelia. Und dann. Wir beide. Zusammen. Cordelia. Zusammen können wir die Welt. Die Welt. Cordelia.

Wieder vollkommen kalt. Wirft Cordelia über das Tischchen zurück. Geht.

## XI

Cordelia steht auf. Ihr weißer Pestumhang ist blutbefleckt. Sie geht zum Webstuhl. Sie zieht das rote Bändchen, das der Geist ihrer Mutter eingeflochten hat, aus den Kettefäden. Sie rückt eines der Sesselchen an den Webstuhl. Sie legt das Band um ihren Hals. Bindet es am Webstuhlrahmen oben fest. Wirft das Sesselchen um. Das Band reißt. Sie poltert zu Boden. Sitzt auf dem Boden.


## XII

Cordelia sitzt auf dem Boden. Verdutzt. Im Schock.
Lear kommt die Käfiggasse entlang nach vorne. Er trägt einen versifften Bademantel. Darunter ein Suspensorium. Er ist am ganzen Leib mit syphilitischen Pusteln und Flecken bedeckt. Am Haaransatz ist dieser Ausschlag besonders deutlich.

Die folgende Szene ist in keiner Weise aggressiv. Beide sind müde. Die Kämpfe sind schon lange vorbei. Es ist das routinemäßige Überprüfen einer Situation. Auch ein wenig lustlos. Lear fragt nur noch einmal nach. Cordelia spricht mit ihrem Vater mit illusionsloser Müdigkeit. Nicht unfreundlich. Ein Kind, das weiß, was gut für die Eltern ist.

LEAR Nun? Was gibt es.
CORDELIA Ich weiß nichts.
LEAR Was suchst du denn da. Am Boden.
CORDELIA Ich. Nichts. – Ich suche einen Vater. Wahrscheinlich.
LEAR Vater. Vater. Vater.
  Ja?
  Etwa den, der deiner Mutter guten Tag gesagt nach der Nacht und ihr eine ausschlüpfrige Erinnerung gemacht hat?
CORDELIA Nein. Den will ich nicht. Ich suche einen, der die Gerechtigkeit, der die Ordnung. – Ach. Nichts.

LEAR (schwadroniert vor sich hin:) Ah!
Wer sollte das sein können. Wie soll einer die Gerechtigkeit sein, wenn sich die Worte noch im Mund umdrehen und ihre Kehrseite hervorstrecken mit Unverständnis gegen ihren Schöpfer. Muß eine Gerechtigkeit nicht stumm das verteilen, was alle wollen und dann nur einer haben kann. Ich hätte nie mit dir ein Wort wechseln. Dir nicht einmal einen Namen. Dann wäre es gerecht zugegangen. Aber dann braucht einer wieder alle Worte für die Ordnung sich zu ordnen und wenn vor Worten dann alle Verwirrung die Welt nicht geordnet und nicht gerecht, die Welt zugrunde nur noch eine Ordnung die Worte übrigbleiben. – Aber. Du wärst ein schönes Kind in Ordnung gebracht zu werden. Ich müßte dir alles und du nichts sagen. Dann wollt ich dich lieber haben als alle deine Schwestern.
CORDELIA Ich möchte gar nichts mehr sagen. Vom Aufstehen an möcht ich nicht leben und freue mich an jedem Morgen, der mich dem Ende näherbringt.
LEAR Glaubst du nicht an Gott.
CORDELIA So elend lebt es sich als Frau. In keiner Kunst unterwiesen, wie ein Ende. Rasch.
LEAR Mein Kind. Du brauchst einen Mann. Dann wirst du wieder an Gott glauben können.
CORDELIA Ich wollte. Daß der Mann, der mich gemacht. Daß der mich zermacht.
LEAR Möchtest du ihm eine Freude sein. Endlich doch?
CORDELIA Wenn er mir das Geschäft des Endes abnimmt.
LEAR Bist du noch Jungfrau. Komm. Laß mich deine Brüste sehen.
CORDELIA Hinrichtungen sind immer nackt.
LEAR Komm. Setz dich zu mir. Findet so Wohnstatt noch ein Teil von mir? Ward nicht umsonst der Saft versprengt. Und Söhne nicht. Cordelia. Du bist doch fromm. – Welch ein Glück, daß du in mir den Vater nicht, den Vater findest, der Vater dann im nächsten Glied. Nicht stirbt. Auf diese Weise. Unsterblich wird. Cordelia. Süße Cordelia. Komm. Laß ihn jetzt. Dein Vater will dein Vater sein und Vater werden. Und schließen so der Samen Kreis.

Cordelia sitzt verloren auf dem Boden. Lear wandert weit rechts herum. Setzt sich vielleicht auf ein Kindersesselchen. Oder das Schaukelpferd.
LEAR (nostalgisch:) Ah!
 Ich will mir eine Rotte zeugen.
 Ein Heer von Söhnen will ich niedergießen.
CORDELIA Ich sollte Frühstück bringen Euch. Und Kleidung.
LEAR Bist mir kein gutes Kind. (Raunzig:) Komm. Sei ein bessres doch. Da. Leg dich hin. Ich will dich schon vergessen machen und wonnegleich Erlösung laß uns finden und Gott uns ganz ersetzen.
CORDELIA (unendlich müde:) Ist das die Ehre eines Vaters.
 Ach. Du bist auch nur wie jeder Mann.
 Kannst nicht mein Vater bleiben.
LEAR Land hast du keines noch.
 Sollst meines sein und bleiben.
 Nein?
Lear zieht sich achselzuckend und fröstelnd zurück.
Cordelia sitzt auf dem Boden.

## XIII

Cordelia nimmt das Sopran-Xylophon. Beginnt »Fuchs. Du hast die Gans gestohlen« zu klimpern. Verloren.
Goneril und Regan kommen von hinten. Sie sind prachtvoll gekleidet. Nicht schwanger.
Goneril nimmt Cordelia das Xylophon weg.
GONERIL Mein Gott. Kann ich das noch?
Regan nimmt das Alt-Xylophon. Sie drücken Cornelia das Triangel in die Hand. Sie begleiten ihren Gesang auf den Xylophonen. Cordelia schlägt am Ende das Triangel. Sie bleibt auf dem Boden sitzen.
REGAN UND GONERIL (singen:)
 Gans. Du hast den Fuchs gestohlen. (Triangel)
 Gib ihn wieder her. (Triangel)

Gib ihn wieder her. (Triangel)
Sonst wird dich der Jäger holen. (Triangel)
Mit dem (drei Triangelschläge)
Sonst wird die der Jäger holen. (Triangel)
Mit dem. (vier Triangelschläge)

Regan und Goneril kichern obszön.

GONERIL (beziehungsvoll:) Jetzt hat er dich auch. Bald. Der Jäger.
CORDELIA Ich muß weg.
REGAN Was ist jetzt passiert. Eigentlich. Hast du. Bist du. Und was hat der Vater hier gemacht. Im Bademantel. – Wie die Mutter noch. Da hätte es das nicht.
GONERIL Aber. Red doch nicht. Was hat die Mutter schon getan. Tun können.
GONERIL (zu Cordelia:) Du mußt eine andere werden. Jetzt. Aber. Du wirst es. Verstehen. Irgendwann.
REGAN (zu Cordelia:) Und du. Du bist schließlich die einzige. Die er aufs Pferd genommen. Immer schon.
CORDELIA Ich müßte schon weg sein.
REGAN Das beste wäre, du wirst gleich schwanger.
GONERIL Wann warst du denn. Das letzte Mal?
REGAN Wir werden dich nie wieder sehen.
GONERIL Das Wetter wird auf jeden Fall besser sein. Als hier.
CORDELIA Macht Sonne glücklich.
GONERIL Die Wäsche trocknet schneller.
REGAN Und man kann hinaus. In den Wald. Allein sein. Auf einer Wiese. Stell dir das vor.
GONERIL Fromm sein. Fromm sein. Ist am besten.
REGAN Die Mutter hat das so.
GONERIL Die Mutter war eine Heilige.
CORDELIA Ich hätte schon weg sein müssen.
REGAN Hast du dich von Edgar verabschieden können?

Cordelia betrachtet den Webstuhl. Alle drei umstehen ihn.

GONERIL Sie hat es nie fertiggemacht.
REGAN Können. Fertigmachen können.
GONERIL Wir können das nicht hierlassen. Wenn keine von uns mehr da ist.

REGAN  Es war. Als drückte etwas die Kraft aus ihr fort.
GONERIL  Etwas?
CORDELIA  (leidenschaftlich:) Sie war krank. Er hat. Ihr wißt doch. Er hat das nie verstanden. Er ist ein Mann. Er kann das nicht verstehen, wenn jemand krank ist.
GONERIL  Ja?
REGAN  Verteidige ihn nur.
CORDELIA  Ich sollte schon längst weg sein.
GONERIL  Ja. So war es eben. Immer war es so.
REGAN  Die arme Mutter.
Goneril zieht ein Messer. Sie schneidet das Tuch vom Webstuhl. Reißt es in zwei Stücke.
CORDELIA  Ich muß fort.
Goneril gibt Regan die Hälfte des Tuchs.
CORDELIA  Ich weiß noch ganz genau, wie sie. Wie sie gerochen hat. Lavendel. Und süß.
REGAN  Früher. Früher hat sie so gerochen.
GONERIL  Dann nicht mehr.
CORDELIA  (Ausbruch:) Regan! Goneril! – Ich habe. – Ich bin. – Nichts. – Ich.
REGAN  Du bist arm. Cordelia. Was sollst du sagen, wenn du gefragt wirst.
GONERIL  Die Wahrheit. Was sonst. Wir alle werden die Wahrheit sagen.
CORDELIA  Ich gehe. – Ich muß gehen.
GONERIL  Wir müssen. Alle.
REGAN  Du wirst Kinder haben. Und dann.
CORDELIA  Ich wollte, ich hätte immer das Kind bleiben können, das ich gewesen bin.
REGAN  Ja. Es ist eine Gnade ohne die Last eines Lebens früh zum Herrn gerufen zu werden.
Prozession nach hinten ab.
Cordelia blutbefleckt als letzte.

## XIV

Die Metallwand wird hochgezogen. Alles andere bleibt, wie es ist.
Von rechts wird ein riesengroßer schwarzer Schreibtisch hereingerollt. Viktorianisch. Mit einem Lehnsessel dahinter. Ein altmodisches Telefon.
Goneril tritt durch die Tür auf. Sie trägt ein Tablett mit Teegeschirr. Hinter ihr kommen drei kleine Mädchen. Etwa 8, 7, 6 Jahre alt. Oder jünger. Sie schleppen gleich große Fetzenpuppen. Die Puppen sind genau so wie sie angezogen.
Alle tragen viktorianische Kleidung. Rüschen. Maschen. Bändchen. Häubchen. Spitzen. In duftigen pastellfarbenen Wolken.
Goneril und Regan tragen schwarze Kleider mit Volantschleppen. Mieder. Cul de Paris. Aufgetürmte Haare.
Goneril geht voran. Sie singt »Fuchs. Du hast die Gans gestohlen«. Die Kinder im Gänsemarsch hinterdrein. Sie singen mit.
Sie gehen ein paar Mal um das Tischchen. Stehen dann um den Tisch.

1. KIND Was macht der Fisch da.

Goneril stellt das Tablett auf dem Schreibtisch ab. Nimmt den Fisch am Schwanz.

GONERIL Ja. Das ist ein Fisch. Und er hat eine Lache gemacht. Und er riecht häßlich. Ist das brav? Von dem Fisch?

GONERIL & DIE KINDER Nein. Das ist nicht brav.

GONERIL Wenn der Fisch aber nicht brav war. Was muß man dann machen. Mit dem Fisch?

GONERIL & DIE KINDER Wer schlimm ist, der muß bestraft werden.

Goneril nimmt den Fisch und hängt ihn an einen Nagel am Rahmen des Webstuhls.
Die Kinder stellen sich vor den Fisch.

GONERIL & DIE KINDER Schlimmer Fisch. Böser Fisch. Böser, böser Fisch. Das geschieht dir recht. Das ist die gerechte Strafe.

Goneril nimmt währenddessen ihre Hälfte des Tuchs der Mutter, die auf dem Webstuhl hängenblieb, und wischt das Tischchen ab. Deckt den Tisch. Die Kinder setzen sich. Nehmen ihre Puppen auf den Schoß. Goneril schenkt Tee ein.

GONERIL  Waren die Puppen denn artig? Dürfen sie Tee bekommen?
KINDER  Ja. Die Puppen waren sehr artig.
Die Kinder spielen mit den Puppen Tee-Trinken. Trinken dann selbst.
Goneril geht vorne auf und ab.
1. KIND  Wo ist der Papa?
GONERIL  Im Büro. Mein Mäuschen. Im Büro.
1. KIND  Und Onkel Edmund?
GONERIL  Im Büro. Mein Mäuschen. Im Büro. – Habt ihr ausgetrunken. Ja? Austrinken. Immer austrinken.
1. KIND  Wo ist der Opi?
GONERIL  Im Büro. Mein Mäuschen. Im Büro. – Ganz austrinken. Es ist unhöflich. Wenn man nicht austrinkt. So. Und jetzt geht ihr schlafen. Machen wir eine Schlange?
Sie nehmen die Puppen an den Händen zwischen sich und bilden so eine lange Kette. Sie gehen rund um das Tischchen. Rund um den Schreibtisch. Sie singen »Eia popeija, was raschelt im Stroh«. Sie ziehen durch die Tür hinaus. Der Gesang verklingt. Kinderlachen. Von ferne.

## XV

Das Telefon läutet.
Goneril und Regan stürzen durch die Tür. Nervös. Heftig. Goneril reißt den Hörer von der Gabel. Legt ab.
GONERIL  Abgelegt.
REGAN  Ich bleibe dabei. Die Kerne in ein Mullsäckchen. Ich gebe die Kerne immer in ein Mullsäckchen. – Kann ich rasch telefonieren? (Sie geht zum Apparat. Wählt. Horcht. Legt auf.) – Den weißen Rand muß man an den Schalen lassen. Das macht den Unterschied aus. Und ich nehme zwei Zitronen auf das Dutzend Orangen. Sevilla-Orangen. Natürlich.
Goneril geht ihrerseits zum Telefon. Wählt. Horcht. Legt auf.
GONERIL  Wenn ich dir sage. Man kann es einfacher haben.
REGAN  Aber. Es ist immer so gemacht worden. Das ist erprobt.

GONERIL Ich finde. Man muß es wenigstens versuchen. Es sich. Einfacher. Man muß es sich einfacher machen.

REGAN Wenn man es so macht. – Ich versuche es noch einmal. Ja? (Wählt. Horcht. Legt auf.) – Also. Wenn man es so macht, wie es immer gemacht worden ist, dann kann es nicht falsch werden.

Goneril wählt nun wieder. Horcht. Legt auf.

GONERIL Wenn man es immer so macht, wie es schon immer gemacht worden ist. Dann legt sich dieses Immer um den Hals und erwürgt dich.

REGAN Goneril.

GONERIL Regan.

REGAN Wen rufst du denn an.

GONERIL Ach. Und du.

REGAN Weißt du, was ich glaube. Die Farbe wird anders. Nicht richtig.

GONERIL Die Farbe ist nicht richtig. Die Farbe ist nicht richtig. Die Farbe ist einfach anders. Das ist alles. Orangenmarmelade bleibt dann auch wieder nur Orangenmarmelade.

REGAN Ja. Siehst du. Aber anders ist sie doch.

Regan wählt wieder. Horcht. Legt auf. Von hier an stehen die beiden Frauen nur noch beim Telefon. Sie nehmen den Hörer ab in dem Augenblick, in dem die andere aufgelegt hat. Es wird zu einem nervösen Belauern. Am Ende reißen sie einander den Telefonhörer aus der Hand. Der Ton bleibt, immer lebhafter, wenn auch nervöser, Salonton.

GONERIL Ja. Weil die Kerne nicht mitgekocht sind. Weil die weiße Schale weggeschnitten ist. Weil die Schale in Stückchen geschnitten ist. Und nicht in Stäbchen. Und weil nicht zwei Zitronen auf das Dutzend Orangen drinnen sind. Sondern vier.

REGAN Immer willst du es anders haben. Kannst du dich nicht zufrieden geben mit dem ...

GONERIL ... das zeigt nur, daß man es nach seinen eigenen Vorstellungen machen kann.

REGAN Goneril. Bringen sie dir in der Kirche nichts bei.

GONERIL Willst du nie etwas. Haben. Oder einen. Besitzen.

REGAN Natürlich will ich etwas haben. Aber meistens ist es eben nicht möglich. Oder zu spät.

GONERIL Für mich nicht. Meine liebe Regan. Für mich nicht. Ich weiß nur. Nur wenn man es besser macht als die Besten. Wilder als die Wildesten. Verschlagener als die Verschlagensten. Dann bekommst du, was du willst. Und wen. Und wenn ich mir meine eigene Orangenmarmelade machen will. Dann mache ich mir mein eigenes Rezept.
REGAN Hochmut ist eine Todsünde. Liebe Goneril.
GONERIL Wenn der Kragen schnürt. Dann muß man ihn erweitern. Siehst du nicht, wie das. Das Grauen ansteigt. Rundum. Und die Unsicherheit. Alles aus dem Gleichgewicht.
REGAN Ja. Ordnung muß wieder sein. Und Ruhe.
GONERIL Wenn keine Regel gilt, muß man sich an die eigenen halten. Obwohl. Manchmal. Wenn. Manchmal denke ich. Daß nicht ich denke. Sondern. Daß es sich mich ausdenkt. Und ich stehe daneben und sehe zu. Beim Ausdenken. Als wäre ich in mich gefangen meine eigene Richterin.
Das Telefon läutet. Beide erstarrt.


## XVI

Regan hebt ab. Hält den Hörer Goneril hin. Goneril nimmt den Hörer.
GONERIL Ja. Bitte.
Goneril hört lange zu. Legt dann auf. Sie nimmt eine Bonbonnière aus der Schreibtischlade.
GONERIL Ich sage noch den Kindern Gute Nacht. Ich komme gleich. – Willst du auch?
Sie hält Regan die Bonbonnière hin. Regan nimmt ein Bonbon. Nimmt zögernd ein zweites. Ein drittes. Goneril lächelt auffordernd. Geht dann. Regan setzt sich auf den Schreibtisch. Telefoniert immer wieder. Ißt Bonbons dabei.
Goneril kommt wieder. Die Schachtel ist leer. Goneril geht hinter den Schreibtisch. Setzt sich in den großen Sessel.
GONERIL Hat er es mit dir. Hat er es mit dir. Richtig gemacht?

REGAN (sitzt auf dem Schreibtisch. Baumelt mit den Beinen. Nebenbei:) Einmal. – Im Fiaker.
GONERIL Von hinten?
REGAN Ja.
GONERIL Und sonst? Hat er immer. Getastet? Und geredet? Die ganze Zeit. Und dir versprochen? Alles? Und dann.
REGAN War er schon fertig.
GONERIL Er ist tot.
Beide bewegen sich lange nicht. Goneril steht auf. Regan geht vorsichtig zum Lehnsessel und setzt sich.
REGAN Die Bonbons? Ja.
GONERIL Gut wird es uns nicht mehr gehen.
REGAN (sanft:) Ich hätte gerne eine schöne Liebe gehabt.
GONERIL Es wird nicht schlimm. Es ist ein sanftes. Mittel.
REGAN Wie in den Liedern. So eine.
GONERIL Du wirst einschlafen. Du wirst nichts spüren.
REGAN Bevor sie uns finden?
GONERIL Ja. Bevor sie. Uns.
REGAN Hast du noch die Fotos. Wie wir das eine Mal. Am Meer. Alle.
Goneril holt Fotos aus der Schreibtischlade.
REGAN Gott. Sehe ich da dick aus. – Schau. – Cordelia. So süß. Winzig. – Du warst immer schon schön. Eigentlich.
GONERIL Und hier ist Edmund. Er ging nie ohne sein Holzschwert. – Das Meer.

## XVII

REGAN Die Mutter sieht aus. Wie ein Mädchen.
Regan sagt das versunken. Wattig. Goneril geht hinaus. Sie kommt gleich zurück. Schleppt eine der Fetzenpuppen. Sie knüpft die Fetzenpuppe an Kettenfäden am Webstuhl auf. Währenddessen:
GONERIL Mach schnell. Regan. Mach schnell. – Stirb. Regan. Dann kann ich auch. Regan. Ich hab dich lieb, Regan. – In den neuen Zeiten sind wir besser tot. Regan. – Wir Frauen. Wir sind schon in ein Grab geboren.

Die Fetzenpuppe ist aufgeknüpft. Goneril geht die nächste holen. Kommt zurück. Ruhig geschäftig.
REGAN Verstehst du, warum es das nicht gibt, wovon immer geredet wird.
Goneril während sie die nächste Fetzenpuppe aufknüpft.
GONERIL Verlaß deinen Leib. Regan. Ein Teil von England war er. Verloren diesen Teil. Das Ganze nicht. Nicht mehr. Nicht mehr. Nicht mehr. – Ja. Frauen und Jagdfalken lassen sich leicht zähmen. Wenn man sie richtig anlockt, fliegen sie auf den Mann. – Wir hätten den Vater. Wie Söhne Väter morden. Mit dem Recht der Nächste zu sein. Hätten wir es uns genommen. Hätten wir es gehabt. Zu sanft.
Die Fetzenpuppe ist aufgeknüpft. Goneril geht die nächste holen. Kommt zurück.
REGAN Dein Rezept kann ich jetzt nicht ausprobieren.
GONERIL (während des Aufknüpfens:) Nein. Das nicht mehr. Weil wir nicht grausam genug waren. Und hätten es lernen können von ihm. – Wenn Väter Töchter verstoßen. Dann können Töchter Väter verstoßen. – Aber wir waren keine. Keine Ersten. Keine Nächsten. Leiber fortgebärend vollendend was dem Vater nicht gelungen. Schwiegersöhne. Waffen gegen die eigenen Töchter. Und der Blutzoll krabbelnde Brut aus unseren Bäuchen.
Die Kinder baumeln. Regan ist im Lehnsessel zusammengesackt. Goneril prüft den Puls und die Halsschlagader von Regan.
Währenddessen:
GONERIL Ja. Leg dich hin. Schlaf ein, Regan. Die Kinder träumen schon. Schlaf tief. Regan. Wir sind jetzt alle sicher.
Goneril öffnet ihr Kleid vorne. Öffnet das Mieder.
Währenddessen:
GONERIL Wir sind jetzt alle sicher. Jetzt kann das Schicksal wechseln. Unseres ist es nicht mehr. Und wenn Gott ein Vater ist. Dann ist es besser, wir kommen nicht zu ihm.
Sie nimmt den Brieföffner vom Schreibtisch. Ersticht sich. Bricht über Regan zusammen. Stirbt.
Das Telefon läutet. Lange.

**Boccaleone.**

Die Bühne.
Links 2 Container. Quer hintereinander. Die Nummern 16 und 17 aufgemalt. Türen nach rechts. Der Container 17 schließt die Bühne nach hinten ab. Rechts eine Betonbaracke. Zu sehen ist eine Tür. Ein Fenster. Unter dem Fenster eine Gartenbank. Zwischen der Betonbaracke und dem Container 17 ist eine Lücke nach oben hin.
Blauer Himmel. Eine unveränderte Lichteinstellung. Strahlendes Sommerlicht.
Alle 9 Minuten steigt ein Flugzeug links auf und fliegt in einem Bogen nach rechts oben davon.
Ein leichtes Grollen begleitet diese Flüge.
Nach vorne ist freier Raum. Betonboden. Aufgerissen. Mit Teer geflickt.
Das gesamte Areal befindet sich am Rand des Flughafens Wien-Schwechat. In der Ebene.

Die Personen.
HANS HORVATH Um die 50 bis 55.
ELLA HORVATH Hans Horvaths Ehefrau. Um die 50 bis 55.
GRETE HORVATH Hans Horvaths Schwester. Um die 50 bis 55.
TINI HORVATH Hans und Ellas Tochter. Um die 25.
BRANKO Mitarbeiter. Um die 25.
PROFESSOR CHROBATH Um die 55.
THOMAS BAMBERGER Vorstandssekretär der Flughafenbetriebsgesellschaft, dann aufsichtsberechtigtes Kontrollorgan der interimistisch amtierenden Sanitätszentralbehörde. Zwischen 30 und 40.
GEORG HENSCHEL Videoproduzent, Kameramann.
GEORG GEIGER Toningenieur
HELMUTH MARITSCHEK Inspektor
HELMUT HELLER Inspektor
11 ASYLANTEN (DANN 11 KRANKE, DANN 11 TOTE, DANN 11 KRIPPENSPIELER)
Professor Chrobath kann einen der Inspektoren spielen.

# I

Das erste Flugzeug steigt auf. Strahlender Sonnenschein. Grete sitzt auf der Bank vor dem Haus. Sie hat den Einkaufswagen neben sich.
Der Volkswagenbus fährt rückwärts von links an die Lücke zwischen oberem Container und Betonbaracke. Branko steigt aus und schiebt die seitliche Tür auf. Der VW-Bus verschließt die Lücke fast vollständig. Branko pfeift. Er geht zum unteren Container und sperrt die Tür von außen auf. Die 11 Asylbewerber laufen aus dem Container. Sie rennen in die Baracke. Kommen mit Putzutensilien wieder heraus und springen in den VW-Bus. Sie quetschen sich in den Bus. Branko verschließt die Schiebetür. Fährt nach links weg.
Stille.
Hans kommt von oben. Bleibt vor Grete stehen. Geht auf und ab. Setzt sich neben sie.

HANS  Ja. Grete. Ach. Weißt du. Du bist wenigstens da. Immer. Wir zwei. Wir zwei sind ja nie weggekommen. So richtig. Aber. Na ja. Wenn man so einen Betrieb hat. Dann ist es halt nichts. Mit dem Wegkommen. Na ja. Und überhaupt. Ich muß dir sagen. Ich habe heute wieder Kopfschmerzen. Ich meine. Das Benehmen von der Ella. Lang kann ich das nicht mehr tolerieren. Ich meine. Wenn sie so dasteht. Und redet. Und mir erklärt. Und auf und ab läuft. Ich meine. Ich schlafe dann ein. Sie beklagt sich dann sogar noch darüber, und ich habe Kopfschmerzen. Dabei. Ich weiß nicht, was sie eigentlich hat. Schließlich. Ich mache nichts wirklich Schreckliches. Ich meine. Ich betrüge sie nicht. Ich könnte schließlich wenigstens ins Puff gehen. Asiatische Geliebte könnte ich haben. Negerinnen. Leisten könnten wir uns das. Und sie. Sie sagt nicht, daß sie nicht will. Nein. Sie sagt immer nur, daß sie nicht kann. Einmal ist es die Frisur. Dann muß sie gut ausschauen am nächsten Tag und will keine Ringe unter den Augen. Oder sie hat zuviel Tennis gespielt. Und dann riecht es wieder nicht richtig. (Verträumt:) Ich glaube, sie sehnt sich nach den Zeiten zurück, wie sie es einfach hat machen müssen. Weil ich nicht eingeschlafen bin. Aber. Es ist halt so viel zu tun. Und am nächsten Tag habe ich dann die Kopfschmerzen. Heute ist sie ganz früh aufgestanden. In die Kirche hat sie gehen müssen. Ich frage dich. Und dann auf den Golfplatz. Die Tini spielt bei einem Turnier mit. Und ich. Ach Grete. Wenn ich dich nicht hätte. Du hast doch etwas. Ich meine. Ich war lange nicht da. Aber. Es gibt so viele Probleme. Und ich muß wirklich. (Schmusig verspielt:) Du weißt doch. Ich bin der Einzige. Der Einzige für dich. Gretel-Greterl. Hast du? Hmm? (Scharf:) Hast du? Sag. Geht es nur mit Strenge. Ja! Hast du gehört? (Grete reagiert weiter nicht. Starrt vor sich hin) (Hans resigniert:) Grete. Laß mich doch nicht immer betteln. Darum. Du weißt doch. Ich brauche es eben. Was soll ich tun. Ich kann doch nichts dafür. Ich habe es mir doch nicht ausgesucht. Grete. Bitte. Hab ich nicht immer alles für dich getan. Hab ich nicht immer, wenn die Mama dich. Kannst du dich wieder nicht erinnern. (Verzweifelt:) Grete. Ich bin doch auch ein Mensch. Ihr könnt doch nicht alle gegen mich. (Bettelnd:) Grete. Ich hab jetzt genug gebettelt. Ich mach ja alles. Aber jetzt komm. Komm. Gretilein. Du bleibst doch immer mein kleines Greterl. Ich habe es dir doch versprochen. Ich werde immer. (Schneidend:) So. Jetzt aber rasch. Hopp. Hopp. Spiel dich nicht so herum. Das hat gar keinen Sinn. Ich mache deine Spielchen gerne mit. Aber nur bis zu einem gewissen Punkt. Wenn ihr glaubt, ihr könnt mich alle betrügen, dann hast du dich getäuscht.

Hans hat die letzten Repliken vor Grete stehend auf sie hinunter gesagt. Grete steht folgsam in ihr Schicksal ergeben auf. Hans führt sie am Ellbogen zum unteren Container. Schiebt sie hinein. Steigt nach ihr hinein. Schließt die Tür.
Wenn Grete aufsteht, um in den Container zu gehen, sieht man, daß sie einen Gesichtsschutz wie das Phantom der Oper trägt.

## II

Ella kommt von oben. Chanel Kostümchen. Sie geht zielstrebig. Kramt in ihrer Tasche. Findet die Tür zur Baracke offen. Geht hinein. Kommt mit einer Mappe in der Hand wieder heraus. Bamberger schlendert von oben herunter.

BAMBERGER Ich sehe. Du arbeitest. Was für ein fleißiges Bienchen. Ein Ella-Bienchen.

ELLA Komm. Komm. Wir haben keine Zeit.

BAMBERGER Wie wahr. Wie wahr. Ich brauche eine Antwort. Jetzt. Man wird ungeduldig.

ELLA Mittwoch. Du hast Mittwoch gesagt.

BAMBERGER Ja. Da ist die Aufsichtsratsitzung. Aber der alte Coburg will die Antwort vorher. Wir müssen uns doch eine Strategie zurechtlegen. Wie stellst du dir das denn vor.

ELLA Ich brauche noch Zeit.

BAMBERGER Was sagt er denn. Und sie.

ELLA Ich muß es mir doch selber überlegen. Überhaupt.

BAMBERGER Was gibt es da zu überlegen.

ELLA Aber. Du weißt doch. Das alles da. Seine Mutter hat das alles aufgebaut. Alles. Hier. Er wird nicht so einfach. Und die Kinder.

BAMBERGER Das sind doch alles sentimentale Träume.

ELLA Ja. Du hast nicht damit zu leben. Mit der Geschichte von der Mutter. Wie sie um das alles gekämpft hat. Und wie die Kinder hier aufgewachsen sind. Und mithelfen haben müssen. Von klein an.

BAMBERGER Wie lange ist die alte Horvath jetzt schon tot.

ELLA Ewig. Ja. Aber. Er will das hier weiterführen. Schon wegen der Grete.

BAMBERGER Aber. Die kann doch überall. Ich meine. Einen Einkaufswagen mit Plastiksackerln kann man doch überall herumführen. Oder?

ELLA Er sagt, sie kann nur hier leben. Nach ihrem Unglück kann sie nur hier leben.

BAMBERGER Es gibt doch Anstalten für solche Fälle.

ELLA Das verstehst du nicht. Er fühlt sich verantwortlich. Er hätte da sein sollen. Meint er. Er hätte die Tür aufmachen sollen. Er meint, das Säureattentat hätte seiner Mutter gegolten. Eigentlich. Von einem, den sie schlecht behandelt hat. Die Grete wäre nicht gemeint gewesen, meint er.

BAMBERGER Wie viele Leute habt ihr denn hier. Jetzt?

ELLA Das ist nicht das Problem.

BAMBERGER Die Pacht hier wird sowieso nicht verlängert. Da habt ihr keine Chance.

ELLA Nein. Da täuschst du dich. Die läuft bis 2025.

BAMBERGER Die kann man euch abkaufen.

ELLA Wenn wir verkaufen.

BAMBERGER Ella. Habe ich dich mißverstanden. Ich dachte, du willst da ein Geschäft machen.

ELLA Nein. Du hast mich nicht mißverstanden. Und ich möchte ein Geschäft machen. Und. Ich brauche Geld. Aber was soll ich machen. Soll ich ihn umbringen. Ja?

BAMBERGER Warum nicht.

ELLA Richard. Bitte.

BAMBERGER Die Leute hättest du hier. Einer von den Russen macht es dir sofort. Dem ist es doch gleich, ob er Flugzeuge putzt. Oder ob er. Wirklich.

ELLA Das ist kein Ausweg. Die Erbschaftsangelegenheiten dauern viel zu lang. Das habe ich gesehen, wie die alte Horvath. Das dauert Jahre. Da ist dein Aufsichtsrat gar nicht mehr im Amt.

BAMBERGER Na. So ein Nachlaßverwalter ist auch nur ein Mensch.

Der VW-Bus fährt rückwärts an der Lücke oben vor. Branko steigt aus. Er pfeift. Öffnet die Schiebetür des Busses. Sperrt die Tür zum oberen Container auf. Die 11 Asylbewerber laufen heraus. Sie laufen in die Betonbaracke. Sie kommen mit Putzutensilien wieder heraus. Stürzen in den VW-Bus. Drängen sich. Branko schiebt die Tür zu. Steigt ein. Fährt nach links weg.

Ella und Bamberger haben dieser Abholung zugesehen. Ella aufmerksam. Bamberger tändelt mit Ellas Hand.

BAMBERGER Wie viele habt ihr denn jetzt.

ELLA Ich werde schon reden mit ihm. Jetzt gerade sind alle Container voll.

BAMBERGER Tja. Ella. Ich dachte mir das. Flüssiger. Einfacher.

ELLA  Tut mir leid.
BAMBERGER  Sei doch nicht so verspannt.
ELLA  Ach. Ich weiß nicht. Es ist alles zu viel. Wenn ich mich nicht um alles kümmere. Der Hans tut doch gar nichts mehr. Und du. Du setzt mich auch nur unter Druck.
BAMBERGER  (anzüglich:) Gar nichts. Macht er gar nichts mehr?
ELLA  Nein. Gar nichts mehr. Und ich muß dir sagen. Ich bin sehr froh darüber.
BAMBERGER  Du weißt. Ich stehe jederzeit zur Verfügung. Wir haben ohnehin schon lange keine ordentliche Mittagspause mehr gehabt. (Sein Handy läutet) Ja. Ja? Ich rufe gleich zurück. Ja. Ganz gleich. Ja! (Schaltet das Handy ab.)
ELLA  Wen hast du denn da beruhigt?
BAMBERGER  Ella. Ich bitte dich.
ELLA  Du. Nein. Jetzt nicht. Ich muß in den Club. Zu einer Preisverleihung. Die Tini spielt.
BAMBERGER  Wie du willst. Du bestimmst, wie sich unsere Geschäftsbeziehung gestaltet.
ELLA  Wir werden eine Bilanzbesprechungssitzung machen müssen.
BAMBERGER  Melde dich.
ELLA  Don't call us. We call you.
BAMBERGER  Ciao!

Bamberger läuft hinauf. Er zieht dabei sein Handy heraus und beginnt zu telefonieren. Ella setzt sich auf die Bank. Hans schaut aus dem Container heraus. Tritt heraus. Gerade, wenn er auf Ella zugehen will, steht sie auf und geht nach oben weg. Der VW-Bus fährt rückwärts vor. Ella ist verschwunden. Hans steht beim Container. Grete kehrt zu ihrem Einkaufswagen zurück. Die 11 Asylbewerber laufen in den Betonbunker. Sie tragen die Putzutensilien dorthin. Kommen mit einem Bier in der Hand heraus. Verschwinden im unteren Container. Branko sperrt die Tür hinter ihnen zu. Grüßt Hans nebenbei. Fährt wieder weg. Hans ist wütend.

## III

Hans läuft auf und ab. Grete sitzt. Aus dem Container ist ein trauriges slawisches Volkslied zu hören. Grete nimmt ihren Einkaufswagen und setzt sich an den unteren Container gelehnt in den Schatten.

HANS Ja. So ist das. Die einen bauen auf. Die anderen verspielen es. Und sie hat es gewußt. Die Mama hat es immer gewußt. Sie hat der Ella nie getraut. Und recht hat sie gehabt. Meine Frau. Grete. Hast du das gehört. Das war meine Frau. (Jähzorn) Da könntest du auch etwas sagen. Dazu könntest du jetzt endlich einmal etwas sagen. Hast du gehört. Aber. Das machst du absichtlich. Mit diesem Schweigen. (höhnisch) Rächen. Rächen willst du dich so. Aber. Das kann ich dir sagen. So wird euch das nicht gelingen. So nicht. Das werdet ihr schon sehen.

Hans steht am Ende vor Grete. Giftet auf sie hinunter. Tritt den Container. Der Gesang verstummt. Hans dreht sich weg und geht in die Betonbaracke. Knallt die Tür hinter sich zu. Grete hat nicht reagiert.

Stille. Ganz leises Summen des Volkslieds ist zu hören. Die Flugzeuge steigen auf. Die Sonne scheint. Grete sitzt am Boden.

## IV

Tini und Professor Chrobath kommen von oben. Chrobath zieht ein elegantes kleines Köfferchen nach.

CHROBATH Und. Das alles gehört noch dazu?

TINI Ja. das geht so weiter. Sie können Ihr Auto immer hier parken. Sie haben ja gesehen. Es ist mehr als genug Platz. Und man erspart sich ja doch einiges.

CHROBATH Ich bin nur bis übermorgen in Berlin. Ich mache da nur ganz schnell einen Vortrag. Aber. Natürlich ist es angenehm, das Auto hierlassen zu können. Nur. Wie kommt man zum Terminal. Jetzt.

TINI Wir warten hier auf den Branko. Der managt das. Der fährt hier alle Leute herum. Der führt Sie dann zum Terminal. Und dem sagen Sie auch, wann Sie wieder ankommen. Oder. Er soll Ihnen zur Sicherheit seine Handy-Nummer geben. Dann rufen Sie ihn noch im Flugzeug nach der Landung an. Und er holt Sie.

CHROBATH Das ist alles sehr freundlich. Ich hoffe nur. Das alles ist nicht zu umständlich. Ich meine.

TINI Nein. Nein. Herr Professor. Das machen wir für alle unsere Freunde. Der ganze Golfclub »Zum weißen Kreuz« parkt hier. Manchmal denke ich. Meine Eltern behalten diesen Teil des Unternehmens nur wegen der Parkplätze.

CHROBATH Ja. Das ist sehr liebenswürdig von Ihnen. Liebe Frau Kollegin.

TINI Ja. Herr Professor.

CHROBATH Sind wir denn allein. Hier?

Hinter dem Fenster über der Bank wird Hans sichtbar.

TINI Um diese Zeit ist nie jemand hier.

CHROBATH Interessant. Diese Industrielandschaften. Container. Die haben ja etwas. Man könnte überall sein. Quasi. Auf der ganzen Welt.

TINI Ja. Da haben Sie recht.

CHROBATH Dann könnten wir uns setzen. Eigentlich. Oder?

TINI Ja. Aber der Branko wird gleich da sein.

Stille.

TINI Was haben Sie eigentlich genau gemeint mit dem Satz: »Es wird nie ein Zustand erreicht werden, in dem die Sublimität der Kunst die Sublimität der Wirklichkeit erreichen kann.«

CHROBATH Liebes Kind. Es geht darum, daß. Ja. Sie erinnern sich, daß es um die Frage der Gewalt in der Kunst gegangen ist. Und darum, was eine größere ästhetische Wirkung hat. Also. Darum. Daß ein echter Mord eine größere ästhetische Wirkung hat als ein Mord auf der Bühne.

TINI Ja. Ja gut. Wirklichkeit ist wirklicher. Aber. Warum soll es besser sein, wenn einer stirbt.

CHROBATH Sie ist ja nur wirksamer im Vergleich zur Kunst.

Es geht nicht um die Frage, ob Kunst das Leben nachahmen kann. Oder nicht. Es geht nicht um die Konkurrenz von Fiktion und Realität. Es geht simpel um die ästhetische Wirkung. Ein echter Mord ist eben schöner als ein vorgetäuschter. Für den Zuschauer. Jedenfalls. Im alten Rom wurden zum Tode Verurteilte in Theaterstücken im Lauf der Handlung hingerichtet. Oder Sklavinnen vergewaltigt. Das ist wahres Wirklichkeitstheater. Ich frage mich, warum Hollywood diese Idee nicht aufgreift. Warum das vollkommen dem pornographischen Untergrund überlassen wird. Stellen Sie sich vor. Echte Tote. Echte Morde. Kein Ketchup.

TINI Aber. Schauen Sie sich doch Dokumentarfilme an. Schauen Sie sich die echten Leichen an. Da. Ohne Wirkung. Pulp fiction war besser als jede Wirklichkeit.

CHROBATH Frau Kollegin. Sie sind vielleicht noch zu jung. Ich weiß nicht. Vielleicht ist es eine Frage der erotischen Erfahrung, die einen reif macht für diese Art von Erkenntnis.

Mittlerweile:
Hans hat das Fenster leise geöffnet. Steht hinter dem Paar auf der Bank. Er hat eine Flasche Wodka in der Hand und hört zu. Er kommentiert das Gesagte mit parodierender Gestik.

CHROBATH Nehmen wir doch die Pornographie.

TINI Ich bin nie so sicher, ob die es wirklich machen. Ich meine. Bei Kopf ab. Da kann man nichts vortäuschen.

CHROBATH Aber. Das unterstützt doch die These, daß das Wirkliche wirksamer ist. Schauen Sie. Das Theater ist Hinrichtungsersatz. Schauen Sie sich das an. Mit dem Verschwinden der öffentlichen Hinrichtungen nimmt das Theater seinen Aufschwung. Aber mittlerweile. Ohne jede Hinrichtung? Vielleicht könnte man sich aus den USA Hinweise holen, ob die dortigen Hinrichtungen dem Theater einen Impuls verleihen.

TINI Wirksamer kann die Wirklichkeit doch nur bei den Beteiligten sein. Doch nicht beim Zuschauer.

CHROBATH Aber natürlich. Transzendenz. Transzendenz.

TINI Wollen Sie jemanden umbringen. Selbst? Ist das nicht? Ich meine. Sie sind doch kein Schauspieler. Für den träfe der

Unterschied zu. Zwischen wirklichem Tun und nachgeahmtem. Aber für einen Professor der Theaterwissenschaft.
CHROBATH Auch ein Professor der Theaterwissenschaft hat ...


## V

Der VW-Bus fährt rückwärts an der Lücke vor. Branko steigt aus. Er pfeift. Schiebt die Tür auf. Sperrt die Tür zum unteren Container auf. Setzt sich zu Tini und Chrobath. Hans ist nicht zu sehen.
TINI Du. Branko. Kannst du Professor Chrobath zum Terminal. Welcher ist es? Lufthansa. Das ist Terminal 1. Kannst du ihn dahin bringen? Jetzt. Gleich?
CHROBATH Es ist Zeit. Es ist reichlich Zeit. Lassen Sie sich nur Zeit. Junger Mann. Lassen Sie sich nur Zeit.
Branko nickt. Die 11 Asylbewerber laufen aus dem Container in die Baracke. Kommen mit den Putzutensilien wieder heraus. Drängen sich in den VW-Bus. Branko schiebt die Tür hinter ihnen zu. Steigt ein. Winkt. Fährt weg.
Tini und Chrobath sehen dem zu.
TINI Entschuldigen Sie.
CHROBATH Aber. – Ich bitte Sie. Mit Ihnen hier zu sitzen.
TINI Ja. Also. Wo waren wir. (Beiseite:) Wann geht denn dieses Flugzeug?
CHROBATH Wissen Sie. Eigentlich. Eigentlich bin ich ein Dichter. Diese Professur. Das ist nur meine bürgerliche Hülle. Die Fesseln der Zivilisation. Sozusagen. Und. An denen ich noch ersticken werde. Mir bleibt ja. Frauen. Ich meine. Eine andere Form der Transzendenz bleibt mir ja nicht.
TINI (beiseite:) Und das ist zuviel.
CHROBATH Außer Alkohol. Vielleicht noch. Aber. Im erlaubten Rausch. Im erlaubten Rausch löst sich die Erkenntnis in Nichts auf.
TINI (beiseite:) Impotent ist er auch noch.
CHROBATH (fällt auf die Knie vor Tini:) Frauen. Was glauben Sie. Den Frauen hinterherlaufen. Und sie anbeten.

TINI (beiseite:) Anbetteln. Scheint mir.

CHROBATH Was glauben Sie, was ich alles reden und dichten muß, um zwischen irgendwelche Schenkel kommen zu können. Nie werde ich mir eine Frau an den Felsen schlagen können. Und wie der Adler. Jeden Tag. Jede Stunde. Über sie kommen. Wie ich will. Und wann ich will. In dieser öden Zivilisation wird einem doch die Lust verwehrt.

TINI (beiseite:) Na. Gott sei Dank.

CHROBATH Ja? Gibt Ihnen das genug Stoff, sich lustig zu machen? Machen Sie. Machen Sie sich lustig. Lachen Sie soviel Sie wollen. Nur. Lassen Sie mich. Ein bißchen. Wenigstens.

TINI (beiseite:) Das wirklich Sublime sind notgeile Männer. (Laut:) Ich habe immer das Faustische an Ihnen bewundert.

Hans taucht wieder hinter den beiden im Fenster auf.

CHROBATH Aber. Lassen Sie mich hoffen!

TINI (beiseite:) Ach ja. Hoffnung heißt das jetzt. (Laut:) Herr Professor. Hoffnung ist abzulehnen. Hoffnung führt zur Unterwerfung. Herr Professor.

CHROBATH Dann will ich um so mehr hoffen.

TINI (beiseite:) Das wird eine teure Hoffnung. (Laut:) Wir könnten einander bestärken. Statt zu hoffen. In unseren Plänen. Vielleicht.

CHROBATH Konkret? Was heißt das konkret?

TINI Nun. Was denken Sie?

Pause. Chrobath studiert Tini. Dann holt er seine Brieftasche heraus. Findet ein Zettelchen. Schreibt darauf. Reicht Tini den Zettel.

CHROBATH Wenn ich nicht mehr die Hoffnung der Frauen sein kann. Dann eben das Konkrete.

TINI Das waren die Mörder doch immer. Die Hoffnung und das Konkrete. (liest) Verpflichte ich mich ... Ja. Das hätte ich mir vorgestellt.

CHROBATH Aber dann. Gleich. Dann möchte ich schon gleich. Wenigstens eine Anzahlung.

Chrobath drängelt Tini zum oberen Container. Sie wehrt sich. Aber irgendwie gelangweilt. Der Zettel fällt zu Boden. Tini muß über den Professor lachen. Er zieht sie in den Container. Die Tür zu.

## VI

Grete hebt den Zettel auf. Beginnt ihn in einen Plastiksack zu verstauen. Hans kommt aus dem Haus. Sucht nach dem Zettel. Sieht Grete beim Kramen. Nimmt ihn ihr weg. Grete muß nun alle Plastiksäcke aus dem Wagen nehmen und ordnen. Hans liest den Zettel. Er geht auf und ab. Liest den Zettel erneut. Schüttelt den Kopf. Betrachtet den Container lange. Grete schafft selbstvergessen Ordnung in ihrer Plastiksacksammlung. Hans unterbricht sie. Er küßt sanft die brandnarbige Seite ihres Gesichts. Er entfernt dazu die Maske. Setzt sie Grete wieder auf. Grete läßt alles über sich ergehen. Hans geht zum Container hinauf. Im Gehen sammelt er sich. Er öffnet die Tür. Steht in der Tür. Geht von der Tür wieder ein wenig weg.

HANS Tini!

TINI (von drinnen:) Papa!

HANS (sanft:) Tini. Komm her.

Tini kommt an die Tür. Richtet ihre Kleidung.

HANS Was geht hier vor?

TINI Papa. Was machst du hier?

CHROBATH (von drinnen:) Was ist hier eigentlich los?

TINI Geh. Papa.

HANS Und?

CHROBATH (von drinnen:) Regt sich jemand auf? Warum?

HANS Sie. Herr Professor. Sie bereiten einmal Ihren Vortrag weiter vor. Vor allem die Stelle mit dem Hinrichtungsersatz.

Chrobath kommt zur Tür.

TINI Papa. Bitte.

HANS Ich will doch nur wissen, wie weit ihr gekommen seid.

CHROBATH Jetzt lassen Sie mich doch alles. Wir sind doch alle erwachsene Menschen.

TINI Papa. Das ist doch. Ich meine. Das ist doch alles normal. Eigentlich.

HANS Tini!

CHROBATH Herr Horvath. Ich verstehe. Ich meine.

TINI Papa. Bitte.

HANS Tini.

TINI Es war nichts. Wirklich. Überhaupt nichts.
HANS Tini.
Tini greift sich zwischen die Beine und hält dem Vater den Zeigefinger hin. Hans hält Tinis Hand. Riecht an dem Finger. Er genießt das einen Augenblick. Dann stößt er Professor Chrobath Tinis Zeigefinger ins Auge. Er stößt Tini weg. Schleudert sie zu Boden dabei. Geht dem in den Container zurückgetaumelten Chrobath nach. Schließt die Tür. Handgemenge ist zu hören. Stöhnen. Gurgeln. Schläge. Tini steht auf. Sie geht zu Grete. Hockt sich neben sie. Schluchzend hilft sie Grete beim Ordnen der Plastiksäcke. Kann die rechte Hand nicht verwenden.

## VII

Tini und Grete ordnen die Plastiksäcke. Sie konzentrieren sich darauf. Wollen nichts bemerken. Hans schleppt Chrobath aus dem Container. Die Tür verdeckt ihm die Aussicht nach oben. Er schleift den Professor nach oben. Ella kommt herunter.
Gleich hinter ihr fährt der VW-Bus rückwärts vor. Beim Anblick von Hans mit dem leblosen Chrobath erstarren alle und verharren in ihrer letzten Bewegung. Die Männer im Bus starren aus den Fenstern. Branko steht an der Bustür. Ella bleibt stehen. Grete und Tini schauen langsam von ihren Säcken auf. Wenn alle ihn anstarren, bemerkt Hans dies. Er hält selbst inne. Einen Augenblick stehen alle bewegungslos. Hans schleift dann den Professor zurück in den Container. Er kommt wieder heraus. Schließt die Tür. Lehnt sich gegen sie. Alle machen hastig dort weiter, wo sie innegehalten haben. Ella läuft in die Baracke. Branko steigt aus dem Bus. Er öffnet die Tür. Die Männer drängen aus dem Bus heraus und laufen in die Betonbaracke. Mit ihren Putzutensilien. Sie kommen mit ihrer Dose Bier aus dem Haus. Hans verwehrt ihnen den Eintritt in den Container. Er schickt sie nach unten. An den unteren Bühnenrand. Die Männer setzen sich in einer Reihe hin. Sie beginnen traurige slawische Volkslieder zu summen. Sie wiegen sich zu den Melodien. Halten einander umfangen. Sie sehen das Publikum dabei an.

## VIII

Hans setzt sich auf die Bank. Branko steht unschlüssig bei der Tür zur Betonbaracke. Grete und Tini ordnen die Plastiksäcke. Die Asylbewerber summen während der ganzen folgenden Szene.

HANS Ja. Branko. So geht das.

BRANKO (sehr starker Akzent:) Ja. Herr Horvath.

HANS La garde meurt et ne se rend pas.

BRANKO (sehr starker Akzent:) Ja. Sicher. Du haben recht. Herr Horvath.

Ella steht am Fenster im Haus.

ELLA Der Mann. Er könnte. Doch. Hans.

Hans ignoriert sie.

HANS La garde meurt et ne se rend pas. Das heißt. Die Garde stirbt und ergibt sich nicht.

BRANKO (sehr starker Akzent:) Wie du meinen. Herr Horvath.

HANS Ein General Cambronne soll das in der Schlacht bei Waterloo am 18. Juni 1815 gesagt haben. General Cambronne hat sich ergeben. Trotzdem steht der Satz auf seinem Denkmal. (geht dozierend auf und ab) Außerdem. Dieser Satz wird auch dem Journalisten Rougemont zugeschrieben, der ihn am 19. Juni im L'Indépendent veröffentlichte. Und. Nach Alexandre in »Le Musée de la conversation«, 1892 herausgegeben, hätte diese Phrase zuerst am 24. Juni 1815 im »Journal général de la France« gestanden. Was schließen wir daraus? Mein lieber Branko?

BRANKO (sehr starker Akzent:) Ja. Richtig. Herr Horvath.

Ella taucht wieder am Fenster auf.

ELLA Hans. Bist du sicher. Sollte man sich nicht. Sollte man nicht.

Hans ignoriert sie.

HANS Ja. Branko. Wir sehen, daß man alles machen kann. Und haben. Dann. Den Ruhm der Geschichte und die Annehmlichkeit des Überlebens. Ich weiß natürlich nicht, ob das ein Vergnügen war. Von den Engländern gefangengenommen worden zu sein. Obwohl. Damals gab es ja noch eine ständische Achtung. Von Offizier zu Offizier. Und. Leben ist Leben. Und dann noch ein heroisches Denkmal. Ein Traum. Die Touristen in Nantes. Die schauen hinauf zu dem alten Kerl und nicken. So muß ein General reden. Die Wahrheit weiß ja keiner. Und außerdem. Stünde es in einem Führer. Die Leute fänden es richtig. Von den beiden Journalisten. Von denen weiß nur noch ich. Niemand sonst kennt sich da mehr aus. Dabei waren es damals schon die heutigen Probleme. Schließlich ist es nach wie vor eines der großen europäischen Probleme, ob Polen zum Westen gehört. Oder dem slawischen Ostraum zugerechnet wird.

ELLA Hans. Was ist mit diesem Mann.

BRANKO (sehr starker Akzent:) Ja. Du haben recht.

ELLA Es sollte jemand nachsehen. Der Mann braucht einen Arzt. Kann der Branko ihn nicht weg.

HANS Ja. Dann schau nach. Wer hindert dich. Ich glaube nur, der Mann braucht keinen Arzt mehr. – Und du. Tini. Dieser Professor. Von diesem Mann wird auch bald nichts mehr bekannt sein. Weil diese Herren glauben, sie wären etwas. Aber immer im Theoretischen. Und da nichts Ordentliches. Verrottet. Besonders die Geisteswissenschaften. Verrottet. Schau mich an. Ich habe nie einen Fuß in eine Universität gesetzt. Und ich bin auch etwas. Ich weiß sogar weitaus mehr als diese Herren. Und ich habe Geld. Wenn ich ein paar kleine Studentinnen wollte, dann könnte ich sie kaufen. Ich müßte nicht Staatsdiplome und Anstellungen versprechen, damit sie mich lassen. Auf Kosten der Steuerzahler sich sexuell versorgen. Stolz nenne ich das nicht. Nein. Nein. Das reicht nicht für die Ewigkeit. Da helfen auch Lehrmeinungen nicht. – Das Theater wieder in seine metaphysische Rolle einsetzen. Das Theater als Hinrichtungsersatz. Soll unsere Aggressionen kanalisieren. Oder was. Und die, die es machen. Die haben den Spaß. Die sollten zahlen. Die müßten uns bezahlen, daß wir uns das ansehen gehen. Heute geht das nicht mehr so. Die Gesellschaft läßt sich heute nicht mehr mit so ein paar armseligen revolutionären Vorstellungen abspeisen. Heute wird abgerechnet. Was einer zusammengebracht hat. Und nicht. Was sich einer gedacht hat. Oder gewünscht. Die Träume von ein

paar Verrückten finanzieren. Ha! Und. Außerdem. Vielleicht könnt ihr euch den Satz Lessings einmal zu Herzen nehmen. »Wer eine Ausnahme schildert, schildert unstreitig das minder Natürliche.« Das ist aus der Hamburger Dramaturgie. 30. St.
Branko (sehr starker Akzent) und Ella gleichzeitig.
BRANKO Du sehr gelernt. Chef. Du alles wissen.
ELLA Hans. Der Mann muß nicht tot sein. Was machst du dann.
HANS Das ist die Aufgabe von Kunst. Natürlichkeit. Anleitung für die natürlichen Tugenden. Für das Edle und Richtige. Für die Liebe zu den Eltern. Zum Beispiel. Für die Achtung und Ehre dieser Menschen, denen man alles zu verdanken hat. Ich habe nie etwas über meine Mutter kommen lassen. Ich würde hier nicht einmal einen Stein ändern lassen. Aus Verehrung für sie. Welche Leistung. Aus dem Nichts das aufbauen. Was war sie. Und was ist sie geworden.
Tini richtet sich auf. Dreht sich dem Vater zu. Will etwas sagen. Beugt sich wieder über die Plastiksäcke.
ELLA Das Essen im Golfclub haben wir jetzt versäumt.
HANS Ella. Schau doch endlich nach. Schau nach. Aber. Paß auf deine Frisur auf.
Ella kommt aus dem Haus. Geht in den Container.
HANS (innig:) Ella. Schau nicht so. Wir hatten Glück. Wir haben den Krieg nicht sehen müssen. Meine arme Grete hier kann das nicht sagen.

## IX

Bamberger kommt von oben. Er zwängt sich zwischen dem VW-Bus und dem Haus durch. Hans versperrt ihm den Blick auf die Tür des Containers. Die Asylbewerber summen ihre Lieder.
BAMBERGER Na. Gscheit. Daß ich Sie hier finde. Hat Ihre Frau schon geredet. Mit Ihnen.
HANS Sollte sie? Ja? Nein. Wahrscheinlich hatte sie ganz ein-

fach noch keine Gelegenheit. Kommen Sie. Gehen wir da hinein.
Bamberger und Hans gehen in die Baracke. Hans steckt den Kopf durch das Fenster heraus.
HANS Grete. Ich spiel dir jetzt die Musik von der Mama.
Hans stellt 2 Großpackungen Bierdosen auf die Bank. Die Männer holen sich das Bier. Setzen sich wieder. In einem Kreis. Trinken. Aus dem Lautsprecher die Arie des Kalaf aus Turandot. Dann Arie der Turandot. Ella schleicht vom Container zur Betonbaracke. Kauert sich unter das Fenster. Lauscht. Aus dem Fenster ist in regelmäßigen Abständen sehr laut zu hören:
HANS ... mein Reich ...
BAMBERGER ... Zukunft ...
HANS ... Anteile ...
BAMBERGER ... Veränderungen ...
HANS ... Meine Mutter ...
BAMBERGER ... unumgänglich ...
HANS ... Familie ...
BAMBERGER ... Automatisierung ...
HANS ... Familienbetrieb ...
BAMBERGER ... Umschichtungen ...
HANS ... Meine Kinder ...
BAMBERGER ... Synergieeffekte ...
HANS ... Tragfähigkeit ...
BAMBERGER ... Vorstandsbeschlüsse ...
HANS ... Kapitalausstattung ...
BAMBERGER ... Börsengang ...
HANS ... Menschlichkeit ...
BAMBERGER ... die Kräfte des Marktes ...
Mittlerweile:
Branko geht nach unten. Branko zu Tini. Branko spricht in diesem Gespräch ohne jeden Akzent. Besonders gepflegtes Deutsch.
BRANKO Christine. Warum gehst du nicht weg.
TINI Das verstehst du nicht.
BRANKO Dann erkläre es mir.
TINI Da ist nichts zu erklären.
BRANKO Du müßtest es nur wollen.

TINI Ich bitte dich. Was hätte ich für ein Leben. Arm, aber sauber. Was? Meine Eltern sind meine einzige Chance. Leider.

BRANKO Das geht doch alles nur, solange du jung bist. Was machst du dann. Später.

TINI Dann muß ich eben schon alles haben. Deshalb will ich ja jetzt alles erreichen.

BRANKO Menschenwürde. Das ist kein Begriff für dich.

TINI Ich bitte dich. Komm aus deiner Gerechtigkeitsphase heraus. Mich macht das richtig krank. Jeder von euch Kerlen hat einen anderen Ehrenkodex. Jeder von euch weiß genau, wie es geht. Aber leben. Wirklich leben. Darum geht es nicht. Du willst doch auch nur deinen Schwanz hineinstecken. Oder?

BRANKO Ich war ein Freund von deinem Bruder. Du bist wie eine Schwester für mich.

TINI Na gut. Dann geh weg mit mir. Jetzt. Gleich. Auf der Stelle. Irgendwohin. Und ganz neu anfangen. Gleich.

BRANKO Rede nicht so.

TINI Und. Ich muß dir noch etwas sagen. Ich mache es wirklich gern. Willst du mit mir in die Weinberge fahren? Oder in eine von den Kiesgruben in der Ebene? Mit deinem Bus da. Der nach verschwitztem Mann riecht. Nein?

BRANKO Du sollst nicht so reden.

TINI Ich mache es wirklich gern. Da will einmal eine eure Schwänze. Und dann ist es auch nicht recht.

BRANKO Christine. Das kann doch nicht alles sein.

TINI Was gäbe es denn noch. Einen lieben Mann und zwei liebe kleine Kinder.

BRANKO Irgend etwas muß man doch ernst nehmen.

TINI Ich nehme mich doch ernst. Und ich nehme mein Studium ernst. Und ich bin sehr gut in meinem Studium. Aber. Ich will halt auch noch leben. Was ist denn dagegen zu sagen.

BRANKO Man kann es sich nicht so leichtmachen.

TINI Wer hat dir das eingeredet. Dieses idealisierende Getue. Begreif doch einmal. Es gibt nichts als das Geld. Und Sex. Und manchmal kann man das eine für das andere eintauschen. Wir sind in eine Tauschgesellschaft geraten. Zivilisiert ist hier nie jemand gewesen.

BRANKO Du hast diesem Nihilisten Chrobath zu lange zugehört. Und wie alle Nihilisten will er das Abendland nur erneuern.
TINI Der Chrobath war ein Masochist als Sadist verkleidet. Auch nur einer von denen, die ihr Hobby zum Beruf gemacht haben. Oder besser. Ihre sexuellen Neigungen. Ich bitte dich. Jedes Semester Übungen zu Rivière, Lacenaire, De Quincey, Genet, de Sade. Und immer ein Hörsaal voll kleiner geiler Mädchen.
BRANKO Aber. Das ist doch kein Grund ...
TINI ... ich wollte nicht, daß er es umsonst kriegt. Nicht von mir. Ich kann dir sofort 7 nennen, die so mit ihm mitgegangen sind. Einfach so. Nur weil er Professor ist. Wir haben alle eine große Sehnsucht nach dem Vater. Mehr hat die Frauenbewegung nicht fertiggebracht. Wir dürfen uns jetzt in unserer ganzen Armseligkeit sehen. Ich denke, wir sind weniger wert denn je.
BRANKO Wie willst du mit deinem Zynismus alt werden.
TINI Wenn ich alt werde, werde ich fromm. Das machen doch alle so.
Musik aus.

## X

Ella hört Hans und Bamberger sich verabschieden. Sie läuft hinauf. Dreht um und schlendert von oben herunter. Hans und Bamberger treten aus dem Haus.
HANS Nun. Bamberger. Wir werden sehen. Das läßt sich ja vielversprechend an.
ELLA Ach. Herr Bamberger. Am Sonntag. Haben Sie denn nie frei?
HANS Ich melde mich bei Ihnen. Sie wissen. Ich habe immer noch kein Handy. So etwas hat bei uns nur meine Frau.
BAMBERGER Gnädigste. Sie wissen. Wir sind immer im Einsatz. Das Geld hat keinen freien Tag. Das Geld rastet nie. Auf Wiedersehen. Tschau.

Alle sehen Bamberger nach. Hans und Ella gehen zu Tini und Branko nach unten. Grete sitzt wieder neben ihrem Einkaufswagen am Boden.

ELLA (aufgeregt:) Der lebt. Der atmet noch. Du mußt etwas tun. Man muß etwas tun.

HANS Branko.

BRANKO (sehr starker Akzent:) Ja. Sie wünschen. Chef.

HANS Zuerst einmal sollten wir uns über eines klarwerden. Ja. Branko. Das betrifft auch dich. Du gehörst doch ohnehin zur Familie. Also. Das hier. Hier. Das alles. In all seiner Unscheinbarkeit und Schäbigkeit. Das ist das Herzstück unseres Betriebs. Hier hat die Mama angefangen. Hier ist sie noch selber gegangen und hat irgendwelche Flugzeugklos ausgewischt. Wir wissen, daß der Papa ihr nicht geholfen hat. Und wie er dann tot war. Der Onkel Edi. Der hat ja die Mama überhaupt nur ausgenützt. Und trotzdem. Das alles hat ihr nichts anhaben können. Sie hat die Möglichkeiten früh erkannt. Sie hat unternehmerischen Instinkt bewiesen. Zu einer Zeit, in der noch niemand daran geglaubt hat, daß der Flugverkehr dieses Ausmaß annehmen könnte. Und es war unternehmerisches Talent, die Asylbewerber hier zu beschäftigen. Und damit dem Staat von der Geldtasche zu holen. Sie hat früh erkannt. Früher als die meisten. Früher als alle hat sie erkannt, daß der Staat von seinen sozialen Aufgaben entlastet werden muß und daß es Privatsache sein kann, einen sozialen Gedanken umzusetzen. Unsere Mama war ein unternehmerisches Genie. Und mit jeder Änderung des Asylgesetzes haben wir dazu gewonnen. Und werden weiter dazu gewinnen. Es wäre Wahnsinn, das hier abzustoßen. Kurzsichtigkeit. Ich sehe ein, meine liebe Ella, daß dir das große Büro am Rennweg lieber ist. Nur Telefone, Fax und Computer. Aber. Das Leben. Das. Das den Schmutz macht. Von dem eine Reinigungsfirma nun einmal lebt. Dieses Leben. Das findet hier heraußen statt. Und eine etwa 80prozentige Marge ist etwas, was man auch beim kleinsten Umsatz nicht veräußert. Wie gesagt, es wäre Wahnsinn, das hier abzustoßen. Ich weiß. Als Mittelbetrieb sind wir ausgesetzt. Auf der anderen Seite. Das, was wir hier machen. Das beruht auf Vertrauen und Diskretion. Das kann ein anonymer

Multi nicht machen. Ein börsennotiertes Unternehmen wie die Flughafenbetriebsgesellschaft schon gar nicht. – Du siehst das sehr kurzsichtig. Meine liebe Ella. Natürlich wärst du sehr elegant im Aufsichtsrat da. Aber. Deine Ambitionen sind verfehlt. Ich habe der Flughafenbetriebsgesellschaft über den Dr. Bamberger ausrichten lassen, daß wir nicht daran denken, diesen Betrieb abzugeben. Dr. Bamberger mußte bereits einsehen, daß sich aufgrund unseres Know-how im Handling keine Konkurrenzsituation konstruieren läßt. Dr. Bamberger überlegt jetzt, ob eine kleine Beteiligung der Flughafenbetriebsgesellschaft bei uns den Aufsichtsrat zufriedenstellen könnte. Das würde durchaus zu Synergien führen. Vor allem in steuerlicher Hinsicht könnte das zu Erleichterungen führen. Er würde die Repräsentanz dieser Minderheit übernehmen. Das wäre eine Lösungsmöglichkeit. Die zieht keine großen Änderungen nach sich. Wir müßten investieren. Aber das sollten wir aus Abschreibungsgründen ohnehin. Wir stehen jedenfalls da. Ein gutes altes Familienunternehmen. Unsere Eigenkapitalbasis ist mehr als gesund. Die Kapitalrendite beeindruckend. Wir können auf unsere Leistung stolz sein. Das gilt vor allem für dich. Ella. Aber. Und jetzt komme ich zum Wichtigsten. Das hier ist Gretes Heimat. Seit dem großen Unglück lebt sie hier, und es ist unsere Pflicht, ihr diesen Lebensbereich zu erhalten. Ja. Ella. Ich komme schon dazu. Das ist alles nun in Frage gestellt. Einerseits haben wir die Übernahmeversuche der Flughafenbetriebsgesellschaft abgewehrt. Dafür gibt es dieses Problem. In Container 17. Branko und ich werden uns darum kümmern. Ihr geht einmal am besten alle ins Büro.

## XI

Ella stellt sich ihm in den Weg. Alle bleiben stehen.
ELLA Ich berufe eine Versammlung der Teilhaber ein.
HANS Nein Ella. Nicht schon wieder.
ELLA Grete. Es geht um dich. Bist du einverstanden.
Hans geht zu Grete. Nimmt sie um die Schultern. Grete hat zugehört. Blieb aber immer abseits.

HANS Grete. Komm. Habe ich nicht immer gut für dich gesorgt.
ELLA Grete. Wir zwei. Wir können ihn abwählen. Und. Grete. Du hättest allen Grund dazu.
HANS Was willst du eigentlich. Ella. Was ist plötzlich so dringend.
ELLA Grete. Willst du nicht weg von hier. Willst du nicht ein normales Leben anfangen. Wenn du verkaufst, kannst du dir jede Operation leisten. Und ich beginne ein neues Leben. Ich könnte Medizin studieren. Oder sonst etwas. Und wenn ich nur mein Handicap verbessere.
HANS Du lieber Himmel. Mach das doch. Meinen Segen hast du. Und die Grete kann nicht operiert werden, weil sie mit niemandem spricht. Also auch nicht mit einem Arzt.
ELLA Du hast nichts verstanden. Ich will nicht mehr für dich und dieses Drecksimperium arbeiten. Ich kann nichts mehr essen. Weil alles von diesem Geld hier bezahlt werden muß. Schmutzgeld.
HANS Na. Ella. Gib nicht so an. Auf einmal. Das Chanel-Kostüm hat sich mit dem Schmutzgeld aber schön bezahlen lassen.
ELLA Grete. Komm. Wir haben eine Chance. Mein Viertel. Und deine Hälfte. Wir können bestimmen, was geschieht. Grete. Wir hätten es längst machen sollen.
HANS (hält Grete weiter umfangen:) Aber. Ich zahl dir doch alles. Und du kannst tun und lassen, was du willst.
ELLA Nein. Ich will nicht mehr. Ich habe es bisher für die Kinder. Aber. Der Richie ist weggegangen. Und die Tini. Die hast du. Du hast sie hinuntergezogen.
HANS Na. Du kannst es aber auch. Bamberger & Co. sage ich nur. Was soll man davon halten. Eigentlich. Aber. Streng dich nicht an. Die Grete macht nicht mit. Darauf kannst du dich verlassen. Meine liebe Ella.
ELLA Grete. Hans. Wollt ihr es zum äußersten kommen lassen.
HANS Versuch es.
ELLA Weißt du, worum es geht?
HANS Ich sehe nicht, wie du meine Schwester auf deine Seite ziehen kannst.

ELLA Grete. Erinnerst du dich an den Tag, an dem es geschehen ist.

Grete verbirgt ihren Kopf an Hans' Schultern.

ELLA Grete. Erinnerst du dich, daß es immer geheißen hat, der Hans und ich wären im Kino gewesen.

Grete wimmert.

ELLA Grete. Erinnerst du dich, daß die Polizei nicht verstehen konnte. Wie jemand durch das große Tor kommen konnte. Ohne Schlüssel.

Grete versteckt sich an Hans Schulter.

ELLA Grete. Erinnerst du dich, daß du gedacht hast, es wäre der Mandi. Und er holt dich ab. Und deswegen hast du die Tür aufgemacht.

Grete hält sich die Ohren zu.

HANS Ella. Was machst du mit ihr.

ELLA Grete. Erinnerst du dich, daß ich gesagt habe, der Hans war mit mir im Kino. Ich sage dir heute. Ich war nicht mit dem Hans im Kino. Ich war gar nicht in Wien. Der Hans hat mich gebeten, das zu sagen.

Grete bricht zusammen. Hans fängt sie auf. Legt sie auf die Plastiksäcke im Einkaufswagen. Schiebt den Wagen in die Baracke. Kommt wieder heraus.

HANS Wunderbar. Die Grete weiß doch, daß ich es war. Das weiß sie schon immer. Wir haben allerdings nicht gewußt, daß du es weißt. Großartig hast du das jetzt gemacht. Generalversammlung. Toll. Kümmert euch um sie.

Ella und Tini ins Haus.

## XII

Die Männer kauern im Kreis. Sie trinken und folgen den Geschehnissen.

HANS (zu Branko:) Frauen. Das hat man davon. Viel weiter sind sie nicht gekommen. Und? Was machen wir damit. Einen Unfall. Denke ich.

BRANKO (starker Akzent:) Du wissen was. Du Chef.

HANS (ärgerlich:) Ernsthaft. Branko. Ernsthaft. Mein Lieber. Laß das. Ich brauche dich. Und. Ich habe es ernstgemeint. Das. Mit der Familie. Du und die Tini. Ihr wart doch zusammen. Immer. Jedenfalls solange der Richie da war. Die Tini könnte einen brauchen wie dich. Du hast noch Familiensinn. Von zu Hause. Ihr seht euch doch auf der Universität. Oder.

BRANKO (ohne Akzent:) Früher. Wir haben einander früher öfter gesehen.

HANS Na ja. Dann ist es ja gut. Also. Das Auto können wir einmal lassen. Dann soll einer damit nach Ungarn. Oder nach Polen. Dafür suchst du einmal die Autopapiere. Und sonst. Tja. Einer fliegt nach Berlin. (Er macht Chrobath nach:) Ich habe da nur rasch einen Vortrag. (Befehlston) Such einen aus, der halbwegs paßt. Im Alter. Und so. Und der soll sich durchschlagen. Zieht ihm die Sachen vom Professor an und gebt ihm das Gepäck. Das vom Professor. Und zieht dem Professor die Sachen von dem an. Da werden wir schon einen Weg finden. Der soll fliegen. Vielleicht kann er ja den Vortrag halten. Vielleicht haben wir hier ja ohnehin einen Theaterwissenschaftler. Also. Wenn es ihm gelingt, ist er in Berlin. Mit einem gültigen Ausweis. Und Geld. Der Professor hat ja auch nicht wie der Urgermane ausgesehen. Da. Schau. Der ist doch ideal. Ja. So machen wir es. Die Spur verliert sich in Berlin. Guter Titel. Für einen Konsalik. Oder so. Ach. Ich hätte schreiben sollen. Da wäre ich glücklicher geworden. Und ich hätte ja auch etwas zu erzählen. Mehr als der Herr Professor. Jedenfalls. Die Spur verlor sich in Berlin. Nein. Nein. Das muß schon heißen. Die Spur verliert sich in Berlin.


## XIII

Branko gibt den Männern Anweisungen. Er macht ihnen vor, was sie machen sollen. Zeichensprache. Dazwischen. »Da«, »Du so machen«, »So«. Und immer wieder »Dann du bekommen Wodka« und »Wodka«. Die Männer holen Chrobath aus dem Container. Ziehen ihn aus. Ziehen den gewählten Asylbewerber aus. Ziehen ihm Chrobaths Kleider an. Ziehen Chrobath die Kleider des Asylbewerbers an. Scherze. Rüde Zurufe. Sie tanzen um den neuen Professor herum. Branko drückt ihm Chrobaths Köfferchen in die Hand. Der Mann untersucht alles, was darin ist. Die anderen nehmen daran teil. Papiere. Bücher. Unterhose. Rasierapparat. Hemd. Socken. Kondome. Zahnbürste. Zahnpasta. Kamm. Rasierwasser. Duschgel. Am Schluß steht der Mann geschniegelt da. Professor Chrobath ist auferstanden. Die anderen erweisen ihm pantomimisch die Reverenz.

Währenddessen:
Hans steht links unten. Beobachtet die Szene. Die Frauen im Haus. Alle müssen schreien, um sich verständlich zu machen.

ELLA Der Mann lebt doch noch. Sollen wir alle ins Gefängnis gehen. Weil du dich nicht beherrschen kannst.

HANS Ich habe dir doch gesagt. Hol die Polizei.

ELLA Ich hasse dich.

HANS Was ist mit Grete. Kommt der Arzt.

ELLA Sie weiß nicht, wo sie ist.

TINI Was wird jetzt aus uns.

HANS Das kommt alles in Ordnung.

TINI Was ist damals passiert.

HANS Ach. Was verstehst du. Denk einmal an deinen Professor. Dieser Kotzbrocken. Nicht weiter gekommen als bis zur Romantik. Der Kerl. Aber das kommt davon, wenn die Leute ihre Berufe nur dazu benützen, ihre persönlichen Bedürfnisse zu befriedigen. Dafür wurde das Puff erfunden. Dafür muß man sich aber nicht habilitieren. Die sollten einen Tag einen Betrieb führen müssen. Da würden sie erst einmal sehen, wie das wirkliche Leben aussieht. Und du. Ella. Deine 25 % kann ich dir jederzeit abknöpfen. Das weißt du. Wäre ja noch schöner.

ELLA Die Steuernachzahlung kannst du dir aber nicht leisten.

HANS Es gibt noch andere Problemlösungen. Denk einmal nach.

TINI Könnt ihr einmal aufhören, über diesen Scheißbetrieb zu reden.

HANS Ich mach das schon. Geht ihr und kümmert euch um die Grete.
TINI Und kannst du endlich aufhören mit diesem »ich bin ein Mann der Wirtschaft-Scheiß«.

## XIV

Der neue Professor Chrobath ist fertig.
HANS Branko. Jeder eine große Flasche.
BRANKO Jeder?
HANS Ja. Sicher. Geht nur. (Zu den Männern) Wodka. Da. Wodka.
Die Männer drängen sich in die Betonbaracke. Man hört, wie sie den Wodka mit lauten Ausrufen begrüßen. Die Frauen sind vom Fenster verschwunden. Hans schleift den Professor Chrobath eilig in den Container. Läuft nach rechts weg. Er kommt mit einem Gartenschlauch und einer Heckenschere zurück. Schneidet dem Schlauch die Spitze ab. Steckt den Schlauch vorsichtig durch die Lüftung. Er steht ruhig und überlegen da, wenn die Asylbewerber mit ihren Flaschen Wodka aus dem Haus kommen. Die Männer trinken und lassen sich in den Container scheuchen.
HANS Branko. Du führst den Professor weg. Da. (Er wirft Branko Autoschlüssel zu.) Nimm meinen Wagen.
Branko führt den falschen Professor weg. Die Männer im Container. Ella kommt wieder ans Fenster.
ELLA Was passiert jetzt. Sag uns doch wenigstens, was du vorhast.
HANS Geh vom Fenster weg. Ella. Du willst nichts wissen. Es genügt, wenn ich das alles aushalten muß. Geh. Und laß die anderen auch nicht. Kümmere dich um die Grete.

## XV

Die Männer sind alle in den Container getrieben. Hans macht die Tür zu. Versperrt sie. Er nimmt das lose Ende des Schlauchs und steckt es in den Auspuff des VW-Busses. Er steigt ein. Wirft den Motor an. Im Container rohe laute Gesänge. Der VW-Bus läuft. Lang. Einige Zeit Schreie und Klopfen. Dann Ruhe im Container. Nur der VW-Motor ist zu hören.

### Pause.

Das Publikum muß sitzen bleiben. Die Leute können bei Verkäufern mit Bauchläden Eis und Cola kaufen. Hot dogs? Auf der Bühne läuft der Motor. Dann kommen Techniker und richten den Container für »nach dem Brandanschlag« her.
Leuchtschrift:
Diese Pause ist für den Buffetier des Wiener Schauspielhauses Harry Brunner, der sich beklagt, daß neue Stücke nie Pausen haben.

## XVI

Hintergrund: Wie zu Beginn. Die Flugzeuge steigen weiter alle 9 Minuten auf.
Licht: weiter heller Sonnenschein. Ändert sich nicht.
Bühne: Der obere Container ist ausgebrannt. Rußüberzogen. Feldbetten stehen in Reih und Glied. Die Männer liegen in Decken gewickelt festgeschnallt. Der linke Arm heraußen. Zum Blutdruck messen. Einige leere Feldbetten.
Ein Tisch vor der Gartenbank vor dem Fenster.

Der VW-Bus fährt rückwärts vor. Branko hievt eine Bahre aus dem Bus. Schiebt sie nach vorne. Grete geht ihm entgegen und mit ihm hinunter. Hans fährt in seinem Rollstuhl aus der Baracke. Hans ist von Brandwunden schwer entstellt. Grete trägt keine Gesichtsmaske mehr. Die Säurenarben sind nur noch schwach zu sehen. Grete trägt ein schwarzes Kleid und eine weiße Kleiderschürze darüber. Krankenschwester aus dem 1. Weltkrieg.

GRETE Noch einer?

BRANKO Einer? Sie wollten uns noch mehr zuweisen.

GRETE Stimmen die Papiere. Ja? Wenn er alle Bons hat. Wenn die alle Bons haben. Wir können hier durchaus noch erweitern.

BRANKO Aber. Ohne mich. Bitte.

GRETE Aber. Branko. Wir schaffen das. Letzten Endes zahlt es sich aus. Auch für dich. Hier hast du wenigstens noch die Chance einer Bezahlung. Das mußt du zugeben. Eins. Zwei. Drei. Jetzt.

Branko und Grete wälzen den Mann von der Bahre auf das Feldbett. Sie schnallen ihn sofort fest.

BRANKO Leben ist das alles keines mehr.

GRETE Wenn es etwas anderes gäbe, wären wir alle nicht hier. Und die schon gar nicht. Die armen Teufel.

BRANKO Na gut. Ich fahre dann um das Essen. Wie viele sind es.

GRETE Die 2 da oben. Die essen nichts mehr. 9 reichen. Und unsere. Da sind die Bons. Für dich auch?

Grete geht zum Tisch. Nestelt unter ihrer Schürze ein Täschchen hervor. Entnimmt dem Täschchen blaue Zettelchen. Zählt sie ab. Bringt sie Branko. Nestelt das Täschchen wieder zurück.

BRANKO Für mich nicht. Danke.

GRETE Immer nur Wurstsemmeln. Du mußt auch einmal etwas Warmes essen.

BRANKO Nicht dieses Essen. Dieses Essen wäre schon allein ein Grund, Schluß zu machen. Echt. Wie ihr das hinunterbringt.

GRETE Ja. Ja. Wenn man jung ist. Da ist so etwas schwierig.

HANS Ich will auch eine Wurstsemmel. Branko. Bring mir auch eine mit.

GRETE Nein. Nein. Kommt gar nicht in Frage. Du mußt auf dein Essen aufpassen. Diese Diät ist auch für dich das Richtige.

HANS Grete. Immer nur Suppen und Gemüsebrei. Ich bin noch nicht krank.

GRETE (begütigend:) Aber ein Krüppel. Mein Lieber. Solange du im Rollstuhl sitzt, mußt du vorsichtig essen. Ich gebe dir dann von den Vitamintabletten.
Branko steigt in den VW-Bus.
GRETE Laß deinen Pager an. Und bitte. Nur Männer. Vergiß das bitte nicht. Ich habe es wieder deponiert. In der Zentralstelle. Wir sind hier nur für Männer eingerichtet. Sie wollen immer versuchen, uns Frauen zuzuweisen.
HANS Das macht sie nur, damit ich nicht auf schlechte Gedanken komme. Branko. Bring mir etwas mit.
Branko winkt. Fährt ab.

## XVII

Grete setzt sich auf die Bank an den Tisch. Sie drückt Aspirintabletten aus der Packung auf ein Brett. Zerschlägt die Tabletten mit einem Hammer. Benützt den Hammer und ein Messer, die Tabletten zu Staub zu zerdrücken. Die Medikamente sind im Einkaufswagen in Plastiksäcken in verschiedenen Farben verstaut.
GRETE Hast du die Listen?
HANS (liest von einem Clipboard ab:) Tramal haben wir 9 Pakkungen. Vendal 6. Heptaton 5. Und Aspirin. Aspirin haben wir genug.
GRETE Hmmm. Müssen wir bestellen?
Der neue Kranke hebt den Kopf. Sieht sich um. Kann sich nicht bewegen. Beginnt zu brüllen. Die anderen stimmen nach und nach ein. Sie heben die Köpfe und stimmen ein mehr oder weniger starkes Geheul und Gewimmer an. Grete holt Watte aus dem Einkaufswagen. Wickelt eine Flasche aus einem blauen Plastiksack. Schüttet Flüssigkeit auf den Wattebausch. Sie läuft von einem brüllenden Mann zum anderen. Hält ihnen die Watte unter die Nase. Die Kranken sinken zusammen. Sind still. Einer nach dem anderen. Grete kehrt wieder zum Aspirinzertrümmern zurück.
GRETE (plaudernd, einen Faden wieder aufnehmend:) Weißt

du. Es war nicht die Verletzung selbst. Die Schmerzen. Oder die Verunstaltung. Das war es gar nicht so sehr. Das wirklich Schreckliche war das Verletzt-Worden-Sein. Dieses in diesem Augenblick erzwungene Wissen, daß in diesem Augenblick alle Verletzungen möglich gewesen sind. Möglich sind. Und die erlittene ein Zufall. Und alle anderen dann genauso geschehen. Zerstörung. Die Möglichkeit aller Verletzungen in dieser einen die vollkommene Zerstörung. Schließlich. Es war dir gleichgültig. Es muß dir gleichgültig gewesen sein, welche Verletzung am Ende herauskam. Die Angst, blind zu werden, war ein Vergnügen gegen die Angst deinen erhobenen Arm weiterzuführen in meine Auslöschung in der Säure. Das wirklich Schreckliche war dieses Verstoßensein in alle Bilder aller Schrecken. Beim Aufmachen der Tür war ich eine Person gewesen und einen Augenblick später eine Wissende ohne jede Zuflucht. Zerrissen in die Angst in mir und in die Angst um mich und in die Angst nie wieder ein Wort. Ich schlafe immer noch nicht. Ich sitze im Bett. Obwohl du mir nichts mehr tun könntest.

HANS Aber. Grete. Du weißt doch.

GRETE Es hilft nichts zu wissen, daß es nicht mir gegolten hat.

HANS Du weißt doch. Die Mama.

GRETE Ja. Ich weiß ja. Aber. Daß du im Rollstuhl sitzen mußt. Das hilft mir wirklich. Vielleicht kann ich so wieder einmal schlafen. Das wäre das Schönste.

HANS Ich sage dir immer. Nimm eines von diesen Mitteln. Ich meine. Wir haben hier Großpackungen.

GRETE O nein. Ich habe niemandem, der über mich wacht. Nicht so wie die da. Die haben mich. Ich. Ich nicht.


## XVIII

Der Wagen einer Filmfirma fährt vor. In der Lücke oben. Henschel und Geiger steigen aus.

GRETE (schaut auf die Uhr:) Pünktlich! Pünktlich!

Geht ihnen entgegen.
HENTSCHEL Grüß Gott. Frau Horvath.
GRETE Herr Henschel. Wie geht es denn.
HENSCHEL So. So. Sie wissen ja, wie es ist.
GRETE Doch. Doch. Geht es dem Kleinen besser?
HENSCHEL Es sieht so aus. Jetzt einmal. Aber. Man kann es nicht sicher sagen. Man kann ja nichts sicher sagen.
GRETE Daß es so Kleine treffen kann. Das ist schon eine Schande. Erwachsene. In unserem Alter. Das kann man noch irgendwie verstehen.
HENSCHEL Schande. Das ist alles eine Schande. Man hat es ja immer gewußt. Im Ernstfall. Im Ernstfall bricht alles zusammen. Und die Politiker sind die ersten, die flüchten.
GEIGER Ja. Das alles so endet. Das hat man sich nicht vorstellen können.
GRETE Ja. Meine Herren. Kommen Sie. Setzen Sie sich. Da. Da auf die Bank. Ich hole mir. So.
Sie holt einen Sessel aus der Baracke. Reicht eine Flasche und Gläser durch das Fenster.
GRETE Zu trinken brauchen wir etwas. Wodka. Das tut uns gut. Meine Herren. Meinen Bruder kennen Sie? Ach ja. Der war natürlich immer da. Mein Gott. Ich bin ja total verwirrt.
GEIGER Daß unsere schönsten Augenblicke vom Wodka geliefert werden müssen. Das haben wir uns auch nicht gedacht. Ich meine.
HANS Ich bekomme keinen?
GRETE Hans. Du weißt doch. Oder wir machen einen Dauerkatheder. (zu den beiden Männern) Er will keinen Katheder. Unmännlich. Aber die Scherereien. Die hab dann ich.
HANS Gretel.
HENSCHEL Also. Frau Horvath. Prost.
Sie prosten einander zu. Hans beleidigt. Grete beginnt wieder Aspirin zu zerkleinern. Ein weißer Berg ist auf dem Brett aufgetürmt.
GEIGER Einen guten haben Sie da. Frau Horvath.
HANS Ja. Wir bekommen einen starken zugewiesen. Aber die. Die haben Äther lieber.

GRETE Herr Henschel. Was gibt es denn sonst Neues.

HENSCHEL Frau Horvath. Gar nichts. Gar nichts. Sie wissen ja.

HANS Herr Henschel. Sie haben doch etwas auf dem Herzen. Herr Henschel. Wir sitzen doch alle im gleichen Boot. Mittelstand. Wir sind alle ehemaliger Mittelstand. Haben unsere Rechnungen bezahlt. Und deswegen. Kein Vermögen. Nichts, um wegzukommen.

Henschel und Geiger nicken. Sie schauen dem Flugzeug nach.

HANS Wir waren zu anständig. Zur falschen Zeit anständig. Blöd. Eben. Bescheuert.

GRETE Ach. Hans. Es hätte nichts geändert. Wenn du verkauft hättest. Dann hätten wir vielleicht gar nichts. Und du. Wenn alles so geblieben wäre. Wie es war. Du wärest ...

HANS Ja. Ja. – Aber. Die Ella. Meine Frau. Wissen Sie. Die hat es geschafft. Die hat in dem Chaos das Richtige gemacht. Alles an sich gerissen. Zu Geld gemacht. Und das hat sie jetzt. Obwohl. Wissen Sie. Alles kann man ertragen. Eigentlich. Aber. Sie lassen sich erpressen und dann kommen Sie drauf, daß es die Gesetze gar nicht mehr gibt, nach denen Sie erpreßt werden können. Ich muß Ihnen sagen, daß es so weit kommen kann. Das hätte ich mir nie.

GEIGER Nein. Daß wir einmal ungestraft morden können. Aber daß der Diebstahl von Jodtabletten am schwersten bestraft werden wird, das hätten wir uns nicht gedacht.

GRETE Prost. Einen noch. Einen kleinen. Das muß schon sein. Kommen Sie. Also gut. Hans. Da. Trink einen Schluck. Du sollst nicht leer dasitzen.

HENSCHEL Also. Frau Horvath. Wir haben bisher immer gut zusammengearbeitet. Diesmal bräuchten wir einen gut erhaltenen. Ich meine. Er sollte halt noch gut aussehen. Ernährt und so.

GRETE Wozu denn das? Reicht es nicht, daß es eine Leiche ist?

GEIGER Die Konkurrenz. Ich sage Ihnen. Die haben. Also. Vor allem die Frauen bei denen.

HENSCHEL Schorsch. Das will die Frau Horvath alles nicht hören. Aber. Er hat recht. Frau Horvath. Sie müßte noch gut ausschauen. Die Leiche. Also. Man dürfte nicht sehen, daß er. Daß er an dieser blöden Gschicht gestorben ist. Ganz einfach.

HANS Sie wissen, daß das unmöglich ist.

GRETE Ich glaube, wir haben da nichts, was Sie brauchen könnten.

HENSCHEL Und. Daß man. Früher. Meine ich. Ich meine. Das Ende ist ja sowieso. Unvermeidlich. Sozusagen.

GEIGER Wenn man es einmal hat. Dann ist es doch schon gleichgültig. Dann gibt es doch nichts mehr. Ohnehin.

HANS Ich stelle eines klar. Sie wollen, daß wir einen Frischangelieferten töten. Und Ihnen dann überlassen. (Pause) Was können Sie zahlen?

GRETE Sie wissen. Wir müssen genau abliefern. Eine ganze Leiche. Das müssen wir. Sie wissen, wie die Kontrollen sind. Da gibt es keinen Umweg.

HENSCHEL Am einfachsten wäre es natürlich, wir könnten hier. Hier arbeiten.

GRETE Natürlich. Da muß die Leiche nicht weg. Wir wissen die Zeiten. Die Kontrollen sind nie vor 7 am Abend.

HANS Wir haben gute Geschäftsverbindungen von früher. Dieser Bamberger. Der ist unser Kontrolleur. Der ist uns gut bekannt. Mit dem haben wir schon früher.

GEIGER Was haben Sie denn da.

GRETE Ja. Wenn wir es hier machen können. Dann geht jeder. Ich meine. Sobald halt. Aber. Kommen Sie. Schauen wir.

Gretel, Henschel und Geiger gehen die Feldbetten entlang.

GEIGER Krampfanfälle?

GRETE Nein. Das haben wir im Griff.

HENSCHEL Wenig Ausschlag.

GRETE Die frische Luft.

GEIGER Die sind auch nicht vollkommen abgemagert.

GRETE Jeder bekommt seine Ration. Was denken Sie.

HENSCHEL Atmen ein bißchen flach. Alle.

GRETE Schlafen gut. Wir geizen nicht mit den Medikamenten. Wie das anderswo berichtet wird.

GEIGER Ist doch o. k. Oder?

HENSCHEL  Ja. Es geht nur um den Zeitpunkt. Am besten. Ich lasse Ihnen meine Handynummer da. Und Sie verständigen mich, sobald es so weit ist. Und bitte. Fühlen Sie sich nicht gedrängt. Aber. Bald wäre gut.
GRETE  Ja. Aber.
HENSCHEL  Wie das letzte Mal?
GRETE  Ein Drittel mehr. Ich meine. Sie wollen doch eine rasche Lieferung.
HENSCHEL  Sie können es. Frau Horvath. Ja. Herr Horvath. Da haben Sie schon eine geschäftstüchtige Schwester.
GRETE  Und die Hälfte vorher.
HENSCHEL  Ein reelles Geschäft ist ein reelles Geschäft. Hier.
Hentschel zählt Grete 5 kleine Bündelchen blauer Bons in die Hand. Grete zählt nach.
HANS  Auf das Geschäft sollten wir noch einen.
HENSCHEL  Nein. Danke. Wir müssen weiter. Wir hören dann von Ihnen. Lassen Sie es sich schmecken.
Hentschel und Geiger in ihr Auto. Ab.
GRETE  Hans!
Hans schenkt sich ein.
HANS  Die Mama wäre stolz auf uns. In so einer Situation. Und trotzdem ein Geschäft. Das soll uns einer nachmachen.


## XIX

Grete fast fröhlich. Hans gemütlich.
GRETE  Bald haben wir es geschafft. Dann. Dann fehlt nicht mehr viel. Und wir haben es.
HANS  Wenn sie uns dann nicht betrügen. Medizin hätte man studieren sollen. Ich habe immer gehofft. Eines der Kinder. Man würde es halt genauer erfahren. Aber der Richie. Und die Tine erst. Theaterwissenschaft. Sieht man jetzt. Was das für einen Sinn gehabt hat.
GRETE  (sinnierend:) Ich tu nichts. Ich ruf den Henschel an. Und erst wenn ich das ganze Geld in der Hand habe. Ich meine. So verdienen wir ja. Aber. Stell dir vor. Der Henschel

zahlt dann nichts. Und wir haben einen Ausfall. Draufzahlen könnte man so.

Hans schenkt sich ein. Grete schaut weg.

HANS Grete. Sag mir. Wieso hast du nichts geredet. Ich habe gedacht, du kannst gar nicht mehr. Reden. Meine ich. Warum hast du nichts gesagt. Geredet. Ich meine. Es war eine Tragödie. Und du weißt es. Du hast es gewußt. Du hast das immer gewußt.

Grete beginnt Tramal Tabletten zu zerkleinern.

GRETE (reminiszierend:) Ja. – Wenn ich denken wollte. – Wenn ich nur einen Gedanken fassen wollte. Worte. – Aneinander. – Im Kopf. Wenigstens. – Einen Sinn. Die Ereignisse aneinander und die Geschichte erzählen. Wenn ich die Geschichte nur denken wollte. Dann waren da nichts als Bilder. Da sind nur Bilder gekommen. Aufgetaucht. – Aufgetaumelt. – Da stürzen die Bilder in einen herein. Fallen. Bilder fallen. Bilder. Worte nicht. Worte steigen da nicht auf. Lassen sich nicht fassen. Und in den Bildern. Ich war immer in den Bildern und die Bilder in mir. Ich war zwischen mich und die Bilder geworfen. – Gestürzt. In die Bilder in mir in mich gestürzt. Bodenlos.

HANS Du hättest etwas sagen sollen.

GRETE Das sagt sich so leicht.


## XX

Tini kommt von oben. Sie ist hell gekleidet. Elegant. À la Jackie Kennedy.

TINI Tante Grete.

GRETE Tini!

HANS Was. Was machst du hier. Ich dachte. Ihr seid.

TINI Papa.

Kurzes Schweigen.

TINI Wie fliegen erst jetzt. Aber. Es eilt ja nicht. Für uns. Jedenfalls.

HANS Ja. Ich dachte.

GRETE Schön. Daß wir dich noch einmal. – Hast du denn keine Angst. Hierher.
TINI Wenn man einmal geimpft ist, gibt es keinen Grund mehr. Ich meine. Wir könnten hierbleiben. Aber. Es ist. Ja. Es ist gefährlicher wegen der anderen.
GRETE Ja. Die Menschen sind mißgünstig.
HANS Mißgünstig. Niemand hat mehr als sein Leben.
TINI Wir können aber nichts mitnehmen. Gar nichts. Nicht einmal Fotos. Wenn wir in die Quarantäne gehen.
Schweigen.
TINI Wie geht es euch. So?
GRETE Na ja. Wir machen das hier. Und irgendwie. Wir sparen halt auch. Damit wir. Natürlich wollen wir hier heraus. Aber. Wir könnten nur gemeinsam. Und das ist halt. Ich meine. Da werden wir noch lange. – Du hättest nicht hierherkommen sollen.
TINI Mach dir keine Sorgen. Mir kann wirklich nichts passieren.
HANS Die Medizin war immer ein Lügengeschäft. Und jetzt. Werden wir auch noch regiert von denen. Die Hygienebehörde unterscheidet sich nicht ein bißchen von einem Polizeipräsidium. Ach. Das taugt alles nicht. Ihr hättet gleich. Wenigstens. Aus so einer Situation. Hier. Da muß man gleich weg. Verschwinden muß man da. Verschwinden. Wenn man die Gelegenheit hat. Was hat sich deine Mutter denn gedacht. So lange hierzubleiben.
GRETE Das finde ich auch. Dein Vater hat recht.
TINI Mein Vater hat nie recht gehabt. Das hättet ihr gern. Aber. Das ist ja alles gleichgültig. Und. Die Mama hat auch nicht recht gehabt.
HANS Ich habe immer. Du weißt. Ich bin aus kleinen Verhältnissen ...
TINI Laß es. Es ist wirklich gleichgültig. Es gibt nicht einmal etwas zu begreifen. Mehr.
GRETE Ja. So ist das.
Sie sitzen.

## XXI

Ella kommt. Sie trägt ihr Chanel-Kostüm.
ELLA Hallo.
TINI Ja. Das wollte ich euch sagen. Die Mama kommt auch noch.
GRETE Ella!
HANS Du wagst es.
ELLA Hab dich nicht so. Was immer gewesen ist. Wir werden einander nicht mehr sehen. Und ich habe es immer blöd gefunden in den Filmen, wenn sie nicht mehr miteinander geredet haben. Wenn sie auseinandergegangen sind. Für immer.
HANS Nein. Sentimental warst du nie. Das sieht man ja schon, wie du alles an dich gerissen hast. Oder meinen Unfall ausgenützt hast. Und mich und die Grete ausgebootet hast. Wir könnten vielleicht alle weg.
ELLA Könnten wir nicht. Ich habe es dir tausendmal erklärt. So viel Geld war da nicht zu bekommen. Das ist doch logisch, daß in so einer Krisensituation alle Werte fallen. Außerdem. Wir sind ohnehin zu alt. Wahrscheinlich. Die Gefahr besteht doch hauptsächlich für die Jungen. Habt ihr hier einen, der älter ist als 25?
GRETE Laß den Richard von mir grüßen. Ich bin froh, daß die Tini wegkommt. Das ist nichts. Hier.
ELLA Ja. Ich lasse euch den Wagen da. Er steht oben auf dem Parkplatz. (Sie legt Autoschlüssel auf den Tisch) Und die Hausschlüssel. Ihr solltet da einziehen. Es ist alles da. Und Grete. Nimm dir zum Anziehen was du magst.
GRETE Könnt ihr wirklich gar nichts?
ELLA Nein. sie nehmen einem alles weg. Auch Fotos.
Schweigen.
ELLA Also. Ich gehe. Komm. Tini.
TINI Ja. Also.
Schweigen. Niemand sagt etwas. Alle schauen auf ihre Hände.
TINI Wenn dann alles vorbei ist. Dann.
Hans trinkt zur Antwort aus der Wodkaflasche.
GRETE Ja. Dann wird alles wieder wie früher. Wie ganz früher.

## XXII

Bamberger kommt von oben. Er trägt ein Clipboard. Im weißen Arztkittel.

BAMBERGER  Ach. Hallo. Alle sind da. Ella! Wie geht es so.

ELLA  Ja. Danke. Wir gehen gerade.

BAMBERGER  Ah! Ihr seid auf dem 16-Uhr-Transport. Gute Reise.

ELLA  Ich verstehe eure Bitterkeit. Aber für mich geht es um meine Kinder.

BAMBERGER  Schön, wenn man sich damit selber meinen kann. Aber. Frau Horvath. Machen wir es schnell. Wie viele haben wir. Wie steht es.

ELLA  Ich muß auch alles hinter mir lassen. Es gibt Leute, die versäumen ihren Transport, weil sie sich nicht losreißen können. Wir haben auch eine Tragödie.

Grete geht mit Bamberger die Feldbetten ab. Sie zählen die Kranken.

BAMBERGER  9. Gut. Und keiner schaut mehr lebendig aus. Was ist denn los.

GRETE  Herr Bamberger. Es gibt da eine Möglichkeit. Aber. Wir müßten dann. Ich meine. Einen weniger.

BAMBERGER  Frau Horvath. Wie stellen Sie sich das vor. Das ist das einzige, worum es geht. Die genaue Bilanz der Leichen.

HANS  Überlegen Sie einmal. Wie sollen wir alle zu den Mitteln kommen, die wir brauchen. Wir sind ja nicht alle so skrupellos wie meine Frau, die eine Familie. Eine ganze Familie. Um ihr Erworbenes bringt. Und sich absetzen kann. Wie sollen wir es machen. Wir sind Gefangene. Gemeinsam. Mein lieber Bamberger. Sie wollen genauso weg, wie wir. Wir müssen die Marktlage abklären. Wir haben nur noch Leichen. Hier. Hier gibt es nichts anderes. Geimpfte und Leichen. Wenn sich nun an Leichen etwas verdienen läßt, dann müssen wir zugreifen. Herr Bamberger. Sagen Sie, der letzte ist nicht geliefert.

GRETE  Laß es. Laß es. Herr Bamberger. Es war nur so ein Vorschlag. Vergessen Sie es. Ja?

BAMBERGER  Ja. Das vergesse ich lieber. Ich habe genug zu tun.

Ich brauche mich nicht auch noch um Korruption kümmern. Aber. Wenn Leichen verschwinden. Machen Sie, was sie wollen. Nur das nicht. Verstehen Sie. Es ist die einzige Überlebenschance unserer Gesellschaft, die Hygienemaßnahmen einzuhalten. Da gibt es eine Regel. Eine einzige. Und ich werde diese Regel einhalten. Und ihr zur Durchsetzung verhelfen. Das ist die einzige Möglichkeit wieder Ordnung. Ordnung wiederherzustellen. Frau Horvath. Und für Sie. Herr Horvath. Ich werde morgen früh wiederkommen. Und. Ich mache Sie darauf aufmerksam, es sind internationale Kontrollen unterwegs. Die Weltöffentlichkeit beobachtet uns. Ich stehe nicht für Ihre Machinationen ein. Ich gedenke mir mein Serum ehrlich zu verdienen. Und ich werde dann nicht abhauen. Wir werden dieses Land wieder in Ordnung bringen. Und das ist nicht unmöglich. Und jetzt. Zur Sicherheit.

Bamberger geht. Kommt zurück. Alle sehen ihm zu. Er hat eine Polaroidkamera geholt und macht von jedem Kranken ein Bild.
Ella und Tini haben stehend zugehört.
Währenddessen:

GRETE  Ist schon gut. Wir kennen die Situation. Sie müssen uns nicht drohen.

HANS  (bitter:) Was soll uns auch schon geschehen. Eigentlich ist es ja erstaunlich. Daß wir sterben müssen. Das haben wir vor dieser Geschichte ja auch schon gewußt.

BAMBERGER  (zynisch:) Es kann immer noch schlimmer werden. Man kann zum Beispiel bei Ihnen landen. Für die Letztversorgung.

GRETE  Herr Bamberger!

HANS  Laß es. Grete. Wenn sie an die Macht kommen, sind sie so. Wir waren es ja auch. So ist das. Menschlichkeit. Die muß man sich leisten können. Die gibt es nicht.

TINI  (Ausbruch:) Aber. Die hast doch du zerstört. Zuerst. Das warst doch du.

Ella hält sie zurück. Tini beginnt zu weinen. Trostlos.

BAMBERGER  Also. Ich komme morgen. Bis dann.

Ella wendet sich ihm einen Augenblick zu. Dann nichts.
Bamberger nach oben weg.

## XXIII

Der VW-Bus fährt rückwärts vor. Branko steigt aus. Schiebt die Tür auf. Zwei Riesensuppentöpfe sind zu sehen.
ELLA Wir gehen jetzt auch.
HANS Ja.
Branko kommt herunter.
BRANKO Christine. Ich dachte, ihr seid längst weg. Christine. Was wirst du machen.
TINI Was wirst du machen.
BRANKO Ich. Ja. Das hier. Was sonst. Sonst ist doch alles vorbei.
TINI Ja. Aber das hätte unser Leben sein sollen.
BRANKO Ja. Möglichkeitsform.
GRETE Der Branko. Der ist unsere einzige Stütze. Ohne ihn könnten wir hier gar nichts machen.
BRANKO (zu Tini:) Das wird immer gesagt. Zu Gastarbeitern.
ELLA Tini. Komm. Wir müssen.
BRANKO Darf ich dir die Hand geben?
TINI Branko!
BRANKO Christine!
Sie geben einander die Hand. Ernst. Kindlich. Sehen einander an. Tini wirft sich in Brankos Arme. Er hält sie.
BRANKO Christine.
TINI Geh weg mit mir. Jetzt. Gleich. Auf der Stelle. Irgendwohin. Und ganz neu anfangen. Gleich.
ELLA Red nicht so. Tini!
BRANKO Gut. Gehen wir.
ELLA Tini. Wir müssen gehen. Wir kommen noch zu spät.
Tini und Branko nehmen einander an die Hand. Sie gehen hinauf. Stellen die Suppentöpfe auf den Boden heraus. Steigen ein. Branko startet. Grete läuft hinauf. Steht an der Autotür. Sie nestelt am Täschchen unter ihrer Schürze hervor. Tini beugt sich über Branko aus dem Fenster.
TINI Baba. Tante Grete.
GRETE Da. Tini. Und für dich. Branko.
Sie reicht ein Bündel blauer Bons hinauf. Tini und Branko fah-

ren weg. Sie winken nicht. Ella steht. Geht dann zur Bank. Setzt sich. Grete geht zu ihrem Sessel.
ELLA Und wozu haben wir jetzt das ganze Geld ausgegeben.
GRETE Wir haben jetzt auch nichts mehr.
HANS Alles? Du hast ihnen alles? – Na. Prost.
Ella sitzt. Starrt vor sich hin. Grete beginnt wieder mit dem Tablettenzertrümmern. Hans trinkt.


## XXIV

Grete geht ins Haus. Kommt mit einem Wasserkrug und Gläsern heraus. Beginnt von den zerstampften Tabletten Aspirin mit einem Suppenlöffel in die Gläser zu füllen.
ELLA Kann ich dir helfen?
GRETE Ja. Gern. 1 Mokkalöfferl von dem da. Das ist das Tramal. Und mit dem Aspirin zusammen schmeckt ihnen das am meisten nach Medizin. Und wir sparen an den teuren Medikamenten.
ELLA Wie wird denn abgerechnet. Bekommt ihr die Medikamente. Oder das Geld.
HANS Bons. Wir bekommen Bons. Für jeden bekommen wir Bons für alles. Und die Grete hat einen wahren Bon-Fetischismus entwickelt. Sie hat sich zu einer richtigen Bon-Fetischistin entwickelt.
GRETE Mit den Bons kann man alles bekommen. Die sind besser als Geld. Das gilt ja hier gar nichts mehr.
ELLA Ja. Das habe ich gemerkt.
Ella und Grete messen den Tablettenstaub in die Gläser. Gießen Wasser auf. Rühren.
HANS Jetzt ist alles aufgelöst.
GRETE Nein. Das muß man schon länger. Wenn Brösel drinnen sind. Die müssen dann noch mehr würgen. Die armen Kerle. Und Paspertin. Das ist vollkommen aus. Das könnte man teuer verkaufen.
ELLA Männer. Ihr habt nur Männer hier?
HANS Ich wollte sagen, daß jetzt alles vorbei ist. Unsere Kinder haben uns verlassen. Wir sind ...

GRETE ... aber. Das gehört sich so. Ich hoffe sie werden. Ich weiß nicht. Kann man glücklich noch sagen. Wie wird man glücklich. Heute. Jetzt. Kann man das. Wie soll man das machen.
ELLA Alles ist verdreht. – Aber. Dir geht es besser.
GRETE Nein. Ich bin nur müde.
ELLA Ich habe dich vor 30 Jahren das letzte Mal so. So.
GRETE Ja. Das wird schon stimmen.
Grete holt ein Blutdruckmeßgerät und beginnt den Kranken Blutdruck zu messen. Spricht währenddessen ununterbrochen mit Ella. Nachdenklich. Nebenbei. Kühl berichtend. Sich verständlich machend.
GRETE Du weißt nicht. Du kannst nicht wissen. Was nach der Angst dann kommt. Nach der Angst. Die Angst wird zu einem Organ. In dir. Wie die Augen. Oder das Herz. Und. Wenn die Angst wie das Atmen zum Grund deines Lebens geworden ist. Dann. Dann beginnt der Haß. Steigt der Haß auf. Haß. Weißglühender Haß. Stahlspitziger Haß. Brustzerreißender Haß und lähmend. Ein Haß, der dich einkreist. Über dich herfällt. Dir die Eingeweide aus der Mitte reißt. Und du hohl über dir zusammenbrichst und nur noch Haß in dir. Kein Herz schlägt mehr. Kein Blut pocht in deinen Adern. Keine Säfte regulieren den Gang deiner Zeit. Nur Haß. Heißbleiern fließt er in dir. Schlägt. Klopft. Hämmert. Nur Haß. Gegen die Welt. Gegen alle, die in dem Augenblick nicht da waren. Haß. Gegen den einen. Haß gegen ihn. Haß. Ihm den Atem abzuschneiden. Abpressen für diesen Augenblick nach dem nichts wieder. Und Haß gegen dich selbst. Geboren aus all dem Haß der Haß gegen dich selbst. Und kein Entkommen. Verstehst du. Nie und nie wieder ohne diesen Haß und die Angst schlägt das Herz dazu. Du wirst dir selbst ein Gefängnis aus Haß und der Angst. Wehrlosigkeit. Keine Stelle in dir einer Gegenwehr Wohnung zu nehmen. Tobender hilfloser Haß auf dich und deine Unfähigkeit dich gewehrt zu haben. Und die Angst zu recht. Du hast dich nicht gewehrt und du wirst es nie wieder ändern können. Bis du ausgehöhlt bist. Und müde. Verstehst du. – Die sind alle tot.

HANS Alle?
Grete geht hinauf. Geht ins Haus. Sie steht im offenen Fenster. Telefoniert.
GRETE Herr Henschel? Ja. Herr Henschel. Wir könnten gleich liefern. – Ja. – Gleich. – Und alle. – Ja. So schnell? – Wunderbar. – Bis dann. Also.
Grete kommt heraus. Setzt sich an den Tisch.
ELLA Was ist denn los.
HANS (höhnisch:) Wenn Mord noch ein Delikt wäre, dann wäre unsere liebe Gretel jetzt eine Massenmörderin. Aber in diesen Zeiten kann man ja nicht einmal dafür berühmt werden.
GRETE Ich habe das nicht gewollt. Aber was sollen wir tun. Wenn sie so schreien. Man möchte sie doch beruhigen. Und außerdem. Bisher ist mit dem Äther nie etwas passiert. Kann Äther verdorben sein?
ELLA Das ist ja furchtbar.
HANS Ella. Du kannst das lassen. Sentimentalität. Das kannst nur du dir noch leisten. Dir wird ja nichts passieren. Du wirst schon die richtige Armbinde bekommen. Wenn sie das einführen.
ELLA Die Kinder sollten in Sicherheit sein. Deshalb habe ich das alles gemacht. Deshalb habe ich den Richie schon vor Jahren von dir weg. Und die Tini wollte ich ja. Aber. Wenn sie nicht will. Was soll ich machen. Ich kann sie ja nicht anbinden. Kannst du denen nicht die Augen schließen. Sie sollen nicht so schauen müssen.
Ella gerät in einen verzweifelten Weinkrampf und stürzt zu einem Kranken, um ihm die Augen zu schließen. Grete hält sie zurück und führt sie wieder zur Bank.
HANS (aufgeregt:) Halt. Ella. Nein. Grete. Nicht. Das geht nicht. Das kannst du nicht machen. Das geht nicht.
GRETE (beruhigend zu Ella:) Wir wissen nicht, wie der Henschel sie haben will. Weißt du. Ja. Das ist alles sehr häßlich. Ich weiß. Aber. Es ist alles, was wir haben.
ELLA (schluchzend:) Was macht ihr mit ihnen.
HANS (zynisch vorwurfsvoll:) Ja. Das können sich die Leute mit. Die mit ihren Impfungen und Ausreisegenehmigungen

nicht vorstellen. Was für die ohne alles notwendig ist. Und das nur fürs Überleben. Um zu entkommen. Da müßten wir viel gewerbsmäßiger vorgehen. Aber. Die Grete. Die will das ja nicht. Das wäre etwas für dich. Das wäre ein Ella-Projekt. Der Henschel macht so Videos. So mit denen. Und weil die Grete keine Frauen aufnehmen will, können wir nicht wirklich einsteigen. Die Perversen. Die sind dann auch nur ein beschränkter Markt. Und. Wir hätten doch noch den Parkplatz. Und der Henschel könnte seine ganze Produktion hierher verlegen. Und wir. Wir könnten eine Produktions GmbH machen. Und ...

Ella schluchzt leise. Grete hat die Tablettenlösung in den Krug zurückgeleert. Legt einen kleinen Teller als Deckel obendrauf. Sie schiebt den Aspirinstaub in ein Plastiksäckchen. Den Tramal-Staub in ein anderes. Ordnet die Plastiksäcke im Einkaufswagen.

HANS (Wutanfall:) Ja. So warst du immer. Heulen. Gefühle. Emotionen. Und dann mit dem Geld auf und davon. Gott. Wie ich es hasse. Wenn ich könnte, ich brächte mich sofort um. Aber sogar da bräuchte ich Hilfe.

GRETE Sei nicht ungerecht. Hättest du dich nicht so schwer verletzt, hätte dir niemand geglaubt. Daß du den Leuten helfen wolltest. Sie aus dem Brand retten. Dann wärest du gar nicht hier. Du hättest diesen Mann ja nicht gleich umbringen müssen.

HANS (trotzig:) Nein. Hätte ich nicht. Und das Vergnügen daran wäre ja nur ein Vergnügen, wenn man es wiederholen könnte.

ELLA (schluchzend:) Aber. Ein Vergnügen war es. Ja?

Hans nickt. Versonnen. Ella beginnt wieder zu weinen. Grete schiebt ihren Einkaufswagen ins Haus.

## XXV

Der Wagen der Filmfirma fährt vor. Geiger holt Scheinwerfer, Kabel etc. Legt sie zum unteren Container. Henschel geht zu Grete ins Haus. Sie kommen zusammen heraus.

GRETE In der Nummer 16. So wie immer. Heraußen kann ich das nicht haben. Das will ich nicht. Diese Sachen will ich nicht.

Henschel hat allen zur Begrüßung zugewinkt. Öffnet den Container. Vorbereitungen für die Videoaufnahmen. Geiger und Henschel schnallen die Leichen ab. Verschwinden mit ihnen im Container. Sie arbeiten schnell. Sprechen in gegenseitigen Anweisungen miteinander. »Eins. Zwei. Drei. Jetzt.« »Jetzt«, »Mehr rechts«, »Mehr links«, »Langsam« etc. Aus dem Container hört man dann alle Geräusche und Anweisungen, die notwendig sind, die Schlußszene herzustellen.

HANS (weinerlicher Predigtton:) Ich hätte nie schuldig werden können. Versteht ihr. Es hat sich in diesem Augenblick entschieden. Und daran ist nichts zu ändern. Da gibt es gar nichts zu sagen. Ihr würdet ja doch nur eine weitere Geschichte eurem Schatz der Unschuldsverluste hinzufügen. Damit ihr die Erinnerung an die Schuld am Leben erhalten könnt. Und dazu wollt ihr Geständnisse hören. Deshalb können wir immer nur in Geständnissen reden. Von Anfang an. Was hast du getan? Und schon gestehen wir. Fangen an. Als kleine Kinder. Ein Geständnis nach dem anderen. Ihr wollt es wissen? Genau? Bis ins kleinste Detail? Jeden Augenblick? Jeden Atemzug? Jedes Zucken? Jedes Toben? Wie mein Toben an seinem Zucken angestoßen. Jedes Winden. Jedes Werfen. Wie die Körper ineinander. Bis einer nur mehr Fleisch ist. Mit jedem Stoß. Asche. In dickrauchige Asche gestoßen. Bis nur mehr mein Atem seinen Atem nieder. Mein Keuchen über seines gedrängt. Und endgültig. Bis. – Ja. Bist du erregt. Ella. Regt dich das auf. Ja? Ich bin ein Mörder. Ja. Das läuft zusammen. Unten. Ja? Staut sich da. Und muß fortgestoßen werden. Ja? Bis es wieder durchgerissen. Ja? Durchgetrennt. Weggeschoben. Für den Augenblick. Aber. Mach dir keine Sorgen. Du wirst nicht weiter kommen als meine Worte reichen. Ich kann ja nur mehr gestehen. Immer und immer. Ich werde gestehen und dir bleiben. Immer. Und wir müssen nichts mehr bereuen. Die Geständnisse. Die Geständnisse haben sich in die Sprache geschlagen und unser entschlagen. Ich bin ja auch gelähmt zurückgeblieben. Aber unschuldig.

Die Schuld liegt in den Geständnissen. Der Grund, warum geredet werden muß, ist das Reden. Ließen sich die Geständnisse nicht sagen, gäbe es das alles nicht.
ELLA  Hör auf. Sei still. Sei endlich still.
Sie holt mit dem Hammer aus. Will Hans den Schädel einschlagen. Grete hält sie zurück.

## XXVI

Die Inspektoren Maritschek und Heller stehen oben. Sie singen ihr Auftrittslied. In der Manier von Gilbert und Sullivan. Alle wenden sich ihnen zu.

MARITSCHEK UND HELLER
  Wir sind die Polizei.
  Wir sind immer dabei.
  Sorgen für Ordnung.
  Sorgen für Frieden.
  Gleich wer jetzt regiert.
  Von uns wird korrigiert,
  Was unrecht und falsch.
  Wir sind die Polizei.
  Wir sind immer dabei.
MARITSCHEK
  Meine Spezialität waren die Massenmörder.
  Die hab ich aufgespürt.
  Die hab ich massakriert.
  Denen bin ich nachgeschlichen.
  Riechen hab ich die können.
  Aber. Das ist nun alles aus.
  Es geht um die Leichen.
  Es geht um die Leichen.
  Alles ist anders.
  Das Vergnügen vorbei.
HELLER
  Ich war zuständig für den Betrug.

Buchhaltung war mein forte.
Eine Reihe von Zahlen.
Ich finde die Null,
Die zu viel, die zu wenig.
Ich finde den Fluß,
Wo das Geld hingeflossen.
Das kann ich riechen.
Da nehm ich die Spur.
Aber. Das ist nun alles aus.
Es geht um die Leichen.
Es geht um die Leichen.
Alles ist anders.
Das Vergnügen ist aus.
MARITSCHEK UND HELLER
Wir sind die Polizei.
Wir sind immer dabei.
Sorgen für Ordnung.
Sorgen für Frieden.
Gleich wer jetzt regiert.
Von uns wird korrigiert.
Und gleich ist geblieben.
Wir sperren ein. Wir sperren ein.
Wir sperren ein.

## XXVII

Maritschek und Heller kommen herunter. Sehen sich um.
MARITSCHEK  Na. Wo ist denn hier alles?
HELLER  Ausgeflogen?
MARITSCHEK  Haben sie bei euch Ausgang?
HANS  Ich bin hilflos. Sie sehen. Ich kann nicht einmal ...
MARITSCHEK  ... das kann jeder sagen.
HELLER  Wir nehmen auch nicht an, daß einer allein. Nein. Nein.
MARITSCHEK  Unser Freund Henschel war hier?
HELLER  Wieviel zahlt er Ihnen?

MARITSCHEK Was ich gehört habe, zahlt er bei den Zentralbetreuungsstätten 500.
HELLER Zahlt er euch auch so viel?
MARITSCHEK Na. Ihr habt halt eine mindere Qualität.
GRETE Ich verbitte mir solche Anspielungen. Wir machen hier unseren Job so gut wie alle. Und Sie wissen ganz genau, daß ich solche Schweinereien nicht haben kann.
MARITSCHEK Na. Frau Horvath. Entschuldigen Sie.
HELLER Aber. Trotzdem.
MARITSCHEK Die Anzahl muß stimmen.
HELLER Also. Mich wundert das schon.
MARITSCHEK Da gibt es nur mehr ein Delikt.
HELLER Und die Verbrechensrate sinkt nicht.
MARITSCHEK Die bleibt einfach gleich hoch.
HELLER Nicht ein Platz mehr. Im Kittchen.
MARITSCHEK Man denkt. Da wird es doch jetzt etwas lichter werden.
HELLER Man hat sich wenigstens eine Reduktion der Überfüllung vorgestellt.
MARITSCHEK Aber nein.
HELLER Keine Laus weniger.
MARITSCHEK Nicht ein Plätzchen.
HELLER Obwohl. Die Todesstrafe.
MARITSCHEK Ja. Das sorgt für einen guten Durchsatz.
HELLER Ja. Die Verweildauer ist verkürzt.
MARITSCHEK Na. Jedenfalls. Unser Job ...
HELLER ... wird nicht wegrationalisiert.
MARITSCHEK Nein. Diese Sorge. Die haben wir nicht. Trotzdem. Frau Horvath.
HELLER Frau Horvath. 11 Körper. Als Leichen. Oder als Kranke. Aber.
MARITSCHEK Und Sie wissen, wie streng dieses Gesetz ist. Sie wissen es.
HANS Aber. Herr Inspektor. Das alles ist doch ...
MARITSCHEK Herr Horvath. Lassen Sie Ihre Schwester reden. Sie ist die Betreiberin dieses Endversorgungslagers. Sie ist verantwortlich. Das hat mit Ihnen gar nichts zu tun.
HANS Herr Inspektor. Meine Schwester verstößt gegen keine Verordnung. Und es ist alles in Ordnung.

GRETE  Laß doch Hans.
MARITSCHEK  Ja. Also. Frau Horvath. Wie steht es. Sie. Frau Horvath. Sie sind ja eins der erstaunlichsten Beispiele dafür. Wie sich alles geändert hat.
GRETE  Ja. Herr Inspektor. Wer hätte gedacht, daß es stimmen wird, daß es immer noch schrecklichere Schicksale gibt als das eigene.
HELLER  Ja. Ja. Frau Horvath. Wenn man denkt.
HANS  Jetzt mach schon. Grete. Die Herren Inspektoren wollen ja nur die Leichen sehen.
GRETE  Hans. Misch dich nicht ein. Ich habe mir nichts vorzuwerfen. Und die Herren von der Polizei wissen das auch.
MARITSCHEK  Ist halt nervös. Der Herr Bruder. Aber jetzt tun wir. Frau Horvath.
GRETE  Ein Schnapserl? Daß Sie mir den Haussegen nicht hinaustragen?
MARITSCHEK  Wir sind zwar im Dienst.
HELLER  Aber.
MARITSCHEK  Ein kleines.
HELLER  Ein ganz kleines.
Grete holt Gläser und schenkt Wodka ein. Alle prosten einander zu. Auch Ella.
Grete geht den Inspektoren voran nach unten.


## XXVIII

Grete schiebt die Wand des unteren Containers nach links.
GRETE  Da. Hier. Bitte.
Eine Krippenszene. Auf dem Boden Stroh. Die Kranken sind als alte Hirten im Krippenspiel angezogen. In Lederhosen. Mit Gamsbarthüten. Langen weißen Bärten. Einer als blaugekleidete Maria. Kniet an der Krippe. Einer als Josef. Kniet an der Krippe. Die Krippe ist leer. Henschel filmt. Geiger dreht das Musikband lauter. Weihnachtsmusik.
Die Hirten klettern aus dem Container. Stellen sich auf.
Ein Hirte tritt vor. Zu Maritschek und Heller.

HIRTE Wohl ist es törichtes Begehren.
ALLE HIRTEN Doch Wohlgefallen wollen wir
  Und der Erlösung Ruh und Frieden.
  Und bringen was wir haben.
Geiger stellt eine neue Musik an. Dreht sie lauter. Die Hirten beginnen gravitätisch den Watschentanz zu tanzen. Sie werden ein bißchen schneller. Es bleibt aber unbeholfen. Am Ende stehen sie für Applaus von Maritschek und Heller. Wenden sich dann dem Theaterpublikum zu.
GRETE (an Maritschek und Heller und das Theaterpublikum gerichtet:) Sehen Sie. Man kann immer etwas Schönes haben.

Vorhang.

## Nachweis der Druck- und Aufführungsrechte

**Brahmsplatz.**
© Suhrkamp Verlag, Frankfurt am Main 1993
Alle Rechte vorbehalten S. Fischer Verlag GmbH
Uraufführung: forum stadtparktheater Graz, 22. April 1995
Regie: Tobias Derndinger
Aufführungsrechte: S. Fischer Verlag GmbH, Frankfurt am Main

**New York. New York.**
© Suhrkamp Verlag, Frankfurt am Main 1993
Alle Rechte vorbehalten S. Fischer Verlag GmbH
Uraufführung: Münchner Kammerspiele, 30. Januar 1993
Regie: Jens Daniel Herzog
Uraufführungsrechte: S. Fischer Verlag GmbH, Frankfurt am Main

**Waikiki-Beach.**
© Suhrkamp Verlag, Frankfurt am Main 1992
Alle Rechte vorbehalten S. Fischer Verlag GmbH
Uraufführung: Kölner Schauspielhaus, 24. April 1992
Regie: Torsten Fischer
Aufführungsrechte: S. Fischer Verlag GmbH, Frankfurt am Main

**Sloane Square.**
© Suhrkamp Verlag, Frankfurt am Main 1992
Alle Rechte vorbehalten S. Fischer Verlag GmbH
Uraufführung: Kölner Schauspielhaus, 3. Juli 1992
Regie: Torsten Fischer
Aufführungsrechte: S. Fischer Verlag GmbH, Frankfurt am Main

**Ocean Drive.**
© Suhrkamp Verlag, Frankfurt am Main 1991
Alle Rechte vorbehalten S. Fischer Verlag GmbH
Uraufführung: Kölner Schauspielhaus, 18. Dezember 1993
(17. Februar 1993)
Regie: Torsten Fischer
Aufführungsrechte: S. Fischer Verlag GmbH, Frankfurt am Main

**Elysian Park.**
© Suhrkamp Verlag, Frankfurt am Main 1993
Alle Rechte vorbehalten S. Fischer Verlag GmbH
Uraufführung: Deutsches Theater Berlin, 17. Juni 1993
Regie: Harald Clemen
Aufführungsrechte: S. Fischer Verlag GmbH, Frankfurt am Main

**Tolmezzo.**
Eine symphonische Dichtung
© Suhrkamp Verlag, Frankfurt am Main 1994
Alle Rechte vorbehalten S. Fischer Verlag GmbH
Uraufführung: Wiener Festwochen, 7. Juni 1994
Regie: Gerhard Willert
Aufführungsrechte: S. Fischer Verlag GmbH, Frankfurt am Main

**Bagnacavallo.**
© Suhrkamp Verlag, Frankfurt am Main 1993
Alle Rechte vorbehalten S. Fischer Verlag GmbH
Uraufführung: Kölner Schauspielhaus, 17. Oktober 1995
Regie: Torsten Fischer
Aufführungsrechte: S. Fischer Verlag GmbH, Frankfurt am Main

**Dentro.**
© S. Fischer Verlag GmbH, Frankfurt am Main 1999
Aufführungsrechte: S. Fischer Verlag GmbH, Frankfurt am Main

**Boccaleone.**
© S. Fischer Verlag GmbH, Frankfurt am Main 1999
Aufführungsrechte: S. Fischer Verlag GmbH, Frankfurt am Main

Marlene Streeruwitz
# Jessica, 30.
Roman.
Drei Kapitel.
256 Seiten. Gebunden

Eigentlich ist alles bestens. Jessica Somner sieht gut aus. Sie ist jung und intelligent. Jessica macht alles so, wie es sich für die Generation Golf Zwei gehört. Es muss nur noch ein Job her und die Liebe, dann wird alles gut sein. Aber auf einmal sind die Freundinnen nicht mehr solidarisch, und der Sex mit dem Politiker ist überhaupt nicht mehr heiß. Jessicas Anpassung hat nicht gereicht. Jessica macht nicht mehr mit und entscheidet sich für Gegenstrategien. Sie bringt die Machenschaften der Mächtigen ans Licht der Öffentlichkeit, im Gegenzug privatisiert sie ihren Körper. Sie besteht auf ihrer Würde, und die Liebe bekommt eine Chance.

Jessica Somner – 30 Jahre alt, Kulturwissenschaftlerin, Single – ist die hinreißende Heldin dieser Geschichte, die man sich zur Freundin wünscht. Ihr innerer Monolog ein irrwitzig literarisches Abenteuer von Marlene Streeruwitz.

S. Fischer

Marlene Streeruwitz
**morire in levitate.**
Novelle
96 Seiten. Gebunden

Geraldine geht zum See. Der Weg ist vereist, der kalte Wind treibt sie an. Sie braucht die Weite um sich und über sich, Geraldine muss überlegen, wie sie sterben wird. Soll sie so alt werden wollen, wie die Frau Doktor im Altersheim, der sie vorgelesen hat. Was bedeutet es, so alt zu werden und diesen kleinen Unwürdigkeiten ausgesetzt zu sein. Soll sie weitere 40 Jahre darüber nachdenken, warum sie nun nicht als Sängerin aufgetreten ist. Warum sie in nichts anderem erfolgreich war. Warum sie die Männer, die sie liebten, nur verächtlich behandeln konnte. Und was der Großvater damit zu tun hatte. Wie starben die Täterenkel. Starb mit denen die Geschichte endlich endgültig. Und würde sie überhaupt sterben können, wenn sie doch gar nicht gelebt hatte.

»Sterben. In Leichtigkeit.« Ist es möglich für eine Generation, deren Großväter den Holocaust zu verantworten haben? Auf einem winterlichen Spaziergang denkt Geraldine Denner über den Tod nach. Ihre episodenhaften Erinnerungen und die Landschaftsbilder verdichten sich zu einer Novelle von außergewöhnlicher Intensität.

S. Fischer

Marlene Streeruwitz
**Gegen die tägliche Beleidigung.**
Vorlesungen.

192 Seiten. Gebunden

Marlene Streeruwitz übersetzt in einem Streifzug durch Texte der Hochkultur und des Trivialen diese Texte ins Wörtliche und kommt so der Architektur der Macht auf die Spur. Das ist eine leidenschaftliche Reise mit Hilfe von Verlangsamung und Untertönung, die Frage entlang, wie die Erzählung von der Macht weitergegeben wird. Das Ergebnis ist eine vorsichtige Eroberung ertragbarer Unsicherheiten und die Erkenntnisse daraus.

Der Band versammelt Vorlesungen und Vorträge aus den Jahren 2000 bis 2004.

S. Fischer

# Ilse Aichinger
# Werke

## Herausgegeben von Richard Reichensperger

*Acht Bände in Kassette*
*Die Kassette wird nur*
*geschlossen abgegeben*
*Als Einzelbände lieferbar*

**Die größere Hoffnung**
*Roman. Band 11041*

»Wer ist fremder, ihr oder ich? Der haßt, ist fremder als der gehaßt wird, und die Fremdesten sind, die sich am meisten zuhause fühlen.«

**Der Gefesselte**
*Erzählungen 1*
*1948 – 1952*
*Band 11042*

Am Beginn der Wiederaufbau-Ära sprechen Ilse Aichingers frühe Erzählungen von Erstarrung und Verdrängung, »erlösungssüchtig und untröstlich, kritisch und gelassen.«
*Joachim Kaiser*

**Eliza Eliza**
*Erzählungen 2*
*1958 – 1968*
*Band 11043*

»Tatsache ist, daß Ilse Aichinger mit den herkömmlichen Praktiken des Schreibens endgültig gebrochen hat. Sie verläßt sich nicht mehr auf Visionen, sie besteht auf reiner bodenloser Anarchie.«
*Heinz Piontek*

**Schlechte Wörter**
*Band 11044*

»Eine Prosa der Zweifel, der Fragen, der Suche. Diese Prosa hebt alles aus den Angeln, was sie anspricht und meint.« *Jürgen Becker*

Anne Sexton
**Liebesgedichte**
Zweisprachige Ausgabe
Herausgegeben von Elisabeth Bronfen
Aus dem Amerikanischen von Silvia Morawetz
Band 13721

In ihren Liebesgedichten wendet sich Anne Sexton kritisch und zugleich begeistert dem Themenkomplex zu, der von unserer Kultur vielleicht am eindeutigsten dem weiblichen Erfahrungsbereich zugeschrieben wird. Sie entwirft altbekannte Geschichten neu – Geschichten der Sehnsucht, der Verzweiflung, des Verrats, der Geborgenheit. Schamlos, ungehemmt und mit unschlagbarer Ehrlichkeit legt sie eine detaillierte Beichte ihrer intimen Topographie vor. Doch faßt sie ihre Selbstdarstellung in eine so geschliffene und kalkulierte poetische Form, daß wir erschüttert und fasziniert in den Sog der Stimme ihres Begehrens gezogen werden.

»Mit Intensität schildert Sexton die Intimität der Liebe,
die Qualen und die Freuden des Begehrens,
die Sprache des weiblichen Körpers.«
*Elisabeth Bronfen*

Fischer Taschenbuch Verlag

Stephan Wackwitz
**Ein unsichtbares Land**
Familienroman
Band 16430

Eine alte Kamera bringt Stephan Wackwitz auf die Spur seiner Familie: Es ist die Familie des Pastors und Kriegsveteranen Andreas Wackwitz, der in unmittelbarer Nähe von Auschwitz lebte, bevor er 1933 in das ehemalige Deutsch-Südwestafrika auswanderte. Aus der dramatischen Geschichte seines Großvaters entwickelt Stephan Wackwitz den brillanten Lebensroman dreier Generationen und ihres Landes.

»Stephan Wackwitz schrieb aus der brillanten Vermischung eigener und fremder Biografie seinen Familienroman. Daraus ist schließlich doch ein wirklicher Roman geworden – weil Wackwitz erzählen kann.«
*Der Spiegel*

»›Ein unsichtbares Land‹ ist ein schönes, melancholisches und gehaltvolles Buch, das den Leser in die Erkundung einbezieht.«
*FAZ*

Fischer Taschenbuch Verlag

Michael Lentz
**Muttersterben**
Prosa
190 Seiten. Gebunden

Einer stirbt. Einer wird vergessen. Einer wird umgebracht. Etwas kommt abhanden. Was tun? »Muttersterben«, das sind Momentaufnahmen alltäglicher Erfahrungen, die vom Abschiednehmen handeln. Sie erzählen vom Erinnern und davon, wie der Versuch, sich Situationen und Vorgänge zu vergegenwärtigen, tragisch werden kann, oder absurd oder komisch.

So melancholisch wie unsentimental schildern die Geschichten die zum Teil grotesken Versuche, mit einem Verlust umzugehen, der plötzlich ein Eigenleben entfaltet.

S. Fischer

Hubert Fichte
Leonore Mau
**Psyche**
Annäherung an die Geisteskranken in Afrika
336 Seiten. Gebunden.
86 Abbildungen.

Die afroamerikanischen Religionen nehmen in den Texten Hubert Fichtes und in den Fotografien Leonore Maus einen ganz besonderen Stellenwert ein. Zahlreiche Reisen nach Lateinamerika und Afrika waren dieser poetischen Erforschung gewidmet. Der hier vorliegende Bild- und Textband ist eine Expedition zu den Wurzeln der afroamerikanischen Naturreligionen, beispielhaft beobachtet an der Psychiatrie Afrikas. Damit wird – nach »Petersilie« und »Xango« – ein großartiges Lebenswerk vervollständigt und dokumentiert: Hubert Fichtes Texte und Leonore Maus Fotografien bieten eine kulturgeschichtliche Reise auf einen unbekannten Kontinent.

S. Fischer

Hans Keilson
**Werke in zwei Bänden**
Herausgegeben von Heinrich Detering
und Gerhard Kurz
Band 1: Romane und Erzählungen
Band 2: Gedichte und Essays
1096 Seiten. Gebunden im Schuber

Hans Keilsons Werke sind Porträts, Psychogramme und Bilder aus der Zeit der späten Weimarer Republik, des zerstörerischen Nationalsozialismus und des Exils. Wie kaum ein anderer Autor hat Hans Keilson auch in seinen aktuellsten Texten die seelischen, politischen und kulturellen Folgen der NS-Zeit analysiert und sprachlich vergegenwärtigt; ein literarisches Engagement, das bis heute anhält.

In großem Kontrast zu den lauten Wirren des Jahrhunderts stehen die geradezu leisen, manchmal komischen, immer aber zutiefst menschlichen Darstellungen seiner Figuren und ihrer existenziellen und geschichtlichen Erfahrung.

Hans Keilson ist ein großer Dichter in seiner Prosa und ein hellsichtiger Analytiker in seiner Dichtung. Sein bewegendes Werk liegt zum ersten Mal in einer Gesamtausgabe vor.

Band 1 enthält: Das Leben geht weiter, Der Tod des Widersachers, Komödie in Moll, Dissonanzen-Quartett
Band 2: Sprachwurzellos, Einer Träumenden, Wohin die Sprache nicht reicht, verstreute Texte.

S. Fischer